指引办案思路的新型工具书

2

民商事典型疑难问题适用指导与参考

物权纠纷卷

主编／陈希国 刘晓蕾 纪金洁

◎ 疑难问题汇总
◎ 典型案例参考
◎ 办案依据集成

中国检察出版社

图书在版编目（CIP）数据

民商事典型疑难问题适用指导与参考. 物权纠纷卷/陈希国，刘晓蕾，纪金洁主编. —北京：中国检察出版社，2013.2
ISBN 978-7-5102-0755-6

Ⅰ.①民… Ⅱ.①陈…②刘…③纪… Ⅲ.①物权法-案例-中国 Ⅳ.①D923.05

中国版本图书馆 CIP 数据核字（2012）第 255876 号

民商事典型疑难问题适用指导与参考
物权纠纷卷

主编/陈希国　刘晓蕾　纪金洁

出版发行：	中国检察出版社
社　　址：	北京市石景山区鲁谷东街5号（100040）
网　　址：	中国检察出版社（www.zgjccbs.com）
电　　话：	（010）68630385（编辑）　68650015（发行）　68636518（门市）
经　　销：	新华书店
印　　刷：	三河市西华印务有限公司
开　　本：	720 mm×960 mm　16开
印　　张：	23.5 印张
字　　数：	430 千字
版　　次：	2013年2月第一版　2013年2月第一次印刷
书　　号：	ISBN 978-7-5102-0755-6
定　　价：	58.00 元

检察版图书，版权所有，侵权必究
如遇图书印装质量问题本社负责调换

出版说明

近十余年来，在合同、侵权、婚姻家庭、金融等民商事领域的司法实践中，出现了很多新情况、新问题，其中不乏具有典型性、疑难性的法律适用问题，针对这些问题，急需进行归纳总结，并得出具有参考和借鉴价值的处理和认定思路。基于上述现实需求，我们倾力组织法学专家、资深法官、检察官及律师等编撰并推出《民商事典型疑难问题适用指导与参考丛书》。

本丛书分为婚姻家庭继承纠纷卷、物权纠纷卷、合同纠纷卷、知识产权与竞争纠纷卷、劳动争议与人事争议卷、公司企业纠纷卷、金融纠纷卷、侵权纠纷卷、土地房地产与建设工程纠纷卷共九卷。各卷紧密结合各地司法实践，归纳提炼出百余个司法典型疑难问题并作出精准解析，同时附以具有权威性的指导、参考案例对同类案件的案情、诉辩情况、裁判结果、裁判理由等核心要素加以介绍，以帮助读者寻求破解疑难问题的办案思路、标准和尺度。各卷还提供了各类型纠纷全面、准确的办案依据。《民商事典型疑难问题适用指导与参考丛书》所提炼的问题凸显典型性、疑难性，解答思路具有很强的指导、参考和专业性，参考案例具有真实性、权威性，办案依据提供了便捷查询的通道，特别适合公检法人员、律师等法律专业人士使用。

受时间和能力所限，丛书在编撰过程中难免出现不足或错漏，敬请读者批评指正，以便我们在再版时予以修订。

编　者
2013 年 1 月

目 录

第一章 物权保护纠纷

一、物权确认纠纷 …………………………………………………（1）

（一）所有权确认纠纷 ……………………………………………（1）

1. 拆迁安置权益应如何确定归属与分配？ ………………（1）
2. 可否依据房屋建造行为主张房屋所有权？ ……………（1）
3. 所有权确认纠纷中，对于双方当事人恶意串通、隐瞒事实、编织理由进行诉讼，企图通过法院的确权来实现非法目的的，人民法院应如何裁判？ ………………（5）
4. 诉争标的被公安机关扣押后又发还，就诉争标的被扣押前完成的交易、交割行为是否就自然具有法律效力？ …………（5）
5. 提货单的交付，是否意味着指示交付的完成和所有权的转移？ ……………………………………………………（11）
6. 利害关系人是否可以直接请求相关部门确认房屋所有权的归属？ ……………………………………………（20）
7. 更正登记、异议登记是否是当事人提起确认之诉的必经程序和前置程序？ …………………………………（21）
8. 不动产登记簿作为确定物权归属的根据，是否具有绝对的证据效力？ ………………………………………………（25）
9. 异议方提出反证时，法院应如何确定权利归属？ ………（25）
10. 善意取得的条件有哪些？ ………………………………（27）
11. 机动车等特殊动产的善意取得有无特别要求？ ………（27）

（二）用益物权确认纠纷 ···（31）

　　　12. 在公有住房制度改革中，房屋成年同住人对以购房人名义购买的公有住房是否具有居住使用权？·······················（31）

　　　　📖 办案依据集成 ···（33）

二、返还原物纠纷 ···（34）

　　13. 原物受损的，权利人能否主张返还原物？·····················（34）

　　14. 返还原物纠纷中，举证责任如何承担？························（37）

　　15. 面对物权的双重保护选择时，法院应如何裁判？············（37）

　　16. 公民个人是否有权请求文物保护管理部门返还自己通过各种途径收集的文物？·······································（39）

　　　📖 办案依据集成 ···（42）

三、排除妨害纠纷 ···（43）

　　17. 相邻人院内野生树木能否成为排除妨碍的对象？···········（43）

　　18. 当个人的物权受到他人妨碍而引发排除妨碍纠纷，但妨碍的排除可能损害集体利益时，法院能否支持个人的请求？···（45）

　　19. 业主超出专有部分安装防盗门，相邻业主以影响通行为由请求排除妨碍的，法院应否支持？·····························（48）

　　20. 业主在产权范围内对属于自己所有的房屋进行装潢改造，需要利用建筑物共用部分并取得了行政机关批准的，其他业主是否有权要求其停止侵害、恢复原状？··················（49）

　　　📖 办案依据集成 ···（54）

四、恢复原状纠纷 ···（55）

　　21. 不合理装修行为人应如何承担法律责任？···················（55）

　　22. 如何处理恢复原状与赔偿损失之间的关系？···············（55）

　　　📖 办案依据集成 ···（57）

五、财产损害赔偿纠纷 ……………………………………………… (58)

23. 受害人对于损害的发生也有过错的，能否要求侵害人赔偿全部损失？ ……………………………………………… (58)

24. 权利人因财产受损而受到有关国家、单位给予的救助或社会捐赠、慈善机关的捐助等利益的，能否减轻侵权行为人的赔偿责任？ ………………………………………… (61)

　　办案依据集成 ……………………………………………… (64)

第二章　所有权纠纷

一、侵害集体经济组织成员权益纠纷 ………………………… (65)

25. 如何认定集体经济组织成员的资格？ ……………………… (65)

26. 村民自愿农转非，是否必然丧失原集体经济组织成员资格？ ………………………………………………………… (65)

27. 出嫁女未迁出户口，随其上户的子女是否为该集体经济组织的成员？ ……………………………………………… (67)

28. 招婿上门的女性村民，是否与本村男性村民一样，平等享有集体经济收益的权利？ ……………………………… (68)

　　办案依据集成 ……………………………………………… (73)

二、建筑物区分所有权纠纷 …………………………………… (74)

29. 业主是否有权在建筑物外墙部分悬挂广告牌？ ………… (74)

30. 《物权法》生效之前发生的案件纠纷事实能否适用该法？ … (74)

31. 业主是否有权在公共楼道墙壁上开门并安装防盗门？ …… (77)

　　办案依据集成 ……………………………………………… (80)

三、业主撤销权纠纷 …………………………………………… (84)

32. 业主撤销权的行使是否有条件限制？ …………………… (84)

33. 怠于行使管理权的业主提起撤销权诉讼的，法院应否支持? ……………………………………………………………（ 84 ）

34. 业主不认可物业服务合同的相关条款或要求解聘物业服务企业的，法院能否支持? ……………………（ 84 ）

　　办案依据集成 …………………………………………（ 88 ）

四、业主知情权纠纷 ……………………………………（ 91 ）

35. 业主知情权范围包括哪些? ………………………………（ 91 ）

36. 业委会应当如何公布业主请求公布、查阅的资料和情况? …（ 91 ）

　　办案依据集成 …………………………………………（ 96 ）

五、埋藏物返还纠纷 ……………………………………（ 97 ）

37. 自家房屋出卖后，被挖出的埋藏物，出卖人能否要求买受人返还? ………………………………………（ 97 ）

　　办案依据集成 …………………………………………（ 99 ）

六、相邻关系纠纷 ………………………………………（100）

（一）相邻关系用水、排水纠纷 ………………………（100）

38. 后建高处井截水对先建低处井的用水是否负有提供必要便利的义务? ………………………………………（100）

（二）相邻通行纠纷 ……………………………………（101）

39. 公民在不妨碍他人通行的前提下，是否有权另行在自家房屋开门，在公巷上通行? ……………………（101）

（三）相邻土地、建筑物利用关系纠纷 ………………（103）

40. 因建造、修缮建筑物，造成相邻不动产权利人损害的，属于侵权纠纷还是相邻权纠纷? ………………（103）

（四）相邻通风纠纷 ……………………………………（106）

41. 在自家房屋上搭建建筑物影响到相邻不动产权利人通风时，相邻不动产权利人可以通过什么方式来维护自己的权利? ……（106）

（五）相邻采光、日照纠纷 …………………………………（107）

42. 公民以经物业管理部门批准为由改造建筑物，但影响到相邻不动产权利人采光、日照时，相邻不动产权利人能否主张权利，改建人能否以经物业管理部门批准为由免责? ……（107）

（六）相邻污染侵害纠纷 …………………………………（109）

43. 开设饭店产生的噪声和排放的油烟对小区居民造成不利影响时，小区居民能否以侵犯相邻关系为由主张自己的权利? ……（109）

（七）相邻损害防免关系纠纷 ……………………………（112）

44. 因大量抽排地下水导致相邻不动产地面下沉，危及相邻不动产安全的，相邻不动产权利人能否主张赔偿? ………（112）

> 办案依据集成 ……………………………………………（115）

七、共有纠纷 ……………………………………………………（117）

（一）共有权确认纠纷 ……………………………………（117）

45. 共有人对共有的不动产或者动产没有约定为按份共有或者共同共有，或者约定不明确的，应视为按份共有还是共同共有? ………………………………………………………（117）

（二）共有物分割纠纷 ……………………………………（121）

46. 共同共有关系终止时，对共有财产应如何分割? …………（121）

（三）共有人优先购买权纠纷 ……………………………（125）

47. 共有人优先购买权的行使条件是什么，如何行使? ………（125）

> 办案依据集成 ……………………………………………（128）

第三章　用益物权纠纷

一、海域使用权纠纷 ……………………………………………（130）

48. 2002年1月1日，《海域使用管理法》颁布实行后，对海域的使用有何新的要求? ……………………………………（130）

　　　　📖 办案依据集成 …………………………………… (136)

二、探矿权纠纷 …………………………………………… (138)

　　49. 如何才能取得探矿权？ ………………………………… (138)

　　50. 什么情形下探矿权可以转让？ ………………………… (138)

　　　　📖 办案依据集成 …………………………………… (144)

三、采矿权纠纷 …………………………………………… (146)

　　51. 什么情形下采矿权可以转让？ ………………………… (146)

　　　　📖 办案依据集成 …………………………………… (155)

四、取水权纠纷 …………………………………………… (157)

　　52. 取水权取得的方式有哪些？ …………………………… (157)

　　　　📖 办案依据集成 …………………………………… (159)

五、养殖权纠纷 …………………………………………… (160)

　　53. 单位或个人使用国家规划确定用于养殖业的全民所有的水域、滩涂，应履行何种程序？ ………………………… (160)

　　　　📖 办案依据集成 …………………………………… (163)

六、捕捞权纠纷 …………………………………………… (164)

　　54. 怎样才能享有捕捞权？ ………………………………… (164)

　　55. 捕捞许可证如何才能取得？ …………………………… (164)

　　　　📖 办案依据集成 …………………………………… (169)

七、土地承包经营权纠纷 ………………………………… (170)

　　（一）土地承包经营权确认纠纷 …………………………… (170)

　　56. 公民因婚姻关系而获得的土地承包经营权，离婚后是否还受法律保护？ ……………………………………… (170)

　　57. 土地承包经营的期限为多长，从何时开始？ ………… (170)

（二）承包地征收补偿费用分配纠纷 …………………… (172)

  58. 承包期内，承包方全家迁入小城镇落户的，是否丧失对土地的承包经营权？ …………………………………… (172)

  59. 承包期内，承包地被征收的，承包方可以请求补偿的费用有哪些？ ……………………………………………… (172)

  60. 承包期内，承包方将土地转包、出租，土地又被征收的，地上附着物和青苗的补偿费如何分配？ ……………… (172)

（三）土地承包经营权继承纠纷 …………………………… (177)

  61. 承包人死亡的，其继承人可否要求在承包期内继续承包？ …… (177)

  62. 承包人死亡的，承包人应得的承包收益，是否可以依照继承法的规定继承？ ……………………………………… (178)

  📖 办案依据集成 …………………………………………… (181)

八、建设用地使用权纠纷 …………………………………… (193)

  63. 设立建设用地使用权有哪几种方式？ ………………… (193)

  64. 哪些建设用地可以采取划拨的方式？ ………………… (193)

  65. 土地使用权出让应履行何种程序？ …………………… (193)

  📖 办案依据集成 …………………………………………… (197)

九、宅基地使用权纠纷 ……………………………………… (201)

  66. 宅基地使用有哪些注意事项？ ………………………… (201)

  67. 农村村民出卖、出租住房后，能否通过申请，再次获得宅基地？ ………………………………………………… (201)

  📖 办案依据集成 …………………………………………… (204)

十、地役权纠纷 ……………………………………………… (205)

  68. 设立地役权，当事人应当采取书面形式订立地役权合同，地役权合同应包括哪些内容？ …………………………… (205)

  69. 地役权合同解除的条件有哪些？ ……………………… (205)

办案依据集成 ··· (209)

第四章　担保物权纠纷

一、抵押权纠纷 ··· (211)

　（一）建筑物和其他土地附着物抵押权纠纷 ······························· (211)

　　70. 以建筑物抵押的，该建筑物占用范围内的建设用地使用权是否一并抵押，以建设用地使用权抵押的，该土地上的建筑物是否一并抵押？ ··· (211)

　　71. 抵押权何时设立，应采取何种方式订立抵押合同？ ········· (211)

　　72. 抵押权人与抵押人未就抵押权实现方式达成协议的，如何处置抵押财产？ ································· (211)

　（二）在建建筑物抵押权纠纷 ··· (214)

　　73. 以依法获准尚未建造的或者正在建造中的房屋或者其他建筑物抵押的，抵押是否有效？ ···················· (214)

　　74. 抵押物折价或者拍卖、变卖所得的价款，当事人没有约定的，按何种顺序清偿？ ·································· (215)

　（三）建设用地使用权抵押权纠纷 ··· (221)

　　75. 地上建筑物所有权转让后，就其占用范围内国有土地使用权单独抵押的，抵押行为是否有效？ ···················· (221)

　　76. 事后抵押是否有效？ ·· (230)

　　77. 法院的民事调解书只确定了抵押人以其抵押的土地使用权对借款承担抵押责任，未确定以抵押土地上的房产承担抵押责任，抵押权人是否对该土地上的建筑物享有优先受偿的权利？ ··· (236)

　（四）动产抵押权纠纷 ·· (239)

　　78. 抵押人以没有所有权但合法占有的动产作为抵押物，其抵押行为是否有效，善意抵押权人对动产抵押权的取得是否适用善意取得制度？ ··· (239)

（五）在建船舶抵押权纠纷 …………………………………… (244)

79. 在建船舶抵押人违反主合同有关支付造船价款的约定时，抵押权人是否可主张行使船舶抵押权？ …………… (244)

80. 抵押权未经由抵押权人和抵押人共同向船舶登记机关办理登记的，能否对抗第三人？ ………………………… (244)

81. 接受抵押船舶转租的次承租人是否属于第三人的范畴？ … (244)

82. 抵押船舶已被扣押并变卖的，抵押权人是否可从变卖所得价款中优先受偿？ …………………………………… (250)

83. 既有船舶抵押权，又有保证人的保证担保时，保证人如何承担保证责任？ ……………………………………… (251)

（六）最高额抵押权纠纷 …………………………………… (254)

84. 最高额抵押人有关"基础合同关系发生的期间即为抵押权的存续期间，该期间一旦届满，抵押权丧失"的主张，法院应否支持？ …………………………………………… (254)

85. 有关最高额抵押权存续期间与所担保的主债权的发生期间相同的约定和登记是否有效？ ……………………… (255)

86. 最高额抵押合同未将非经划拨的国有土地使用权一并抵押，且未另行办理抵押登记手续的，是否影响抵押效力？ ……………………………………………………………… (257)

87. 董事会决议为他人贷款提供最高额抵押担保签订的协议是否具有法律效力？ ……………………………………… (262)

办案依据集成 …………………………………………………… (265)

二、质权纠纷 ………………………………………………………… (277)

（一）动产质权纠纷 ………………………………………… (277)

88. 质权人因怠于行使质押权利，导致质物贬值，是否应承担赔偿责任？ ………………………………………………… (277)

89. 赔偿数额如何确定，能否冲抵债务人的贷款本息？ ……… (277)

90. 当事人关于借款到期不能偿还时，质物可归质权人所有的约定是否具有法律效力？ ……………………………… (277)

(二) 票据质权纠纷 ……………………………………………… (279)

91. 质押背书是票据质权的对抗要件还是取得要件？ ………… (279)
92. 载明"不得转让"的票据能否出质？ ……………………… (284)

(三) 债券质权纠纷 ……………………………………………… (286)

93. 作为质权人的银行是否应对质押账户内的国债的真实性和所处状态负有审慎审查的义务？ ……………………… (286)
94. 如果其明知质押账户内的国债在出质时已经处于回购状态，对因此质物价值可能减少带来的损失应如何承担责任？ …………………………………………………………… (286)

(四) 存单质权纠纷 ……………………………………………… (300)

95. 以虚开的存单质押的法律效力如何？ …………………… (300)
96. 核押是否影响存单质权的成立？ ………………………… (305)
97. 存单核押有着何种法律意义？ …………………………… (309)
98. 如何认定存单核押已经完成？ …………………………… (309)
99. 没有实际存款关系，在金融机构流落在外的空白真实的存单上，当事人为了诈骗目的而填写属于伪造、编造还是虚开存单的哪种情况？ ……………………………… (316)
100. 以这种虚假存单进行借款质押担保，构成民事欺诈，如果当事人没有提出撤销或者变更的主张，该借款担保合同是否有效？ ……………………………………………… (316)

(五) 仓单质权纠纷 ……………………………………………… (322)

101. 进仓单是否具有权利凭证性质？ ………………………… (322)
102. 将进仓单退回出质人是否意味着质权人放弃或者怠于行使质押权？ …………………………………………………… (322)

（六）提单质权纠纷 ……………………………………………… (328)

  103. 托运人为融资将提单质押给银行并取得押汇款项，而承运人未凭正本提单交付货物，导致押汇银行收不到货款，是否侵犯了押汇银行的质押权并是否应当承担赔偿责任？ ……………………………………………………… (328)

（七）股权质权纠纷 ……………………………………………… (332)

  104. 行政规章和担保法有关股份质押生效要件的规定相冲突时，如何适用？ ………………………………………………… (332)

  105. 一方当事人以"借款合同中约定保证人出具的担保书中须经公证才能生效"主张担保书无效，但担保书中并无公证的约定，法院如何处理？ ……………………………………… (332)

  106. 股份有限公司成立不满1年的发起人将股份设定质押担保，但将质权实现的时间约定在公司成立满3年以后，股权质押担保是否有效？ ………………………………………… (337)

（八）出质后转让对质权的影响？ ………………………………… (345)

  107. 应收账款出质后转让对质权的影响？ …………………… (345)

  📖 办案依据集成 ………………………………………………… (348)

三、留置权纠纷 ……………………………………………………… (354)

  108. 债权人的债权未届清偿期，但其交付占有标的物的义务已届履行期，是否可以直接行使留置权？ …………………… (354)

  📖 办案依据集成 ………………………………………………… (357)

第一章 物权保护纠纷

一、物权确认纠纷

(一) 所有权确认纠纷

1. 拆迁安置权益应如何确定归属与分配?

房屋拆迁安置权益属房屋所有权的综合性权能,一般包括被拆房屋补偿款、搬迁费用、新建房屋补贴、新建房屋土地使用权等。应以被拆迁房屋的所有权权属决定拆迁安置权益的归属,共有人之间有权通过协议予以分割。

2. 可否依据房屋建造行为主张房屋所有权?

在他人享有使用权的土地上建造房屋而形成附和的,房屋所有权一般归属于土地使用权人。对参与房屋建造的非土地使用权人所进行的补偿不仅仅包括金钱给付,在特定身份关系下亦应包括居住使用权益。

典型疑难案件参考

胡田云诉汤锦勤、王剑峰所有权确认纠纷案(《最高人民法院公报案例》2011年第12期,总第182期)

基本案情

被告汤锦勤、王剑峰原为夫妻,原坐落在兰溪市曹家路13号的共二间三层房屋系其二人的共同财产。2000年1月双方协议离婚。离婚协议约定:儿子汤弘波由汤锦勤负责抚养。共同财产房屋二间三层中,第二层归王剑峰所有,第一层、第三层归汤锦勤所有。楼梯间双方共同使用。房屋如拆迁,经济补偿费三分之一给王剑峰。2004年3月，汤锦勤与原告胡田云登记结婚。2006年7月，因曹家路拓宽需拆迁坐落在兰溪市曹家路13号共二间三层的房屋。当地村委会安排地基建造新房，王剑峰要求参与建房，汤锦勤不同意共建。经过协商，二人于同年7月8日在当地村委会见证下签订协议，其第3条关于住房分割约定如下：如安排地基新建住房（此房不能低于三层）由汤锦勤造，建成后的住房不准出售、抵押和转让。一至二层归汤锦勤所有，二层以上归汤弘波所有。楼梯间供双方共同使用。汤锦勤百年后一至二层归合法继承人汤弘波所有。同年7月21日，兰溪市建业房屋拆迁有限公司与汤锦勤签订集体土地房屋拆迁补偿安置协议书。按双方约定，王剑峰领取房屋拆迁补偿款90000元。汤锦勤在村委会安排的土地上建造了现位于兰溪市云山街道莲花新区福兴村27幢1JHJ房屋一幢。2010年6月，汤锦勤儿子汤弘波起诉至法院，要求确认兰溪市云山街道莲花新区福兴村27幢1JHJ的房屋三至四层归其所有。

一审诉辩情况

原告胡田云诉称：被告王剑峰系被告汤锦勤的前妻，二人于2000年1月离婚，双方对位于兰溪市曹家路13号的房屋及子女抚养约定如下：房屋两间三层，第一、三层归汤锦勤所有，第二层归王剑峰所有。婚生子汤弘波由汤锦勤抚养。如拆迁赔偿，王剑峰分割三分之一。原告离异后与汤锦勤于2004年3月26日登记结婚。2006年7月，曹家路13号房屋因道路拓宽改造被拆除，共计获得各类补偿款270000余元，按照离婚协议，王剑峰从兰溪市拆迁办领走拆迁补偿费90000元，其余由汤锦勤领取。后原告与汤锦勤共同出资建造位于兰溪市云山街道莲花新区福兴村27幢1JHJ房屋一幢，并与汤锦勤、汤弘波及原告儿子一起居住在该房屋中。2009年10月左右，王剑峰以原告建造房屋属汤弘波与汤锦勤共有为由，要求村委会进行调解，分割属于汤弘波个人所有的房产。原告此时得知汤锦勤与王剑峰已就新建房产进行了协议分割。因原告认为协议损害了其权益，调解未能成功。2010年6月，汤锦勤儿子汤弘波起诉，要求法院确认兰溪市云山街道莲花新区福兴村27幢1JHJ的房屋三至四层归汤弘波所有。原告认为，汤锦勤与王剑峰的房产已被政府拆迁掉且王剑峰的补偿款也已经领走，无权对属于原告与汤锦勤共有的兰溪市云山街道莲花新区福兴村27幢1JHJ房屋进行处分。请求法院确认汤锦勤与王剑峰于2006年7月8日签订的关于房屋拆迁补偿和房产分割协议中的第3条无效。

被告汤锦勤辩称，汤锦勤与被告王剑峰于2000年离婚，当时双方约定二间三层房屋中的第二层归王剑峰。汤锦勤与原告胡田云于2004年结婚。房屋被拆迁前汤锦勤与王剑峰在村里签订了协议，约定新建房屋的第一、二层归汤锦勤所有，第三层以上归儿子汤弘波所有。因怕被责怪汤锦勤未将协议事项告知胡田云。汤锦勤领到的补偿款180000元，其中20000多元用于归还老房子遗留的债务，其余均用于造房，新房子造价约300000元。

被告王剑峰辩称，按照离婚协议，原告胡田云对被拆迁房屋没有所有权份额。按照离婚时王剑峰与被告汤锦勤口头约定，因儿子汤弘波由汤锦勤抚养，被拆迁房屋第一、三层归汤锦勤，其中一层是归儿子所有。第二层归王剑峰所有。房屋拆迁补偿款中儿子也有一份，二间三层的老房子是与别人拼起来造的，确实借了一笔钱。在2006年房屋列入拆迁后，王剑峰要求把儿子份额单独列出，否则由其自己建造房屋，汤锦勤不同意。双方后在村委会盖章见证下签订了一份拆迁安置权益分配协议。

一审裁判结果

一审法院依照最高人民法院《关于民事诉讼证据的若干规定》（以下简称《若干规定》）第1条、第2条，《中华人民共和国民法通则》（以下简称《民法通则》）第58条之规定，判决如下：驳回原告胡田云的诉讼请求。

一审裁判理由

一审法院经审理认为，原坐落在兰溪市曹家路13号房屋共二间三层是被告汤锦勤、王剑峰共同财产。房屋拆迁后所得的补偿金及由村安排地基新建住房是物的形态转变。汤锦勤、王剑峰有权对自己所有的财产享有处分权，所签订的协议是汤锦勤与王剑峰真实意思表示。诉争房虽系原告胡田云与汤锦勤婚后建造，但胡田云未能提供建造房屋的出资证据，其认为汤锦勤与王剑峰所签协议侵犯其合法权益，证据不足，故不予支持。

二审诉辩情况

胡田云上诉称：（1）被拆迁的曹家路13号二间三层房屋中仅有第二层2间和第三层1间属被上诉人汤锦勤与王剑峰的夫妻共同财产，其余属汤锦勤的婚前财产，两人在离婚时一并予以分割，已有利于王剑峰。（2）王剑峰已如数领到属于自己份额的拆迁房屋补偿款和地基复建费合计90000元，无权对上诉人与汤锦勤共建的新房提出任何要求。（3）汤锦勤与王剑峰达成的拆迁安置协议系王剑峰一手炮制，借用村干部参与迫使汤锦勤签字，完全剥夺了上诉人合法的房产权益，是违法的、无效的。（4）原房屋和拆迁后新建房屋是两个不同组合的房屋所有权。原房屋按离婚协议属汤锦勤与王剑峰的共同财产，但该房屋拆迁后的新建房屋属于上诉人与汤锦勤的夫妻共同财产。（5）上诉人在二审中将提供建设新房的出资证据，总共支出款项人民币322351元。综上，请求撤销原判，依法改判。

被上诉人汤锦勤辩称：被拆迁的曹家路13号二间三层房屋中仅有第二层2间和第三层1间属汤锦勤与被上诉人王剑峰的夫妻共同财产，第一层2间与第三层1间系其与母亲共建的，在与王剑峰离婚分割时，未征得母亲同意。

被上诉人王剑峰辩称：因其对老房子有1/3的份额，根据拆迁政策，有权重新获得地基建房。按照与被上诉人汤锦勤有关拆迁安置的协议，被上诉人并未参与到建房，但是汤锦勤与上诉人胡田云的建房行为侵害了其土地使用权。王剑峰与汤锦勤签订有关拆迁安置的协议完全是为了维护双方共同婚生子的利益。

二审裁判结果

浙江省金华市中级人民法院依照《中华人民共和国民事诉讼法》（以下简称《民事诉讼法》）第153条第1款第1项之规定，判决如下：驳回上诉，维持原判。

二审裁判理由

金华市中级人民法院二审认为：

1. 关于兰溪市曹家路13号二间三层房屋的权属。上诉人胡田云提供的证据与被上诉人王剑峰提供的证据均涉及被拆迁房屋的权属问题，涉及的案外利害关系人为被上诉人汤锦勤的母亲童秀莲，与作为上诉人的胡田云无关，且童秀莲对汤锦勤与王剑峰于1999年达成的离婚协议中对被拆迁房屋的权属分配至今未提出异议。房屋拆迁补偿安置协议亦由汤锦勤出面签订并履行完毕，因此在本案中应以离婚协议作为认定被拆迁房屋权属的依据，可认定坐落于兰溪市曹家路13号二间三层房屋属王剑峰与汤锦勤两人共有。

2. 关于拆迁安置权益的归属与分配。根据不动产所有权的固有法律属性和房屋拆迁安置过程中普遍性的政策规定，安置权益属房屋所有权的综合性权能，一般包括被拆房屋补偿款、搬迁费用、新建房屋补贴、新建房屋土地使用权等。因被上诉人汤锦勤与王剑峰于1999年达成的离婚协议约定，坐落于兰溪市曹家路13号二间三层房屋属两人共有，故源自该房屋所有权的拆迁安置权益属于汤锦勤与王剑峰共有，两人有权就安置权益的具体分配进行协商确定。分析有关安置权益分配协议的签订过程，王剑峰起先虽主张单独享有安置权益特别是新建房屋土地使用权，但在共同将新建房屋作出维护共同婚生子汤弘波利益的处分后，其同意由汤锦勤单独享有新建房屋土地使用权，安置权益中的其他部分则以1/3为基本原则予以享有。故汤锦勤与王剑峰达成的有关安置权益分配的协议总体利益平衡，不存在显失公平之处。

3. 上诉人胡田云可否依据房屋建造行为主张房屋所有权。因由被上诉人汤锦勤独自享有新建房屋土地使用权，即被上诉人王剑峰退出新房建设，上诉人胡田云作为汤锦勤的现任妻子，必然参与其中，但因胡田云与汤锦勤对拆迁安置各项补偿款 160000 余元被投入安置房建造的事实无异议，结合黄龙洞村村书记和村主任在一审法院调查笔录中对安置房每平方米造价的陈述，安置房建造无须显著追加投入，且决定安置房权属的关键因素在于土地使用权而非建造成本，追加投入之一半亦属汤锦勤有权处分，故胡田云对本案诉争房屋虽有一定贡献，但据此不足以作为其享有房屋所有权份额的依据，且该贡献与其享有的居住使用权益基本相当。故汤锦勤与王剑峰达成的有关安置权益分配的协议并未损害胡田云的合法权益。

综上，对于被上诉人汤锦勤与王剑峰于 2006 年 7 月 8 日达成的有关拆迁安置权益分配协议中的第 3 款，上诉人胡田云主张无效的理由均不能成立。

> **3. 所有权确认纠纷中，对于双方当事人恶意串通、隐瞒事实、编织理由进行诉讼，企图通过法院的确权来实现非法目的的，人民法院应如何裁判？**
>
> 双方当事人恶意串通、隐瞒事实、编织理由进行诉讼，违反了《民法通则》第 4 条规定的诚实信用原则，应承担相应的法律责任。

> **4. 诉争标的被公安机关扣押后又发还，就诉争标的被扣押前完成的交易、交割行为是否就自然具有法律效力？**
>
> 解除扣押是公安机关的行为，公安机关这一在后的行为，既无法决定，也无法否定当事人在先行为的性质，解除扣押不会使当事人在先的违法行为自然成为合法有效的民事法律行为。

典型疑难案件参考

勋怡公司诉瑞申公司财产权属纠纷案（《最高人民法院公报》2004 年第 3 期，总第 89 期）

基本案情

原告上海勋怡企业发展有限公司（以下简称勋怡公司）与被告上海瑞申钢铁贸易发展有限公司（以下简称瑞申公司）的股东之间有亲属关系，业务活动交叉进行，系关联企业。2002 年 2 月 10 日，上海市公安局宝江分局（以下简称宝江分局）接到报案称，被告瑞申公司有合同诈骗嫌疑。2 月 11 日，宝江分局立案侦查。同日，瑞申公司将存放在宝山区宗福仓库（以下简称宗福仓库）的不锈钢转让给原告勋怡公司，同时将与此笔业务有关的介绍信、出库单、进库单的日期均倒签为 2002 年 2 月 7 日。公安机关于 2 月 22 日在宗福仓库扣押了 621.898 吨不锈钢，扣押物品清单由瑞申公司职员彭永耀、金钧琪签字；同日还在上海白鹤华新丽华特殊钢制品有限公司（以下简称白鹤公司）扣押了 2845.14 吨 160 方钢坯、1453.22 吨管坯，扣押物品清单由瑞申公司职员吕燕南与白鹤公司业务员姬玉华签字。3 月 19 日，宝江分局发还上述扣押钢材后，瑞申公司通过签订 3 份购销合同，向勋怡公司转让上述钢材。3 月 21 日，瑞申公司向勋怡公司交付了 SUS316L 不锈钢锭 167.399 吨，4 月 5 日又交付 SUS321 不锈圆棒 113.129 吨，宗福仓库尚存不锈钢 341.37 吨。

4 月 18 日，上海市宝山区人民法院（以下简称宝山法院）在一起票据纠纷案中，依法查封被告瑞申公司的财产时，查封了存放在宗福仓库的 341.37 吨不锈钢和存放在白鹤公司的 1400 吨 160 方钢坯，宗福仓库工作人员张彩英未提任何异议，并主动向法院提供了瑞申公司的财产清单，还在财产保全的笔录上签字盖章。

后原告勋怡公司诉至法院，要求确认存放在宗福仓库的 341.37 吨不锈钢和存放在白鹤公司的 1400 吨 160 方钢坯的所有权归勋怡公司所有，而原、被告双方均隐瞒了涉案财产在票据纠纷案中已被查封的事实。

一审诉辩情况

原告勋怡公司诉称：原告与被告有常年的业务合作，由于委托加工和买卖，双方之间经常会出现货物存放地点不变但所有权已易主的情况，因此对一部分钢材的归属发生争议。现存放在宗福仓库内的 341.37 吨不锈钢坯和钢锭，是原告于 2002 年 2 至 3 月间向被告购得，此笔买卖的合同、发票俱全，已完成货物所有权的转移；现存放在白鹤公司的 1400 吨 160 方钢坯，原本是原告进口后委托被告到白鹤公司加工用的，当然也归原告所有。请求确认这两笔货物的所有权归原告。

被告瑞申公司辩称：关于货物的归属，可通过查账确认，原告所诉基本属实。由于2001年初原告供给被告的1万吨钢坯存在质量问题，给被告造成很大损失，被告经多次交涉未果，遂将这两笔货物扣留。

一审裁判结果

上海市第二中级人民法院于2003年4月16日判决：原告上海勋怡企业发展有限公司的诉讼请求不予支持。

一审裁判理由

上海市第二中级人民法院认为：《民事诉讼法》第64条第2款规定："当事人及其诉讼代理人因客观原因不能自行收集的证据，或者人民法院认为审理案件需要的证据，人民法院应当调查收集。"

从人民法院依法收集的证据看，原告勋怡公司与被告瑞申公司是关联企业。在勋怡公司以发生财产权属争议为由提起的诉讼中，瑞申公司承认勋怡公司所诉属实。双方均隐瞒了涉案财产在票据纠纷案中已被查封的事实，又对自己主张的理由和依据的事实进行了不实陈述。双方当事人的行为，使本案失去了诉讼通常应有的对抗特点，表明当事人的本意并不在于解决财产权属争议，事实上也不存在财产权属争议，只是想要通过诉讼，使他们所主张的财产权属在法律上得到确认。

从现有证据看，2002年2月11日被告瑞申公司向原告勋怡公司转让钢材，是为了逃避公安机关的调查而转移资产，该行为因违法而不具有法律效力，因此至2002年2月22日宝江分局扣押时，存放在宗福仓库的不锈钢仍属瑞申公司所有。2002年3月19日，扣押的钢材发还后，瑞申公司虽与勋怡公司签订了购销合同，但至宝山法院查封时，仍有341.37吨不锈钢未办理交割手续，还属瑞申公司所有，宗福仓库也确认此事。

从现有证据看，2002年2月22日，宝江分局扣押存放在白鹤公司的钢材时，被告瑞申公司和白鹤公司均确认被扣押的钢材为瑞申公司所有。原告勋怡公司虽称这批钢材是瑞申公司于2002年2月8日返还给勋怡公司的，但对瑞申公司和白鹤公司为什么到2月22日还确认被扣押的钢材为瑞申公司所有，不能作出合理解释并提供相应证据。故勋怡公司要求确认存放在白鹤公司的1400吨160方钢坯为其所有，证据不足。

《民事诉讼法》第64条第1款规定："当事人对自己提出的主张，有责任提供证据。"最高人民法院《若干规定》第2条规定："当事人对自己提出的诉讼请求所依据的事实或者反驳对方诉讼请求所依据的事实有责任提供证据加以证明。""没有证据或者证据不足以证明当事人的事实主张的,由负有举证责任的当事人承担不利后果。"原告勋怡公司诉请确认存放在宗福仓库的341.37吨不锈钢和存放在白鹤公司的1400吨160方钢坯为其所有,证据不足,该诉讼请求不予支持。

二审诉辩情况

勋怡公司上诉称:(1)原审判决诉讼程序不当。原审主要是依据案外人宝山交行在票据纠纷案件中提交的证据进行判决。既然证据是案外人提交的,判决结果也与案外人存在法律上的利害关系,原审法院就应当追加案外人为本案诉讼当事人一并参加诉讼,却遗漏了这个重要当事人。(2)原审查明事实有误。上诉人与被上诉人曾于2002年2月7日、3月21日在宗福仓库办理了交割手续,宗福仓库确认该仓库的钢材属上诉人所有。宝山法院查封时,宗福仓库的职员张彩英曾向法院陈述过这一事实,只是张彩英的陈述没有被记入笔录。(3)原审对涉案钢材权属的认定错误。宝江分局调查时,被上诉人的职员是在受到逼迫的情况下作出不实陈述,被上诉人并不存在逃避追查、转移资产的行为。宝江分局发还了扣押钢材后,被上诉人于2002年2月7日、3月21日实施的交割行为就有了法律效力。所以,至宝山法院4月18日查封时,存放在宗福仓库的钢材,其所有权已属于上诉人。至于被上诉人的职员吕燕南和白鹤公司业务员姬玉华在宝江分局2002年2月22日的扣押财产清单上签字,只是该二人对强制扣押行为的见证,不表明该二人没有异议。宝江分局发还了扣押钢材后,上诉人与被上诉人继续履行2002年2月8日的货权转让协议,是合法有效的。宝山法院查封这批钢材时,白鹤公司已经当场提出钢材属上诉人所有。因此,原审判决在诉讼程序和事实认定方面都存在错误,请求二审改判或发回重审。

被上诉人瑞申公司同意上诉人勋怡公司的上诉意见。

二审裁判结果

上海市高级人民法院依照《民事诉讼法》第153条第1款第1项的规定,判决:驳回上诉,维持原判。

二审裁判理由

上海市高级人民法院认为:
1. 原审对本案证据材料的分析认定是合理的

上诉人勋怡公司认为,被上诉人瑞申公司的职员是在受到逼迫的情况下,向公安机关作了不实陈述,同时也是迫于司法机关的压力,才不得已在公安机关的扣押清单和法院的查封笔录上签字。原审不能以这些不实陈述和不反映真实意思的签字为依据，来确定涉案钢材的权属。勋怡公司没有提交宝江分局在询问中实施逼迫行为的证据，也未提交宝江分局和宝山法院在扣押、查封过程中对瑞申公司职员施加压力的证据。

从被上诉人瑞申公司职员的陈述中，可以认定以下基本事实：一是2002年2月11日下午，彭永耀、王绪赞、金钧琪等人在瑞申公司讨论了转移资金和库存；二是2月11日下午，金钧琪等人到宗福仓库办理了将钢材转让给上诉人勋怡公司的手续，并有意提前了出库单、入库单上的日期；三是存放在白鹤公司的钢坯，也属于瑞申公司库存资产。对这些基本事实所涉及的时间、地点、人物与情节，4人的分别陈述非常吻合。在无证据证明受公安机关逼迫的情况下，这4人的分别陈述由于能相互印证，因此具有很高的可信度。这4人的分别陈述已经明确指出，转移资金和库存就是为了逃避公安机关的侦查和逃避应承担的债务。原审据此认定，瑞申公司转移库存钢材的行为无效，是有充分依据的。

上诉人勋怡公司在本案一、二审中提交的证据可分为两类：一类是反映双方当事人之间交易情况和货物所有权情况的，包括货权转让协议、委托加工协议和出库、入库手续等证据；另一类是第三人从旁印证双方当事人之间的交易和货物所有权关系的，包括仓储协议、仓储发票和白鹤公司致勋怡公司的函件等证据。第二类证据的作用，在于进一步证明第一类证据要证明的事实，可以视为对第一类证据的补强。将勋怡公司提交的证据与原审采信的证据作一比较，可以看出：勋怡公司提交的第一类证据，主要是在勋怡公司与被上诉人瑞申公司之间形成的对勋怡公司有利的证据。勋怡公司与瑞申公司关系密切，属关联企业。从出证人与当事人的利害关系看，此类证据当然不及瑞申公司职员所作的陈述可信。其次，从证据内容看，勋怡公司的第一、二类证据，只反映双方当事人之间的交易和对货物所有权的安排，却不谈这些交易和安排产生的背景；而瑞申公司职员的陈述，既承认这些交易和安排的存在，更进一步揭示出这些交易和安排的背景以及当事人的动机，由此增加了证据的可信度。勋怡公司提交的第一、二类证据，不能反驳瑞申公司职员的陈述。原审将瑞申公司职员的陈述认定为本案证据，是合理的。

2. 原审对钢材所有权的认定具有事实根据和法律依据

关于存放在宗福仓库的钢材。上诉人勋怡公司认为，这批钢材既然被公安机关扣押后又发还，勋怡公司与被上诉人瑞申公司在钢材被扣押前完成的交易与交割行为就具有法律效力。

《民法通则》第58条规定，"恶意串通，损害国家、集体或者第三人利益的"和"以合法形式掩盖非法目的"的民事行为，自始不具有法律效力。双方当事人是为逃避司法侦查、逃避债务,在钢材被扣押前以交易和单证交割行为转移财产,这种行为因违法而无效的,而且是自始无效。解除扣押是公安机关的行为,公安机关这一在后的行为,既无法决定,也无法否定当事人在先行为的违法性质,解除扣押不会使当事人在先的违法行为自然成为合法有效的民事法律行为。因此,至宝山法院查封时,存放在宗福仓库的钢材不会因双方当事人的违法交易行为而改变所有权,仍应属被上诉人瑞申公司所有。

关于委托白鹤公司加工的钢材。上诉人勋怡公司认为,勋怡公司与被上诉人瑞申公司就这批钢材签订过货权转让协议。公安机关发还这批钢材后,货权转让协议应该继续履行,这批钢材的货权应属勋怡公司所有。

本案虽没有直接证据证明货权转让协议也是当事人为逃避侦查而签订的,但是被上诉人瑞申公司的总经理彭永耀2002年2月13日在回答宝江分局的询问时承认,存放在白鹤公司的2845.14吨160方钢坯和1453.22吨管坯属瑞申公司所有。对此,金钧琪、王绪赞的询问笔录也能印证。另外,在落款日期为2002年2月8日的货权转让协议上,代表转让方瑞申公司签字的,是瑞申公司职员吕燕南;而2月22日宝江分局扣押瑞申公司财产时,在扣押物品清单上签字的,还是瑞申公司的吕燕南。货权转让协议与瑞申公司职员的行为存在着种种矛盾,上诉人勋怡公司都没有作出合理解释,原审采信瑞申公司职员在公安机关的陈述,确认存放在白鹤公司的钢材归瑞申公司所有,是合理的。

3. 原审不存在遗漏当事人的程序错误

原审作为定案依据的证据,确实是案外人宝山交行在票据纠纷案中提交给法院的。但就本案而言,这些证据是人民法院依照《民事诉讼法》第64条赋予的职权,到其他案件中收集的证据。依照《民事诉讼法》第66条的规定,这些证据在法庭上出示并由当事人质证后,法院有权作出认定,没必要让宝山交行到庭。

《民事诉讼法》第56条规定,"对当事人双方的诉讼标的,第三人认为有独立请求权的,有权提起诉讼"。"对当事人双方的诉讼标的,第三人虽然没有独立请求权,但案件处理结果同他有法律上的利害关系的,可以申请参加诉讼,或者由人民法院通知他参加诉讼"。从此条规定可以看出,第三人进入诉讼,是经自己提起、申请,或者由人民法院通知。通知谁为第三人参加诉讼,属于人民法院酌情决定的权力。通常只有在认为诉讼结果可能会让案外人承担民事责任的情况下,人民法院才会通知其为第三人参加诉讼。就本案而言,无论判决结果如何,均不会由案外人宝山交行承担民事责任,故原审不通知宝山交行为第三人参加诉讼,不是遗漏重要当事人的程序错误。

4. 本案当事人应当为其恶意串通进行诉讼欺诈的行为承担不利后果

本案一审时,对上诉人勋怡公司的诉请,被上诉人瑞申公司起初还宣称要通过查账解决，继而就确认勋怡公司的诉请，表现出双方当事人不存在利益冲突，根本无须诉讼。在一审法院主持证据交换和庭审时，双方当事人都未提及涉案财产已被宝山法院查封的事实。直至原审法院得知查封情况后，双方当事人才不得不承认。双方当事人恶意串通、隐瞒事实、编织理由进行诉讼，企图通过法院的确权来对抗法院的查封，是诉讼欺诈行为，违反了《民法通则》第4条关于民事活动应当遵循诚实信用原则的规定。正是由于当事人不诚信的表现，引起和加重了原审法院对当事人诉称事实的合理怀疑。双方当事人应当为其恶意串通进行诉讼欺诈的行为承担不利的后果。

综上所述，一审认定事实和法律适用正确，也不存在程序错误。上诉人勋怡公司的上诉理由不能成立，应当驳回。

5. 提货单的交付，是否意味着指示交付的完成和所有权的转移？

交付是否完成是动产所有权转移与否的标准，动产由第三人占有时，则应进行指示交付。提货单的交付，仅意味着当事人的提货请求权进行了转移，在当事人未将提货请求转移事实通知实际占有人时，提货单的交付并不构成《中华人民共和国物权法》（以下简称《物权法》）第26条所规定的指示交付。

典型疑难案件参考

肯考帝亚农产品贸易（上海）有限公司与广东富虹油品有限公司、第三人中国建设银行股份有限公司湛江市分行所有权确认纠纷案（《最高人民法院公报》2012年第1期，总第183期）

基本案情

2008年4月18日，上诉人肯考帝亚农产品贸易（上海）有限公司（以下简称肯考帝亚公司）与被上诉人广东富虹油品有限公司（以下简称富虹公司）签订《货物代理进口协议》，约定肯考帝亚公司为富虹公司代理进口阿根廷大豆，肯考帝亚公司代理进口的马卡轮项下64000吨大豆到港后，富虹公司持马卡轮正本提单换取了提货单。7月24日，富虹公司为进口系争康劲轮货物向第三人中国建设银行股份有限公司湛江市分行（以下简称湛江建行）申请开立远期信用证，并于同日向湛江建行出具《信托收据》。

同年9月9日前，富虹公司从湛江建行处取得了系争康劲轮货物全套正本提单，并委托湛江市粤西进出口货运代理有限公司（以下简称粤西货代）报关。9月10日，肯考帝亚公司、富虹公司签订《质押合同》，约定：富虹公司以康劲轮全套海运提单及其项下的52231吨货物向肯考帝亚公司出质，肯考帝亚公司确认已经收到富虹公司交来的全套海运提单，富虹公司保证在两个月内与肯考帝亚公司以现货置换或向肯考帝亚公司付清货款。9月15日，肯考帝亚公司、富虹公司签订《确认书》，确认以"新货"换"旧货"的方式，由富虹公司向肯考帝亚公司偿还已提货未付款的大豆；富虹公司确认将康劲轮项下52231吨大豆的所有权转让给肯考帝亚公司，肯考帝亚公司确认将其所有的52231吨大豆的所有权转让给富虹公司；康劲轮项下52231吨大豆所有权转移给肯考帝亚公司后，前述《质押合同》自动失效。9月16日，康劲轮抵达湛江港。9月18日，富虹公司持正本海运提单向康劲轮船方换取得康劲轮项下52231吨大豆的提货单一套（五联），提货单位栏盖有富虹公司和湛江元亨船务代理有限公司（以下简称元亨公司）的公章。10月8日，肯考帝亚公司、富虹公司签订《货物置换协议》一份，载明：由于富虹公司未能如约提取马卡轮项下货物，货物质量将会发生变化，肯考帝亚公司、富虹公司就马卡轮、爱华轮和康劲轮项下货物予以置换。明细如下：富虹公司已将其所有的爱华轮项下35000吨大豆与由肯考帝亚公司代理富虹公司进口的马卡轮项下未付款、已先行提货的35000吨大豆进行了等量置换；富虹公司现将其所有的康劲轮项下52231吨大豆置换回用于第一次置换的爱华轮项下35000吨大豆以及马卡轮项下剩余的17231吨大豆，即康劲轮项下52231吨大豆所有权归属肯考帝亚公司，马卡轮项下17231吨大豆、爱华轮项下35000吨大豆归属富虹公司。同日，富虹公司向元亨公司出具委托书，告知其已按《货物置换协议》的约定，将康劲轮项下52231吨大豆所有权转让给肯考帝亚公司，现全权委托元亨公司代为办理上述货物交接和提取货物的手续。

同年12月10日，肯考帝亚公司、富虹公司就欠款事项进行了对账。12月16日，肯考帝亚公司、富虹公司在上海市签订《补充协议》，约定由《确认书》以及《货物置换协议》引发的有关争议，如双方协商不成，任何一方有权在合同签订地有管辖权的法院提起诉讼。

因富虹公司于议付日届满未向境外议付行承兑付款，湛江建行在扣除保证金2352万元后，于2008年12月3日代富虹公司向境外议付行垫款支付了信用证款项29322013.95美元，截至2009年7月31日，富虹公司偿还了该笔垫款的利息共141515.37美元，余款未付。湛江建行催讨未果，遂以富虹公司和富虹集团有限公司为被告，向湛江中院提起诉讼（〔2009〕湛中法民三初字第

3号)。2008年11月28日,湛江中院依湛江建行提起的诉前财产保全申请作出〔2008〕湛中法保字第29号民事裁定,并于同年11月30日轮候查封了爱华轮、康劲轮卸下存放在湛江港(集团)股份有限公司(以下简称湛江港公司)仓库的共约72000吨大豆(湛江中院受理的〔2009〕湛中法民三初字第1号案对该批大豆的查封为第一顺序查封)。2008年12月4日,肯考帝亚公司持提货单至湛江港公司要求提货,湛江港公司书面回复称:"如提货单上签章的提货单位与提交提货单的货主不一致,则提交提货单的货主应提交该签章单位同意向其转移货物所有权的相关文件。现贵公司向我公司提交提货单及上述货物所有权转移的文件要求提取货物,由于湛江中院已予以查封,故不能办理有关货物交接手续。我公司在确认法院解除查封后,如贵公司向我公司提交前述提货单及货物所有权转移的文件正本,则我公司同意将前述提货单项下合法通关进口的货物放给贵公司。"2008年11月28日,肯考帝亚公司以被查封康劲轮52231吨大豆属其所有为由提出保全异议,请求湛江中院解除查封。同年12月11日,湛江中院依湛江建行的申请裁定解除了对爱华轮约17600吨大豆的查封。2009年1月7日,湛江中院裁定准许上述〔2009〕湛中法民三初字第1号案的原告中国农业发展银行湛江市分行撤回起诉的申请后,本案的查封转为正式查封。2009年3月17日,湛江中院书面通知肯考帝亚公司,其对于康劲轮52231吨大豆的权属异议需经实体审理确定,故不予解封。考虑到长期存放影响大豆的品质,湛江中院于2009年3月23日裁定对该批大豆进行变卖,经实际交接清点,以单价2640元/吨的价格实际变卖51854.92吨大豆,获价款136896988.80元(未扣除应支付的关税、增值税及滞纳金、港口费等)存入湛江中院账户。湛江中院于2008年4月1日通知肯考帝亚公司作为该案无独立请求权第三人参加诉讼。2009年8月28日,湛江中院作出〔2009〕湛中法民三初字第3号民事判决,各方当事人均未上诉,该民事判决已生效。

2009年4月7日,肯考帝亚公司就康劲轮货物权属问题向上海市高级人民法院提起诉讼。

一审诉辩情况

肯考帝亚公司诉称:2008年6月,肯考帝亚公司将其进口的马卡轮项下10186.03吨阿根廷大豆,按约定单价人民币4075元/吨(以下未标明币种的均为人民币)转让给富虹公司。同年9月10日,富虹公司将其进口的康劲轮项下阿根廷大豆以及提单质押给肯考帝亚公司,9月15日、10月8日,双方签署的《确认书》、《货物置换协议》约定,肯考帝亚公司以马卡轮项下52231

吨阿根廷大豆与富虹公司康劲轮项下52231吨阿根廷大豆等量置换。富虹公司已将马卡轮上用于置换的大豆提走。由于富虹公司在履行与湛江建行之间借款合同过程中，未真实披露康劲轮大豆的权属，导致湛江建行认为存放于湛江港的52231吨大豆属于富虹公司所有，并于2008年11月28日申请广东省湛江市中级人民法院（以下简称湛江中院）予以查封。肯考帝亚公司为此向湛江中院提出保全异议，被告知"查封大豆的权属问题须经实体审理"而拒绝解封。肯考帝亚公司遂提起本案诉讼，请求判令富虹公司停止侵害其对康劲轮项下堆存于湛江港码头52231吨阿根廷大豆（价值212841325元）的所有权，并排除妨碍。2009年4月28日，湛江中院应湛江建行的申请，将系争大豆予以变卖并将变卖所得款提存。为此，肯考帝亚公司变更诉讼请求为：（1）确认康劲轮项下被查封、变卖的原堆存于湛江港码头52231吨阿根廷大豆的所有权归属肯考帝亚公司；（2）判决湛江中院提存的康劲轮项下52231吨阿根廷大豆的变卖款及相应利息归属肯考帝亚公司所有，并由肯考帝亚公司取得。

一审裁判结果

上海市高级人民法院依照《中华人民共和国合同法》（以下简称《合同法》）第133条、第174条、第175条，《物权法》第23条、第33条之规定，判决如下：对肯考帝亚公司的诉讼请求不予支持。

一审裁判理由

上海市高级人民法院经审理认为：

1. 关于本案与湛江中院信用证融资纠纷案是否属于一案两诉的问题

第三人湛江建行称，本案系争康劲轮货物权属问题已由湛江中院在信用证融资纠纷案件中进行了审理，故肯考帝亚公司的起诉属于重复诉讼。肯考帝亚公司则认为其在湛江中院信用证融资纠纷案中是无独立请求权第三人，不影响其向原审法院提起本案诉讼。富虹公司同意肯考帝亚公司的观点。

该院认为，我国民事诉讼法上的"一事不再理"原则，是指同一当事人就同一案件事实、同一诉讼标的不得重复提起诉讼，而诉讼标的是指案件所争议的民事法律关系或实体请求权。就本案而言，首先，本案与湛江中院信用证融资纠纷案件的请求权基础并不相同，本案是肯考帝亚公司基于其与富虹公司之间的易货合同法律关系起诉，而湛江中院信用证融资纠纷案件是湛江建行基于其与富虹公司之间的信用证法律关系以及信托收据法律关系起诉，两案的诉讼标的不具有同一性。其次，肯考帝亚公司在湛江中院信用证融资纠纷案件中系无独立请求权第三人，未能提出独立的诉讼请求，如果在本案中不允许其提出独立的诉请,实质上剥夺了其作为系争权属纠纷利害关系人的诉权。最后,湛江中院信用证融资纠纷案件虽已经一审判决并生效,但该判决书中对于系争康劲轮货物权属的认定属于已决事实,根据最高人民法院《若干规定》第9条的规定,当事人无须另行举证证明,但本案肯考帝亚公司如有足够证据推翻,该院仍可作出与上述已决事实不一致的认定。且富虹公司在湛江中院信用证融资纠纷案件中对湛江建行起诉的全部事实予以承认,而在本案中又表示系争康劲轮货物所有权已转移给肯考帝亚公司,富虹公司在上述两案中的陈述相互矛盾。因此,肯考帝亚公司提起本案之诉符合《民事诉讼法》关于起诉的条件,并不违反"一事不再理"的原则。

2. 关于信托收据的法律性质及其效力的问题

湛江建行认为信托收据是其与富虹公司之间存在信托合同关系的证明,同时亦是其享有对信托财产所有权的一种证明,因此本案系争康劲轮货物所有权应归其所有。肯考帝亚公司则认为信托收据并非物权凭证,第三人不享有系争康劲轮货物的所有权。富虹公司认为系争康劲轮货物所有权已转移给了肯考帝亚公司。

该院认为,信托收据作为在国际贸易中惯常使用的一种协议形式,其主要功能在于为开证申请人即进口商提供融资便利的同时,保障银行债权的安全。在我国现行法律框架下,一方面,信托收据并非在开证行与开证申请人之间建立了信托法律关系,其理由在于,根据我国《信托法》的规定,信托财产应当是委托人合法所有的财产或者财产权利,故开证行对于信用证项下单据享有财产权利是信托法律关系成立的合理性前提,而本案信托收据的约定与上述法律规定的基本逻辑相悖,故难以适用信托法的相关规定;另一方面,信托收据亦非表明在开证行与开证申请人之间形成了质押法律关系。因为我国《担保法》规定动产质押以转移占有为生效条件,而本案中开证行在取得全套海运提单后即交给开证申请人,开证行并不实际占有信用证项下单据或进口货物,故在开证行和开证申请人之间亦不存在合法有效的质押法律关系。因此,根据现行法律规定,可将信托收据视为进口商与开证行之间的一种无名合同,开证行依其与进口商之间在信托收据中的约定对信用证项下的进口货物拥有优先受偿权,但由于信托收据缺乏公示效力,故仅对进口商和开证行有约束力,任何一方不能以信托收据对抗善意第三人。

3. 关于肯考帝亚公司是否已取得系争康劲轮货物所有权的问题

根据我国《合同法》和《物权法》的相关规定,动产所有权自标的物交付时起转移,但法律另有规定或者当事人另有约定的除外。本案中,肯考帝亚公司与湛江建行之间就系争康劲轮货物的所有权归属各执一词。

该院认为：首先，本案系争康劲轮货物在进入仓库后，被湛江中院依法查封。肯考帝亚公司持相关凭证要求提货时，湛江港公司告知其在法院解除查封后方可持提货单及所有权转让的正本文件办理提货手续。其后，系争康劲轮货物被湛江中院裁定变卖。可见，肯考帝亚公司从未实际占有系争康劲轮的货物。

其次，正本海运提单是一种物权凭证，持有人拥有提单项下货物的占有权，而以正本海运提单向船方换取的提货单并不具有物权凭证的性质，仅能证明提货单上记载的货主或提货单位享有提货的权利，本质上属于债权凭证。本案中，肯考帝亚公司称富虹公司和元亨公司均系受其委托持正本海运提单换取提货单，但其举证不足以证明此节事实，且肯考帝亚公司持有的提货单上记载的提货单位是富虹公司。富虹公司在未向他人背书转让提单的情况下直接向康劲轮船方出示正本海运提单，并换取了记载其为提货单位的提货单，故肯考帝亚公司所称富虹公司向其交付系争康劲轮货物的行为并未完成。

综上，该院认为，系争康劲轮货物未交付给肯考帝亚公司，亦不存在法律规定的其他情形，其所有权未发生变动。因此，肯考帝亚公司要求确认系争康劲轮货物以及变卖款项归其所有、富虹公司停止侵权、排除妨碍的诉请，缺乏事实和法律依据，依法不予支持。至于肯考帝亚公司因未取得系争康劲轮货物所有权而遭受的损失，系其与富虹公司之间的债权债务关系，肯考帝亚公司可基于《货物置换协议》向富虹公司另行主张。

二审诉辩情况

肯考帝亚公司上诉称：

1. 原审法院对肯考帝亚公司以及富虹公司提交的证据认定不当，严重影响本案关键事实的查明。（1）肯考帝亚公司提交的元亨公司于2009年6月27日出具的《情况说明》，证明该公司代肯考帝亚公司取得正本提单，并完成提货。在本案中，根据客观情况，作为当事人的富虹公司认可肯考帝亚公司的证据，且富虹公司提供的证据可与该证据相印证；湛江建行并没有提出任何反驳证据，仅因为不知情且对其不利，而对证据的真实性不予认可。原审法院以"湛江建行对其真实性不予确认，肯考帝亚公司亦未能提供其他证据予以印证"为由，对上述证据不予采信，不确认肯考帝亚公司依据该证据所主张的事实，不符合法律规定。（2）关于富虹公司提供的袁伟锋的证人证词。袁伟锋是富虹公司的股东，肯考帝亚公司委托富虹公司和元亨公司代办有关手续时，袁伟锋是富虹公司这方面工作的负责人。富虹公司亦认可袁伟锋的意见是富虹公司的公司意见；袁伟锋的证人证词与肯考帝亚公司所提交的证据相印证,并不是孤证,应当予以采信。原审法院因为富虹公司的证据的形式有瑕疵而作出对肯考帝亚公司不利的判决,对肯考帝亚公司而言,明显不公平。(3)原审法院不应当然地采信湛江中院的判决。在该案中,肯考帝亚公司是无独立请求权的第三人,湛江中院并没有在主文中判决肯考帝亚公司没有取得货物的所有权,而是在推理中提及此问题。但其推理是基于一个错误的前提:空白背书提单不能转让。按照《海商法》第79条规定,指示提单:经过记名背书或者空白背书转让。在本案中,富虹公司向肯考帝亚公司空白背书转让提单并无不妥,而湛江中院的推理前提与法律的规定不一致。因此,结论也不可能符合法律规定。

2. 原审法院查明事实有误、适用法律不当。(1)原审法院对富虹公司向肯考帝亚公司交付整套海运提单事实查明有误。2008年9月5日,富虹公司向肯考帝亚公司的代理人元亨公司交付了整套的经富虹公司空白背书的海运提单。在庭审过程中,富虹公司也承认了提单交付的情况,其提交的证据及元亨公司的说明也可以相互印证以上事实。富虹公司交付提单之后,全套提单及其换回的提货单一直由肯考帝亚公司持有。原审法院没合理依据而拒绝采信肯考帝亚公司以及富虹公司的证据,导致查明事实有误。(2)原审法院对涉案空白背书提单的理解和适用法律有误。按照《海商法》第79的规定,空白背书的提单属于可以自由转让的提单。在本案中,富虹公司已经空白背书了提单,然后转让给肯考帝亚公司。原审法院认定富虹公司未向他人背书转让提单属认定事实有误、适用法律错误。(3)原审法院对富虹公司与元亨公司的代理行为查明有误,适用法律不当。在本案中,由于富虹公司是提单的通知方,且是有协助办理所有权转移给肯考帝亚公司的义务的易货合同当事方,肯考帝亚公司委托其与元亨公司作为肯考帝亚公司的代理人,代办提货的有关手续。按照《合同法》第402条和第403条的有关规定,受托人有权以自己的名义在委托人的授权范围内实施民事行为,包括与第三人订立合同。原审法院没有适用上述法律规定,认定富虹公司和元亨公司的代理行为。在肯考帝亚公司占有提单期间,富虹公司和元亨公司代为换单的行为的法律后果由被代理人肯考帝亚公司承担。(4)原审法院对提货单上的记载的查明有误。在本案中,富虹公司取得指示提单之后,在提单上空白背书,然后交付给肯考帝亚公司。因此,在富虹公司与元亨公司代肯考帝亚公司凭提单换取提货单时,船方收到的提单不是记名提单而是空白背书的指示提单,所以换取的提货单上没有载明收货人(收货人记载为To order)。事实上,中国湛江外轮代理有限公司(以下简称湛江外代)签发的提货单也没有载明收货人(或提货单位),而是肯考帝亚公司为了避免不必要的争议而要求富虹公司在提货单位一栏上加盖公章。湛江港公司的回复函亦肯定了肯考帝亚公司凭本案所涉的提货单提货的权利。原审法院对"换取了记载富虹公司为提货单位的提货单"的认定,明显与事实不相符。(5)原审法院对货物所有权转移的事实认定有误,适用法律不当。2008年9月15日,肯考帝亚公司和富虹公司通过易货已经取得对方货物的所有权。富虹公司向肯考帝亚公司交付了提单。肯考帝亚公司通过取得提单合法占有货物;2008年9月10日,富虹公司已经将康劲轮的提单项下的权利和货物向肯考帝亚公司出质,肯考帝亚公司取得货物的优先受偿权;2008年9月15日,双方对易货进行确认之后,康劲轮项下货物的所有权从双方予以确认时起,自富虹公司转移给肯考帝亚公司。

请求:(1)撤销原审判决;(2)确认康劲轮项下被查封、变卖的原堆存于湛江港码头的52231吨阿根廷大豆的所有权归属肯考帝亚公司;(3)湛江中院提存的康劲轮项下52231吨阿根廷大豆的变卖款及相应利息归属肯考帝亚公司所有;(4)本案诉讼费用由富虹公司和湛江建行承担。

富虹公司未作书面答辩。二审庭审时,富虹公司称:(1)一审判决后,富虹公司相关的主要领导已被拘留,账户被查封,故未提起上诉,对肯考帝亚公司的上诉没有意见;(2)湛江建行已全部收回货款,没有损失;(3)从2008年4月18日富虹公司与肯考帝亚公司签订货物进口代理协议,至同年9月4日湛江建行开出信用证、富虹公司与肯考帝亚公司签订质押合同确认书,均为客观事实,富虹公司并未与任何一方恶意串通,至于这些行为的效力如何,请人民法院依法确认。

湛江建行未作书面陈述。二审庭审时,湛江建行称:(1)涉案大豆已经被变卖,按照物权法的有关规定,物不存在时物权亦不能存在,而货币采用的是占有即所有的规则,故肯考帝亚公司的上诉请求不能成立。(2)湛江中院的调查笔录证明,一份正本提单已于2008年9月9日之前由富虹公司交付给了元亨公司,故富虹公司并未将全套正本提单转让给肯考帝亚公司。确认书和质押合同均签订于2008年9月9日之后,此时提单已经丧失了物权凭证的效力,相关事实的约定违反客观事实,其效力不应予以确认。(3)所有证据均证明富虹公司是货主,其与肯考帝亚公司之间不存在代理关系。请求驳回上诉,维持原审判决。

二审裁判结果

本院根据《民事诉讼法》第153条第1款第1项之规定,判决如下:驳回上诉,维持原判。

二审裁判理由

最高人民法院经审理认为：根据肯考帝亚公司的一审诉讼请求，本案实际为所有权确认纠纷，并非买卖合同纠纷，原审判决确定的案由不妥，应予纠正。

本案无涉外（港澳台）因素，各方当事人对本案法律适用无异议，本院予以确认。

根据肯考帝亚公司二审庭审时的陈述，其认为原审判决在富虹公司于2008年9月18日以正本提单提取提货单的事实认定上有误，其他事实则是客观的。对于该部分事实，肯考帝亚公司认为富虹公司于2008年9月5日将涉案提单向其进行了交付（空白背书），其后，两个公司之间就提货形成了委托代理关系。为此，肯考帝亚公司提供了袁伟锋的证人证言、元亨公司出具了《情况说明》。肯考帝亚公司认为，该两份证据证明了涉案提单已经背书转让给了肯考帝亚公司，而富虹公司是接受其委托进行的以提单换取提货单。

根据湛江中院〔2009〕湛中法民三初字第3号民事判决（已生效）确认的事实以及涉案提货单留底联的内容，可以认定以下事实：2008年9月9日之前，富虹公司向湛江外代出示康劲轮项下货物的正本海运提单，要求换取提货单。同日，富虹公司领取了提货单报关联，并于同日委托粤西货代报关。同年9月18日，富虹公司收到提货单一套（五联）。

肯考帝亚公司在涉案提单何时由富虹公司交付给其的前后陈述以及其提交的相关证据内容并不一致：原审法院2009年5月21日的谈话笔录中，肯考帝亚公司称涉案提单是于质押合同签订时由富虹公司交付给其，再由其在富虹公司协助下交给承运人；《情况说明》和袁伟锋证人证言则又称提单是由元亨公司和富虹公司一起交给承运人；原审法院2009年9月25日庭审时，肯考帝亚公司则又称元亨公司于2008年9月5日代其收取提单。本院认为，肯考帝亚公司的陈述以及《情况说明》、袁伟锋的证人证言不足采信。根据查明的事实，虽然富虹公司是于2008年9月18日才收到提货单，但富虹公司已于2008年9月9日即已向湛江外代出示提单并换取了提货单报关联。本案涉及的提单是不记名指示提单，按照海商法的有关规定。该提单固然可以经空白背书转让，但无论是质押合同，还是确认书、货物置换协议，均是在2008年9月9日之后签订，此时，富虹公司已经不可能将全套正本提单转让给肯考帝亚公司。而肯考帝亚公司亦没有直接证据证明其于2008年9月5日即合法占有提单。因此，肯考帝亚公司关于其于2008年9月5日收到富虹公司交付的涉案提单的主张缺乏事实依据。本院不予支持。

关于肯考帝亚公司与富虹公司之间是否存在委托代理关系的问题。目前肯考帝亚公司并没有直接证据证明其与富虹公司之间存在委托代理关系，而元亨公司出具的《情况说明》以及袁伟锋的证人证言与提货单记载富虹公司为提货单位的内容不符，上述证据不足以证明委托代理关系的存在。事实上，从报关以及换单事实看，涉案大豆的货主是富虹公司，亦是由富虹公司直接向湛江外代以提单换取了提货单。因此，肯考帝亚公司关于其与富虹公司之间存在委托代理关系的主张缺乏事实依据，本院不予支持。

根据前述分析，涉案提单并未由富虹公司转让给肯考帝亚公司，而是由富虹公司持有并换取了提货单，这从提货单上记载富虹公司为提货单位亦可以得到印证。故肯考帝亚公司关于其已通过取得提单合法占有涉案货物的主张缺乏事实依据。根据我国《物权法》第23条的规定，动产物权的设立和转让，自交付时发生效力。交付是否完成是动产所有权转移与否的标准。本案系争货物存放于湛江港，属于第三人占有情形，在本案不存在直接交付的情况下，只能采用指示交付的方式。因此，富虹公司是否完成了指示交付是认定争议货物所有权是否已经完成转移的关键。首先，肯考帝亚公司与富虹公司并没有证据证明提货单何时交付，肯考帝亚公司持有提货单向湛江港公司请求提取货物时，涉案大豆已经处于查封状态。其次，最高人民法院《关于适用〈中华人民共和国担保法〉若干问题的解释》第88条规定，出质人以间接占有的财产出质的，以质押合同书面通知占有人时视为移交。根据该条规定精神，本案提货单的交付，仅意味着富虹公司的提货请求权转移给了肯考帝亚公司，在富虹公司未将提货请求转移事实通知实际占有人时，提货单的交付并不构成我国《物权法》第26条所规定的指示交付。因此，富虹公司未完成向肯考帝亚公司交付涉案大豆的行为，涉案大豆的所有权未发生变动。肯考帝亚公司关于其为涉案大豆所有权人以及涉案大豆提存款归其所有的上诉请求缺乏事实和法律依据，本院不予支持。

综上，肯考帝亚公司的上诉请求无理，本院不予支持，原审判决认定事实基本清楚，适用法律正确，应予维持。

6. 利害关系人是否可以直接请求相关部门确认房屋所有权的归属？

依现行法律、行政法规，当事人可以直接向人民法院、行政机关或者仲裁机构等请求确认物权。

7. 更正登记、异议登记是否是当事人提起确认之诉的必经程序和前置程序？

申请更正登记、异议登记是法律给予真正权利人或者利害关系人一项具有保护功能的临时性措施，并不是真正权利人或者利害关系人提起民事确认之诉的强制性规定，亦非当事人提起确认之诉的必经程序和前置程序。

典型疑难案件参考

文玉诉何月祝、陈昌海房屋所有权确认纠纷案

基本案情

2000年3月，原告文玉与第三人陈昌海夫妻共同以14.8万元的价格向台湾籍的黄成佑购买房屋（万宁市万城镇华侨街7号一间三层楼房）后，第三人陈昌海于2000年5月30日办理该房产所有权证过户手续时，将该房屋所有权登记在其名下。2004年12月9日，陈昌海申请将该房产变更登记为其本人与其母何月祝共同共有的财产。2008年4月，原告文玉起诉与第三人陈昌海离婚，经法院判决不准离婚后，文玉前往万宁市房管局对该楼房登记情况进行查询时，发现第三人陈昌海已于2004年12月9日将该房产变更登记为其本人与被告何月祝共同共有。文玉主张该变更登记行为其本人根本不知情，遂于2008年6月12日向万宁市房管局提起房产保全申请，即日万宁市房管局受理了文玉房产保全申请。2008年6月21日，文玉向万宁市房管局申请对该房产进行更正登记，万宁市房管局对申请人文玉的更正登记不予受理，故文玉诉至法院。

一审诉辩情况

原告文玉诉称：原告文玉、第三人陈昌海系夫妻关系，被告何月祝与第三人陈昌海是母子关系。被告何月祝与第三人陈昌海在原告文玉毫不知情的情况下，于2004年12月对该房进行重大处分即把被告何月祝作为该房屋的共有人，侵害了原告对该房屋共有权的合法权益，故向法院起诉，请求法院判决：（1）确认其和陈昌海是万城字第05071号房屋的共同共有人；（2）确认何月祝不是万城字第05071号房屋的共同共有人；（3）何月祝与陈昌海共同负担本案的全部诉讼费用。

被告何月祝辩称：办理万城字第 05071 号房产所有权为共有，是自己以积蓄替原告文玉和第三人陈昌海还债，经三人之间充分协商达成的一致意见，并且原告文玉和第三人陈昌海还答应照顾第三人陈昌海妹妹将来的生活，该结果是双方的真实意思表示。

第三人陈昌海述称：原告文玉所称 2004 年 12 月房产权登记办理产权变更是本人也是原告文玉自愿的，不存在任何隐瞒。

▶ 一审裁判结果

万宁市人民法院依照《婚姻法》第 17 条、《物权法》第 19 条规定，判决如下：

一、确认位于万宁市万城镇华侨街 7 号一间三层楼房（房权证号为：万宁市房权证万城字第 05071 号）的房屋所有权是原告文玉和第三人陈昌海夫妻共同共有的财产；

二、确认位于万宁市万城镇华侨街 7 号一间三层楼房（房权证号为：万宁市房权证万城字第 05071 号）的房屋所有权，被告何月祝不是该房屋的共有人。

▶ 一审裁判理由

万宁市人民法院经审理认为：诉争房屋系文玉与陈昌海夫妻于 2000 年 3 月共同以 14.8 万元的价格向台湾籍的黄成佑购买，陈昌海于 2000 年 5 月 30 日办理房产所有权证过户手续时，只登记在其自己的名下，但该楼房是夫妻关系存续期间购买，是属夫妻共同财产，即文玉应是该楼房的产权共同共有人。而 2004 年 12 月 9 日陈昌海变更登记为其与其母亲（何月祝）共同共有，文玉主张变更登记其根本不知情，事实上审查申请变更登记表上没有文玉签名，故文玉主张变更登记其根本不知情的理由成立，应予采信。而何月祝与陈昌海却抗辩称，是经文玉同意才办变更登记的，但没有任何证据佐证和证明，故其抗辩理由不成立，不予采信。陈昌海申请变更登记不动产登记簿记载的物权状况与实际权利不相符，该变更不动产登记存在瑕疵，其行为是侵害了文玉的共有财产权利。故应更正该变更登记为文玉与陈昌海共有，而不是陈昌海与何月祝共有，故原告文玉的诉讼请求有理，应予支持。

▶ 二审诉辩情况

上诉人何月祝上诉称：一审法院认定事实不清，对双方提供的证据核对质证予以采信和认定存在明显的错误，导致一审的判决错误。请求撤销万宁市人民法院〔2008〕万民初字第 413 号民事判决，驳回被上诉人的起诉。

被上诉人文玉辩称：上诉人何月祝和原审第三人陈昌海关于双方对于万城字第 05071 号楼房属夫妻共有财产均无异议，上诉人称其替被上诉人和第三人还债，被上诉人同意将房产分割的理由除了其本人的陈述，并无其他证据证明，故请二审法院驳回上诉，维持原判。

原审第三人陈昌海述称：2004 年 12 月房产权登记办理产权变更是本人也是被上诉人文玉自愿的，不存在任何隐瞒。请求法院作出公正裁判。

二审裁判结果

海南省第一中级人民法院依照《物权法》第 19 条、《民事诉讼法》第 108 条的规定，裁定撤销海南省万宁市人民法院〔2008〕万民初字第 413 号民事判决；驳回被上诉人文玉的起诉。

二审裁判理由

海南省第一中级人民法院二审经审查认为：本案属房屋所有权确认纠纷。《物权法》第 19 条规定："权利人、利害关系人认为不动产登记簿记载的事项错误的，可以申请更正登记。不动产登记簿记载的权利人书面同意更正或者有证据证明登记确有错误的，登记机构应当予以更正。不动产登记簿记载的权利人不同意更正的，利害关系人可以申请异议登记。登记机构予以异议登记的，申请人在异议登记之日起十五日内不起诉，异议登记失效。异议登记不当，造成权利人损害的，权利人可以向申请人请求损害赔偿。"按照该条第 2 款的规定，不动产登记簿记载的权利人不同意更正登记的，利害关系人可以申请异议登记。登记机构予以异议登记的，申请人才可以在 15 日内向人民法院提起诉讼。本案中，万宁市房管局尚未对该争讼之房产进行异议登记，被上诉人文玉即向法院起诉请求确认争讼之房屋的归属，不符合法定的起诉条件，应驳回其起诉。

再审诉辩情况

申请再审人文玉申请再审称：〔2009〕海南一中民二终字第 501 号民事裁定，违反《民事诉讼法》第 179 条第 1 款第 6 项的规定，存在"适用法律错误"的情形。其理由：(1) 依照《物权法》第 19 条第 2 款规定，异议登记并不是确权之诉的必经程序；(2) 本案纠纷为确权之诉，进行异议登记并非提起确权之诉的前置程序。〔2009〕海南一中民二终字第 501 号民事裁定认定，由于房管部门不受理再审申请人名义上的异议登记，故再审申请人不具备向法院起诉的条件，显然对上述法律随意扩大了解释，阻碍了再审申请人通过正当合法的途径保护权利。故请求：(1) 撤销二审民事裁定；(2) 维持一审判决；

(3) 判令被申请人负担一、二审全部诉讼费用。

被申请人何月祝辩称：因文玉不服的是不动产登记簿记载的事项，属不服行政部门作出的具体行政行为，其应行使的是复议或行政诉讼权利，否则在提起民事诉讼前其必须行使申请异议登记的权利。所以二审法院裁定驳回文玉的起诉是正确的。故请求维持二审裁定。

原审第三人陈昌海未提交书面答辩，在庭审中辩称：（1）二审判决公正合法，请予以维持；（2）将本案争议的房屋办理为其与何月祝共有，文玉是知道的，当时是其和文玉一起到房管部门办理房屋变更登记的。

▶ 再审裁判结果 ◀

经审判委员会讨论决定，海南省第一中级人民法院依照上述法律和《民事诉讼法》第186条第1款、第153条第1款第2项以及最高人民法院《关于适用〈中华人民共和国民事诉讼法〉若干问题的意见》（以下简称《若干意见》）第201条的规定，判决如下：

一、撤销本院〔2009〕海南一中民二终字第501号民事裁定；

二、维持万宁市人民法院〔2008〕万民初字第413号民事判决。

▶ 再审裁判理由 ◀

海南省第一中级人民法院再审认为：文玉与陈昌海系合法夫妻。2000年3月，文玉与陈昌海在婚姻存续期间共同以14.8万元价格向台湾籍的黄成佑购买本案争议的房屋（位于万宁市万城镇华侨街7号一间三层楼房〔〔1994〕万房字第2304号〕）。因双方在婚姻存续期间没有对所得的财产以及婚前财产进行约定，依照《中华人民共和国婚姻法》第17条的规定，本案争议的房屋属于文玉和陈昌海夫妻共同所有。因陈昌海变更登记不动产登记簿记载的物权状况与实际权利人不相符，且陈昌海擅自向房管部门申请办理了该房屋的变更登记的行为无效，该变更不动产登记的行为侵害了文玉的共同所有权利。故文玉提出"确认其和陈昌海是万城字第05071号房屋的共同共有人、确认何月祝不应当是万城字第05071号房屋的共同共有人"的诉讼请求，符合《中华人民共和国物权法》第33条的规定，其主张应予支持。综上，一审法院认定事实清楚，审判程序合法，适用法律正确，处理结果并无不当，应予维持。二审以"万宁市房管局尚未对该争讼之房产进行异议登记，申请再审人文玉即向法院起诉请求确认争讼之房屋的归属，不符合法定的起诉条件"为由，裁定驳回文玉的起诉，属于适用法律错误，应予以撤销。

8. 不动产登记簿作为确定物权归属的根据，是否具有绝对的证据效力？

不动产登记簿是物权归属和内容的根据，具有无可争辩的权威性。但这仅具有推定的证据效力，如果异议方提出充分的反证，法院应当作出与不动产登记簿的记载相反的事实认定。

9. 异议方提出反证时，法院应如何确定权利归属？

如果异议方提出的证据足以证明真正的权利状况与不动产登记簿的记载不一致，则登记权利人就反驳异议方的证据或者证明其不动产物权的合法性的事实负有证明责任。如登记权利人无法提交反驳或表明其权利来源合法性的证据时，则应采纳异议人的反证，认定争议财产的物权归属。

典型疑难案件参考

安钢诉黄婧所有权确认案

基本案情

原告安钢、被告黄婧原为恋爱关系。2009年5月29日，为结婚和共同生活所需，双方决定购买厦门溢源昌房地产开发有限公司开发的溢源昌鑫海湾（三期）8号楼9跃10层10单元的房屋一套。当日，原告通过其银行卡转账交付了定金4000元，另由被告以现金方式交付定金10000元。6月13日，被告黄婧与厦门溢源昌房地产开发有限公司就购买上址房屋签订《商品房买卖合同》（后于6月15日办理了备案登记，由被告缴纳登记费80元）。同日，原告通过其银行卡转账支付了购房款465240元；被告与福建省源昌工程建设有限公司签订协议书，委托该公司对房屋平面格局进行修改。6月26日，被告与中国农业银行厦门市分行签订《个人购房担保借款合同》，向该银行借款1180000元以支付购房款，并将该房产抵押给中国农业银行厦门市分行以作为还款的担保。上述房屋的购房发票记载的付款人为被告黄婧。根据中国农业银行厦门市分行提供的还款清单，截至2009年9月15日，通过被告的银行卡已支付2009年7月、8月的借款本息合计14498.38元。2009年7月间，双方终止恋爱关系，后因讼争房屋权利归属发生争议。

> **诉辩情况**

原告安钢诉称：原、被告于2008年11月通过网络相识并确立恋爱关系。此后，被告提出在厦门购房作为结婚的条件，双方决定购买厦门溢源昌房地产开发有限公司开发的溢源昌鑫海湾8号楼9跃10层10单元的房屋一套。2009年5月30日，原告向厦门溢源昌房地产开发有限公司交付购房定金50000元，6月13日，原告又通过转账支付了首期购房款465240元，并以被告的名义签订了《商品房买卖合同》。之后，被告常借故与原告吵闹，进而提出了终止婚约，但被告迟迟未能将原告出资购买的房屋变更登记至原告名下。原告请求判决确认厦门溢源昌房地产开发有限公司开发的址于厦门市湖里区枋钟路"溢源昌鑫海湾"8号楼9跃10层10单元的房屋归原告所有。

被告黄婧辩称：本案系确权纠纷，应适用《物权法》、《合同法》等调整物权法律关系的法律。讼争房屋系被告向厦门溢源昌房地产开发有限公司购买的，并依法进行了备案登记，购房发票上载明的付款人也是被告。被告是该房屋合法的所有人。原、被告原为恋爱关系。因被告要在厦门买房，故原告为被告支付了购房款505240元，这并不改变房屋权利的归属。至于原告支付的购房款纠纷，与物权纠纷是不同的法律关系，应另案处理。原告的诉讼请求没有依据，恳请法院予以驳回。

> **裁判结果**

厦门市湖里区人民法院依照《物权法》第33条、《民事诉讼法》第64条第1款之规定，判决如下：

一、确认址于厦门市环岛路南侧、枋钟路东侧的"源昌鑫海湾（三期）"8号楼9跃10层10单元的房屋为原告安钢和被告黄婧共有；

二、驳回原告安钢的其他诉讼请求。

> **裁判理由**

生效判决认为：不动产登记簿是物权归属和内容的根据，但并不等于其中记载的事项就一定是真实或完整的。根据《物权法》第33条之规定，因物权的归属、内容发生争议的，利害关系人可以请求确认权利。因此，如不动产登记簿确有错误，法院可以根据相反的证据作出与不动产登记簿记载的相反的事实认定。本案讼争房屋确是以被告的名义购买的，并办理了备案登记手续。但从选房、签订合同及付款的过程来看，原告始终参与其中，购买讼争房屋是双方的共同决定。目的是为了今后两人结婚和共同生活之需，也是原告支付部分购房款的真实意图。同时，被告也以现金及向银行贷款的方式支付了部分购房款。双方基于共同的购买意思表示，以共同出资方式购得讼争房屋，对该房屋均享有财产权利，即讼争房屋应属于原、被告共有。

10. 善意取得的条件有哪些？

善意取得是指无处分权人将不动产或者动产转让给受让人，受让人是善意的且支付合理的价格，依法取得该不动产或者动产的所有权。因此，善意取得应当符合以下3个条件：（1）受让人受让该不动产或动产时是善意的；（2）以合理的价格受让；（3）已经交付给受让人。

11. 机动车等特殊动产的善意取得有无特别要求？

机动车虽然属于动产，但存在一些严格的管理措施使机动车不同于其他无须登记的动产。行为人未在二手机动车交易市场内交易取得他人合法所有的机动车，不能证明自己为善意并支付相应合理价格的，对其主张善意取得机动车所有权的请求，人民法院不予支持。

典型疑难案件参考

刘志兵诉卢志成财产权属纠纷案（《最高人民法院公报》2008年第2期，总第136期）

基本案情

2004年上半年，原告刘志兵通过绍兴二手车交易市场以33000元的价格购得牌照为浙DH3951的金杯面包车一辆。从2005年8月31日开始，原告以月租金3000元的价格将该车出租给案外人樊静波使用。樊静波没有向原告交付押金，在付过两个月租金后，只是偶尔发短信称一定会交付租金，但未再向原告实际交付租金。2006年9月份后，原告无法再与樊静波本人取得联系。2005年10月18日，被告卢志成从案外人陈小波处以28000元的价格购得车牌号为浙DH3951的金杯面包车一辆，陈小波承诺办好车辆过户手续。后被告对该车辆进行投保，并交纳了保险费。2007年被告在陈小波的陪同下对该车进行了车辆年检，但始终没有办理车辆过户手续。2006年11月23日，原告发现该车辆已由被告占有、使用，于是向嵊州市公安局长乐派出所（以下简称长乐派出所）报案，长乐派出所依法扣押了涉案车辆。经长乐派出所干警核查，认为不属于盗、抢机动车辆案件，故未予受理。涉案车辆于2006年11月28日由被告之子卢开红领走。

▶ 一审诉辩情况 ◀

原告刘志兵诉称：原告于2004年购入一辆牌照为浙DH3951的金杯面包车，并于2005年6月27日为该车办理了车辆登记手续，该车属原告的私人合法财产。此后，原告将该车租给他人暂时使用。2006年10月，被告卢志成串通该租车人，通过所谓的"交易"将该车占为己有。被告购买涉案车辆，事先没有征得原告同意，没有向原告支付车款，更没有依法办理车辆过户手续。原告对于被告购买涉案车辆一事根本不知情。2006年11月23日，原告发现涉案车辆由被告占有并用于营运，遂向长乐派出所报案。长乐派出所经核查，认为不属盗、抢机动车案件，双方争议不属公安机关管理范围，故未予受理。该车至今仍由被告占有。请求判令被告返还原告所有的车牌号为浙DH3951的金杯面包车一辆，并赔偿原告从2006年10月份起因不能使用该车而遭受的损失。

被告卢志成辩称：浙DH3951号金杯面包车是被告从案外人陈小波处买来的，货款已经两清，与原告刘志兵没有关系。涉案车辆物权的转移合法，应受到法律的保护。请求驳回原告的诉讼请求。

▶ 一审裁判结果 ◀

嵊州市人民法院于2007年4月9日判决：驳回原告刘志兵的诉讼请求。

▶ 一审裁判理由 ◀

嵊州市人民法院一审认为：根据本案查明的事实，涉案浙DH3951号金杯面包车确系原告刘志兵所有，但其将涉案车辆出租后，因无法联系到承租人樊静波而实际丧失了对涉案车辆的占有。被告卢志成系从案外人陈小波处以28000元的价格购买浙DH3951号金杯面包车。虽然陈小波出售涉案车辆事先没有征得原告的同意，也未将购车款交给原告，且没有办理车辆过户手续，属于无权处分，但被告作为涉案车辆的买受人支付了合理的价格，事后为涉案车辆办理了车辆保险及车辆年检，说明被告是善意取得涉案车辆。机动车辆属于动产，我国现行法律并未明确规定机动车辆所有权的转移必须办理机动车辆过户登记手续。机动车辆所有权的转移与一般动产所有权的转移并无不同，都是交付即转移。因此，被告通过支付合理的价格购得涉案车辆的行为，可以认定为善意取得。原告因此而遭受的损失，可以向涉案车辆承租人樊静波追偿。综上，原告刘志兵的诉讼请求没有事实根据和法律依据，不予支持。

二审诉辩情况

刘志兵上诉称：一审判决认定被上诉人卢志成属善意取得涉案车辆的所有权，违背相关法律规定。被上诉人与案外人陈小波订立购车协议时，陈小波只向被上诉人提供了车主为刘志兵的机动车行驶证，而没有出示机动车登记证书，也没有出示上诉人签署的出售涉案车辆的委托书，被上诉人明知陈小波无处分权仍与其订立购车协议，从陈小波处购得涉案车辆，应属恶意取得。同时，被上诉人与陈小波之间就涉案车辆进行的买卖行为也违反了《二手车管理办法》。综上，一审判决认定被上诉人为善意取得涉案车辆所有权没有法律依据。请求二审法院依法改判被上诉人返还上诉人车牌照为浙DH3951的金杯面包车一辆（价值约2.2万元），并赔偿从2006年10月份起至终审判决生效之日止因被上诉人占用该车给上诉人造成的经济损失。2007年6月6日，上诉人以缺乏证据为由申请撤回关于要求被上诉人赔偿损失的诉讼请求。

被上诉人卢志成答辩称：首先，上诉人刘志兵在一审时起诉的被告应该是涉案车辆的承租人樊静波，而不应当是被上诉人，被上诉人在本案中仅仅是有利害关系的第三人。其次，被上诉人对涉案车辆的善意取得应受法律保护。机动车辆买卖并非必须经车辆管理部门办理过户登记才能转移所有权，只要买卖合同成立，机动车辆一经交付，即使未办理过户登记手续，所有权也发生转移。本案中，被上诉人取得涉案车辆所有权后还为该车办理了保险和年检。最后，公安部门明确认定本案不属盗、抢机动车辆案件，而是机动车辆买卖。综上，一审判决认定事实清楚，适用法律正确，请求二审法院依法驳回上诉，维持原判。

二审裁判结果

浙江省绍兴市中级人民法院依照《民事诉讼法》第153条第1款第3项之规定，于2007年6月6日判决：

一、撤销浙江省嵊州市人民法院〔2007〕嵊民一初字第533号民事判决；

二、被上诉人卢志成应于本判决生效之日起10日内返还给上诉人刘志兵牌照号为浙DH3951的金杯面包车一辆。

二审裁判理由

绍兴市中级人民法院二审认为：无处分权人将他人所有的财产转让给受让

人，所有权人原则上有权追回。但为了保护交易安全，民法上设置了善意取得制度，即在前述情形下，受让人受让该财产构成善意取得的，受让人可以依法取得该财产的所有权，原所有权人无权向受让人追回该财产。善意取得应当符合以下条件：受让人受让该不动产或者动产时是善意的；以合理的价格转让；转让的不动产或者动产依照法律规定应当登记的已经登记，不需要登记的已经交付给受让人。根据本案事实，可以认定被上诉人卢志成取得涉案的浙DH3951号金杯面包车的行为不属于善意取得。

首先，被上诉人卢志成取得涉案浙DH3951号金杯面包车时不是基于善意。善意取得制度中的"善意"，主要是指受让人不知让与人无所有权或处分权的事实。这是善意取得人取得财产所有权或其他权利的法律前提。明知让与人无处分权而仍受让该财产与无权处分人违反所有权人意志转让财产的行为，都属于故意侵犯他人所有权的行为。《二手车流通管理办法》第6条规定："二手车直接交易是指二手车所有人不通过经销企业、拍卖企业和经纪机构将车辆直接出售给买方的交易行为。二手车直接交易应当在二手车交易市场进行。"第15条第1款规定："二手车卖方应当拥有车辆的所有权或者处置权。二手车交易市场经营者和二手车经营主体应当确认卖方的身份证明，车辆的号牌、《机动车登记证书》、《机动车行驶证》，有效的机动车安全技术检验合格标志、车辆保险单、交纳税费凭证等。"第16条规定："出售、拍卖无所有权或者处置权车辆的，应承担相应的法律责任。"第17条规定："二手车卖方应当向买方提供车辆的使用、修理、事故、检验以及是否办理抵押登记、交纳税费、报废期等真实情况和信息。买方购买的车辆如因卖方隐瞒和欺诈不能办理转移登记，卖方应当无条件接受退车，并退还购车款等费用。"本案中，被上诉人没有按照《二手车流通管理办法》规定的方式进行二手车交易，且在车辆转让时已明知车辆行驶登记证所登记的车主并非让与人。在此情况下，被上诉人没有进一步查明涉案车辆的来源，甚至连让与人的身份情况也一概不知，即在明知让与人不具有涉案车辆处分权的情况下进行了交易，显然不属于善意取得。

其次，被上诉人卢志成没有充分证据证明其在受让涉案浙DH3951号金杯面包车时，付出了合理的价格。善意取得是为保护交易安全而设定的，以有偿取得为前提，而且还应支付合理的价格。分析这一点实际上也可以从另一方面印证受让人是否基于善意取得财产，因为财产转让一般是有相应条件的，没有转让价格或者转让价格明显低于实际价格，足以引起受让人对让与人是否有处分权的合理怀疑。本案中，被上诉人虽提供了其与案外人陈小波签订的协议书，但因为该协议并非按照《二手车流通管理办法》规定的方式在二手车交易市场内签订，让与人也未出庭作证。在此情况下，被上诉人应当举出其他充分证据证明自己已经为涉案车辆交易支付了合理的价款。但被上诉人并未完成这一举证义务，故不能认定其在受让涉案车辆时支付了合理的价款。

最后，善意取得要求转让的财产依照法律规定应当登记的已经登记，不需要登记的已经交付给受让人。机动车虽然属于动产，但具有一定的特殊性，车主需办理机动车登记证、车辆行驶证，这些严格的管理措施使车辆不同于其他无须登记的动产，也利于受让人审核车辆转让时的合法正当性。本案被上诉人卢志成无法办理涉案车辆过户手续的事实，也说明他明知让与人未取得涉案车辆处分权，进一步说明被上诉人取得涉案车辆不属于善意取得。

综上，被上诉人卢志成并未善意取得涉案车辆。上诉人刘志兵基于物权请求权要求被告返还涉案车辆，理应支持。上诉人以缺乏证据为由撤回赔偿损失这一诉讼请求，系其真实意思表示，理由正当，予以准许。

（二）用益物权确认纠纷

12. 在公有住房制度改革中，房屋成年同住人对以购房人名义购买的公有住房是否具有居住使用权？

处理此类纠纷时，一要遵守法律，即严格按照法律规定及有关政策处理；二要合情合理，对法律和房改政策没有明文规定的，根据一般的民法原理，从有利于家庭安定团结的角度出发予以解决。

典型疑难案件参考

王杏娟等诉陈平确认房屋居住权案

基本案情

原告王杏娟、陈玉露系母女关系，原均系农村户口。被告陈平与原告王杏娟系公媳关系。1977年，被告所在单位分配给被告上海市嘉定区嘉定镇南大街327号平房1间。1985年，王杏娟与被告长子结婚后，共同居住于嘉定区马陆镇棕坊村牛桥村民组被告夫妇建造的楼房内。1986年6月，王杏娟夫妇生下一女儿取名陈玉露（即本案第二原告）。1987年，两原告户籍由农村转为城镇。1990年7月，被告将两原告的户籍从马陆镇迁至嘉定镇南大街327号内。1991年1月，被告所在单位为被告改善居住条件，调配给被告嘉定镇塔城路470弄2号501室（以下简称"501室"）公房。同月12日，被告将其本人及两原告的户籍迁至"501室"房屋中。原告陈玉露因就读于"501室"附近的小学，经常居住于该房小房间内，其母王杏娟偶尔与其共同居住，而被告夫妇居住该房大房间内。

1994年12月，被告在未征得王杏娟同意的情况下，与嘉定区城镇集体工业联合社签订了公有住房买卖合同一份，以人民币6000余元的价格，取得该房所有权。同月下旬，被告与王杏娟因家庭琐事发生争吵，要求两原告住回马陆镇棕坊村牛桥村民组房屋内，并将两原告的部分物品从"501室"房中搬走。王杏娟即诉至法院，要求确认其与女儿在"501室"房屋内拥有居住使用权。

诉辩情况

原告王杏娟、陈玉露诉称：两原告与被告三人的户籍均在"501室"中，并曾共同居住。1994年12月，被告隐瞒"501室"的户籍基本事实，且未征得该房另一同住成年家属王杏娟的同意，与房管部门签订了公有住房买卖合同，以6000余元的价格，购得该房所有权，后又以该房产已归被告所有为由，将门锁调换，不许两原告居住，且将两原告的床、被子等物从该房中搬出。故诉请法院确认两原告在该房屋内有居住使用权。

被告陈平辩称，被告从未剥夺两原告在"501室"中的居住使用权，被告只是为缓和公媳、婆媳矛盾而与第一原告协商，希望两原告能住回马陆镇棕坊村牛桥村民组的房屋中。被告愿意在承认两原告对该房有居住使用权的前提下，与两原告协商解决实际居住问题。

裁判结果

上海市嘉定区人民法院依照《民法通则》第5条之规定，判决如下：原告王杏娟、陈玉露对上海市嘉定区嘉定镇塔城路470弄2号501室房屋有居住使用权。

裁判理由

上海市嘉定区人民法院经审理认为：自1991年1月起至今，两原告与被告的户籍一直在"501室"房内，且原、被告曾在该房中共同居住，故两原告均是"501室"房屋的同住人，均有居住、使用该房的权利，现被告因家庭纠纷而不许两原告居住该房，并擅自将两原告在该房内的部分物品搬出，此举显属无理，现两原告对讼争房屋主张居住使用权，应予支持。

物权保护纠纷办案依据集成

中华人民共和国物权法（2007年3月16日主席令第62号公布）（节录）

第三十三条 因物权的归属、内容发生争议的，利害关系人可以请求确认权利。

二、返还原物纠纷

13. 原物受损的,权利人能否主张返还原物?

返还原物一般要以原物的存在为前提。所要返还的原物尚在,且能够修复原状的,应当判令侵权人将该原物恢复原状、返还给权利人,或者裁定先予返还再由权利人修复原状,修复费用由侵权人承担。当原物已灭失或已被侵权人非法处分,使原物已不能恢复原状或者已无法返还原物时,可对原物进行折价,由侵权人对权利人进行经济赔偿。

典型疑难案件参考

武汉市科学技术情报研究所诉武汉市柴林头综合厂返还财产、赔偿损失纠纷案

基本案情

1991年9月16日,原告武汉市科学技术情报研究所(以下简称市科技情报所)赴被告武汉市柴林头综合厂(以下简称柴林头综合厂)处协商解决"赤霉素"生产技术转让合同纠纷事宜,由于双方意见分歧较大,未能达成和解协议。当原告准备返回时,被告方职工多人将原告的日本产丰田牌乳白色12座面包车(车牌号为01—10986)扣留,并称原告赔偿其118000余元经济损失后即放行被扣车辆。此后,原告虽多次通过有关部门出面找被告协商处理,但均无结果。该车被扣留后,露天停放在柴林头综合厂大门口内左侧,车箱上满身灰尘和被雨水淋打的麻麻点点痕迹,反光镜和前后车灯均被损坏,车箱后部右角被撞伤变形,左前轮胎和右后轮胎被拆走,右前轮胎和左后胎因无气,被压扁在地。案件审理过程中,武汉市中级人民法院于1992年11月10日作出先予执行的裁定,裁定柴林头综合厂将其所扣的丰田牌12座面包车即时交付给市科技情报所。市科技情报所将被扣的车辆拖至有关厂家修理,付出修理费14717.38元,其中因扣车所造成的修理费损失为6699.90元。在该车被扣留期间,原告因公务活动的需要,自1991年10月到1992年11月止,计14个月,共支付租车费46220元,支付出租车司机出车补助费1650元。

一审诉辩情况

原告市科技情报所诉称：1991年9月16日，原告接到武汉市洪山区公证处的通知，去被告处协商解决有关"920"赤霉素技术转让合同纠纷事宜。双方在协商过程中因意见分歧，未能达成协议。正当原告欲离厂返回时，被告将原告的丰田牌12座面包车强行扣押，致使原告的正常工作秩序受到严重影响。原告请求法院判令被告立即返还汽车，并按每天360元赔偿原告的经济损失。

被告柴林头综合厂辩称：被告扣留原告的汽车是事出有因。1990年3月，被告与原告签订了一份"920"赤霉素生产技术有偿转让合同，后因原告违约，给被告造成了11.8万余元的经济损失。为此，才将原告的汽车扣留作抵押。原告要求按每天360元赔偿其损失没有事实根据，请求法院判决驳回原告的诉讼请求。

一审裁判结果

武汉市洪山区人民法院根据《民法通则》第117条判决如下：

一、被告武汉市柴林头综合厂于本判决生效之日起十日内，将扣留的丰田牌12座面包车（车牌号01—10986）返还给原告武汉市科学技术情报研究所；

二、驳回原告其他诉讼请求。

一审裁判理由

武汉市洪山区人民法院经审理认为，原告与被告因技术转让合同纠纷未能协商解决，被告擅自扣留原告的汽车，其行为是违法的。原告要求被告返还财产，法院应予支持。原告要求被告每天按360元赔偿损失，无证据证明，法院不予支持。

二审诉辩情况

上诉人市科技情报所上诉称：（1）原审只判被告返还原告被扣留的车辆，而不判令被告在非法扣留车辆期间给原告所造成的经济损失，此判决违反了我国法律对违法者必究的基本处理精神，不利于维护正常的社会经济秩序。（2）原审只判被告返还原告被扣留的车辆，但未判令被告应按原物原状，可以正常安全行驶的完好车辆返还。事实上，原告的车辆被被告扣留后，露天存放长达一年之久，除自然损耗外，还有轮胎被拆掉等人为的损坏事实。现该车已不是原状。对于这种需要进行大修的车辆，被告如不进行修理使之恢复原状，就返还给上诉人，上诉人是无法投入使用的。上诉人据此认为，原审只判返还，不判令恢复原状，就没有依法保护原告的合法权益。上诉人请求二审法院依法改判，纠正一审法院的错误判决。

被上诉人柴林头综合厂辩称：被告扣留原告的车是因原告利用技术欺骗手段，造成被告直接经济损失10余万元，厂内职工气愤，扣车是事出有因，责任在原告，不存在赔偿原告的经济损失问题。被上诉人坚持认为，扣车是因技术转让合同纠纷引起的，两个纠纷联系紧密。请求二审把合同纠纷与返还财产纠纷合并审理。如果原告无力赔偿被告的经济损失，可以以车作抵。

二审裁判结果

武汉市中级人民法院根据《民事诉讼法》第153条第1款第3项于1993年1月19日判决如下：

一、撤销武汉市洪山区人民法院〔1992〕洪法和民初字第3号民事判决；

二、由被上诉人武汉市柴林头综合厂将其所扣留的丰田牌12座面包车返还给上诉人武汉市科技情报所（已先予执行）；

三、由被上诉人武汉市柴林头综合厂赔偿上诉人武汉市科技情报所经济损失计人民币45598.34元（其中被扣车辆修理费损失为6699.90元，租车费损失为38898.44元）。上述款项于本判决生效之日起，15日内执行完毕。

二审裁判理由

武汉市中级人民法院经审理认为，被上诉人柴林头综合厂，以其与上诉人市科技情报所之间因技术转让合同纠纷协商未果为理由，擅自强行扣留上诉人的车辆作抵押物，是对上诉人财产所有权的非法侵害。根据《民法通则》第117条的规定，被上诉人所扣留的车辆在扣留期间已有损坏，造成修理费损失14717.38元，扣除因该车自身磨损所支付的8017.48元外，尚有6699.90元纯属被上诉人的扣车行为所致，应由被上诉人承担赔偿责任，同时，在上诉人的车辆被扣留期间，上诉人因工作上的需要，向外单位租车使用，已支付租车费47870元，扣除汽油折款8971.56元，尚有38898.44元的经济损失，也应由被上诉人承担赔偿责任。关于双方当事人之间的技术转让合同纠纷，因属于另一法律关系问题，应另案处理（已处理）。被上诉人在二审审理期间，仍坚持扣车是事出有因，不仅不同意承担民事赔偿责任，甚至还提出让上诉人以被其扣留的汽车抵其因技术转让合同纠纷所遭受的经济损失，其主张依法不予支持。关于上诉人要求被上诉人返还的车辆应修复原状和要求赔偿因被上诉人扣车行为给其所造成的经济损失的诉讼请求，依法应予支持。原判决没有支持原告要求被告赔偿经济损失的诉讼请求显失公平。

14. 返还原物纠纷中，举证责任如何承担？

请求人只有在对标的物享有所有权的前提下，才能请求相对人返还标的物。对标的物享有所有权应由请求人承担举证责任。如果被请求人主张其为有权占有，则应由被请求人举证；换言之，如果当事人承认自己占有双方争议的标的物，则占有人应当对该标的物的存在状态承担举证责任。

15. 面对物权的双重保护选择时，法院应如何裁判？

所有权的法律保护方法有两种：物权的保护方法和债权的保护方法。对于当事人的所有权保护应当首先采用物权的保护方法；当物权保护方法不足以弥补当事人的损失时，则应当考虑补充使用债权的保护方法。

典型疑难案件参考

串井小、串麦妮诉贾计生返还名画案

基本案情

原告串井小、串麦妮兄妹的父亲生前收藏着一幅"老鼠吃蜡"的中堂画。原告父亲去世后，被告贾计生从串井小兄妹手中拿走此书画，后原告多次追要未果。1991年12月17日，被告贾计生写证明承认是从串井小兄妹处拿走据说是齐白石的画，并称找到后及时送还。原、被告双方对画作的篇幅有不同主张，证人王小兴证明该画约为126厘米×50厘米。当时（20世纪90年代）齐白石的作品已列入国家文物，北京荣宝斋画苑在经营中对齐白石作品收购价是25000元至30000元（每平方尺），拍卖价要在40000元以上。

一审诉辩情况

原告串井小、串麦妮诉称：其父生前收藏着一幅中堂画，画面是两只老鼠和一支蜡烛。画面的左上方有小字题跋，在题跋下面有"齐璜"二字。画面的左下方有"白石"二字的印鉴。图画所用的是宣纸，篇幅约126厘米×50厘米。楹联系潘龄皋所书，上联为"新诗如洗出"，下联为"好鸟不忘飞"。楹联亦是宣纸，篇幅约为126厘米×25厘米。原告的父亲生前把此书画视为

珍品慎重保存，从不外借。被告贾计生爱好美术，知道原告家有此书画。1971年原告父亲去世后，被告以欣赏为名，到原告家从串麦妮手中借走此书画。后原告多次向被告追要，被告在1991年两次向原告写有证明。其中1991年12月17日的证明写道："本人大约在1970年从串井小家拿了一幅画，据说是齐白石画的，当时由于不在意，不慎丢失，特此证明。（什么时候找到，就及时归还。）"由于被告一直未归还此书画，原告诉至法院，请求法院判令被告返还，否则予以赔偿。

被告贾计生答辩称，我从串麦妮手中拿走画是事实，但不是我借的，是麦妮赠与的。画面是一支蜡烛和两只老鼠，与原告诉称的画面一样，画的篇幅只有1尺多长，半尺宽，并且没有潘龄皋的楹联。

▶一审裁判结果◀

河北省内邱县人民法院根据《民法通则》第106条第2款、第117条第1款、第2款之规定，判决如下：

一、自本判决生效后10日内，被告贾计生归还借原告的齐白石的画及潘龄皋的楹联；

二、如果交不出以上原物，自本判决生效后1个月内，被告赔偿原告齐白石名画的损失17.01万元；

三、潘龄皋楹联的所有权仍归原告。保留原告对此楹联的追索权。

▶一审裁判理由◀

河北省内邱县人民法院经审理认为，被告贾计生借走原告所有的书画，理应妥善保管，及时归还。如果确实不慎丢失，应当承担民事赔偿责任。审理中，被告称拿原告的画，不是齐白石的真品，且篇幅只有半尺宽，1尺多长，举不出证据，不予认定。

▶二审诉辩情况◀

贾计生上诉称，仅凭证人王小兴的证言不能认定画是齐白石之作；起诉书中说是"潘林膏的对联"，判决书中称是"潘龄皋的楹联"，是牵强附会；那幅画是被上诉人于1971年主动送给我的，我送她一幅"牡丹双鸽图"作为交换，我早已丢失被上诉人串麦妮所赠之画，归还是不可能的，如要归还，串麦妮应先归还"牡丹双鸽图"；一审法院依照证人王小兴的一面之词，认定画的尺寸约126厘米×50厘米，是有意夸大，实际尺寸为1尺多长，半尺宽，纸张次劣，更没有题"齐璜"二字。

被上诉人串井小、串麦妮答辩称，一审认定事实清楚，证据充分，但一审法院按每平方尺 3 万元的收购价判决，价格太低，应以每平方尺 4 万元的最低拍卖价判决赔偿 226800 元。关于字画是否真迹以及尺寸大小问题举证责任应在被告贾计生一方。

二审裁判结果

邢台市中级人民法院根据《民事诉讼法》第 153 条第 1 款第 2 项之规定，判决如下：

一、撤销河北省内邱县人民法院〔1992〕内民初字第 85 号民事判决书；

二、贾计生给付串井小、串麦妮返还书画的保证金 10 万元，接判后 1 个月内付清；

三、所争书画为被上诉人所有，串井小、串麦妮保留对此画和楹联的追索权，待上诉人将书画归还后，被上诉人将保证金返还。

二审裁判理由

邢台市中级人民法院经审理认为，上诉人借走被上诉人的书画，应妥善保管，并及时归还。如果丢失应承担民事责任。但由于没有原作，所诉之书画的自身价值难以确定。为保证上诉人贾计生履行返还义务，贾计生应向被上诉人交付一定数额的保证金，待书画返还后退还。被上诉人串井小、串麦妮享有对所诉书画的所有权，上诉人贾计生负有返还义务。上诉人上诉称不是借书画，而是赠与和交换书画的理据不足，不予支持。一审认定事实清楚，但处理有所欠妥。

16. 公民个人是否有权请求文物保护管理部门返还自己通过各种途径收集的文物？

法律对公民个人文物所有权的保护有一定的条件，即文物所有权取得的来源要合法，没有合法来源的文物即便实际占有，法律也不予保护。对祖传的文物，公民可以通过继承的方式、赠与的方式取得；朋友以合法、自愿原则将其所有的文物赠送自己的，自己受赠的文物应认定是合法所有；各遗址上的文物，所有权专属于国家，不因个人的发现或收集而取得所有权。法院应根据文物取得来源区别处理当事人的返还请求。

典型疑难案件参考

李子俊诉阿勒泰地区文物保护管理所返还从其家带走的文物案

基本案情

1985年6月9日,时任阿勒泰地区文物保护管理所(以下简称文管所)所长的陈长庚一行到青河县进行文物普查工作时,从原告李子俊家带走一批文物,并当场向李子俊出具加盖有公章的收据一张。收据载明带走的文物有:(1)铜短剑1把;(2)马刀1把带鞘;(3)青砖1个;(4)铜佛像盒1个带套;(5)各种瓷片若干个;(6)顺治铜钱1个;(7)铜碗1个;(8)铜杯9个;(9)狮子头瓦当片2个;(10)骨钱1个;(11)碎瓦当片若干个;(12)铁刀锉1个;(13)石器1个。其中,骨钱1个、顺治铜钱1个、铜佛像盒1个(带套)、铜碗1个、铜杯9个属原告太祖家传继承;石器1个、铜短剑1把为他人赠送;马刀(带鞘)、铁刀锉系原告于1966年7月从青河县东风乡供销社收购站所购;青砖及各种瓷片、狮子头瓦当片、碎瓦当片若干,系原告在青河县清真寺遗址收集。上述文物收藏时间均为1960年至1971年间。此后,李子俊多次找文管所要求退还带走的原物。2000年2月29日,原告李子俊向阿勒泰市人民法院起诉。法院查明,在《中国阿尔泰山草原文物》一书中收录有铜短剑、铜钱、铜碗、砖瓦等。诉争文物基本陈列在地区博物馆。

一审诉辩情况

原告李子俊诉称:1985年6月,时任所长的被告陈长庚一行来青河县进行文物普查工作,从我家带走13类33件文物要求作进一步鉴定并出具了收据,等结果出来后给一个确切的答复或原物归还。这些文物中,有部分是我个人爱好从废品收购站收购的,部分是从祖辈继承的,几件是朋友赠送的。但被告带走后一直没有消息。1996年至1998年间我多次与被告交涉,并要求返还,未得到答复。1998年5月我带收据找到时任所长王林山,王说所有文物全在,并取出《中国阿尔泰山草原文物》一书,上面刊有我收藏的12件文物,但未发现有祖传的骨钱。我要求看实物,被拒绝。经过多次追问,王称自接任以来,未见过收据上的骨钱。被告将我个人收藏的文物列为馆藏品,侵犯了我对文物的所有权,并且在管理中存在重大失误,致使骨钱丢失。请求法院判令被告返还我所有的文物。

被告文管所答辩称:1985年6月,我所原任所长从原告处带走文物属实,数量是12类21件。从原告处征集的这批文物,区域性特点非常强烈,反映着阿勒泰地区各时代山地草原居民生活轨迹和历史演化,是研究阿勒泰地区及新疆历史的实物资料，经自治区考古专家确定，所有权属于国家。原告的这些文物中，有些来源不合法。关于"骨钱"一物，是否为文物未经鉴定，原所长陈长庚只具有文物的一般常识。原告上访骨钱一事，经公安机关调查，已作出结论。另外，1985年至1998年，原告未找过我所。请法院公断。

一审裁判结果

阿勒泰市人民法院根据《民法通则》第75条，《中华人民共和国文物保护法》第5条及《民事诉讼法》第128条之规定，判决如下：被告在本判决生效后一个月内返还原告祖传、收购、朋友赠送的全部文物；原告自行在青河县清真寺遗址收集的文物若干属国家所有。

一审裁判理由

阿勒泰市人民法院认为：原告诉被告带走的文物经庭审查证，除对铜佛像有争执外，其余均无异议。原告举证证实文物来源有：（1）祖传；（2）朋友赠送；（3）自己收购，故这些文物依法应属原告李子俊所有，被告应依法承担返还责任。原告自己收集的文物系青河县清真寺遗址出土文物，其所有权应属国家所有。被告以地区公安局对遗失骨钱一事结论、自治区文物鉴定委员会的初步鉴定"均为我国地下或地上建筑遗址遗存的历史文物，属国家所有"结论为依据，主张全部归国家所有，理由不足，不予支持。

二审诉辩理由

被告文管所上诉称：原告未提供其文物的合法来源，故应依据新疆维吾尔自治区文物鉴定委员会的鉴定结论，判归国家所有。

原告李子俊服从一审判决。

二审裁判结果

阿勒泰地区中级人民法院依据《民事诉讼法》第153条第1款第1项的规定，判决如下：驳回上诉，维持原判。

二审裁判理由

阿勒泰地区中级人民法院认为：上诉人文管所从被上诉人李子俊处带走的文物中有祖传、朋友赠送及收购的文物，同时李子俊收藏时间在1960年至1971年，依据当时《文物保护管理暂行条例》的规定，对李子俊的收藏行为法律并未禁止，故应当受到保护。上诉人上诉称应属国家所有的理由不足，不予采信。

返还原物纠纷办案依据集成

中华人民共和国物权法（2007年3月16日主席令第62号公布）（节录）

第三十四条 无权占有不动产或者动产的，权利人可以请求返还原物。

三、排除妨害纠纷

17. 相邻人院内野生树木能否成为排除妨碍的对象？

从有利于相邻关系健康运行的角度讲，相邻各方负有积极注意并保证生长在自己管理范围内的树木不对邻居构成妨碍的义务；如因相邻一方的过错使树木生长对另一方权利构成妨碍的，即便是野生树木，权利人亦有权要求排除妨碍。

典型疑难案件参考

肖玉宝诉肖玉田、彭国珍排除妨害纠纷案

基本案情

原告肖玉宝与被告肖玉田系隔院墙毗邻而居。两人所居住使用的房屋原系父母所建坐南朝北连体砖瓦房，肖玉田住东边第1间，肖玉宝住第2、3两间，肖玉宝两间房屋中的东屋与肖玉田房屋相邻。兄弟之间曾因房屋分割发生纠纷而致关系不睦，被告肖玉田、彭国珍后利用肖玉宝东屋部分后檐墙在两家之间砌起院墙，从此双方互不往来。近年来，原告发现自己居住使用的东屋南墙墙体有坍塌现象，以为系房屋年久失修所致，故未予查探。2010年7月25日，原告在修剪从被告院中长出并延伸至原告房屋屋顶部位的泡桐树树枝时，被被告阻止。在双方争吵中原告方知房屋墙体坍塌是因该泡桐树树干长粗后挤压所致。原告当场要求被告排除妨碍，被告予以拒绝，后公安部门出警处理亦未果。原告遂于同年8月3日向法院提起诉讼，案件审理期间，经法院现场勘验，发现本案所涉树木生长在肖玉田、彭国珍利用肖玉宝东屋部分后檐墙砌起的院子内西北角，位于原告东屋后檐墙外侧墙根与被告肖玉田、彭国珍家院子西北角交接处，树根及树干对原告东屋后檐墙墙体及被告房屋后檐墙墙体均形成了挤压，并造成双方房屋墙体均有坍塌、倾斜现象，而树的枝丫遮盖于原、被告屋顶。该树中下部树干成人字形夹生于墙根，并被墙体形成半包围状况。从目测情况分析，应是野生树木，人为栽种的可能性不大。由于肖玉田、彭国珍所砌院墙的阻挡，肖玉宝在自家院内及外面无法看到树木初期生长及树木长大后的树干具体情况，只能看到树冠部位延伸出来的部分枝丫。而对肖玉田、彭国珍而言，该树木虽在院子内的西北角，但由于院子很小，且树木生长位置紧挨其主屋通向院内的后门口，因此树木初期生长及树木长大后的树干具体情况应是一目了然。

▶一审诉辩情况

原告肖玉宝诉称：原告房屋与被告肖玉田、彭国珍房屋相邻。近年来，原告东屋南墙墙体有坍塌现象，因不明真相，原告一直认为是房屋年久失修所致。2010年7月25日，原告在修剪从被告家院内长出并延伸至原告屋顶上的树枝时，被被告阻止。因原、被告之间以前一直有矛盾，平常原告不到被告院子里，所以看不到树木生长的情况。在这次争吵中，原告从被告言语中方知自家房屋墙体坍塌是被告所栽树木树干生长挤压所致。原告当即要求被告排除妨碍，遭被告拒绝，后公安部门出警处理亦未果。被告的行为严重损害了原告的合法权益，给原告房屋带来了安全隐患。现起诉要求被告排除妨碍，铲除挤塌原告房屋墙体的树木，并将墙体恢复原状；诉讼费用由被告承担。

被告肖玉田、彭国珍辩称：原告诉称的树木是自然野生的，不是被告栽种的，与被告没有关系。被告没有妨碍原告，原告无权主张由被告排除妨碍，请求法院驳回原告的诉讼请求。

▶一审裁判结果

淮安市清浦区人民法院依照《民法通则》第83条、第134条，《民事诉讼法》第128条之规定，判决如下：

一、被告肖玉田、彭国珍于判决生效后1个月内铲除上述构成妨碍的树木，铲树过程中如需拆除原告肖玉宝受损房屋部分墙体和屋顶的，原告肖玉宝应当予以配合。被告肖玉田、彭国珍在铲除上述泡桐树后5日内，对因铲除该树造成的原告肖玉宝及被告自家受损房屋恢复原状；

二、原告肖玉宝与被告肖玉田、彭国珍对因铲除上述泡桐树、因铲树需要拆除房屋的费用及恢复房屋原状所产生的费用各半分担。

▶一审裁判理由

淮安市清浦区人民法院经审理认为：不动产的相邻各方，应当按照有利于生产、方便生活、团结互助的精神，正确处理相邻关系。给相邻方造成妨碍或损失的，权利人有权要求侵害人停止侵害，排除妨碍，赔偿损失或恢复原状。本案中，构成妨碍的树木处于被告居住的房屋院内和视线所及范围，其有控制或处理该树的管理条件。被告作为原告的相邻人负有保证生长在自己管理范围内树木不对邻居构成妨碍的义务。被告未尽到管理职责，听任该树木生长，以致树干长粗后挤压原告房屋，造成墙体发生坍塌、倾斜，被告对此负有一定的责任，已构成了对原告权利的妨碍，应当停止侵害并排除妨碍。故对原告要求被告排除树木妨碍,并将墙体恢复原状的诉讼请求予以支持。考虑到该树木不排除自然生长的可能,故法院酌情确定对被告排除树木妨碍及将墙体恢复原状的费用由原、被告各半分担。

二审裁判结果

淮安市中级人民法院依照《民事诉讼法》第153条第1款第1项的规定,判决驳回上诉,维持原判。

二审裁判理由

淮安市中级人民法院二审审理后认为:构成妨碍的树木,经一审法院实地勘查及当事人提供的照片分析,应属自然生长,故上诉人肖玉宝称系肖玉田、彭国珍栽种,证据不足,应不予采信。由于该树的生长已危及双方人身财产安全,一审法院考虑到该树处于肖玉田、彭国珍居住的房屋院内和视线所及范围,其负有保证生长在自己管理范围内树木不对邻居构成妨碍的义务等因素,故酌情确定对排除树木妨碍及将墙体恢复原状的费用由双方各半分担并无不当。综上,一审法院所作判决正确,当事人上诉理由均不能成立,故不予支持。

18. 当个人的物权受到他人妨碍而引发排除妨碍纠纷,但妨碍的排除可能损害集体利益时,法院能否支持个人的请求?

当物权的行使受到现实或者可能的妨害时,物权人可以请求排除妨害。当妨碍的排除可能损害集体利益,同时又无其他更为合理公平实现方法时,个人利益应当接受合理的、必要的限制。

典型疑难案件参考

张钧茂诉福建省龙岩电业局等排除妨碍案

基本案情

原告张钧茂的祖遗房屋坐落于龙岩市新罗区东肖镇溪连村25组。1999年12月,根据农村电网改造的有关政策规定,应被告龙岩市新罗区东肖镇溪连村村民委员会(以下简称溪连村委会)的电网改造申请,被告龙岩电业局组织实施对溪连村辖区内的电网进行改造。在电网改造过程中,被告龙岩电业局在原告祖遗房屋东面属集体所有的土地上立一电线杆,该电线杆距离原告房屋东面墙外墙皮0.94米。原告房屋东向开有一小门进去,东面墙上窗户宽为0.84米,高为0.94米,窗户底边距地面1.57米,该窗户为老式木栅窗户。为此,原告诉至法院,以该电线杆影响其房屋的通风、采光、通行并给其房屋带来安全隐患,妨碍其日后对房屋的维修、改建等为由,要求3被告迁移该电线杆。诉讼中,原告变更诉讼请求,仅要求被告龙岩电业局承担迁移电线杆的责任。

一审诉辩情况

原告张钧茂诉称:原告的房屋坐落在新罗区东肖镇溪连村25组,1999年12月,3被告未经原告同意,将电线杆栽入原告房屋东面水沟里,距离屋檐仅0.2米,且正好对着东边窗户,严重影响原告房屋的通风、采光及通行,更有甚者,电线杆上的铁架就在原告屋顶上,给原告带来安全隐患,妨碍了原告日后房屋的维修、改造。原告发现此事后,多次与被告交涉未果,故诉至法院要求被告将电线杆迁移,停止对原告合法权益的侵害。

被告龙岩电业局、溪连村委会未进行书面答辩。

被告东肖镇政府辩称:原告向答辩人反映电线杆妨碍其房屋的问题后,答辩人召集溪连村干部、龙岩电业局技术人员到现场勘察以寻求解决方案。但由于现在地形的原因,若将讼争电线杆往外移动,则该电线杆与相邻两根电线杆将形成三角形,电线杆受电线拉力的影响会倾斜,必须在该电线杆上引一拉线,而该拉线势必要穿入他人房屋。故讼争的电线杆无法迁移或改动。答辩人已将此情况及时转告原告。

一审裁判结果

龙岩市新罗区人民法院依照《民法通则》第83条之规定,作出如下判决:驳回原告张钧茂要求被告龙岩电业局迁移所立电线杆的诉讼请求。

一审裁判理由

龙岩市新罗区人民法院经审理认为:被告龙岩电业局在溪连村实施农村电网改造,是根据国务院关于加快农村电力体制改革、加强农村电力管理的规定和被告溪连村的申请实施的,农村电网改造是为全体村民服务的,是促进农村经济发展、减轻农民负担的一项利民措施。被告龙岩电业局在实施农村电网改造过程中,将电线杆立在属集体所有的土地上,虽靠近原告祖遗房屋东面墙的窗户,对原告房屋的通风、采光会有一定的影响,但由于电线杆的体积小,且距离原告房屋东面墙窗户有0.94米宽,原告的该窗户面积较小(0.84米×

0.94米），且系木栅窗户，故被告龙岩电业局所立电线杆对原告房屋的通风、采光影响不大，被告龙岩电业局所立电线杆在原告房屋东面水沟的外沿上，对原告的通行亦不会造成妨碍，该电线杆根据现场勘察已无法移动。我国《民法通则》第83条规定，不动产的相邻各方应当按照有利生产、方便生活、团结互助、公平合理的精神，正确处理截水、排水、通行、通风、采光等方面的相邻关系。根据这一规定，本院认为，当事人在处理相邻关系时，应遵循有利生产、方便生活的原则，当个人利益与集体利益发生冲突时，个人利益应服从集体的利益，所以原告以该电线杆影响其房屋通行、通风、采光，要求被告龙岩电业局迁移电线杆的诉讼理由不能成立，原告主张被告龙岩电业局所立的电线杆的铁架给原告带来安全隐患，妨碍原告日后对房屋的维修、改建，没有事实依据，本院不予采信。原告在诉讼中表示不要求被告东肖镇政府、溪连村承担责任，未违反法律规定，应予准许。

二审诉辩情况

上诉人张钧茂诉称：被上诉人将电线杆埋设于上诉人房屋东面水沟属侵权行为；被上诉人架设电线也违反了《架空配电线路设计技术规程》SDJ4—79第9章第79条之规定，裸线与屋脊垂距仅2.2米，包裸线垂距仅2米；电线杆距上诉人房屋10—20厘米，会导致小偷爬电线杆行窃，给上诉人带来安全隐患。请求被上诉人迁移电线杆。

被上诉人未向法院提交书面答辩状。庭审中，被上诉人龙岩电业局辩称，其架设电线杆和电线符合《架空配电线路设计技术规程》。

二审裁判结果

龙岩市中级人民法院依照《民事诉讼法》第153条第1款第1项之规定，判决如下：驳回上诉，维持原判。

二审裁判理由

龙岩市中级人民法院经审理认为：上诉人之祖遗房东向窗户，因系木栅老式结构，被上诉人埋设的电线杆距上诉人的窗户水平距离0.9米，并不影响上诉人房屋的通风和采光；上诉人房屋东向虽开有一小门进去，但由于电线杆埋设于水沟之外边沿，从行走习惯看，埋设于水沟边沿的电线杆并不影响上诉人的通行；被上诉人在电线杆上端的架线铁架与上诉人房屋屋脊垂距为2.72米，接户线的垂距亦最小为1.8米，被上诉人的架线行为并不违反我国水利电力部《架空配电线路设计技术规程》之规定，且并未发生对上诉人的损害事实；上诉人以被上诉人所设铁架会妨碍上诉人日后维修、改建房屋这一将来发生的事实为由，要求被上诉人迁移电线杆，理由不充分；同样，上诉人以小偷会爬电线杆进入上诉人房行窃这一假想事实为由，要求被上诉人迁移电线杆的理由也不充分；被上诉人在施行农村电网改造这一利民措施时，既未违反技术规程，也未妨碍上诉人利益。上诉人的上诉理由不充分，原判正确，应予维持。

19. 业主超出专有部分安装防盗门，相邻业主以影响通行为由请求排除妨碍的，法院应否支持？

房屋所有权人行使对房屋的权利时，以不损害其他业主的合法权益、不危及建筑物的安全为限。业主超出专有部分安装防盗门的，应征得其他业主的同意，且不得妨碍他人的正常通行，否则负有排除妨碍的义务。

典型疑难案件参考

李万富诉廖云淑排除妨碍纠纷案

基本案情

1992年2月2日，被告廖云淑在距原告李万富家门前约80公分处安装一防盗门，原告当即出面干涉，不同意被告如此安装防盗门。被告表示双方再行协商，但双方未能协商一致。其后当地居民委员会、派出所、街道办事处多次出面调解未果。同年3月，原告诉至法院。房屋产权管理单位南京市白下区房管局洪武路房管所表示，马府新村不允许像被告家那样安装防盗门，但马府新村像被告家那样安装防盗门的家庭很多，原则上采取邻里无争议纠纷，产权管理单位不干涉的办法。此外，经向公安部门了解，安装防盗门一般要求紧贴自家房门。经法院调解，被告于同年4月7日自行拆除了防盗门，但门框尚存。原告要求被告拆除门框。

诉辩情况

原告李万富诉称：被告廖云淑近日安装防盗门时，未经原告及其家人同意，将原告家电表隔离到被告门内，给原告正常生活造成妨碍，要求被告立即拆除防盗门。

被告廖云淑辩称：自己这样安装防盗门是经原告之妻同意的。自己所在的马府新村这样安装防盗门的人家很多，不同意拆除防盗门。

▶ **裁判结果**

江苏省南京市白下区人民法院根据《民法通则》第83条的规定，作出如下判决：原告要被告拆除防盗门之请求已经实现，其要求被告拆除防盗门门框之请求不予支持。

▶ **裁判理由**

江苏省南京市白下区人民法院经审理认为：

第一，被告家防盗门的安装方法影响原告相邻权，侵犯了产权管理单位的权益。被告家安装防盗门虽在马府新村具有一定普遍性，但这一安装方法将邻居家电表隔入门内，给邻居使用电表带来妨碍，影响了邻居的正常生活，不符合《民法通则》关于按照有利生产、方便生活、团结互助、公平合理的精神处理相邻关系的规定。同时，被告没有经过房屋产权管理单位即洪武路房管所的同意，擅自将楼层过道的一部分占为己用，侵犯了产权管理单位的权益。为此，被告家的防盗门应予拆除。

第二，在审理过程中，经多方教育，被告自行拆除了防盗门。但因门框是焊接在墙上的，及时拆除有一定困难，所以门框暂留存；又因门拆除后门框对原告家已没有妨碍，所以原告坚持要求被告拆除门框的诉讼请求不予支持。

20. 业主在产权范围内对属于自己所有的房屋进行装潢改造，需要利用建筑物共用部分并取得了行政机关批准的，其他业主是否有权要求其停止侵害、恢复原状？

行政机关的批准，只能说明行政机关从行政管理的角度认为该行为不会给社会造成危害而可以实施。由于业主的装潢改造需要利用建筑物的共用部分，共用部分的所有权由全体区分所有权人享有，因此，对共用部分的任何改动，应以不违背共同利益为前提，并须经全体区分所有权人同意，否则即构成对其他权利人共有权的侵害，其他业主有权要求其停止侵害、恢复原状。

典型疑难案件参考

南京市鼓楼区房产经营公司、钟宝强等诉江苏盛名实业有限公司房屋侵权纠纷案（《最高人民法院公报》2001年第5期，总第103期）

基本案情

位于南京市娄子巷164号、166号和166-2号的钢筋砼框架结构六层商住楼，产权属被告江苏盛名实业有限公司（以下简称盛名公司）所有。二至六层为居住房，由原告江苏省南京市鼓楼区房产经营公司（以下简称房产公司）和原告钟宝强等住户分别所有。

1998年3月，被告盛名公司装修底层房屋准备增建夹层时，把钢筋砼框架柱之间的填充墙全部拆除，将地面下挖0.9—1.2米深，使部分地梁裸露，由此引发纠纷。同年6月，盛名公司委托南京市房屋安全鉴定处（下称安鉴处）就其增建夹层的安全性进行鉴定，结论为："夹层施工对楼房主体未造成明显的结构性损坏，目前不影响居住和使用安全，但夹层的设计、施工中存在问题，建议委托有资质的单位进行设计、施工。"此后，盛名公司按照安鉴处提出的要求进行了整改，并于同年9月再次委托安鉴处对其增建夹层的新设计方案进行鉴定，结论为："现经持证设计单位出具的正规施工图，能满足安全使用要求，建议施工期间加强监督，确保工程质量。"同年11月，江苏省建设委员会抗震办经审核，同意盛名公司的增建夹层方案；南京市公安局鼓楼分局消防科经审核，同意盛名公司按所报图纸进行施工。原告房产公司和原告钟宝强等住户不同意盛名公司按照设计方案施工，于1999年1月提起诉讼。

审理期间，被告盛名公司领取了南京市规划局颁发的准予在南京市娄子巷166-2号室内增建夹层的建设工程规划许可证。法院委托安鉴处对原告钟宝强等住户所诉住房损坏的情况进行鉴定，结论为："该楼房属基本完好房屋。钟宝强等户住房出现的墙面瓷砖、拼板、阴角等处裂缝问题，并非因盛名公司增建夹层造成。建议盛名公司对底层公共部位大平台楼梯间的墙体裂缝用高标号水泥砂浆粉刷，对地梁露筋部位做好保护层。"

一审诉辩情况

原告等诉称：原告居住的楼房，底层为被告所有，二层以上的产权为原告等所有。被告擅自在其底层拆改装潢，为架设夹层而深挖屋内地面将基础梁暴露在外，用膨胀螺栓把槽钢固定在楼房框架和四周墙体上，明显加大了楼房主体的负荷。被告的行为致使原告等的住宅墙体开裂，层面渗水，水管漏水，严重影响了原告等的居住安全。被告的行为侵犯了原告等作为产权人的合法权益。请求判令被告恢复房屋原状，并对受损的楼房主体结构和给排水系统采取补救加固措施。

被告辩称：被告是在自己的产权范围内对属自己所有的房屋进行装潢改造，所有工程都是经过有资质的设计单位设计、报有关行政机关批准后进行的，并且得到了房屋安全鉴定机关的鉴定认可，根本不侵犯原告们的权益。原告们所称的损害是楼房质量问题，与被告的装潢改造无关。原告们所诉无理，应当驳回。

一审裁判结果

南京市鼓楼区人民法院依据《民法通则》第72条、第83条之规定，判决如下：

一、被告盛名公司对楼房底层公共部位大平台楼梯间墙体裂缝部位用高标号水泥砂浆粉刷，对地梁露筋部位做好保护层，疏通下水管道；由原告房产公司和盛名公司共同委托监理部门负责现场监理，监理费用由盛名公司负担；

二、被告盛名公司给付原告钟宝强等住户每户1000元补偿费。

一审裁判理由

江苏省南京市鼓楼区人民法院认为：《民法通则》第83条规定："不动产的相邻各方，应当按照有利生产、方便生活、团结互助、公平合理的精神，正确处理截水、排水、通行、通风、采光等方面的相邻关系。给相邻方造成妨碍或者损失的，应当停止侵害，排除妨碍，赔偿损失。"原告房产公司和钟宝强等户与被告盛名公司属不动产的相邻各方，应当按照法律的规定正确处理好相邻关系，共同维护所在楼房的安全。盛名公司在自己的产权范围内增建夹层，新的方案是由有资质的部门设计，并得到建设工程规划和抗震、消防等行政主管机关的审核同意。盛名公司如能在严格监督下按照批准的施工质量标准组织施工，楼房的安全是有保障的。房产公司和钟宝强等主张二至六层房屋的损坏是因盛名公司增建夹层所致，盛名公司已经提供了与己无关的证据，房产公司和钟宝强等再没有提出反证。对房产公司和钟宝强等基于这一理由提出的诉讼请求，不予支持。因施工对相邻方造成干扰，盛名公司自愿给钟宝强等住户每户补偿1000元，应予准许。

二审裁判结果

南京市中级人民法院依照《民事诉讼法》第153条第1款第1项、第2项的规定，于2000年7月21日判决如下：

一、维持一审判决第一项；

二、撤销一审判决第二项；

三、被上诉人盛名公司于本判决生效之日起 60 日内，拆除南京市娄子巷 166-2 号底层房屋的夹层，将下挖的部分恢复原状，由原审原告房产公司、上诉人钟宝强等住户会同盛名公司共同委托监理部门负责施工现场的监理，监理费用由盛名公司负担。

二审裁判理由

南京市中级人民法院经审理认为：一审认定的事实基本正确，证据充分。

上诉人钟宝强等住户和原审原告房产公司因对不动产享有的所有权，与被上诉人盛名公司结成不动产的相邻各方。不动产相邻权是对不动产所有权的限制和延伸，是与不动产所有权有关的财产权利。没有不动产所有权，则谈不上不动产相邻权。因此要正确解决不动产相邻纠纷，就必须正确把握相邻各方的不动产所有权形态。

过去我国房屋所有权的形态是，一幢独立的房屋由一个人所有（即一物一权）。随着住房制度的改革，一幢独立的房屋由多人所有（即一物多权）的现象越来越普遍。

房屋建设投资者建立的一幢独立房屋，必须具有基础、框架、承重墙体、隔板、顶盖、走道、阶梯、门窗、各种管线以及必要的活动场所等，才可能区分出供不同的人分别独立使用的一定空间。这两部分必须结合在一起，房屋才能独立存在。而只有该房屋独立存在，供人分别独立使用的一定空间才能发挥其功能。当一幢独立房屋具备了可供区分出独立使用一定空间的物质条件，房屋建设投资者将这些空间分别转让给不同的购买者，从而使这幢房屋为多人所有时，房屋的建筑特点决定了每个所有权人取得的是房屋区分所有权，这是与一物一权形态下的房屋所有权不完全相同的权利。在转让房屋区分所有权的合同中，虽然只载明转让可供区分使用的空间（以下简称专有部分），但这不意味着基础、框架、承重墙体、隔板、顶盖、走道、阶梯、门窗、各种管线以及必要的活动场所等部分（以下简称共用部分）没有转让。如果没有共用部分的转让，则专有部分不会成为可供转让的财产所有权客体。只是由于共用部分必然随专有部分一齐转让，所以无需在转让合同中对随同转让的共同部分一一登记。

房屋区分所有权首先是指全体区分所有权人对整幢独立房屋以及房屋内所有共同设施的共有权，其次是指每一个房屋区分所有权人对特定空间的专有权。房屋区分所有权中的共有权，是一种不可分割、只能随同专有权的转让而转让的权利。权利人有权按照共用部分的种类、性质、构造、用途正当使用共用部分，有权分享整幢房屋或者房屋的共用部分产生的收益，有权制止对整幢房屋或者房屋共用部分的任何侵害。权利人在享有权利的同时需尽的义务是：维持共用部分现状，不得请求分割；维护共用部分的正常使用状态，不得侵占、改动或破坏；负担合理分摊的维护共用部分正常使用所需的费用。在这种权利形态下，由于整幢房屋以及房屋内所有共用设施为全体区分所有权人共有，全体区分所有权人需要对整幢房屋享有权利、承担义务，他们在此之可以形成团体的法律关系；由于房屋的特定部分为各区分所有权人专有，区分所有权人需要对其专有部分行使权利和承担义务，因此区分所有权人与其他人形成区域所有的法律关系；由于各个区分所有权人都对特定的空间享有相当于独立房屋所有权的权利，每个区分所有权人对与其相邻的其他不动产所有权人形成相邻法律关系。

坐落在南京市娄子巷164号、166号和166-2号的六层商住楼，是由上诉人钟宝强等住户、原审原告房产公司和被上诉人盛名公司区分所有。各区分所有权人既对各自的专有部分享有独立的所有权，又对整幢楼房及其共用部分享有共有权。专有部分，是指由建筑材料组成的四周上下均为封闭的建筑空间。除此以外房屋的其他部分（包括底层地板以下的掩埋工程），应属共用部分。对共用部分的任何改动，应以不违背共同利益为前提，并须经全体区分所有权人同意，否则即构成对其他权利人共有权的侵害。

被上诉人盛名公司虽然是在其专有部分增建夹层，但是其增建夹层的行为利用了属于共用部分的梁、柱和地板以下的掩埋工程，使梁、柱的负载加大，地梁裸露，是对共用部分的非正常使用，影响到全体区分所有权人的共同利益。盛名公司增建夹层的行为虽然得到行政机关的批准，但这只能说明行政机关从行政管理的角度看，不认为该行为能给社会造成危害，可以实施。由于增建夹层需要利用房屋的共用部分，而房屋共有部分的所有权由全体区分所有权人享有，不是由批准的行政机关享有，因此增建夹层的行为能否实施，必须由盛名公司征求全体区分所有权人的意见。盛名公司以是在自己的产权范围内对属自己所有的房屋进行装潢改造为由提出没有侵权的辩解，不能成立。无论上诉人钟宝强等住户的房屋是否损坏，无论该损坏是否与盛名公司有关，盛名公司在没有征得全体区分所有权人同意的情况下就利用共用部分给自己增建夹层，都侵害其他区分所有权人的共有权。故钟宝强等住户以盛名公司侵犯了产权人合法权益为由提出的上诉，应予支持。盛名公司应当拆除夹层，将下挖的部分恢复原状。原审判决对各方当事人的房屋所有权形态未作分析，就以相邻权的法律规定解决本案纠纷，是适用法律不当。原审判决盛名公司用高标号水泥砂浆粉刷底层共用部位大平台楼梯间的墙体裂缝，对地梁露筋部位做好保护层和疏通下水管道，是正确的；但以房产公司、钟宝强等住户的房屋损坏与盛名公司无关为由，判决不予支持房产公司、钟宝强等住户的诉讼请求，是错误的，应当改判。

排除妨害纠纷办案依据集成

中华人民共和国物权法（2007年3月16日主席令第62号公布）（节录）

第三十五条 妨害物权或者可能妨害物权的，权利人可以请求排除妨害或者消除危险。

四、恢复原状纠纷

21. 不合理装修行为人应如何承担法律责任？

不合理装修行为不但损害了被装修房屋的使用性能，而且会给整幢楼房造成安全隐患，受害人有权要求停止侵害，排除妨碍，消除危险，恢复原状。装修造成的损失，应包括房屋鉴定费、加固设计费、加固费，以及房屋价值降低的损失，均应予以赔偿。

22. 如何处理恢复原状与赔偿损失之间的关系？

一般来说，侵权行为的责任首先是恢复原状，法院可以判决由被告恢复原状，或者委托专门的维修单位对房屋进行修复恢复原状，其费用由被告承担；如不能恢复原状，则判决被告赔偿损失。

典型疑难案件参考

筑博公司诉王淑静在房屋装修中拆改建筑物承重结构应予以恢复案

基本案情

作为拆迁安置对象，被告王淑静于1995年10月17日与北京市筑博物资公司（以下简称筑博公司）广外南街住宅小区筹建处签订了拆迁安置居民回迁购房合同书。根据此合同，回迁楼建设完毕以后，筑博公司安置给王淑静广外南街小区53号楼601号3居室楼房（以下简称601号房）1套。1998年10月，筑博公司将回迁楼建设完毕并交付使用。王淑静在未办理回迁入住手续的情况下，私自进入601号房，在向筑博公司的房屋物业公司缴纳了1000元装修押金后，于1999年3月对该房进行了装修。装修过程中，王淑静雇用的没有装修资质的装修人员对房屋内部结构进行拆改，将多处钢筋混凝土结构承重墙砸毁，并将结构柱主钢筋大量截断。其间，筑博公司曾多次向王淑静发出停工通知，并委托宣武区房屋安全鉴定站对此房屋进行了鉴定，结论为：房屋墙体被拆改、移位，已对房屋承重结构造成破坏，应恢复原状。王淑静对此均未理睬。

诉辩情况

筑博公司向宣武区人民法院提起诉讼，要求王淑静立即停止毁坏住宅楼主体结构的行为，排除妨碍，消除危险，承担对所破坏房屋由专业施工单位进行修复的费用 47439.04 元、鉴定费 240 元以及加固设计费 1 万元。

被告王淑静答辩称：装修之前经过了物业管理部门的同意，并交付了 1000 元押金。物业管理部门负责人讲明一般装修只收 100 元垃圾费，退还 900 元；如拆改结构，1000 元不退。故不同意原告的诉讼请求。

▶ **裁判情况**

宣武区人民法院根据《民法通则》第 5 条、第 106 条第 2 款、第 117 条的规定，判决如下：

一、自本判决生效后 3 日内，被告王淑静将本区广外南街小区 53 号楼 601 号住房腾空，交原告筑博公司；

二、自本判决生效后 3 日内，被告王淑静给付原告筑博公司对广外南街小区 53 号楼 601 号住房的鉴定费 240 元、加固设计费 1 万元、加固费 33746 元，并由原告筑博公司负责加固施工；

三、自加固工程完成后 30 日内，由被告王淑静负责对拆改的广外南街小区 53 号楼 601 号住房门厅隔断墙恢复原状。

▶ **裁判理由**

生效判决认为：根据建设部关于建筑装饰装修管理规定，凡涉及拆改主体结构和明显加大荷载的，房屋所有人、使用人必须向房屋所在地的房地产行政主管部门提出申请，并由房屋安全鉴定单位对装饰装修方案进行审定，经批准后向建设行政主管部门办理报建手续，领取施工许可证。原有房屋装饰装修需要拆改结构的，装饰装修设计必须保证房屋的整体性、抗震性和结构安全性，并由有资质的装饰装修单位进行施工。北京市《关于加强对城镇居民住宅装饰装修改造管理的通知》（2002 年已失效）规定：凡居民对住宅进行装饰、装修的，不得破坏建筑物结构，不得私自拆改各种住宅配套设施。本案被告王淑静在没有办理房屋入住手续的情况下，私自进入房屋，并违反上述规定，未经有关部门批准，在装修过程中对房屋的主体结构及其他设施进行拆改，经筑博公司多次制止后仍不停止，给整幢房屋造成严重安全隐患，应承担民事责任。关于加固费用，中国建筑科学研究院工程抗震研究所是建设业的权威机关，出具的加固报告及费用具有权威性，对所需 33746 元的加固费用本院予以确认。对于恢复费用，因被告对原告提供的预算费用表示异议，且该费用未经有关部门审核，因此，恢复原状的费用以恢复后实际支出费用为准。

恢复原状纠纷办案依据集成

中华人民共和国物权法（2007年3月16日主席令第62号公布）（节录）

第三十六条 造成不动产或者动产毁损的，权利人可以请求修理、重作、更换或者恢复原状。

五、财产损害赔偿纠纷

> **23. 受害人对于损害的发生也有过错的,能否要求侵害人赔偿全部损失?**
>
> 受害人未采取必要合理的措施导致财产损失扩大的,应当承担相应的过错责任,减轻侵害人的民事责任。

典型疑难案件参考

高和国、莫翠红诉江亚娣相邻权纠纷抗诉案

基本案情

申诉人江亚娣与被申诉人高和国、莫翠红系楼下(204室)、楼上(304室)邻居关系。一审第二被告嵊泗县港城物业服务有限公司系申诉人、被申诉人所在小区的物业服务公司。2009年11月20日,二被申诉人发现自家房屋地板下不断有水溢出,经查发现,该水系因304室阳台下的公共雨落水管道堵塞后,经与该管道连接的原阳台地漏倒灌进房屋所致。由于304室阳台被二申诉人改装成客厅,并铺设了地板,地板将阳台地漏遮挡,以致直到地板下积水溢出地面二被申诉人才得以察觉。后二被申诉人会同物业管理人员破开原阳台地板疏通管道,房屋内积水才经原阳台地漏排出。一星期后,落雨水管道再次堵塞,流经落雨水管道的水再次经该地漏倒灌进304室,虽经二被申诉人再次疏通管道排水,多次进水仍造成304室地板浸水变形、家具受潮发霉、地面大理石拱起、墙面涂料剥落霉变。经司法鉴定确认,204室前任房主在装修房屋时,擅自将与304室连接的阳台落雨水管道由直道改成弯道,引起弯管位置淤积杂物,影响水流甚至造成堵塞,是造成304室进水的主要原因。

一审裁判结果

浙江省嵊泗县人民法院根据《民法通则》第83条、第134条,判决申诉人对被改造的雨落水管恢复原状;赔偿二被申诉人诉请中除误工费外的全部损失共计人民币41943元,承担全部鉴定费19000元中的17453.10元及相应的诉讼费用。

一审裁判理由

原审法院认为,申诉人对雨落水管的改造造成水管排水不通畅,弯管位置容易淤积杂物，影响水流速甚至堵塞，为避免再次发生侵害，申诉人应将改造的雨落水管恢复原状；申诉人对雨落水管的改造是造成同单元304室进水的主要原因，应赔偿由此造成的二被申诉人财产损失。二被申诉人与嵊泗港城物业服务有限公司之间是物业管理服务合同纠纷，与本案相邻权纠纷分属不同的法律关系，该公司连带责任不成立。

再审诉辩情况

舟山市人民检察院抗诉理由如下：

第一，二被申诉人擅自将阳台改装成客厅，并铺设地板，使原阳台上用于排水的地漏被遮挡在地板下面，影响地漏的正常使用，致使水经地漏倒灌时没有被及时发现是导致整个房屋地板下面大量积水的重要原因之一。

在我国民用建筑中，建筑专业按照《住宅设计规范》通常在考虑雨水立管位置时，会把它放在阳台的位置，一方面排天面的雨水，另一方面排阳台飘入的雨水，其中阳台飘入的雨水是通过阳台地漏排入雨落水管道，而当雨量达到一定程度时，流经雨水立管的水通过阳台地漏反溢是时常发生的现象，因此阳台地漏必须设置在明显位置，且不能改作他用。二被申诉人擅自将阳台改成客厅已经违反《住宅设计规范》GB50096-1999（2003年版）第3.7.1、《建筑装饰装修管理规定》第8条等规定；在阳台地漏上方铺设地板，进而使原阳台地漏丧失了向外排水的作用，也使该地漏发生雨水反溢等情况无法被及时发现、处理。可以预见，如果该地漏不被地板遮挡，那么阳台外的雨落水管道堵塞后，水通过地漏反溢进304室阳台时，会被第一时间发现，完全可以避免蔓延至整个房屋，因此，二被申诉人改造阳台并使阳台地漏被地板遮挡，主观上存在过错，客观上使得本案中水倒灌未被及时发现，从而造成整个房屋受淹、财产受损。

第二，二被申诉人在第一次房屋进水并发现原因后，未采取有效防范措施，是导致房屋再次进水、屋内财产损失扩大的主要原因之一。

2009年11月20日，二被申诉人已经查明304房屋第一次进水的原因是204房屋改造落雨水管道，导致杂物堵塞304原阳台下落雨水管道，水从原阳台地漏倒灌。二被申诉人当时也采取了在物业帮助下疏通管道，排除积水等措施。此时，作为具有完全民事行为能力的民事主体，应当意识到该管道已经被改道，有再次堵塞的可能，必须在自己能力范围内采取堵塞地漏等有效的防范措施，防止水再次倒灌造成更大的财产损失，但是，在长达一个星期的时间内，二被申诉人没有采取任何有效的防范措施，导致房屋第二次进水，屋内财产进一步受损。因此，二被申诉人对304房屋再次进水，屋内财产损失扩大存在过错。

第三，二楼以上住户向落雨水管道内排放杂物是导致管道堵塞的原因。

按照现在人们的生活习惯，很多商品房阳台上都搭建了盥洗台，这也符合相邻关系中方便生活的精神。客观上，本案中204室房屋改造阳台管道确有过错，但改变管道更多影响的是管道中水流的速度，不会必然导致管道堵塞进而引起水流倒灌，司法鉴定报告已经确认引起水流倒灌直接原因之一是杂物堵塞管道，这也符合常理；而堵塞部分的管道位于三楼阳台与二楼阳台之间，管道中的杂物只可能来自二楼以上的住户。因此，将杂物堵塞管道归责于二楼阳台盥洗台生活用水排入管道所致，有失客观，加重了204室房主的侵权责任。

第四，申诉人只应承担与其过错相应的侵权责任，一审判决其承担全责在确定民事责任上明显违背法律规定。

侵权责任适用过错归责原则，204室房屋改造阳台落雨水管道是造成304室房屋进水的原因之一，但二被申诉人擅自改造阳台，使得原本用于排水的地漏被遮挡在地板之下，发生雨水反溢等情况时无法被及时发现、处理，在304房屋第一次进水后未采取有效防范措施，对304室房屋多次进水、屋内财产损失扩大，同样应当承担相应的过错责任；204室以上楼层住户向管道内排放杂物导致管道堵塞也存在过错。《民法通则》第131条规定受害人对于损害的发生也有过错的，可以减轻侵害人的民事责任，因此本案一审判决判由申诉人承担全责，在确定民事责任上明显违背了法律规定。

再审裁判结果

申诉人江亚娣不服一审判决，向检察机关提出申诉。2010年6月25日，舟山市人民检察院以舟检民行抗〔2010〕19号民事抗诉书向舟山市中级人民法院提出抗诉。舟山市中级人民法院裁定由嵊泗县人民法院进行再审。再审过程中，嵊泗县人民法院组织双方当事人进行了调解，达成调解协议，并制作了〔2010〕舟嵊民再字第3号民事调解书，内容为：

一、申诉人江亚娣于协议生效后10日内将嵊泗县新城花苑4号楼二单元204室南阳台被改造的雨落水管恢复原状；

二、申诉人江亚娣赔偿被申诉人全部损失共计33554元；

三、被申诉人放弃其他诉讼请求。

24. 权利人因财产受损而受到有关国家、单位给予的救助或社会捐赠、慈善机关的捐助等利益的,能否减轻侵权行为人的赔偿责任?

权利人因财产受损而受到有关国家、单位给予的救助或社会捐赠、慈善机关的捐助等利益的,权利人所受此种利益,虽因损害事实引起,但并非损害事实的直接结果,不能适用损益相抵。因此不能减轻侵权人应当承担的赔偿责任。

典型疑难案件参考

任泽海与重庆市万州区公路养护段冉丛林、廖天全、易洪明财产损害赔偿抗诉案

基本案情

1983年3月,申诉人任泽海,在位于天城镇老岩村万开路18公里采石场(以下简称采石场)西南侧,修建土木结构房屋6间。被申诉人重庆市万州区公路养护段(以下简称养护段)因养护公路需要碎石,在采石场采石料。1997年,被申诉人冉丛林、廖天全、易洪明等人在未办理开采手续的情况下,也相继在采石场开采石料。其间,因坡上落石,将任泽海房屋东侧墙壁砸坏,冉丛林曾因此给予赔偿。1998年9月21日,天城镇人民政府主持协调后制发了天城镇府发(1998)72号文件,由几户采石户一次性赔偿任泽海4500元(养护段1500元,冉丛林1200元,易洪云1200元,易洪明300元,廖天全300元);任泽海获得赔偿后,拿出500元给相邻两家住户,作为土地树木损失补偿;文件形成1个月内付清,任泽海不得再在危房内居住。但文件形成后,只有易洪云支付1200元,冉丛林支付300元,其余几户均拒绝给付。2000年4月,因采石场严重影响交通,被政府强令停止开采。2002年4月,天城镇人民政府鉴于任泽海身有残疾,经济困难,而几名开采户不按文件给付赔偿的实际情况,决定给任泽海补助3000元,让其搬迁房屋,以保证其安全。同年7月,任泽海以养护段、冉丛林、廖天全、易洪明的开采造成其房后山体不稳固,危及其住房安全而不得不搬迁为由提起诉讼,要求赔偿其房屋损失7000元。

诉讼过程中,万州区人民法院委托南江水文地质工程地质队驻万州办事处对万开路十八公里采石场岩层对任泽海的房屋危害程度进行了鉴定,结论为:

(1) 万开路十八公里采石场因不合理开采，开采区斜坡顶部已形成危岩体，随时有崩落的迹象，影响采石场前缘公路的安全运营，采石场因不合理堆放弃土，形成不稳定斜坡，在大暴雨的诱发下，坡顶大块石会出现崩落现象，影响其下面行人、居民生命安全；(2) 村民任泽海房屋被采石场开采块石砸坏，墙体形成直径0.7米大洞，致任泽海一家5人不能在家居住，自行另租房居住；(3) 建议停止在该采石场继续采石，在开采区内侧修筑排水沟，将地表水排出开采区、弃土堆积区，减轻地表水对斜坡的影响；(4) 建议斜坡下居民搬迁到安全地带。万州区人民法院又委托万州区天城移民开发区价格认证中心对任泽海的房屋进行了价格评估，评估价格为8186元，两次鉴定共用去鉴定费3400元。

一审裁判结果

2003年2月27日，万州区人民法院作出〔2002〕万民终字第2521号民事判决：

一、任泽海的房屋损失8186元，鉴定费3400元，扣除易洪云已付1200元，政府补偿的3000元，计7386元，由养护段赔偿2586元，冉丛林赔偿2400元，扣除已付300元，尚欠2100元，被告廖天全赔偿1200元，被告易洪明赔偿1200元；

二、4被告负连带清偿责任。

一审裁判理由

万州区人民法院认为，4被告没有办理合法开采手续，相继在采石场不合理开采碎石，造成原告任泽海房屋不能居住，由此给原告造成的损失，4被告应共同赔偿，但政府补偿的3000元应从中扣除，易洪云已付的1200元也应从中扣除。

二审裁判结果

2003年6月17日，重庆市第二中级人民法院作出〔2003〕渝二中法民终字第340号民事判决：驳回上诉，维持原判。

二审裁判理由

2003年6月17日，重庆市第二中级人民法院作出〔2003〕渝二中法民终字第340号民事判决认为：综合全卷证据分析评判，天城镇作出的〔1998〕72号文件确认任泽海房屋损失为4500元，在当时任泽海未提出任何异议，再根据万州区天城移民开发区价格认证中心2002年12月28日作出的价格认证评估结论，该房屋的现值为8186元，天城镇人民政府补给任泽海3000元也是对整个房屋损失的补偿，而不是额外其他的补偿费用。原判决从该房屋的全部损失8186元中扣除政府补给的3000元费用并无不当。

抗诉理由

任泽海不服二审判决，向检察机关申诉。重庆市人民检察院第二分院审查后，提请重庆市人民检察院抗诉。重庆市人民检察审查后向重庆市高级人民法院提出抗诉。抗诉理由是：4名被申诉人及易洪云不合理采石造成山体不稳固，使位于山下的任泽海的房屋成为危房，5名侵权行为人应对损害后果承担赔偿责任。天城镇人民政府与侵权行为无关，不是本案的赔偿主体，其发给任泽海的3000元不是损害赔偿金，而应属于行政救济性质，不能冲减5名侵权行为人应付的赔偿款。

再审裁判结果

重庆市第二中级人民法院于2004年11月30日作出〔2004〕渝二中法民再终字第76号民事判决：任泽海的房屋损失8186元，除易洪云已给付1200元，尚欠6986元，由养护段赔偿2500.10元，冉丛林赔偿2235.52元（含已付300元，应扣除），廖天全赔偿1125.19元，易洪明赔偿1125.19元。诉讼费、鉴定费、评估费3806元，由养护段负担1179.86元，冉丛林负担1103.74元，廖天全、易洪明各负担81.20元。

再审裁判理由

重庆市高级人民法院受理后，指令重庆市第二中级人民法院再审。重庆市第二中级人民法院认为，由于4被告不间断的开采碎石行为，致任泽海房屋受到损害后不能居住，4被告应承担赔偿责任。天城镇人民政府补给任泽海3000元，是因为任泽海所居住的地段有险情。在任泽海经济困难的情况下，为使任泽海能及时搬迁而给予的救济，与4被告应当赔偿任泽海房屋损失费的性质不同。并且，天城镇人民政府与本案损失事实无因果关系，亦与任泽海的诉讼请求无任何关联，故不能将其补偿冲减各侵权人应付的损害赔偿款。

财产损害赔偿纠纷办案依据集成

中华人民共和国物权法（2007年3月16日主席令第62号公布）（节录）

第三十七条 侵害物权，造成权利人损害的，权利人可以请求损害赔偿，也可以请求承担其他民事责任。

第二章 所有权纠纷

一、侵害集体经济组织成员权益纠纷

> **25. 如何认定集体经济组织成员的资格?**
>
> 侵犯集体经济组织成员权益纠纷案件,涉及的关键问题之一就是集体经济组织成员资格的认定,但法律对此并无明文规定。实践中,集体成员资格的判断,在尊重村民自治的前提下,应结合户籍因素和生活保障基础作综合考量。

> **26. 村民自愿农转非,是否必然丧失原集体经济组织成员资格?**
>
> 村民根据相关政策规定,自愿选择加入原集体经济组织下的由失地农民农转非组建而成小组后,未被纳入国家公务员行列或者未加入城镇企业职工社会保障体系,仍需以集体经济组织农村土地保障其基本生活的,仍然具有原村民小组集体经济组织成员资格,其主张获得土地补偿费的诉求应获得支持。

典型疑难案件参考

林玉娟诉厦门市集美区杏滨街道前场社区居民委员会及第6小组侵犯集体经济组织成员权益纠纷案

基本案情

原告林玉娟原系被告厦门市集美区杏滨街道前场社区居民委员会(以下简称前场社区居委会)村民,其户籍从出生后就落户在被告处,双方于1998年建立土地承包关系。2000年5月,原告依据相关政策将其户口由农村转为城镇居民。2003年3月，前场村民委员会依法更名为前场社区居民委员会。2007年4月，因被告前场社区居委会第6小组部分土地被国家征收，按每人300元的标准向小组成员发放了征地补偿，被告以原告不是分配对象为由未向原告发放上述土地征地补偿款，而是由被告前场社区居委会持有。

诉辩情况

原告林玉娟诉称：原告系两被告集体经济组织成员。因小组所有集体土地被国家征收，被告于2007年4月向所属居民按每人300元的标准向小组成员发放了征地补偿款。原告长期居住、生活在被告前场社区居委会第6小组处，在被告前场社区居委会处拥有承包经营土地，户口也落户在被告处，原告作为该小组的集体经济组织成员，应依法享有与其他居民获得同等的征地补偿款的权利，但是二被告以原告不属于被告集体经济成员为由不发放给原告土地补偿费的行为侵犯了原告的合法权益。为此，原告请求法院判令二被告发放给原告征地补偿款300元，并承担本案诉讼费用。

被告前场社区居委会第6小组辩称：被告确实是按每人300元标准发放征地补偿款给小组成员，因原告于2000年自愿将户口由农村转为城镇居民，加入到由失地农民农转非组建的原前场村第14组，已丧失被告集体经济组织资格，原告不属于分配对象，故被告没有分配补偿款给原告。

被告前场社区居委会未到庭应诉，也未提交书面答辩。

裁判结果

福建省厦门市集美区人民法院根据《民事诉讼法》第130条、最高人民法院《关于审理涉及农村土地承包纠纷案件适用法律问题的解释》第24条的规定，判决如下：被告厦门市集美区杏滨街道前场社区居民委员会及厦门市集美区杏滨街道前场社区居民委员会第6小组应于本判决生效之日起10日内支付给原告林玉娟征地补偿款人民币300元。

裁判理由

福建省厦门市集美区人民法院经审理认为，原告是否享有参加被告前场社区居委会及前场社区居委会第6小组征地补偿款分配的权利，应依原告是否具有该集体经济组织成员的资格为标准来确定。集体成员资格的判断，在尊重村民自治的前提下，应结合户籍因素和生活保障基础作综合考量。本案中原告林玉娟的户籍从出生后就落户在被告前场社区居委会第6小组处，且原告林玉娟自1998年至今在被告厦门市集美区杏滨街道前场社区居民委员会分有承包地，因此，可以认定原告林玉娟的生活保障基础在被告前场社区居委会第6小组，即原告原系被告村民，具备集体经济组织成员资格，原告林玉娟虽于2000年5月根据政策自愿将户口农转非，加入到由失地农民农转非组建而成的原前场村第14组，但取得非农业户口并不必然享有城市居民的基本生活保障，即不必然丧失集体经济组织成员资格，因为农村居民取得非农业户口往往仍需以集体经济组织农村土地保障其基本生活。被告并未举证证明原告农转非后已经纳入国家公务员行列或者加入城镇企业职工社会保障体系，从而已脱离了原集体经济组织农村土地的基本生活保障需求，因此应当认定原告仍然具有被告前场社区居委会第6小组的集体经济组织成员资格。由于诉争的征地补偿款系由被告前场社区居委会持有，因此，二被告应共同承担责任。故原告林玉娟请求二被告支付征地补偿款300元的诉讼请求，本院予以支持。被告前场社区居委会经本院合法传唤，无正当理由拒不到庭应诉，应视为自愿放弃诉讼权利，本案经开庭审理已查明事实，可依法缺席判决。

27. 出嫁女未迁出户口，随其上户的子女是否为该集体经济组织的成员？

因随母亲将户籍落在本村，且其母亲被认定为集体经济组织成员的，该子女也应视为集体经济组织成员。

典型疑难案件参考

赵鹏飞等27人诉宁武县凤凰镇马家湾村民委员会侵害集体经济组织成员权益纠纷案

基本案情

赵鹏飞等27名原告均随其母上户于山西省宁武县凤凰镇马家湾村（其中两名因上大学暂时迁出）。2010年，阳泉煤业（集团）有限责任公司因建矿共征用马家湾村集体土地125亩，并给付相应土地补偿款。经马家湾村民委员会和支部委员会（以下简称"两委"）以及村民大会讨论决定，除去直接补偿农户耕地和集体留用的款项外，将尚余的300万元发放给村民。该村"两委"经几次讨论，在召开村民大会的基础上出台了相应的土地补偿费分配办法，以每位村民5000元的标准进行分配发放，但因赵鹏飞等27名原告是该村外甥，没有分得相应的补偿款。

> **诉辩情况**

原告诉称：27 名原告之母户口都在马家湾村，都是该村集体经济组织中的成员，27 名原告出生后，均随母上户于马家湾村，自然也成为该集体经济组织中的一员。被告马家湾村民委员会（以下简称马家湾村委会）以 27 名原告是该村外甥为由拒绝给付涉案土地补偿费于法无据。因此，要求确定 27 名原告为被告村集体经济组成员，并每人分得相应的土地补偿款 5000 元。

被告辩称：分配土地补偿方案是经两委讨论研究并召开村民大会决定的，不给 27 名原告土地补偿费也是两委讨论研究的结果。

> **裁判结果**

经审判委员会讨论决定，宁武县人民法院依据《民法通则》第 80 条、最高人民法院《关于审理涉及农村土地承包纠纷案件适用法律问题的解释》第 24 条之规定，判决：被告宁武县凤凰镇马家湾村民委员会给付本案 27 名原告每人 5000 元土地补偿费，共计 135000 元。

> **裁判理由**

生效判决认为：农村集体经济组织成员是农村土地的所有者、使用者和受益者，而户口又是确定该成员是否具备成员资格的前提和必要条件。本案中，27 名原告均落户于马家湾村，尽管是随母上户，但毕竟从小生活在马家湾村，张和平、刘宝军现户口虽不在马家湾村，但因高校就读迁出，现还在校就读，所以 27 名原告应当视为是马家湾村集体经济组织中的成员之一，应当享受其他成员享有的权利，故 5000 元的土地补偿款应当依法给予。

28. 招婿上门的女性村民，是否与本村男性村民一样，平等享有集体经济收益的权利？

招婿上门的女性村民，应该与本村男性村民一样，平等享有集体经济收益的权利。

典型疑难案件参考

徐志燕等 12 名招婿上门的女性村民诉呼和浩特市赛罕区西把栅乡沙梁村委会集体经济收益分配纠纷案

基本案情

原告徐志燕等 12 人出生于呼和浩特市赛罕区西把栅乡沙梁村，并以家庭成员的身份，获得了一轮土地承包权。婚后招婿上门，仍住本村。1999 年至 2002 年间，沙梁村委会为村民建了集资住宅楼和临街商业楼（以下简称"两楼"），每户各约 75 平方米。沙梁村委会于 1999 年 12 月和 2000 年 11 月两次组织召开村民代表大会形成决定，凡本村出生的姑娘无论婚后是否在本村居住，其与外来的丈夫均没有"两楼"的分配资格。第一轮土地承包结束后，沙梁村委会以原告等为"出嫁女"为由，未给其承包二轮土地，也取消了其村民集资住宅楼和临街商业楼的分配权。原告为此多次上访。在内蒙古自治区政府信访局的协调下，沙梁村委会与原告于 2002 年 6 月 7 日达成《沙梁村委会与出嫁闺女承包二轮土地及相关事宜的协议》（即"6·7 协议"），其中第 1 条第 3 项："在徐志燕等 12 人能够证明其丈夫在原乡、村没有承包二轮土地的前提下，沙梁村委会分给徐志燕等 12 人在内的出嫁闺女 35 人每人 1.7 亩承包土地"；第 2 项："徐志燕等出嫁闺女签订二轮土地承包合同，合同期限以原二轮土地承包期限为限"；第 4 条第 1 项："徐志燕等 12 人不参与 1999 年到 2002 年 6 月 7 日建设的集资住宅楼和商业楼的分配"。后沙梁村委会与原告签订了《呼和浩特市农村集体土地承包合同》，原告每人获得 1.7 亩的二轮土地承包权，承包期限为 26 年，从 2002 年 1 月 1 日起，至 2027 年 12 月 31 日止。2004 年村委会收回了一些承包地，其中包括原告二轮承包的 1.7 亩土地。原告与其他村民一样得到了每亩 6.5 万元的补偿款。原告根据"6·7 协议"获得了 1.7 亩土地的二轮承包权后，对于不能与其他村民平等得到"两楼"的分配权仍然不服，又多次与村委会交涉，未能解决，又向乡政府、市政府、内蒙古党委和政府上访，也均未得到解决，于 2006 年 9 月 6 日诉至法院。

一审诉辩情况

原告诉称：2002 年 6 月 7 日，被告以不签订《沙梁村委会与出嫁闺女承包二轮土地及相关事宜的协议》不给二轮土地承包权为条件，要求原告等签字，原告为逐步争取权利，在违背自己真实意思的情况下签订了该协议。协议第 4 条第 1 项关于原告不得参与两楼分配的规定，严重违背法律，剥夺了原告的合法权益，与国家的基本国策和法律相悖，是无效的。原告均系沙梁村集体经济组织成员，理应享受与本村男性村民同等的权利，请求法院支持原告的诉讼请求：依法确认"6·7协议"第4条第1项内容无效；判令被告依法给予每位原告与本村男性村民同等面积、同类地段的集资住宅楼和商用楼各一套，或相应的折价款。

被告辩称：我国有不成文的习惯，出嫁女不在本村生活、生产，而集资楼是为了改善本村村民生产、生活居住条件的，是由村委会两次会议决定的。2002年6月7日双方所签订的协议是双方当事人真实意思表示，从内容看没有违法的事实，也没有重男轻女的内容。而且，如果该协议不是原告的真实意思表示，原告应在1年内提出撤销或变更。故法院不应支持原告的诉讼请求。

一审裁判结果

呼和浩特市中级人民法院依据《中华人民共和国妇女权益保障法》（以下简称《妇女权益保障法》）第2条、第48条，《民法通则》第5条，《合同法》第52条，《中华人民共和国村民委员会组织法》（以下简称《村民委员会组织法》）第5条、第20条之规定，判决如下：

一、确认2002年6月7日《沙梁村委会与出嫁女承包二轮土地及相关事宜的协议》第4条第1项无效；

二、沙梁村委会给付原告每人与本村出生的男性村民同等面积、同类地段的集资住宅楼和商用楼各1套（原告按同等村民交纳相关费用），或相应的折价款。

一审裁判理由

呼和浩特市中级人民法院经审理认为：本案系一起农村集体经济组织对其财产合理分配的纠纷，同时又涉及维护妇女权益，贯彻男女平等的基本国策和对农村集体经济组织成员资格确认问题。

关于原告12人请求确认"6·7协议"第4条第1项内容无效的问题。根据《合同法》第52条第5项、第3项的规定，应当认定该条合同内容无效，理由如下。（1）造成本案纠纷的现实原因，是原告的居住地——沙梁村经济和生活相对富裕，本村的姑娘结婚后，不愿离开本村，其丈夫也自愿随女方在本村居住生活，并放弃了本地的二轮土地承包权。这种居住生活地的选择是公民的权利，不违反我国相关法律的规定，也符合人类流动的自然规律。因此，社会及沙梁村应当尊重他们的选择，以民主和法制的心态接受他们的选择，与包括原告在内的村民，共同创造和谐的社会环境。（2）我国《妇女权益保障法》第2条规定，"妇女在政治的、经济的、文化的、社会的和家庭的生活等各方面享有同男子平等的权利","实行男女平等是国家的基本国策","国家采取必要的措施,逐步完善保障妇女权益的各项制度,消除对妇女一切形式的歧视"。但在沙梁村,本村的男子娶回的媳妇无可争议的自然接纳,而本村的女子招回的女婿却不愿意接纳,认为"嫁出去的姑娘泼出去的水",是与本村的其他村民争利。这种思想与国家的基本国策和国家的法律相悖。(3)"6·7协议"第4条第1项不是原告的真实意思表示,是其逐步争取权利的做法。(4) 关于沙梁村委会两次召开村民代表大会,作出"凡本村出生的姑娘无论婚后是否在本村居住,其与外来丈夫均没有'两楼'的分配资格"的决定,虽然是经过民主程序议定的,但《村民委员会组织法》第8条第3款规定村民委员会依照法律规定,管理本村属于村农民集体所有的土地和其他财产;第20条第2款规定,村民会议或者村民代表大会的决定不得与宪法、法律、法规和国家政策相抵触,不得有侵犯村民人身权利、民主权利和合法财产权利的内容。而上述决定直接违反了我国的基本国策和法律规定,应为无效决定。综上,"6·7协议"第4条第1项的内容,虽然符合合同的形式要件,但违反了法律的强制性的规定,应认定无效。

关于原告请求判令沙梁村委会给予每人与本村出生的男性村民同等面积的住宅楼和商用楼各1套的问题,该请求属于合理分配农村集体经济组织成员共同共有财产的问题,是否支持该请求,首先应当确认原告是否具有该农村集体经济组织成员的资格,但我国尚未制定确认该资格的标准。为了解决纠纷,应适用《民法通则》的公平原则和"类推判断"的民法理论,即原告与已经取得两楼的村民相比较,如果身份及其他条件相等,则也应当取得两楼。而本村出生的男性村民结婚后仍在本村居住生活的,享有分配"两楼"的权利,原告除性别外,其他条件与男性相等,按照男女平等的基本国策、不得歧视妇女的法律和公平原则,也应当享有同等的权利,因此,原告的该项请求应予支持。

沙梁村委会称原告不在本村居住、生活的理由没有证据说明。

二审诉辩情况

被告沙梁村委会不服,上诉称:(1)"6·7协议"第4条第1项的内容系双方自愿签订,且不违反法律、行政法规的禁止性规定,应为有效协议。一审判决认定该条款无效错误。(2) 本案原告的起诉已过诉讼时效。

徐志燕等12名被上诉人答辩称:(1)"6·7协议"第4条第1项的内容与法律相抵触,应为无效协议。当时签署该协议,是逐步争取权利的做法。(2) 本案原告一直在上访,寻求解决途径,所以不存在超过诉讼时效的问题。

二审裁判结果

经审判委员会讨论决定，内蒙古高级人民法院依据《民事诉讼法》第153条第1款第1项的规定，判决：驳回上诉，维持原判。

二审裁判理由

内蒙古高级人民法院经审理认为：关于"6·7协议"第1项内容的效力问题。首先，被上诉人婚后不愿离开本村，其丈夫也自愿随女方在本村居住生活，并放弃了本地的二轮土地承包权。这种选择是公民的权利，不违反我国相关法律的规定。其次，"6·7协议"第4条第1项与我国《妇女权益保障法》等有关法律相悖。再次，关于沙梁村委会两次召开村民代表大会，做出"凡本村出生的姑娘无论婚后是否在本村居住，其与外来丈夫均没有两楼的分配资格"的决定，虽然是经过民主程序议定的，但《村民委员会组织法》第8条第2款规定，"村民委员会依照法律规定，管理本村属于村农民集体所有的土地和其他财产"；第27条第2款规定，"村民会议或者村民代表大会的决定不得与宪法、法律、法规和国家政策相抵触，不得有侵犯村民人身权利、民主权利和合法财产权利的内容"。而上述决定直接违反了我国的基本国策和法律规定，应为无效决定。故"6·7协议"第4条第1项的内容，违反了法律的强制性规定，应认定无效。关于诉讼时效的问题，由于被上诉人一直在上访，寻求解决问题的途径，故本案不存在超过诉讼时效的问题。综上，沙梁村委会的上诉理由不能成立，应依法予以驳回。一审判决认定事实清楚，适用法律正确，依法应予维持。

侵害集体经济组织成员权益纠纷办案依据集成

1. 中华人民共和国物权法（2007年3月16日主席令第62号公布）（节录）

第五十九条　农民集体所有的不动产和动产，属于本集体成员集体所有。

下列事项应当依照法定程序经本集体成员决定：

（一）土地承包方案以及将土地发包给本集体以外的单位或者个人承包；

（二）个别土地承包经营权人之间承包地的调整；

（三）土地补偿费等费用的使用、分配办法；

（四）集体出资的企业的所有权变动等事项；

（五）法律规定的其他事项。

第六十条　对于集体所有的土地和森林、山岭、草原、荒地、滩涂等，依照下列规定行使所有权：

（一）属于村农民集体所有的，由村集体经济组织或者村民委员会代表集体行使所有权；

（二）分别属于村内两个以上农民集体所有的，由村内各该集体经济组织或者村民小组代表集体行使所有权；

（三）属于乡镇农民集体所有的，由乡镇集体经济组织代表集体行使所有权。

第六十二条　集体经济组织或者村民委员会、村民小组应当依照法律、行政法规以及章程、村规民约向本集体成员公布集体财产的状况。

第六十三条　集体所有的财产受法律保护，禁止任何单位和个人侵占、哄抢、私分、破坏。

2. 中华人民共和国村民委员会组织法（2010年10月28日主席令第37号修订）（节录）

第二十七条第二款　村民自治章程、村规民约以及村民会议或者村民代表会议的决定不得与宪法、法律、法规和国家的政策相抵触，不得有侵犯村民的人身权利、民主权利和合法财产权利的内容。

3. 最高人民法院研究室关于人民法院对农村集体经济所得收益分配纠纷是否受理问题的答复（2001年7月9日　法研〔2001〕51号）

广东省高级人民法院：

你院粤高法〔2000〕25号《关于对农村集体经济所得收益分配的争议纠纷，人民法院是否受理的请示》收悉。经研究，答复如下：

农村集体经济组织与其成员之间因收益分配产生的纠纷，属平等民事主体之间的纠纷。当事人就该纠纷起诉到人民法院，只要符合《中华人民共和国民事诉讼法》第一百零八条的规定，人民法院应当受理。

二、建筑物区分所有权纠纷

29. 业主是否有权在建筑物外墙部分悬挂广告牌？

业主对建筑物内专有部分以外的共有部分享有共有权利。建筑物内的经营性用房的外墙属共有部分，业主有权在自己经营性用房和近邻业主的外墙上悬挂广告牌。

30.《物权法》生效之前发生的案件纠纷事实能否适用该法？

依据"法不溯及既往"的原则，处理《物权法》生效之前发生的案件纠纷不可以适用该法，但可以根据物权法理论和有关行政规章及审判实践经验对建筑物的共有部分作出界定。

典型疑难案件参考

邓贤贵诉杨秀芳侵害业主共有权纠纷案

基本案情

被告杨秀芳居住在一楼住户即原告邓贤贵楼上。2000年，原告邓贤贵将住房腾出作为商用房，开办经纬通讯经营部，并在一楼与二楼阳台中间悬挂了"中国移动"、"中国联通"两块招牌。2004年，双方因招牌悬挂问题产生纠纷，原告将被告起诉至法院，请求判令被告对损坏的招牌进行修复。法院以〔2004〕沙民一初字第2887号民事判决支持了原告的诉讼请求。随后，被告又将原告起诉至法院，请求法院判令原告拆除悬挂在其阳台外的广告牌，恢复原状。法院作出〔2004〕沙民一初字第3149号民事判决，以广告牌并未影响被告通风、采光等利益为理由，驳回了被告的诉讼请求；被告不服，上诉至乌鲁木齐市中级人民法院。中级法院经二审，查明了被告家的窗户铁栅栏系原告无偿安装的，即判决驳回了被告上诉，维持了一审判决。后原告又在店门上悬挂了"名烟名酒"的牌匾，被告随即提起行政诉讼，要求沙依巴克区城市管理行政执法局履行法定拆除职责。执法局查明原告悬挂"名烟名酒"牌匾，未依法办理相关审批手续，遂给原告下发了沙改通

〔2008〕第090030号《责令改正通知书》。原告接到通知后，自愿拆除了牌匾；被告也撤回了起诉。为了阻止原告继续悬挂经营、广告牌匾，被告杨秀芳于2007年5月从其家封闭阳台离地面30厘米处从内向外穿出一根约一米长的铁棍。

一审诉辩情况

原告邓贤贵诉称：2000年，因我家经济困难，在沙依巴克区政府、八一街道办事处的帮助、支持下，我家腾出一半住房代办"中国移动"和"中国联通"两家公司的一些零碎业务。开业时，我应被告要求给他家窗户安装了铁栅栏，作为一次性补偿。之后，才在门头上悬挂了"中国移动"、"中国联通"两块牌匾。2004年6月，被告要求我每月再无偿给其1000元，我不同意，被告就砸烂了"中国移动"的牌子。我将被告起诉至法院，要求修复赔偿，沙依巴克区法院经过审理，判决我胜诉；被告不服，上诉至中级人民法院，中级法院驳回其上诉，维持了原判。被告的行为严重侵犯了我合法经营权利。故诉至法院，请求判令被告停止侵权，立即拨掉钉在我店门楣上的铁棍；并由被告承担诉讼费用。

被告杨秀芳辩称：我不同意原告的诉讼请求。铁棍是钉在我自家的阳台上，并未影响原告。我钉铁棍是为了维护我的合法权益，阻止原告使用我家阳台外墙。另原告悬挂广告牌是非法的，未经过业主同意，公民非法的民事权益不受法律保护。故请求人民法院驳回原告的诉讼请求。

一审裁判结果

沙依巴克人民法院依照《物权法》第77条之规定，判决如下：驳回原告的诉讼请求。

一审裁判理由

沙依巴克区人民法院经审理认为：将住宅改变为经营性用房的，除遵守法律、法规以及管理规约外，还应经有利害关系的业主同意。本案原告将住宅改变为经营性用房后，在店门与二楼阳台外墙间悬挂广告牌，应当经过被告的同意。被告从其自己居住使用的阳台中穿出一根铁棍，并未对原告构成权利的侵害，故原告的诉讼请求不能成立，本院不予支持。对被告合理的辩称意见，本院予以采纳。

二审诉辩情况

上诉人邓贤贵上诉称：第一，我与被上诉人杨秀芳的丈夫任元礼（退休前与我系同一科室的同事），在台长的协调下，在任元礼退休后开的商店内达成口头协议，同意我开店并挂牌，由我免费为任元礼家窗户安装铁栅栏作为一次性补偿，此事实有当年现场实物照片及乌鲁木齐市中级人民法院〔2005〕乌中民一终字第190号判决书为证。第二，杨秀芳从其家阳台向外穿出的长铁棍，顶掉了我店的门头牌匾，推翻了2004年沙依巴克区人民法院和2005年乌鲁木齐市中级人民法院已经生效的判决，造成了我店各种营业手续齐全却不能正常营业的后果。请求二审法院纠正一审错误判决，判令杨秀芳立即拔除钉在我店门楣上的大铁棍，维护我店挂牌营业的权利。

被上诉人杨秀芳答辩称：我的铁钉是钉在自家阳台上，并未钉在邓贤贵店门楣上，没有对邓贤贵构成权利侵害，我钉铁钉是为了阻止邓贤贵违法使用我的阳台外墙面，为维护自己的合法权益，不得已而采取的措施。邓贤贵所挂"名烟名酒"牌匾是违法的、是未经我及任元礼同意和有关部门批准而私设的，是沙区行政执法局明令其应拆除的户外广告店牌。根据相关法律规定邓贤贵的行为也是被法律所禁止的、是违法的。故请求二审法院驳回邓贤贵的上诉，维持原审法院正确判决。

二审裁判结果

乌鲁木齐市中级人民法院依照《民事诉讼法》第153条第1款第2项之规定，判决如下：

一、撤销乌鲁木齐市沙依巴克区人民法院〔2008〕沙民三初字第868号民事判决；

二、杨秀芳于本判决生效后10日内拔除其从阳台内向外穿出的铁棍。

二审裁判理由

中级人民法院经审理认为：依据我国《物权法》的相关理论，建筑物专有所有权的客体，在内部相互关系上，专用部分仅包括墙壁、天花板、地板等定界部分表层所粉刷部分，在外部关系上（如买卖、保险、税金等），专用部分达到墙壁、天花板、地板等境界部分厚度之中心线。建设部1992年颁布的《公有住宅售后维修养护暂行办法》明确规定，住宅的共用部分，是指承重结构部位（包括楼盖、屋顶、梁、柱、内外墙体和基础等）、外墙面、楼梯间、走廊通道、门厅、楼内自行车存车库等。由此杨秀芳所居住房屋的阳台外墙作为该栋楼房的基本构造部分，并不为杨秀芳所专有，建筑物的专有所有权人对其专有部分享有权利，但专有所有权人对专有部分的使用应当考虑到对其他区分所有权人的影响，应当在合理的范围内行使自己的使用权，不得损害其他区分所有权人的利益。因我国《物权法》第71条明确规定，业主对其建筑物专有部分享有占有、使用、收益和处分的权利。但不得危及建筑物的安全，不得损害其他业主的合法权益。杨秀芳为阻止邓贤贵在其门楣上方悬挂经营或广告牌匾而从其家封闭阳台离地面30厘米处从内向外穿出一根铁棍的行为属对建筑物的不当使用行为，亦损害了该楼宇其他共有人的权益，邓贤贵作为其所居住楼房的业主及利害关系人，有权请求法院判令杨秀芳停止其不当使用和侵害其他共有权人权益的行为，故邓贤贵请求法院判令杨秀芳拔除其钉在邓贤贵店门楣上的铁棍的诉讼请求成立。但邓贤贵如果设置牌匾广告应经市政市容行政管理部门审批。杨秀芳在本案诉讼中所称邓贤贵将住宅改变为经营性用房及在其房屋门相上设置经营性广告牌匾未经其同意的主张与原审法院〔2004〕沙民一初字第3149号民事判决及本院〔2005〕乌中民一终字第190号民事判决所确认的事实相悖，本院不予采信。原审法院判决确认杨秀芳从其家封闭阳台离地面30厘米处从内向外穿出铁棍的行为不构成侵权不当，本院予以纠正。

31. 业主是否有权在公共楼道墙壁上开门并安装防盗门？

业主对其专有房屋室内及内墙部分可以任意使用或者改造，但不得有损于建筑物的整体安全，不得擅自改变房屋结构、外貌和用途；对于建筑物中业主共有部分的使用，须征得其他共有人的同意。业主对墙享有的专有权达不到穿透该堵墙体的效力，未经其他共有人的同意即擅自改造共有墙体，侵害了共有人的建筑物区分所有权，应承担相应的民事责任。

典型疑难案件参考

谢东、吴宁、张俊杰诉吴小敏建筑物区分所有权纠纷案

基本案情

原、被告系楼上楼下的相邻住户。被告吴小敏所有的用于开设麻将馆的门面房位于三原告所在的丹阳市画院路30号北楼1单元的1楼。该1单元的2楼也属被告吴小敏所有。该楼北部有一个独立的归该一、二层房屋独用的楼道，现已纳入被告的私人活动空间。2008年3月，被告在未经有关部门审批，未与原告等其他同一单元业主协商的情况下，在其门面房原本无门也无窗的内

室南墙上开设了一扇门,并安装了防盗门(即诉争之门)。该门正对三原告所在的北1单元南部的楼道口,楼上住户在此楼道口安装了一扇铁皮门。在此南楼道内,二楼无门,三楼住宅的门朝西开设在东墙上,四至六楼住宅的门则开设在南墙上(与诉争之门的地理位置相同),此均为该楼道内的原始设置。三原告于2008年4月25日诉至法院,要求被告排除妨碍,将其在墙体上开设的门恢复原状。

诉辩情况

原告谢东、吴宁、张俊杰诉称:三原告与被告系相邻关系,三原告所在单元一楼楼道的北面即被告的门面房。2008年3月,被告在三原告毫不知情的情况下,擅自在楼道北面的墙体上开设了一个门,以致原告所在的单元直接与被告开设的临街的麻将馆相通,严重妨碍了三原告的正常通行,造成了三原告住宅的不安全性,麻将馆嘈杂喧哗声和烟尘也严重影响了三原告的正常生活和休息。原告方多次与被告交涉,要求其恢复原状,被告均置之不理。三原告请求判令被告立即排除妨碍,将其擅自开设的门恢复原状。

被告吴小敏辩称:在自己房子的墙壁上开门并安装防盗门是其行使房屋所有权的正当行为,是合法使用共同共有建筑物的行为。开设该门有利于被告室内通风和采光,改善室内环境,且未对原告造成通行妨碍或给原告住宅带来不安全性。该楼道是公共通道,为整个单元的各业主共同共有,不为任何一方单独所有,故作为一楼业主的被告享有使用权,不同意拆除该门、恢复原状。

裁判结果

丹阳市人民法院依照《物权法》第70条、第71条,《民事诉讼法》第128条的规定,判决如下:被告吴小敏于本判决生效后15日内拆除其在丹阳市画院路30号108门面房内室南墙上设置的防盗门,将墙体恢复原状。

裁判理由

丹阳市人民法院经审理认为,根据案情,本案案由应为建筑物区分所有权纠纷。业主对建筑物内的住宅、经营性用房等专有部分享有所有权,对专有部分以外的共有部分享有共有和共同管理的权利。业主对其建筑物专有部分享有占有、使用、收益和处分的权利,并需按专有部分的本来用途和使用目的行使专有权,不得危及建筑物的安全,不得损害其他业主的合法权益,不得违反其他区分所有权人的共同利益。本案中,原、被告均系丹阳市画院路30号北楼1单元的建筑物区分所有权人,被告作为该30号108门面房的区分所有权人,对其专有房屋室内及内墙部分可以任意使用或者改造,但不得有损于建筑物的整体安全，不得擅自改变房屋结构、外貌和用途。而对于建筑物中业主共有部分的使用，则需征得其他共有人即原告等人的同意。本案诉争之门开设在三原告等人共有的楼道墙体上，该墙体朝向被告室内的内墙部分及于表面敷层属于被告的专有权范围，但其朝向楼道的外墙部分则系公共楼道的一个组成部分，属该单元业主共有。被告就该堵墙享有的专有权达不到穿透该堵墙体的效力，被告穿透该墙体开设诉争之门，超出了其行使专有权的范围，故被告开设该门应当征得原告等其他共有人的同意，其未经其他共有人的同意即擅自改造共有墙体，侵害了原告等共有人的建筑物区分所有权。因此，对被告关于其开设诉争之门是在其自己所有的房屋墙壁上，是其行使房屋所有权的正当行为的辩称主张不予采信。被告另辩称，其开设诉争之门是改善其住房环境和通风、通行及采光之需，但被告购买房屋时，内室即为此结构，该门面房也有原始设置的通向画院路的门，且有独立的楼道供该一、二层房屋通行，而非必须通过开设诉争之门才能实现其不动产通行权，故原告等人不负有法律上的为被告改善其住宅室内环境而改变建筑物原始结构和外貌、占用共有部分提供便利的义务。现三原告不同意被告在共有的楼道墙体上开门，要求被告排除妨碍，恢复原状，于法有据，予以支持。

建筑物区分所有权纠纷办案依据集成

1. 中华人民共和国物权法（2007年3月16日主席令第62号公布）（节录）

第七十条 业主对建筑物内的住宅、经营性用房等专有部分享有所有权，对专有部分以外的共有部分享有共有和共同管理的权利。

第七十一条 业主对其建筑物专有部分享有占有、使用、收益和处分的权利。业主行使权利不得危及建筑物的安全，不得损害其他业主的合法权益。

第七十二条 业主对建筑物专有部分以外的共有部分，享有权利，承担义务；不得以放弃权利不履行义务。

业主转让建筑物内的住宅、经营性用房，其对共有部分享有的共有和共同管理的权利一并转让。

第七十三条 建筑区划内的道路，属于业主共有，但属于城镇公共道路的除外。建筑区划内的绿地，属于业主共有，但属于城镇公共绿地或者明示属于个人的除外。建筑区划内的其他公共场所、公用设施和物业服务用房，属于业主共有。

第七十四条 建筑区划内，规划用于停放汽车的车位、车库应当首先满足业主的需要。

建筑区划内，规划用于停放汽车的车位、车库的归属，由当事人通过出售、附赠或者出租等方式约定。

占用业主共有的道路或者其他场地用于停放汽车的车位，属于业主共有。

第七十九条 建筑物及其附属设施的维修资金，属于业主共有。经业主共同决定，可以用于电梯、水箱等共有部分的维修。维修资金的筹集、使用情况应当公布。

2. 最高人民法院关于审理建筑物区分所有权纠纷案件具体应用法律若干问题的解释（2009年5月14日 法释〔2009〕7号）

为正确审理建筑物区分所有权纠纷案件，依法保护当事人的合法权益，根据《中华人民共和国物权法》等法律的规定，结合民事审判实践，制定本解释。

第一条 依法登记取得或者根据物权法第二章第三节规定取得建筑物专有部分所有权的人，应当认定为物权法第六章所称的业主。

基于与建设单位之间的商品房买卖民事法律行为，已经合法占有建筑物专有部分，但尚未依法办理所有权登记的人，可以认定为物权法第六章所称的业主。

第二条 建筑区划内符合下列条件的房屋，以及车位、摊位等特定空间，应当认定为物权法第六章所称的专有部分：

（一）具有构造上的独立性，能够明确区分；

（二）具有利用上的独立性，可以排他使用；

（三）能够登记成为特定业主所有权的客体。

规划上专属于特定房屋，且建设单位销售时已经根据规划列入该特定房屋买卖合同中的露台等，应当认定为物权法第六章所称专有部分的组成部分。

本条第一款所称房屋，包括整栋建筑物。

第三条　除法律、行政法规规定的共有部分外，建筑区划内的以下部分，也应当认定为物权法第六章所称的共有部分：

（一）建筑物的基础、承重结构、外墙、屋顶等基本结构部分，通道、楼梯、大堂等公共通行部分，消防、公共照明等附属设施、设备，避难层、设备层或者设备间等结构部分；

（二）其他不属于业主专有部分，也不属于市政公用部分或者其他权利人所有的场所及设施等。

建筑区划内的土地，依法由业主共同享有建设用地使用权，但属于业主专有的整栋建筑物的规划占地或者城镇公共道路、绿地占地除外。

第四条　业主基于对住宅、经营性用房等专有部分特定使用功能的合理需要，无偿利用屋顶以及与其专有部分相对应的外墙面等共有部分的，不应认定为侵权。但违反法律、法规、管理规约，损害他人合法权益的除外。

第五条　建设单位按照配置比例将车位、车库，以出售、附赠或者出租等方式处分给业主的，应当认定其行为符合物权法第七十四条第一款有关"应当首先满足业主的需要"的规定。

前款所称配置比例是指规划确定的建筑区划内规划用于停放汽车的车位、车库与房屋套数的比例。

第六条　建筑区划内在规划用于停放汽车的车位之外，占用业主共有道路或者其他场地增设的车位，应当认定为物权法第七十四条第三款所称的车位。

第七条　改变共有部分的用途、利用共有部分从事经营性活动、处分共有部分，以及业主大会依法决定或者管理规约依法确定应由业主共同决定的事项，应当认定为物权法第七十六条第一款第（七）项规定的有关共有和共同管理权利的"其他重大事项"。

第八条　物权法第七十六条第二款和第八十条规定的专有部分面积和建筑物总面积，可以按照下列方法认定：

（一）专有部分面积，按照不动产登记簿记载的面积计算；尚未进行物权登记的，暂按测绘机构的实测面积计算；尚未进行实测的，暂按房屋买卖合同记载的面积计算；

（二）建筑物总面积，按照前项的统计总和计算。

第九条　物权法第七十六条第二款规定的业主人数和总人数，可以按照下列方法认定：

（一）业主人数，按照专有部分的数量计算，一个专有部分按一人计算。但建设单位尚未出售和虽已出售但尚未交付的部分，以及同一买受人拥有一个以上专有部分的，按一人计算；

（二）总人数，按照前项的统计总和计算。

第十条　业主将住宅改变为经营性用房，未按照物权法第七十七条的规定经有利害关系的业主同意，有利害关系的业主请求排除妨害、消除危险、恢复原状或者赔偿损失的，人民法院应予支持。

将住宅改变为经营性用房的业主以多数有利害关系的业主同意其行为进行抗辩的，人民法院不予支持。

第十一条　业主将住宅改变为经营性用房，本栋建筑物内的其他业主，应当认定为物权法第七十七条所称"有利害关系的业主"。建筑区划内，本栋建筑物之外的业主，主张与自己有利害关系的，应证明其房屋价值、生活质量受到或者可能受到不利影响。

第十二条　业主以业主大会或者业主委员会作出的决定侵害其合法权益或者违反了法律规定的程序为由，依据物权法第七十八条第二款的规定请求人民法院撤销该决定的，应当在知道或者应当知道业主大会或者业主委员会作出决定之日起一年内行使。

第十三条　业主请求公布、查阅下列应当向业主公开的情况和资料的，人民法院应予支持：

（一）建筑物及其附属设施的维修资金的筹集、使用情况；

（二）管理规约、业主大会议事规则，以及业主大会或者业主委员会的决定及会议记录；

（三）物业服务合同、共有部分的使用和收益情况；

（四）建筑区划内规划用于停放汽车的车位、车库的处分情况；

（五）其他应当向业主公开的情况和资料。

第十四条　建设单位或者其他行为人擅自占用、处分业主共有部分、改变其使用功能或者进行经营性活动，权利人请求排除妨害、恢复原状、确认处分行为无效或者赔偿损失的，人民法院应予支持。

属于前款所称擅自进行经营性活动的情形，权利人请求行为人将扣除合理成本之后的收益用于补充专项维修资金或者业主共同决定的其他用途的，人民法院应予支持。行为人对成本的支出及其合理性承担举证责任。

第十五条　业主或者其他行为人违反法律、法规、国家相关强制性标准、管理规约，或者违反业主大会、业主委员会依法作出的决定，实施下列行为的，可以认定为物权法第八十三条第二款所称的其他"损害他人合法权益的行为"：

（一）损害房屋承重结构，损害或者违章使用电力、燃气、消防设施，在建筑物内放置危险、放射性物品等危及建筑物安全或者妨碍建筑物正常使用；

（二）违反规定破坏、改变建筑物外墙面的形状、颜色等损害建筑物外观；

（三）违反规定进行房屋装饰装修；

（四）违章加建、改建，侵占、挖掘公共通道、道路、场地或者其他共有部分。

第十六条　建筑物区分所有权纠纷涉及专有部分的承租人、借用人等物业使用人的，参照本解释处理。

专有部分的承租人、借用人等物业使用人，根据法律、法规、管理规约、业主大会或者业主委员会依法作出的决定，以及其与业主的约定，享有相应权利，承担相应义务。

第十七条 本解释所称建设单位,包括包销期满,按照包销合同约定的包销价格购买尚未销售的物业后,以自己名义对外销售的包销人。

第十八条 人民法院审理建筑物区分所有权案件中,涉及有关物权归属争议的,应当以法律、行政法规为依据。

第十九条 本解释自 2009 年 10 月 1 日起施行。

因物权法施行后实施的行为引起的建筑物区分所有权纠纷案件,适用本解释。

本解释施行前已经终审,本解释施行后当事人申请再审或者按照审判监督程序决定再审的案件,不适用本解释。

三、业主撤销权纠纷

32. 业主撤销权的行使是否有条件限制？

法律虽赋予了业主撤销权，但同时也规定了只有在业主大会或者业主委员会作出的决定侵害业主合法权益的情况下，受侵害的业主才可以请求人民法院予以撤销。

33. 怠于行使管理权的业主提起撤销权诉讼的，法院应否支持？

在业主委员会通过合理方式召集业主大会，因业主怠于行使管理权、未积极参与业主大会致有关事项无法形成业主大会决议，业主委员会为维护小区的正常生活秩序，善意履行职责，与物业管理公司签订物业服务合同，合同条款符合相关规定且合同内容为大多数业主实际接受的，怠于行使管理权的业主无权提起诉讼要求撤销该决定。

34. 业主不认可物业服务合同的相关条款或要求解聘物业服务企业的，法院能否支持？

对于不认可物业服务合同的相关条款内容、收费标准及依据，或要求解聘物业服务企业的业主，可以在日后的业主大会上提出其观点，由业主大会来决定相关事项，而不应由法院直接予以判决决定。这是因为业主大会是业主法人最高意思决定机关，司法应当承认业主大会是业主处理内部事务的合法途径，并予以尊重。

典型疑难案件参考

李英姿、樊纳新诉常熟市明珠佳苑业主委员会、常熟市明珠物业管理有限公司业主撤销权纠纷案

基本案情

原告李英姿、樊纳新均系"明珠佳苑"3幢一楼的业主，先后与提供前期物业服务的常熟市明珠物业管理有限公司（以下简称明珠物业）签订了前期物业管理服务协议，同时在业主公约上签名，并按前期物业管理服务协议的约定预交了两年的物业管理服务费用1500元。此后，常熟市明珠佳苑业主委员会（以下简称明珠业委会）成立，任期为2007年6月22日至2010年6月21日，并于2008年1月7日向常熟市房产管理局进行了备案。明珠业委会先后于2007年下半年、2008年上半年两次委托明珠物业通知业主召开业主大会，讨论地下车库的产权、房屋质量、物业企业的选聘及收费等问题，但均因业主大部分未参加而未能成功举行并形成决议。2009年1月1日，明珠业委会与明珠物业签订物业服务合同，由明珠物业对明珠佳苑提供物业服务，双方约定收费标准：多层住宅0.78元/月·平方米、跃层0.54元/月·平方米、别墅0.74元/月·平方米、商业物业0.54元/月·平方米，并于每年的7月1日至11月30日交纳全年的物业费。后因两原告未能交纳物业费，明珠物业委托律师向樊纳新发函催讨拖欠的物业费，并向法院提起诉讼要求樊纳新支付物业费。

一审诉辩情况

原告李英姿、樊纳新诉称：两被告签订的明珠佳苑物业服务合同未经过业主大会的同意，且收费标准条款加重了业主的责任，排除了业主的主要权利，损害了部分业主的权益，请求法院撤销明珠佳苑物业服务合同。

被告明珠业委会未作答辩。

被告明珠物业辩称：业主委员会作出侵害业主权利的决定时，受侵害的业主可以请求法院予以撤销，但不适用于两被告签订的物业服务合同。即使原告主张撤销权也应当自知道业主委员会作出决定之日起1年内提出，现原告主张已超过了1年的期限。其次，两被告是在业主委员会对物业管理费经过公示并在绝大部分业主同意的前提下签订的物业服务合同。在收费过程中，得到了业主的同意，原告主张撤销只是个人主张。另外，物业费是考虑电梯运营费等其他综合因素后确定的，不存在加重业主责任，排除业主权益的情况。

一审裁判结果

常熟市人民法院依照《民法通则》第4条、《民事诉讼法》第130条之规定，判决驳回原告李英姿、樊纳新的诉讼请求。

一审裁判理由

常熟市人民法院审理后认为：民事活动应当遵循诚实信用的原则。当事人在从事民事活动时，应诚实守信，以善意的方式履行义务，不得滥用权利以及规避法律或者合同约定的义务。强化诚信观念，是正常的生活、工作秩序赖于建立的基础，唯有如此，方能形成和平、稳定的社会秩序和淳朴善良的社会风俗。被告明珠业委会成立后，先后两次组织召开业主大会，讨论相关涉及业主利益的事项，但均因大部分业主未到致业主大会未能成功召开，相关事项的决定未能形成。被告明珠业委会为维护小区内业主正常生活的利益，避免因此对业主生活、小区的秩序产生不利影响，与进行前期物业服务的明珠物业签订了物业服务合同，明珠物业签订合同后进行了物业服务，大部分业主亦交纳了物业费。原告拖欠物业费，在被告催交未果提起诉讼的情况下，原告诉至本院要求撤销两被告之间签订的物业服务合同，显然有违诚实信用原则。如支持两原告的诉请，则有可能对小区内大部分业主的生活、小区的正常秩序产生不利影响，故原告的诉讼请求不予支持。如业主认为明珠物业未能履行物业服务合同约定的义务要解聘物业服务企业，可以依法召开业主大会，经专有部分占建筑物总面积过半数以上的业主且占总人数过半数的业主同意后作出决定。

二审裁判结果

苏州市中级人民法院依照《民事诉讼法》第153条第1款第1项之规定，判决如下：驳回上诉，维持原判。

二审裁判理由

苏州市中级人民法院经审理认为：本案中，明珠业委会曾先后两次组织召开业主大会，但因大部分业主没有积极参与致使业主大会未能成功召开，但为维护小区的正常生活秩序，明珠业委会与明珠物业签订了物业服务合同，并未有侵害业主权益的主观意图，且明珠物业也按约进行了物业服务，小区中大部分业主亦交纳了物业费，现上诉人李英姿、樊纳新主张要求撤销物业服务合同，于法无据，难以支持。对于上诉人李英姿、樊纳新提出每平方米每月0.78元收费违背了政府定价的主张，《苏州市物业服务收费管理实施办法》中明确三级资质的基准价格为0.50元/月·平方米，但具体执行标准可上下浮动

20%，基准价格不含电梯、水泵、中央空调等设施的运行电费和公共照明、公共用水等代收代交费用。而本案小区有一特殊性，即多层住宅仍需电梯进行运行，被上诉人认为0.78元的收费标准包含了电梯运行费用。上诉人现无证据证明明珠物业违反了法律、法规、部门规章的规定而擅自扩大收费范围、提高收费标准，且本案的电梯起始层并非为1楼（其下尚有车库），上诉人主张其不承担电梯运行费依据亦不足。现上诉人不认同上述收费标准，且认为电梯费用分摊不合理，其可在今后业主大会召开时提出其观点，由业主大会来决定相关事项。

业主撤销权纠纷办案依据集成

1. 中华人民共和国物权法（2007年3月16日主席令第62号公布）（节录）

第七十五条 业主可以设立业主大会，选举业主委员会。

地方人民政府有关部门应当对设立业主大会和选举业主委员会给予指导和协助。

第七十六条 下列事项由业主共同决定：

（一）制定和修改业主大会议事规则；

（二）制定和修改建筑物及其附属设施的管理规约；

（三）选举业主委员会或者更换业主委员会成员；

（四）选聘和解聘物业服务企业或者其他管理人；

（五）筹集和使用建筑物及其附属设施的维修资金；

（六）改建、重建建筑物及其附属设施；

（七）有关共有和共同管理权利的其他重大事项。

决定前款第五项和第六项规定的事项，应当经专有部分占建筑物总面积三分之二以上的业主且占总人数三分之二以上的业主同意。决定前款其他事项，应当经专有部分占建筑物总面积过半数的业主且占总人数过半数的业主同意。

第七十七条 业主不得违反法律、法规以及管理规约，将住宅改变为经营性用房。业主将住宅改变为经营性用房的，除遵守法律、法规以及管理规约外，应当经有利害关系的业主同意。

第七十八条 业主大会或者业主委员会的决定，对业主具有约束力。

业主大会或者业主委员会作出的决定侵害业主合法权益的，受侵害的业主可以请求人民法院予以撤销。

2. 物业管理条例（2007年8月26日修订）（节录）

第八条 物业管理区域内全体业主组成业主大会。

业主大会应当代表和维护物业管理区域内全体业主在物业管理活动中的合法权益。

第九条 一个物业管理区域成立一个业主大会。

物业管理区域的划分应当考虑物业的共用设施设备、建筑物规模、社区建设等因素。具体办法由省、自治区、直辖市制定。

第十条 同一个物业管理区域内的业主，应当在物业所在地的区、县人民政府房地产行政主管部门或者街道办事处、乡镇人民政府的指导下成立业主大会，并选举产生业主委员会。但是，只有一个业主的，或者业主人数较少且经全体业主一致同意，决定不成立业主大会的，由业主共同履行业主大会、业主委员会职责。

第十一条 下列事项由业主共同决定：

（一）制定和修改业主大会议事规则；

（二）制定和修改管理规约；

（三）选举业主委员会或者更换业主委员会成员；

（四）选聘和解聘物业服务企业；

（五）筹集和使用专项维修资金；

（六）改建、重建建筑物及其附属设施；

（七）有关共有和共同管理权利的其他重大事项。

第十二条　业主大会会议可以采用集体讨论的形式，也可以采用书面征求意见的形式；但是，应当有物业管理区域内专有部分占建筑物总面积过半数的业主且占总人数过半数的业主参加。

业主可以委托代理人参加业主大会会议。

业主大会决定本条例第十一条第（五）项和第（六）项规定的事项，应当经专有部分占建筑物总面积2/3以上的业主且占总人数2/3以上的业主同意；决定本条例第十一条规定的其他事项，应当经专有部分占建筑物总面积过半数的业主且占总人数过半数的业主同意。

业主大会或者业主委员会的决定，对业主具有约束力。

业主大会或者业主委员会作出的决定侵害业主合法权益的，受侵害的业主可以请求人民法院予以撤销。

第十三条　业主大会会议分为定期会议和临时会议。

业主大会定期会议应当按照业主大会议事规则的规定召开。经20%以上的业主提议，业主委员会应当组织召开业主大会临时会议。

第十四条　召开业主大会会议，应当于会议召开15日以前通知全体业主。

住宅小区的业主大会会议，应当同时告知相关的居民委员会。

业主委员会应当做好业主大会会议记录。

第十五条　业主委员会执行业主大会的决定事项，履行下列职责：

（一）召集业主大会会议，报告物业管理的实施情况；

（二）代表业主与业主大会选聘的物业服务企业签订物业服务合同；

（三）及时了解业主、物业使用人的意见和建议，监督和协助物业服务企业履行物业服务合同；

（四）监督管理规约的实施；

（五）业主大会赋予的其他职责。

第十六条　业主委员会应当自选举产生之日起30日内，向物业所在地的区、县人民政府房地产行政主管部门和街道办事处、乡镇人民政府备案。

业主委员会委员应当由热心公益事业、责任心强、具有一定组织能力的业主担任。

业主委员会主任、副主任在业主委员会成员中推选产生。

第十七条　管理规约应当对有关物业的使用、维护、管理，业主的共同利益，业主应当履行的义务，违反管理规约应当承担的责任等事项依法作出约定。

管理规约应当尊重社会公德，不得违反法律、法规或者损害社会公共利益。

管理规约对全体业主具有约束力。

第十八条 业主大会议事规则应当就业主大会的议事方式、表决程序、业主委员会的组成和成员任期等事项作出约定。

第十九条 业主大会、业主委员会应当依法履行职责,不得作出与物业管理无关的决定,不得从事与物业管理无关的活动。

业主大会、业主委员会作出的决定违反法律、法规的,物业所在地的区、县人民政府房地产行政主管部门或者街道办事处、乡镇人民政府,应当责令限期改正或者撤销其决定,并通告全体业主。

3. 最高人民法院关于审理建筑物区分所有权纠纷案件具体应用法律若干问题的解释(2009年5月14日 法释〔2009〕7号)(节录)

第一条 依法登记取得或者根据物权法第二章第三节规定取得建筑物专有部分所有权的人,应当认定为物权法第六章所称的业主。

基于与建设单位之间的商品房买卖民事法律行为,已经合法占有建筑物专有部分,但尚未依法办理所有权登记的人,可以认定为物权法第六章所称的业主。

第十二条 业主以业主大会或者业主委员会作出的决定侵害其合法权益或者违反了法律规定的程序为由,依据物权法第七十八条第二款的规定请求人民法院撤销该决定的,应当在知道或者应当知道业主大会或者业主委员会作出决定之日起一年内行使。

四、业主知情权纠纷

35. 业主知情权范围包括哪些?

司法解释对于业主知情权的范围作出了明确的规定,业主请求公布、查阅建筑物及其附属设施的维修基金使用、业委会的决定及会议记录、共有部分的收益、物业服务合同等情况和资料的,人民法院应予支持。

36. 业委会应当如何公布业主请求公布、查阅的资料和情况?

业主以合理的方式行使知情权,应当受到法律保护。一般而言,将所有账目或资料张贴于各个门牌号码前的要求,不具备合理性和必要性,且有违经济原则,法院难以支持。在业主所在小区的公告栏内张贴相应账目、资料既能够起到公示作用又较为便利;业主对公布的维修基金账目情况有异议的,可要求业委会和物业公司提供有关的费用清单、发票原件和按户分摊费用清单进行核对。

典型疑难案件参考

夏浩鹏等人诉上海市闸北区精文城市家园小区业主委员会业主知情权纠纷案(《最高人民法院公报》2011年第10期,总第180期)

基本案情

原告夏浩鹏、杨建平、杨荣华、罗光亚、周修安系上海市闸北区精文城市家园小区业主。2008年6月10日,被告精文业委会与上海精文物业管理有限公司(以下简称精文物业)签订《物业服务合同》,委托精文物业对小区实施物业服务与管理。合同期为3年,自2008年6月10日至2011年6月9日。2008年4月5日、7月18日,精文物业对小区2005年8月至2007年12月、2008年上半年的公共收益账目制表并在小区公布。上述账目中显示1—23号业主外墙玻璃清洗费为人民币4.9万元。2009年1月、7月,被告精文业委会与精文物业共同对小区 2008 年下半年及 2009 年上半年的公共收益账目进行公布。上述账目中显示清洗玻璃费用共计 10 万元（第一次 4.9 万元、第二次 5.1 万元）；2007 年 11 月至 2008 年 12 月期间办公费、会议费、业委会值班津贴支出 19023 元；划入小区维修基金账户 10 万元；2009 年上半年南区景观灯改造费用 35050 元以及办公费、电话费、会议费、培训费、业委会值班津贴支出 7505.7 元。

2009 年 7 月 14 日，上海市闸北区住房保障和房屋管理局（以下简称闸北区房地局）就原告周修安的信访作出的《信访答复》称："精文物业以三级资质承接精文城市家园超出了其资质的承接范围。我局曾就精文物业超资质接盘的问题与业委会进行沟通，业委会表示小区刚完成物业选聘，重新选聘需花费大量人力物力，不利于小区建设，且大多数业主也认可精文物业的管理水平，为此业委会还专门提交报告，说明情况。我局对精文物业保留处罚的权力。"被告精文业委会认为上述《信访答复》的内容与实际不符，遂向闸北区房地局提出投诉。2009 年 11 月 30 日，芷江西房地办做出书面答复如下：（1）关于"我局曾就精文物业超资质接盘的问题与业委会进行沟通"的提法，是指业委会与房办或我局各部门之间的各种形式的联系、咨询等，并非拘泥于专门派人当面沟通；（2）关于"业委会专门提交报告"的提法，实际是我局根据贵委 2008 年 9 月 2 日针对有关投诉答复的一份材料，即"关于城上城有关情况的汇报"的部分摘录引用，而非"专门报告"；（3）关于选聘物业，我局认定物业超资质接盘，保留对物业处罚权力，并未认定业委会责任，相反，肯定续聘是经业主大会表决通过的，是走过程序的。

2008 年，被告精文业委会与上海银行闸北支行就小区维修基金签订存款合同，将维修基金存入该行。诉讼中，法院与该行取得联系，该行向法院表示：精文城市家园小区维修基金至今未有支出，维修基金的利息系由电脑操作平摊至每户业主名下，银行按期向每户业主寄发维修基金年度结存单。不存在银行给精文业委会回扣一事。

诉讼中，法院与精文物业取得联系，精文物业表示其确未向被告精文业委会提交过书面的工作报告，双方均是口头沟通。小区清洗玻璃、景观灯改造、广告费及停车费的费用清单和发票均由其负责保管，如法院认为应向原告夏浩鹏、杨建平、杨荣华、罗光亚、周修安提供，其愿意配合被告予以提供。由于小区公共收益尚未进入维修基金账户，故无按户分摊费用清单。后因被告精文业委会当庭提交了原告夏浩鹏、杨建平、杨荣华、罗光亚、周修安要求的部分材料，原告自愿撤回了第一、第二、第五、第七项诉讼请求。

诉辩情况

原告夏浩鹏、杨建平、杨荣华、罗光亚、周修安诉称：根据法律规定，原告享有要求公布、查阅业委会决定及会议记录、维修基金使用情况的权利。被告应每月与开户银行核对维修基金账目，每半年向业主公布一次，但被告至今未按规定公布2007年下半年至2009年上半年小区维修基金和公共收益的有关账目情况，剥夺了原告的知情权。原告现对已公布账目中的停车费、广告费及清洗玻璃、景观灯改造及业委会值班津贴19023元有异议，被告应提供相关凭证以供原告核对。维修基金开户银行曾给被告实物回扣，被告在账目中未予公开。此外，被告选聘的精文物业超资质接盘，为此原告向有关部门反映，闸北区房地局在《信访答复》中称"我局曾就物业超资质接盘的问题与业委会进行沟通，业委会还专门提交报告，说明情况"，但该报告未向业主公开。原告请求判令：（1）精文业委会公布2009年7月14日闸北区房地局在《信访答复》中所提及的"为此业委会还专门提交报告"之"报告"以及"与精文城市家园业委会进行沟通"的全部情况和同意"续聘"精文物业的全部会议记录；（2）精文业委会公布关于讨论精文物业超资质接盘的业主大会或业主委员会的决定及会议记录；（3）精文业委会公布自2007年下半年至2009年上半年按每半年一次的小区维修资金和公共收益账目情况（公共收益账目具体指机动车停车费、广告费收支情况），并要求将上述账目张贴在小区及每个门牌号前；（4）精文业委会提供上述账目的费用清单、发票原件和按户分摊费用清单以供原告进行核对和查询，原告享有复印权（复印费由原告承担）；（5）精文业委会向原告出示《物业服务合同》之附件，原告对该合同附件享有复印权（复印费由原告承担）；（6）精文业委会向原告出示维修资金的会计账目，原告对该账目享有复印权（复印费由原告承担）；（7）精文业委会向原告出示《物业服务合同》中提及的物业公司各项工作报告，原告享有复印权（复印费由原告承担）。

被告精文业委会辩称：（1）闸北区房地局在《信访答复》中所提及的"为此业委会还专门提交报告"、"与精文城市家园业委会进行沟通"的事实并不存在。为此，精文业委会向闸北区房地局投诉，芷江西房地办已对此作出书面澄清，所以被告无法提供五原告要求的上述材料。有关"续聘"精文物业的全部会议记录已提交法庭。（2）精文物业是经有关部门批准的前期物业，选聘是按程序进行的。签约时，精文业委会并不知道精文物业超资质，也未就此进行过专门讨论，无法提供讨论精文物业超资质接盘的相关决定及会议记录。（3）精文业委会成立于2007年12月，自2008年始小区公共收益账目已按每半年一次在小区及每个门牌号幢张贴公布，即使账目形式上存在缺陷，并不影响其真实性。关于小区的维修基金，由于至今尚未动用，故无相关账目可供公布，且开户银行上海银行闸北支行定期向小区业主寄发业主年度结存单，故不同意原告的第三项诉讼请求。（4）已公布的收益账目中涉及业委会开支（办公费、会议费、电话费、培训费、值班津贴）的清单及发票虽在精文业委会处，但精文业委会担心原告可能做出断章取义的行为，经讨论决定不向原告提供，其他清单及发票均由精文物业保管，被告无法提供，且精文业委会认为该部分的知情权不包括在法定范围之内。（5）2008年6月精文业委会与精文物业签订的《物业服务合同》之《补充协议书》已提交法庭。（6）上海市闸北区精文城市家园小区的维修基金未曾使用，无会计账目可供提供，不同意原告的该项诉讼请求。（7）精文物业从未向精文业委会提供过书面的工作报告，双方仅是口头上的沟通，无法提供原告要求的相关材料。针对原告的诉讼请求，精文业委会还认为：原告曾向被告提出查阅相关资料的要求，精文业委会为此请示芷江西房地办，房地办根据当时的法律规定认为个人无权查阅，故精文业委会拒绝了原告的查阅请求。有关物权法司法解释实施后，原告未再与精文业委会进行沟通即提起诉讼。现精文业委会愿意按法律规定接受业主的查询，但原告的知情权仅限于司法解释规定的5项内容。此外，由于原告采取暴力手段阻碍被告的正常工作，限制业委会委员的人身自由，应芷江西房地办的要求被告已停止工作，新一届的业委会选举工作正在筹备中。

裁判结果

上海市闸北区人民法院于2010年8月11日判决：

一、被告精文业委会应于本判决生效之日起30日内重新公布2007年下半年至2009年上半年的维修资金和公共收益账目（按每半年一次），并将上述账目张贴于小区公告栏内；

二、被告精文业委会应于本判决生效之日起30日内向原告周修安、夏浩鹏、杨建平、杨荣华、罗光亚出示上述账目中的停车费、广告费及清洗玻璃、景观灯改造、业委会值班津贴（19023元）的费用清单、发票原件和按户分摊费用清单（原告如需复印的，被告应予提供，复印费由原告自行承担）；

三、原告周修安、夏浩鹏、杨建平、杨荣华、罗光亚其余的诉讼请求，不予支持。

裁判理由

上海市闸北区人民法院经审理认为：根据最高人民法院《关于审理建筑

物区分所有权纠纷案件具体应用法律若干问题的解释》的规定，业主有权请求公布、查阅维修基金的使用情况、业委会的决定及会议记录、物业服务合同、共有部分的收益情况以及其他应当向业主公开的情况和资料。根据《上海市商品住宅维修基金管理办法》（以下简称《维修基金管理办法》）的规定，业委会应将物业管理区域内收取的停车费、广告费等经营性收益及时存入维修基金账户。业委会每月应与开户银行核对维修基金账目，并按每半年一次向业主公布以下情况：维修基金交纳、使用和结存的金额；发生物业维修、更新的项目和费用及按户分摊情况；业委会活动经费在维修基金中列支的项目和费用及按户分摊情况；维修基金使用和管理的其他有关情况。维修基金公示的目的在于能充分反映出资金的使用情况和业主分摊情况，以便于业主及时进行监督。基于以上规定，被告精文业委会虽已公布4次公共收益账目，但不完整，维修基金的结存及按户分摊情况亦未能在其中全面体现。原告夏浩鹏、杨建平、杨荣华、罗光亚、周修安认为已公布的维修基金、公共收益账目不符合规定的理由成立，被告应按照《维修基金管理办法》第19条的规定重新公布维修基金账目，以提高维修基金的透明度。至于上述账目在何处公布的问题，法院认为在该小区的公告栏内张贴既能够起到公示的作用又较为便利，原告要求精文业委会将所有账目张贴于各个门牌号码前的要求，不具备合理性和必要性，亦有违经济原则，法院难以支持。

关于原告夏浩鹏、杨建平、杨荣华、罗光亚、周修安第四项诉讼请求，根据《维修基金管理办法》中有关核对账目的规定，业主对公布的维修基金账目情况有异议的，可以要求业委会和物业公司提供有关的费用清单、发票原件和按户分摊费用清单进行核对。本案中，原告对于被告已公布账目中的停车费、广告费及清洗玻璃、景观灯改造、业委会值班津贴（19023元）的收支情况有异议，被告精文业委会有义务提供相应的发票、清单等以便原告进行查阅、核对及复印。如需精文物业协助的，被告应督促其予以配合。

关于原告夏浩鹏、杨建平、杨荣华、罗光亚、周修安第六项诉讼请求，鉴于原告上述权利的行使已足以保障原告对维修基金管理和使用的知情权，原告再行要求被告提供维修资金的会计账目缺乏法律依据，亦超出了业主知情权的合理范围，法院难以支持。

业主知情权纠纷办案依据集成

1. 中华人民共和国物权法(2007年3月16日主席令第62号公布)(节录)

第七十九条 建筑物及其附属设施的维修资金,属于业主共有。经业主共同决定,可以用于电梯、水箱等共有部分的维修。维修资金的筹集、使用情况应当公布。

2. 最高人民法院关于审理建筑物区分所有权纠纷案件具体应用法律若干问题的解释(2009年5月14日 法释〔2009〕7号)(节录)

第十三条 业主请求公布、查阅下列应当向业主公开的情况和资料的,人民法院应予支持:

(一)建筑物及其附属设施的维修资金的筹集、使用情况;

(二)管理规约、业主大会议事规则,以及业主大会或者业主委员会的决定及会议记录;

(三)物业服务合同、共有部分的使用和收益情况;

(四)建筑区划内规划用于停放汽车的车位、车库的处分情况;

(五)其他应当向业主公开的情况和资料。

五、埋藏物返还纠纷

37. 自家房屋出卖后,被挖出的埋藏物,出卖人能否要求买受人返还?

公民、法人对于挖掘、发现的埋藏物,如果能够证明属其所有,而且根据现行的法律、政策又可以归其所有的,应当予以保护。

典型疑难案件参考

付维生等诉中国工商银行泉州市鲤城区支行返还财物案

基本案情

原告付维生、付维松、付维时系兄弟。鲤城区西街468号楼房系3原告祖父(已故)于1888年购买宅地,1928年由原告之父付双焕(1943年故)基建而成。1985年4月,3原告将该楼出卖给被告中国工商银行泉州市鲤城区支行(以下简称鲤城区支行)。1986年2月17日,被告在改建该楼楼梯时,建筑工人卢某在距离地面40公分处挖出银元一瓮并全部拿走。同月20日,被告得悉挖出银元,即会同公安机关追回银元200枚、小钱币4枚(其中有2枚印有"中华民国二十年福建省造"字样)。3月22日,应卢某要求,中国人民银行泉州市分行(以下简称泉州分行)同意卢某留下银元2枚。3原告得知在他们刚出卖的祖遗楼屋地下挖出银元,即要求被告返还,并于同年3月5日书面通知被告,声明银元是先父遗产。泉州分行未采纳原告的请求,并将银元和钱币作为无主财产处理。原告于1986年4月向泉州市鲤城区人民法院提起诉讼。该案判决生效后,泉州分行于1988年7月将198枚银元逐级上缴国库。后经再审发回原审法院重审,因拒绝变更被告而被裁定驳回起诉。1995年11月25日,原告另行起诉被告,请求判令被告立即返还银元和小钱币。1995年8月银元的国家收购价格为每枚29.30元。

一审诉辩情况

原告付维生、付维松、付维时诉称:原告于1985年4月将先父遗下的房屋一幢卖给被告作储蓄所,被告在改建该屋楼梯时,在距离地面40公分处挖到银元一瓮,内有银元200枚、小钱币4枚,该银元及小钱币属先父遗产,请求判令被告立即将银元及小钱币返还给原告。

被告中国工商银行泉州市鲤城区支行辩称：被告是根据《金银管理条例施行细则》第1条的规定管理该银元及小钱币的，并没有与原告发生财产纠纷的民事法律关系，不具备被告的主体资格，要求驳回原告的诉讼请求。

一审裁判结果

泉州市鲤城区人民法院根据《民法通则》第75条、第76条之规定，作出如下判决：被告中国工商银行泉州市鲤城区支行应于判决生效1个月内，一次性付给3原告581040元，并将小钱币4枚返还给原告。

一审裁判理由

泉州市鲤城区西街468号楼系原告先辈购置的宅地，并于1928年由原告之父基建成楼，且自建成楼至卖给被告前的所有权人和使用权人均是原告及其先辈。被告在该屋地下挖掘出土的银元200枚及小钱币4枚，其中有2枚小钱币为民国二十年制造，因此，可以推断银元和小钱币是原告前辈人埋藏的。3原告均为共有权人。原告要求被告返还银元及小钱币，证据充分，应予允许。鉴于银元已于1988年7月逐级上缴国库，原物已无法返还，应返还的银元198枚按国家收购价格折价补偿。

二审裁判结果

依照《民事诉讼法》第107条及有关规定，泉州市中级人民法院作出按自动撤诉处理的裁定。

二审裁判理由

经泉州市中级人民法院通知，被告鲤城区支行未在规定的期限内预交二审诉讼费。

埋藏物返还纠纷办案依据集成

1. 中华人民共和国民法通则（2009年8月27日修正）（节录）

第七十九条 所有人不明的埋藏物、隐藏物，归国家所有。接收单位应当对上缴的单位或者个人，给予表扬或者物质奖励。

拾得遗失物、漂流物或者失散的饲养动物，应当归还失主，因此而支出的费用由失主偿还。

2. 中华人民共和国物权法（2007年3月16日主席令第62号公布）（节录）

第一百一十四条 拾得漂流物、发现埋藏物或者隐藏物的，参照拾得遗失物的有关规定。文物保护法等法律另有规定的，依照其规定。

3. 中华人民共和国文物保护法（2007年12月29日修正）（节录）

第五条 中华人民共和国境内地下、内水和领海中遗存的一切文物，属于国家所有。

古文化遗址、古墓葬、石窟寺属于国家所有。国家指定保护的纪念建筑物、古建筑、石刻、壁画、近代现代代表性建筑等不可移动文物，除国家另有规定的以外，属于国家所有。

国有不可移动文物的所有权不因其所依附的土地所有权或者使用权的改变而改变。

下列可移动文物，属于国家所有：

（一）中国境内出土的文物，国家另有规定的除外；

（二）国有文物收藏单位以及其他国家机关、部队和国有企业、事业组织等收藏、保管的文物；

（三）国家征集、购买的文物；

（四）公民、法人和其他组织捐赠给国家的文物；

（五）法律规定属于国家所有的其他文物。

属于国家所有的可移动文物的所有权不因其保管、收藏单位的终止或者变更而改变。

国有文物所有权受法律保护，不容侵犯。

第三十一条 凡因进行基本建设和生产建设需要的考古调查、勘探、发掘，所需费用由建设单位列入建设工程预算。

六、相邻关系纠纷

（一）相邻关系用水、排水纠纷

38. 后建高处井截水对先建低处井的用水是否负有提供必要便利的义务？

枯水季节时，如果在后在高处的井蓄水而截断了在先在低处的井的水源的，高处井应向低处井合理放水或允许在低处井采水的人在高处井合理采水；枯水季节时，高处井也无水的，不产生相邻取水义务问题。

典型疑难案件参考

袁学刚等因先建低处井受后建高处井截水影响诉袁本山等排除妨碍案

基本案情

袁学刚等8原告与被告袁申安、袁本山均居住在湖北省秭归县郭家坝镇袁家冲村三组桃树沟。1991年12月，袁学刚等8原告共同投资打一水井蓄水共同饮用。1995年3月，袁申安、袁本山为用水方便，在袁学刚等8原告的水井上方一道5米高的坎上等建水井，实现自流饮用。两井水平相距约6米，垂直高低相差5米，两井之间有一道坎，被告水井在坎上，原告水井在坎下，均为利用桃树沟地下水源。当时8原告对此并未提出异议。4月，水井建好后，袁学亮、袁学军两户要求入股2被告的水井，4户共同饮用。此时，8原告提出异议，认为由于2被告建水井并卖与另外两户后使下游水源减少，水不够吃，要求2被告将水井填掉，2被告不从。

一审诉辩情况

8原告诉称：2被告打井截断其水源，导致其水井水源枯竭，给8原告饮水造成妨碍，要求2被告拆掉所建水井，排除对8原告饮水造成的妨碍。

2被告辩称：8原告所建水井在2被告水井下方，双方水井均系利用该地地下水源，他们的水井建成后，8原告水井中仍然有水渗入，因此并不影响八原告水井的水源，没有造成妨碍。

▶ **一审裁判结果**

秭归县人民法院根据《民法通则》第 83 条之规定，于 1995 年 8 月 31 日判决驳回袁学刚等 8 原告的诉讼请求。

▶ **一审裁判理由**

秭归县人民法院经审理认为：8 原告和 2 被告所建水井的水源均系地下水渗入，2 被告水井建成后，8 原告的水井经现场勘验仍有水渗入，足能证实 2 被告水井的建立并未截断 8 原告水井水源，8 原告诉称 2 被告水井的建立截断其水源依据不足，对其排除妨碍的请求不予支持。

▶ **二审诉辩情况**

8 原告上诉称，现场勘验时正值丰水期，看水井中有无水应以枯水期为准。一审认定事实有误，要求依法改判。

被上诉人袁申安、袁本山以原理由答辩，表示服从原判决。

▶ **二审裁判结果**

湖北省宜昌市中级人民法院根据《民事诉讼法》第 153 条第 1 款第 1 项的规定，于 1996 年 4 月 1 日判决驳回上诉，维持原判。

▶ **二审裁判理由**

湖北省宜昌市中级人民法院审理认为：地下水资源为国家所有，公民应按照有利生产、方便生活、公平合理的原则取用地下水。原、被告双方均为利用当地地下水饮用的居民，双方都有取用的权利。经实地勘验，两井相距 6 米，高差 5 米，被上诉人打井并未截断上诉人的水源，枯水期没有水不是被上诉人打井造成的。枯水期用水困难，应共同节约用水和到较远处挑水解决。上诉人认为被上诉人打井给其造成妨碍，理由不成立，原审判决并无不当。

(二) 相邻通行纠纷

39. 公民在不妨碍他人通行的前提下，是否有权另行在自家房屋开门，在公巷上通行？

相邻关系中含有对所有权的必要限制，故与不动产的权属密

> 切相关。公巷开门应以是否对他人和公共利益构成妨碍、影响相邻关系作为能否开门的标准，至于开门有无必要，应是公民个人在不违法的前提下享有的自由处分权，法院不宜干涉。

典型疑难案件参考

蔡松枝诉吴圳和巷地使用权、相邻关系纠纷一案

基本案情

原告蔡松枝的房屋北墙与被告吴圳和的房屋南墙之间有一巷地（即双方讼争巷），长780厘米，东端宽203厘米，西端宽122厘米。被告房屋南墙有门通讼争巷。1995年4月原告在北面建筑二间平房，平房西墙开一门通向村路。当原告在北墙开门洞欲设门户时，被告提出干涉。据双方的集体土地用地使用证记载：原告方"北自墙邻巷至吴圳和厝"；被告方"南自墙邻巷至蔡松枝厝"。

一审诉辩情况

原告蔡松枝诉称：我欲在房屋北墙开门通行，被告进行阻止，根据我方已办理的集体土地建设用地使用证记载，屋墙北面至被告南墙之间的巷地使用权属原告享有，请求依法确认。

被告吴圳和辩称：原告房屋北墙历来没有开门的事实，双方房屋之间的巷地使用权系我方建房时留出的，应确认归我方所有；反诉请求判令原告不得在北墙开门。

一审裁判结果

一审法院依照《民法通则》第74条、第83条的规定，判决如下：

一、驳回原告主张巷地使用权的诉讼请求；

二、原告不得在房屋北墙开门通向巷地。案件受理费100元，由原告负担。

一审裁判理由

原、被告提供的集体土地建设用地使用证均明确记载讼争巷地属公巷，原告主张巷地使用权无理，不予支持；原告房屋北墙历史上没有开过门，且现房屋西墙已有门户通向村路，通行方便，原告欲在北墙开门通向巷地并非必要，

且会妨碍被告通行。被告反诉原告不得在北墙开门有理，应予采纳。

二审裁判结果

二审法院依照《民事诉讼法》第153条第1款第1项、第2项的规定，判决如下：

一、维持云霄县人民法院〔1995〕云民初字第156号民事判决第1项；
二、撤销云霄县人民法院〔1995〕云民初字第156号民事判决第2项；
三、驳回被上诉人吴圳和的反诉请求。

二审裁判理由

二审法院确认了一审法院认定的案件事实和采纳的定案证据。同时认为讼争巷属公巷，蔡松枝主张讼争巷的使用权归其享有证据不足，不予采纳。蔡松枝在不影响相邻方吴圳和的利益、也不影响公共利益的前提下，请求在其房屋北墙开门有理，吴圳和反诉蔡松枝开门会影响其通行与理不符。原审法院以原告开门并非必要为由的判决没有法律依据，应予纠正。

（三）相邻土地、建筑物利用关系纠纷

40. 因建造、修缮建筑物，造成相邻不动产权利人损害的，属于侵权纠纷还是相邻权纠纷？

因使用相邻不动产，造成相邻不动产权利人损害的侵犯相邻权亦属一种侵权行为，具有侵权行为的普遍特征，其行为中较多表现为一种合法行为，但也不排除非法行为侵犯相邻权的情况。

典型疑难案件参考

崔江诉汪文海侵犯相邻权一案

基本案情

原、被告系相邻关系，均居住在石河子市友丰市场。原告住该市场三楼，被告住该市场四楼。1992年被告在原告的屋顶上搭建木棚，堆放杂物，1996年3月拆除。1995年10月底被告为取暖在未经城建部门及锅炉检验所批准的情况下，擅自在原告屋面上加盖砖混结构房屋及安装小型锅炉，并将废弃炉渣铺在原告屋面上，致三楼屋顶出现问题。

一审诉辩情况

原告崔江诉称：原、被告系相邻关系。自1992年起，被告在原告屋顶上搭设简易木房，堆放杂物，并兼作伙房。1995年10月底，被告又在原告屋顶上加盖砖混结构房屋，内装锅炉炉灶。被告的上述行为给原告的房屋造成损害。原告多次找被告协商未果，诉诸法院，要求被告停止侵害，排除妨碍，赔偿损失并承担本案诉讼费、鉴定费及律师代理费。

被告汪文海辩称：1992年我经原告同意，在其屋面搭一凉棚做饭，今年3月我已将其拆除。冬季我为取暖，在楼梯间顶部盖房，安装锅炉是事实，但未占用原告房屋面，原告称其屋面因此受损，过梁出现裂痕，毫无根据。我的房屋不存在漏水、渗水情况，原告屋面渗水与我无关。另外，原告居住的房屋因建筑工程质量低劣，加之年久失修，的确存在许多问题，但我未损坏原告房屋，未侵犯原告的合法权益，不应承担赔偿责任。

一审裁判结果

一审法院依照《民法通则》第83条之规定，作出如下判决：

一、被告汪文海于判决生效后3日内拆除屋面房屋，并将炉渣清理干净；

二、被告汪文海赔偿原告房屋损坏修理费1157.83元，原告自负128.65元，损坏部分由原告自行修理；

三、鉴定费700元，由被告汪文海负担，于判决生效后2日内给付原告崔江。案件受理费50元，其他诉讼费50元，合计100元，由被告负担（原告已预付），于上述款项同期给付原告。

一审裁判理由

一审法院认为，不动产相邻各方，应当按照有利生产、方便生活、团结互助、公平合理的精神，正确处理好相邻关系，给相邻方造成妨碍或损失的应当停止侵害、排除妨碍、赔偿损失。被告汪文海在未经有关部门批准的情况下，擅自在原告屋顶上加盖砖混结构房屋及安装小型锅炉，致使原告屋面泛碱起皮，防水层部分破损，给原告造成了损害，理应赔偿损失。另外，考虑该房屋已使用10年之久，故原告也应适当承担部分损失。对原告要求被告承担律师代理费之请求，无法律依据，不予支持。

二审诉辩情况

被告汪文海不服一审判决，向新疆生产建设兵团农八师中级人民法院上诉称：（1）我修建房屋及安装锅炉，经过有关部门批准，有石河子市建委

(1996)工程098号批准建设工程规划许可证及工程结构图（996-02号）为证；（2）该房并未致崔江住房泛碱、起皮；（3）工程造价咨询公司不具备权威性，其鉴定不能作为审判依据；（4）本案不应适用《民法通则》第83条。

被上诉人崔江答辩称：上诉人上诉理由不能成立，一审判决让我承担了10%的修理费，应由上诉人承担全部修理费用。

二审裁判结果

新疆生产建设兵团农八师中级人民法院依照《民事诉讼法》第153条第1款第1项之规定，作出如下判决：驳回上诉，维持原判。

二审裁判理由

新疆生产建设兵团农八师中级人民法院经审理查明：上诉人为证明在被上诉人崔江房顶加盖砖混结构房屋并内装小型锅炉，经过有关部门批准，提供了石河子市建委（1996）工程098号批准建设工程规划许可证以及石河子市建筑设计事务所设计工程结构图（996-02号），经审查，该许可证批准日期为1996年5月9日，批准项目为使用期一年的70平方米的雨棚，该图纸也系此雨棚的图纸，此雨棚至今未建成。证人王兰生、李锋（系与上诉人、被上诉人同住一楼的领导）出庭作证，证实崔江房屋确有泛碱、起皮、屋面漏水的损坏。又查：石河子市工程造价咨询公司系石河子市计划委员会、建设银行石河子市支行联合开办，具有工程造价鉴定资格。对一审认定的其余事实，双方当事人均予以认可。

二审法院认为上诉人提供的石河子市建委（1996）工程第098号批准建设工程规划许可证，批准建设的系简易雨棚，并非安放锅炉的砖混结构房屋，此证据不能证实上诉人在被上诉人屋顶加盖砖混结构房屋及安装小型锅炉经过有关部门批准。证人证言、房屋安全鉴定书均能证实被上诉人房屋损坏与屋面荷载过重、炉渣及杂物影响屋面排水有关，因此上诉人在屋顶修建房屋、安装锅炉、堆放炉渣及杂物的行为与被上诉人房屋损坏有直接的因果关系。石河子市工程造价咨询公司具有工程造价的鉴定能力，其为本案出具的鉴定均依照国家标准，内容详细、客观准确，具有证据效力。上诉人、被上诉人系相邻关系，本案双方所发生的纠纷属侵犯相邻权纠纷，理应适用《民法通则》第83条有关相邻权纠纷的规定，因此，上诉人的上诉理由不能成立。原审判决认定事实清楚，适用法律正确，具体处理时已考虑了房屋的自然损坏，实体处理合理。

(四）相邻通风纠纷

41. 在自家房屋上搭建建筑物影响到相邻不动产权利人通风时，相邻不动产权利人可以通过什么方式来维护自己的权利？

相邻通风纠纷具体可分为排除妨碍、损害赔偿两种形式，相邻不动产权利人之间在通风方面应当给予对方必要的便利，一方在建造建筑物时，不得违反国家有关建设标准，妨碍相邻建筑物的通风。否则，相邻不动产权利人可以通过请求排除妨碍、损害赔偿的方式主张自己的权利。

典型疑难案件参考

董友瑜等诉上海联民食品厂经营部赵巷分部等相邻关系一案

▶ 基本案情

原告董友瑜与姚珍娣，被告高汝明与方伟红分别系夫妻关系，双方系邻居。现双方分别居住使用的坐落于上海市青浦县赵巷镇赵兴西路11号109室、107室均为1987年所购置的集资性质的个体商业网点房。每户附朝南向16平方米天井一个。两原告住房居西，两被告住房居东。二房相接处山墙及天井围墙产权为双方共同共有。1992年12月，被告上海联民食品厂经营部赵巷分部经工商行政管理部门注册登记后在被告高汝明、方伟红住房内开业。1994年4月，被告高汝明、方伟红为扩大经营，急需安置冷藏柜及制冷设备用房。为此，两被告擅自在与两原告相邻的未经加固的天井围墙基础上搭建楼房1间，并在楼上安置了电动机功率为3000瓦的氟利昂压缩机2台，在楼下安置了冷藏柜，致使天井围墙的承载能力超过了原设计所允许的承载能力，引起双方共有围墙明显下降，围墙外侧底部与地坪严重开裂；并致原告天井南围墙及围墙门框不同程度受损。

▶ 诉辩情况

原告诉称：原、被告系邻居关系。1994年4月，被告擅自在自己天井围墙基础上搭建缺乏安全系数的楼房1间，严重影响和妨碍原告家的通风、采光；且被告在搭建的楼房内安置2台大功率的制冷设备，由于机器的震动和噪声，致使原告住房遭受损坏，正常的生活秩序受到干扰。要求判令被告排除妨碍、消除隐患、恢复原状，并赔偿经济损失人民币1823.26元。

被告辩称：自己在天井围墙基础上搭建房屋情况属实，但原告诉称该房屋缺乏安全系数及影响其通风、采光没有法律依据；另自己在安置制冷设备时已采取相应的避震措施，故不存在震坏原告住房和因噪声而干扰原告的正常生活秩序之事实。据此，不同意原告的诉讼请求。

裁判结果

上海市青浦县人民法院依照《民法通则》第83条、第134条第1款第2项、第3项、第5项之规定，判决如下：被告高汝明、方伟红应在本判决生效之日起15日内，将自己以天井围墙为基础搭建的房屋予以拆除，恢复围墙原状。本案受理费人民币50元，由被告高汝明、方伟红承担。

裁判理由

青浦县人民法院认为，不动产的相邻各方，应当按照有利生产、方便生活、团结互助、公正合理的精神，妥善解决相邻纠纷。被告高汝明、方伟红未经批准在天井围墙基础上搭建的房屋既缺乏安全系数，又影响原告的通风、采光；且又由于围墙基础超负载而造成相邻原告天井中部分财产受损，其行为损害了原告的合法权益，理应承担相应的民事责任。原告请求排除妨碍、消除隐患、恢复原状、赔偿经济损失的诉讼请求，理由正当，应予支持。现原告自愿放弃要求被告赔偿修复受损财产经济损失的诉讼请求，应予准许。

（五）相邻采光、日照纠纷

42. 公民以经物业管理部门批准为由改造建筑物，但影响到相邻不动产权利人采光、日照时，相邻不动产权利人能否主张权利，改建人能否以经物业管理部门批准为由免责？

物业管理部门应对房屋、基地及附属设施的保存、改良、利用乃至处分等进行管理。原则上物业管理部门仅限于对建筑物的共同部分进行管理，专有部分不包括在内。公民个人所有房屋的墙壁，绝对是个人所有权名下的专有部分。管理部门无权批准他人的改建方案影响到相邻不动产权利人采光、日照权。

典型疑难案件参考

孙国林诉于景浣相邻关系案

基本案情

原、被告系邻里关系，分别居住于哈尔滨市太平区红旗小区26栋1单元1楼1号和26栋1单元0层1号。原告1996年11月8日搬入现住房，被告于1995年9月末搬进现住房，并申请改变自家的楼梯走向并封闭采光井及门斗。经哈尔滨市住宅新区建设开发总指挥部于1995年10月13日审批未同意被告改变楼梯走向，但同意被告封闭门斗及采光井。具体改修要按指挥部于1994年8月16日下发的《关于（住宅小区）地下室采光井、二层通道、阳台、钢窗封闭及窗改门的统一技术要求》的规定。该文件要求："地下室、采光井需做封闭时，必须采用钢窗封闭，钢窗封闭至一层阳台板底皮。如一层无阳台，可在相同高度处用镀锌铁皮做盖封闭。地下室采光井及通道口等做钢窗封闭，必须与上部阳台尺寸对齐，横向与同类标高一致。"1995年11月14日，物业管理部门的工作人员又在被告原来的改建申请上"批示"称，11月13日经与领导研究后决定，同意被告改变楼梯走向。从原来沿墙体顺势出入，改为正面出入，封闭高度自行调整。但此次审批未有有关领导重新批示。被告于1995年11月14日后将自家的楼梯由沿墙体顺势进门改为正面进门，并封闭门斗及采光井。封闭高度为2.14米，长6.5米，宽1.64米。此封闭高度至原告使用房的窗台处，被告改变楼梯走向未经有关部门合法审批。同时，被告所经营的蓝岛商场的牌匾高出原告窗台0.89米，距离原告窗户1.5米。以上被告所为，影响妨碍了原告采光、通风及安全等。

诉辩情况

原告孙国林诉称：被告住原告楼下。被告将采光井及门斗做封闭高度已到原告窗台，下雨时往原告室内溅水。被告在封闭的采光井、门斗中开设小吃部，排气孔排出的油烟及蒸气顺着雨搭进到原告屋里。其使用的煤气、炉子影响原告安全。封闭的门斗上的牌匾挡阳光及视线。被告未按小区物业管理部门关于对此具体统一要求进行改建。为此要求被告将其改建的门斗及采光井的封闭高度下降至原告使用房阳台板底皮。

被告于景浣辩称：被告现使用房的原设计不合理。被告改建门斗及采光井是经物业管理部门批准的。所以，不同意原告的诉讼请求。

裁判结果

哈尔滨市太平区人民法院根据《民法通则》第 83 条之规定,判决如下:本判决发生法律效力后 30 日内,被告将其改建的门斗及采光井的封闭高度降低 1.03 米,与原告使用房的阳台板底皮标高一致。案件受理费 50 元,由被告负担。

裁判理由

哈尔滨市太平区人民法院认为:原、被告作为不动产相邻各方,应当按照有利生产、方便生活、团结互助、公平合理的精神,正确处理好通风、采光、安全等方面的问题。而被告以原设计不合理为由擅自将其门斗、采光井封闭高度调高,给原告生活带来诸多不便。依双方的实际情况,被告应将其门斗、采光井封闭高度降至物业管理部门关于小区规划的统一技术要求的标准高度。被告称其使用房原设计影响其正常经营的问题,因与本案不属同一法律关系,故本案不予处理。

(六)相邻污染侵害纠纷

43. 开设饭店产生的噪声和排放的油烟对小区居民造成不利影响时,小区居民能否以侵犯相邻关系为由主张自己的权利?

产生的噪声和排放的油烟造成周围环境污染,已影响周围居民的生活环境的,从有利于生产、方便生活的相邻原则考虑,法院应支持小区居民的诉求。

典型疑难案件参考

陈洪森等以开设饭店产生噪声和排烟等侵害相邻权为由诉邸哲明相邻关系案

基本案情

陈洪森等 27 位原告与被告邸哲明开设酒店的房屋同在蚌埠市交通路"交通花园"小区。27 位原告系该区三栋坐北朝南住宅楼(均为六层)的部分住户,被告在该区开酒店,从事餐饮业(未办理工商登记)。该酒店所处的裙楼为二层楼房,坐东朝西,位于 2 号住宅楼和 1 号、3 号住宅楼(1 号楼在东、3

号楼在西，两楼相连）之间，与住宅楼垂直连成一体。被告开设的酒店的灶间（在二楼）上方为原告宋在文的住房，灶间引风机的声音对周围的住户形成噪声污染。被告又将酒店二楼东边的墙打通，开一门通向位于灶间北侧的平台（原为四周封闭）。灶间的烟囱向北平行穿越该平台后顺3号住宅楼楼梯间的墙壁往上延伸，达住宅楼第4层的高度。该平台下面系一楼的一间房屋，与被告饭店一楼相连，但不归被告所有。被告在此间房屋临交通花园小区的东墙上开出一门，装上防盗门，现已用角钢将门焊上。被告饭店的工作人员在平台上洗菜、洗碗，以致污水流至小区内。27位原告以被告开设的饭店产生的噪声、排烟等侵害相邻权为由，诉至法院。

▶ 一审诉辩情况

原告陈洪森等诉称，2004年1月28日，被告未经工商部门批准，擅自在原告居住的"交通花园"小区内开设饭店，并非法将公用房屋打开一个门通向小区，又利用二楼公用平台洗菜、洗刷餐具，污水流到小区内，造成污染。被告经营时，灶间引风机的噪声和所排放的烟雾都很大，被告的上述行为影响了小区的安全，造成了环境污染。故请求被告立即封上通向小区的门、退出公用平台、消除引风机震动的噪声、治理污染、合理排烟，停止侵害，排除妨碍。

被告邸哲明辩称，原告陈述的是原来的事实，被告现已采取了相应的措施。已将一楼通向小区的门封上，不会影响小区安全。饭店开业初期有排放污水的事实，也已进行了改造，不再排污。对油烟机已进行了易位改造，且符合国家标准，已不存在噪声问题。二楼平台是被告购买房屋的附属物，不属公共平台。故原告的诉讼请求事实上已不存在，被告亦不应退出二楼平台。

▶ 一审裁判结果

一审法院根据《民法通则》第83条，第134条第1款第1项、第2项、第5项、第6项的规定，判决如下：

一、邸哲明于本判决生效之日起10日内自行拆除其恒丰大酒店灶间的引风机，同时将烟囱升高（升高后的烟囱排烟处的高度应当高于交通花园住宅楼的最高点）。

二、邸哲明于本判决生效之日起10日内从其饭店灶间北侧的平台迁出，迁出时将其打开的门砌上。同一时间内将平台下面一楼房屋东墙开向小区的门砌上，恢复原状。

一审裁判理由

安徽省蚌埠市龙子湖区人民法院经审理认为，原、被告各方相邻，应以有利于生产、方便生活来处理相邻关系。被告邸哲明在没有取得工商营业执照的情况下，开设酒店，产生的噪声和排放的油烟造成周围环境污染，干扰了27位原告正常的生活，其应承担民事责任。被告饭店灶间引风机发出的声音，被告提供的证据不能证明没有造成噪声污染，故原告要求被告停止侵害、排除妨碍的请求，于法相符，法院予以支持。灶间北侧的平台系公用平台，被告擅自占用并在此排放洗物之污水，污染了小区环境应当退出平台，并将打开的墙壁恢复原状。被告的酒店虽树立烟囱排烟，但高度欠妥，已影响了周围居民的生活环境。从有利于生产、方便生活的相邻原则考虑，被告应对烟囱进行重作，高度应高于住宅楼的最高点为宜。被告在临小区的一楼不归自己所有的房屋的墙上擅自开门，侵害了原告的相邻权，其虽已将此门封上，但并未将破坏的墙体复原，原告的请求于理于法相符，被告应将该处开通的门砌上，恢复原状。被告辩称没有造成小区环境污染以及二楼平台是其购买房屋附属物的主张，因其提供的证据不能证明其主张成立，故对被告的辩称不予采纳。

二审诉辩情况

邸哲明不服提出上诉。上诉理由为：其抽油烟机的安装符合标准，不存在噪声污染；所占用的二楼平台不是公用的，应是饭店的附属设施，且通向小区的门已封上，判决封上该门没有实际意义。

二审裁判结果

二审法院依照《民事诉讼法》第153条第1款第1项之规定，判决如下：驳回上诉，维持原判。

二审裁判理由

二审法院认定的事实和证据与一审法院相同。

二审法院经审理认为，邸哲明未经工商管理部门批准即开始经营酒店，产生的噪声和排放的油烟造成周围环境污染。邸哲明辩解其排污行为符合国家标准，但没有充分证据证实，其应承担举证不能的后果。作为致害方对27位被上诉人正常的生活带来的不利影响，应承担相应民事责任。原审法院认定事实清楚，适用法律并无明显不当。

（七）相邻损害防免关系纠纷

> **44. 因大量抽排地下水导致相邻不动产地面下沉，危及相邻不动产安全的，相邻不动产权利人能否主张赔偿？**
>
> 相邻不动产权利人在使用自己不动产时，应防止和避免损害相邻之不动产的安全，如在挖掘土地、建造建筑物、铺设管线以及安装设备等时，要注意避免危及相邻之不动产的安全，造成损害的，应予以赔偿。

▶ 典型疑难案件参考

新华日报社诉南京华厦实业有限公司相邻关系侵权损害赔偿纠纷案（《最高人民法院公报案例》1996年第3期，总第47期）

▶ 基本案情

被告华厦公司投资建设的华荣大厦与原告新华日报社相邻。1991年1月15日，南京市房地产开发总公司与香港敦恒投资有限公司合资的南京华厦房产开发建设有限公司（后更名为"华厦公司"）正式成立。同年4月，该公司投资建设的华荣大厦的基础工程根据被告及有关单位论证通过的施工方案开始施工，一个月后发现施工现场附近地面下沉即停止施工。同年6月15日，被告及有关单位在论证通过了施工修改方案后，基础工程继续施工。10月中旬，新华日报社发现其印刷厂厂房墙壁、地面开裂、3台德国进口的胶印机出现异常，报纸印刷质量明显下降，印刷机严重受损，厂房墙体损害并危及人员安全。对此，南京市人民政府派员召集有关单位、专家商讨，采取补救措施后，新华日报社印刷厂地面沉降才得到有效控制，但厂房、印刷机受损方面的处理并未涉及。受新华日报社委托的南京土木建筑学会、国家印刷机械质量监督检查中心及江苏省地震局等单位鉴定认为，新华日报社印刷厂厂房和厂内印刷机受损是华荣大厦基础工程施工大量抽排地下水造成的。1992年7月10日，新华日报社向南京市人民政府报告要求华厦公司赔偿损失，但未得到解决，遂直接向华厦公司索赔，经交涉未果。1994年6月30日，新华日报社向法院起诉，要求华厦公司赔偿财物损失。

一审诉辩情况

原告新华日报社诉称：被告在建设与原告相距20米的华荣大厦基础工程期间，因施工大量抽排地下水，使原告印刷厂地面下沉，厂房墙体多处开裂，厂内3台进口印刷机和4台国产印刷机的基础移位，印刷机受到严重损坏，造成经济损失1399万元，请求法院判令被告赔偿并承担有关诉讼费用。

被告华厦公司辩称：原告损失是华荣大厦基础工程施工单位造成的，应由施工单位赔偿；原告超过了诉讼时效起诉已丧失胜诉权；原告的请求应交由行政部门处理。要求驳回原告的诉讼请求。

一审裁判结果

一审法院根据《民法通则》第83条，第135条判决如下：华厦公司于本判决生效后30日内，赔偿新华日报社各项损失计人民币13883580.28元。本案诉讼费79428元，诉讼保全费70520元，合计人民币149948元由华厦公司负担。

一审裁判理由

一审法院认为，被告华厦公司建设的华荣大厦与原告新华日报社印刷厂厂房相邻。华厦公司在建设华荣大厦时，未充分考虑邻里建筑物的安全，于施工期间大量抽排地下水，并于初期发现问题后又未能及时采取必要的防护措施，使新华日报社印刷厂地面发生沉降，损坏了印刷厂房屋基础，致该厂房及屋内印刷机械受损。事实清楚，证据充分，足以认定。华厦公司违背《民法通则》第83条关于"不动产的相邻各方，应当按照有利生产，方便生活，团结互助，公平合理的精神，正确处理截水、排水、通行、通风、采光等方面的相邻关系"的规定建设房屋，给新华日报社造成了巨大损失，应负全部赔偿责任。所建华荣大厦的所有权系华厦公司的所有，新华日报社的印刷厂房和印刷机的损坏，系华厦公司基础工程施工抽排地下水造成；至于华厦公司与施工单位还有纠纷，系另一法律关系，本案不予审理。因此，其主张"应由施工单位赔偿"的理由不予采纳。新华日报社的权益被侵害后，于1992年7月30日即向南京市人民政府报告，并一直要求华厦公司予以赔偿，未获解决，直到1994年6月30日向法院提起诉讼，符合《民法通则》第135条关于"向人民法院请求保护民事权利的诉讼时效期间为二年"的规定，并未超过法定的诉讼时效，华厦公司关于新华日报社"超过了诉讼时效起诉，已丧失胜诉权"的主张，不能成立。新华日报社其余损失因自动放弃，故不予认定。

二审诉辩情况

华厦公司不服一审判决，向最高人民法院提出上诉，其理由是：被上诉人胶印车间的设计使用不合理，胶印机基础下未做砂石垫层、胶印机运转后无沉降观测记录，因此不能证明不均匀沉降只是华荣大厦施工抽水所致，请求撤销一审判决，在分清双方当事人责任程度、合理计算被上诉人损失的前提下，改判由双方分担民事责任。

新华日报社答辩认为，原审认定的事实完全符合实际，该社厂房和机器受损原因完全是华荣大厦施工长期、大量抽排地下水造成的，请求维持原判，驳回上诉人的上诉请求。

二审裁判结果

二审法院依照《民事诉讼法》第153条第1款第1项之规定，判决如下：驳回上诉，维持原判。

二审裁判理由

二审法院经审理认为，上诉人华厦公司在被上诉人新华日报社厂房相邻处修建华荣大厦，本应充分考虑相邻建筑物的安全，但该公司违反《民法通则》关于处理相邻关系的原则，未作维护工程，即开始敞开式开挖，大量抽排地下水。当初期发现问题后虽采取了补救措施，亦未能完全阻止不均匀沉降，致使新华日报社印刷厂和设备基础地面发生沉降，厂房及胶印机严重受损，故其应对此负全部责任。关于上诉人所持上诉理由，本院审理期间，即根据上诉人的申请，委托了江苏省技术监督建设工程质量检验站（以下简称质检站）就华荣大厦施工中抽取地下水对新华日报社印刷车间厂房及进口胶印机基础有哪些影响等问题进行了鉴定。质检站鉴定认为：华荣大厦施工大量抽排地下水是造成新华日报社胶印车间下沉开裂和胶印机不能正常运行、遭受损坏的直接原因。鉴定针对上诉人提出的新华日报社厂房基础和设备基础的设计和使用均存在问题的主张作出了"该厂房基础和设备基础的结构型式对沉降反应敏感，对环境变化适应性差，但事故发生前三年来的使用尚没有发现问题，在华荣大厦基坑施工期间如不抽水不致突然发生这个事故"的结论。故原审法院认定事实清楚，适用法律正确，其上诉理由不能成立。

相邻关系纠纷办案依据集成

1. 中华人民共和国民法通则（2009年8月27日修正）（节录）

第八十三条 不动产的相邻各方，应当按照有利生产、方便生活、团结互助、公平合理的精神，正确处理截水、排水、通行、通风、采光等方面的相邻关系。给相邻方造成妨碍或者损失的，应当停止侵害，排除妨碍，赔偿损失。

2. 中华人民共和国物权法（2007年3月16日主席令第62号公布）（节录）

第八十四条 不动产的相邻权利人应当按照有利生产、方便生活、团结互助、公平合理的原则，正确处理相邻关系。

第八十五条 法律、法规对处理相邻关系有规定的，依照其规定；法律、法规没有规定的，可以按照当地习惯。

第八十六条 不动产权利人应当为相邻权利人用水、排水提供必要的便利。

对自然流水的利用，应当在不动产的相邻权利人之间合理分配。对自然流水的排放，应当尊重自然流向。

第八十七条 不动产权利人对相邻权利人因通行等必须利用其土地的，应当提供必要的便利。

第八十八条 不动产权利人因建造、修缮建筑物以及铺设电线、电缆、水管、暖气和燃气管线等必须利用相邻土地、建筑物的，该土地、建筑物的权利人应当提供必要的便利。

第八十九条 建造建筑物，不得违反国家有关工程建设标准，妨碍相邻建筑物的通风、采光和日照。

第九十条 不动产权利人不得违反国家规定弃置固体废物，排放大气污染物、水污染物、噪声、光、电磁波辐射等有害物质。

第九十一条 不动产权利人挖掘土地、建造建筑物、铺设管线以及安装设备等，不得危及相邻不动产的安全。

第九十二条 不动产权利人因用水、排水、通行、铺设管线等利用相邻不动产的，应当尽量避免对相邻的不动产权利人造成损害；造成损害的，应当给予赔偿。

3. 最高人民法院关于贯彻执行《中华人民共和国民法通则》若干问题的意见（试行）（1988年4月2日 法（办）〔1988〕发6号）（节录）

97. 相邻一方因修建施工临时占用他方使用的土地，占用的一方如未按照双方约定的范围、用途和期限使用的，应当责令其及时清理现场，排除妨碍，恢复原状，赔偿损失。

98. 一方擅自堵截或独占自然流水影响他方正常生产、生活的，他方有权请求排除妨碍；造成他方损失的，应负赔偿责任。99. 相邻一方必须使用另一方的土地排水的，应当予以准许；但应在必要限度内使用并采取适当的保护措施排水，如仍造成损失的，由受益人合理补偿。

相邻一方可以采取其他合理的措施排水而未采取,向他方土地排水毁损或者可能毁损他方财产,他方要求致害人停止侵害、消除危险、恢复原状、赔偿损失的,应当予以支持。

100. 一方必须在相邻一方使用的土地上通行的,应当予以准许;因此造成损失的,应当给予适当补偿。

101. 对于一方所有的或者使用的建筑物范围内历史形成的必经通道,所有权人或者使用权人不得堵塞。因堵塞影响他人生产、生活,他人要求排除妨碍或者恢复原状的,应当予以支持。但有条件另开通道的,也可以另开通道。

102. 处理相邻房屋滴水纠纷时,对有过错的一方造成他方损害的,应当责令其排除妨碍、赔偿损失。

103. 相邻一方在自己使用的土地上挖水沟、水池、地窖等或者种植的竹木根枝伸延危及另一方建筑物的安全和正常使用的,应当分别情况,责令其消除危险,恢复原状,赔偿损失。

七、共有纠纷

（一）共有权确认纠纷

> **45. 共有人对共有的不动产或者动产没有约定为按份共有或者共同共有，或者约定不明确的，应视为按份共有还是共同共有？**
>
> 共有分为共同共有和按份共有，共有人对共有的不动产或者动产没有约定为按份共有或者共同共有，或者约定不明确的，除共有人具有家庭关系等外，视为按份共有。

典型疑难案件参考

姚敢蓉诉湖北省轻工业机械厂、姚贵荣、第三人姚忠稳等房屋权属纠纷案

基本案情

原告姚敢蓉与被告姚贵荣及第三人姚忠稳、姚忠英、姚世荣、姚连荣系姐妹关系，其父亲姚名腊和母亲王玉英生前均系湖北省轻工业机械厂（以下简称省轻机厂）职工。1980年省轻机厂将坐落于武昌区团结路9号旧5层楼5单元房屋一套（建筑面积64.94平方米）分配给姚名腊、王玉英居住使用。姚贵荣结婚时因军婚无房，故与其父母共同居住该房。1992年4月16日，姚名腊去世。1997年12月，省轻机厂进行住房制度改革，将公有住房出售。王玉英于1997年12月21日向省轻机厂缴纳7544元购买所住房屋70%的产权。1998年1月8日，王玉英去世。因王玉英生前无积蓄，为办丧事，姚敢蓉以取得房屋产权为条件，出资7540元。但因未能入住王玉英遗留的房屋，又于1998年8月10日从姚贵荣处拿回该款。2000年省轻机厂对职工住房进行改建，增加面积，姚贵荣向省轻机厂缴纳36000元建房款。2001年8月省轻机厂进行第二次房改，姚贵荣于当年8月13日向省轻机厂缴纳3512.6元，连同姚贵荣的住房公积金1000元共4512.6元，购买其父母住房30%的产权。2001年12月20日，省轻机厂向姚贵荣发放房屋权属登记证，将上述房屋的房地产权利人登记为姚贵荣。2003年，姚贵荣另购住房一套，姚敢蓉要求姚贵荣腾出房屋，双方对房屋权属发生争议协商未果。2004年12月，姚敢蓉向一审法院起诉。

一审诉辩情况

原告姚敢蓉向一审法院起诉称，本人与被告姚贵荣及第三人系姐妹关系，父亲姚名腊和母亲王玉英系原省轻机厂职工，1980年省轻机厂将武昌区团结路9号旧5层楼5单元分配给原告父母居住，房主系原告父母。被告姚贵荣系顶职进入省轻机厂当工人，婚后与父母亲住在一起。1994年父亲去世，1997年房改时，由母亲出资7543.90元购得该房屋的70%产权，1998年母亲去世。母亲在世时与被告姚贵荣不和，曾表示将住房留给原告使用，并要剥夺被告姚贵荣的继承权。被告姚贵荣亦表示一旦有住房就将房屋腾给原告。父母过世后，原告及第三人均未提出遗产分配问题，被告姚贵荣仍住在父母房屋中。2003年被告姚贵荣已购置住房，但拒不交出所居住房屋，并称父母亲的房屋属其所有，同时在被告省轻机厂的配合下办理了房产证并准备对外出租。请求判令撤销被告省轻机厂将武昌区团结路9号旧5层楼5单元的房改房过户给被告姚贵荣的决定（房改协议书），判令原告、被告姚贵荣及第三人共同拥有武昌区团结路9号旧5层楼5单元的房屋，并由被告姚贵荣从1998年2月起每月支付房屋租金250元给其他继承权人，直到搬出房屋为止，并由二被告承担本案的诉讼费用。

被告省轻机厂辩称：原告把我厂作为第一被告是不正确的。我厂根据国家房改政策进行房改没有错误，将本案争议的房屋房主登记为姚贵荣，在办理的过程中没有违反国家房改政策规定，我厂在第一次和第二次房改时均在全厂范围内贴公告，原告是我厂附属五金电器厂职工，第三人姚世荣是我厂职工，均知晓我厂房改，所以我厂不存在配合被告姚贵荣将该房私下办理到其名下的问题。我厂将本案争议的房屋房主登记为姚贵荣，只是履行协助办理房屋产权登记的义务，不承担法律责任，也不承担各种诉讼费用。

被告姚贵荣辩称：原告知道房改的情况，且本案的诉讼时效已超过两年。原告认为房屋应该全部纳入共同共有不正确，买房时是由我和母亲共同购买。原告无权撤销二被告的协议书，原告所述我与母亲不和也无事实依据。原告无权代表第三人要求我付房租。该房的纠纷不应由法院处理，请求驳回原告的诉讼请求。第三人姚忠稳、姚世荣述称：对购房过程不清楚，厂里将公有房子卖给姚贵荣是有责任的，该房我们姐妹都有份，姚贵荣添加的部分与原房屋是不可分割的，我们要求按房屋面积王玉英的100%进行分割。第三人姚忠英、姚连荣述称：我母亲70%的继承权应由六姊妹继承，姚贵荣的30%属她自己，添加部分应归姚贵荣。

一审裁判结果

一审法院依照《中华人民共和国继承法》（以下简称《继承法》）第10条、第13条第3款的规定，判决如下：

一、坐落于武昌区团结路9号旧5层楼5单元房屋建筑面积64.94平方米的房屋的所有权，由原告姚敢蓉、第三人姚忠稳、姚忠英、姚世荣、姚连荣各享有9.52平方米，被告姚贵荣享有17.33平方米；

二、原告姚敢蓉、第三人姚忠稳、姚忠英、姚世荣、姚连荣于本判决书生效之日起10日内各向被告姚贵荣支付购房款451.26元；

三、被告姚贵荣于本判决书生效之日起10日内向原告姚敢蓉支付房租补偿金1200元（租金按每月50元共计24个月计算）；

四、驳回原告姚敢蓉的其他诉讼请求。

一审裁判理由

武汉市武昌区人民法院一审认为，本案系因房屋遗产未处理而引发的房屋权属纠纷，其争议的焦点是被告姚贵荣于2001年8月13日出资购买的30%的房屋产权的归属。本案争议房屋的70%产权人原系姚敢蓉等六姐妹的母亲王玉英。王玉英于1998年1月8日死亡时继承即已开始。姚敢蓉六姐妹在所继承的房产份额中已含有在今后房改中购买剩余产权的权利。因此，姚贵荣出资购买的30%的产权中，原告姚敢蓉、被告姚贵荣及第三人姚忠稳、姚忠英、姚世荣、姚连荣均应享有相应的权利。因姚贵荣在其母亲王玉英在世时，与王玉英共同生活，且在30%产权的出资和房屋的管理修缮中起主要的作用，在分配30%产权时应该适当多分。庭审中，原告姚敢蓉、被告姚贵荣及第三人姚忠稳等均表示70%的产权应由姐妹6人均分的意见。本院予以支持。因双方当事人均不同意对房屋的价值进行评估，在分割时只宜按份共有。姚贵荣垫付的购房款4512.64元应由各继承人按继承份额承担。被告省轻机厂依照房改政策将房改房办在姚贵荣名下，并无过错，且其行为并不影响原告、被告姚贵荣及第三人对该房屋依法行使继承权，故原告姚敢蓉请求撤销省轻机厂与姚贵荣所签房改协议书本院不予支持。原告姚敢蓉有产权而不能实际使用，对其应有的产权份额应以租金方式补偿，故原告姚敢蓉要求被告姚贵荣支付租金的请求，本院予以支持。但应仅以两年诉讼时效内的租金为限。被告姚贵荣出资改建增加的部分尚未取得房屋所有权，故本案不予处理。被告姚贵荣辩称原告起诉已过诉讼时效，因本案争议起因主要是发生在2003年姚贵荣另购住房以后，原告起诉并未超过诉讼时效。故被告姚贵荣的抗辩理由本院不予支持。

二审诉辩情况

姚贵荣不服一审判决，向武汉市中级人民法院提起上诉。其上诉理由和上诉请求如下：（1）本案已过诉讼时效期间，应当驳回被上诉人的诉讼请求。（2）一审判决认定事实不清，适用法律错误：因上诉人是省轻机厂的职工，根据房改有关规定，上诉人有权购买剩余的30%的产权，故争议房屋的30%产权归上诉人所有；本案不存在租赁补偿。要求二审法院撤销原判，依法改判。

二审裁判结果

二审法院依照《民事诉讼法》第153条第1款第1项之规定，判决如下：驳回上诉，维持原判。

二审裁判理由

二审法院经审理认为，上诉人姚贵荣与被上诉人姚敢蓉以及原审第三人之间系姐妹关系。其父母亲姚名腊、王玉英死亡后，其遗留的合法财产应由其第一顺序法定继承人继承。根据《继承法》第10条的规定，遗产按照下列顺序继承：第一顺序：配偶、子女、父母。本案中，上诉人姚贵荣与被上诉人姚敢蓉以及原审第三人为第一顺序法定继承人。根据《继承法》第5条的规定，继承开始后，按照法定继承办理；有遗嘱的，按照遗嘱继承或者遗赠办理；有遗赠扶养协议的，按照协议办理。因姚名腊、王玉英生前未立有遗嘱，被继承人姚名腊、王玉英死亡后，其遗留的遗产由其法定继承人姚忠稳、姚忠英、姚世荣、姚连荣、姚贵荣、姚敢蓉按法定继承分割遗产。坐落于武昌区团结路9号旧5层楼5单元房屋系姚名腊所在单位省轻机厂分配给姚名腊及其妻王玉英的，在王玉英去世前，其参加单位房改，购买了武昌区团结路9号旧5层楼5单元房屋70%的产权，故该房屋70%的产权系姚名腊、王玉英的遗产。该房屋另外30%的产权虽为省轻机厂所有，但王玉英对该房屋30%的产权份额有特定的承租权，该承租权含有专属的财产权利，应纳入姚名腊、王玉英的遗产范围。王玉英死亡后，虽有姚贵荣补交了标准价补成本价的差额4512.64元。该资金应视为姚贵荣的一种垫资，由其他法定继承人分摊该垫资。一审认定事实清楚，适用法律正确，判决并无不当，予以维持。故上诉人姚贵荣提出其有权购买剩余的30%的产权，争议房屋的30%产权应归其所有的上诉理由不能成立。关于上诉人姚贵荣提出本案已过诉讼时效期间，应当驳回被上诉人的诉讼请求的上诉主张，根据《继承法》第2条、第25条的规定，"继承从被继承人死亡时开始，""继承开始后，继承人放弃继承的，应当在遗产处理前，作出放弃继承的表示。没有表示的,视为接受继承"。本案中的继承人在继承开始后,均未作出放弃继承的表示,应视为接受继承。故本案原告的诉讼请求未超过诉讼时效期间,上诉人姚贵荣的该项上诉理由不成立。关于上诉人姚贵荣提出本案不存在租赁补偿的问题,因姚敢蓉依法享有继承权,且已接受继承,其应有的产权份额由上诉人姚贵荣使用,其主张以租金方式补偿,应受法律保护。上诉人姚贵荣的上诉请求本院不予支持。

(二)共有物分割纠纷

46. 共同共有关系终止时,对共有财产应如何分割?

在共同共有关系终止时,对共有财产的分割,有协议的,按协议处理;没有协议的,应当根据等分原则处理,并且考虑共有人对共有财产的贡献大小,适当照顾共有人生产、生活的实际需要等情况。但分割夫妻共有财产,应当根据婚姻法的有关规定处理。

典型疑难案件参考

李育琼等诉樊渭清分割共有财产案

基本案情

两原告之生父李国山于1951年5月1日购得简城衙门街26号(即现政府街66号)街房一进4间。1953年6月30日,李国山与被告樊渭清结婚,婚后生育2女(即两原告)。1962年7月14日,李国山病故。1965年8月24日,樊渭清与钟兴再婚,同年底生育1子钟正国。原告李育琼与被告樊渭清、继父钟兴共同生活至1987年,原告李育兰与被告樊渭清、继父钟兴共同生活至1982年。

1987年,简阳县城建局统建办与被告签订迁安协议,旧街房折价4800元,1989年退简城镇政府街66号1单元2—4号1套住房(实为74号1幢2—4号住房,建筑面积49.7平方米)及政府街68号门面1间(建筑面积31.58平方米)给被告,并以樊渭清之名办了私房产权证简权字第0206032、0206033号。由于以旧换新须补统建办房差款10500元,由李育琼出资2000元,李育兰出资1500元和原旧房折价款4800元支付外,其余由原、被告3人先借款支付后用讼争房之门面租金作偿还。

一审诉辩情况

原告诉称：两原告的生父在婚前购得街房一进4间。生父病故后应由我们2姊妹和被告3人共同继承。1987年简阳县城建局根据统一规划拆掉了旧房，于1989年退还门面1间及住房1套（住房位于政府街66号1单元2—4号，门面位于政府街68号，计31.58平方米）。现起诉法院要求依法分割。

被告辩称：被告樊渭清对两原告所述无异议，并同意分割共同继承之财产。

一审裁判结果

一审法院四川省简阳县人民法院根据《民事诉讼法》第85条、第89条之规定，组织双方当事人进行调解，并一致达成如下协议：

简城镇政府街68号门面1间（31.58平方米）归两原告共有；简城镇政府街66号一单元（实为74号一幢）2—4号住房1套（49.7平方米）归被告所有。

一审裁判理由

四川省简阳县人民法院根据上述事实和证据认为：原简城衙门街26号街面属李国山之婚前财产。原、被告3人共同继承了该房产后一直未分割。该房产依法应属原、被告3人共同财产。

再审诉辩情况

申诉人（再审第三人）钟兴诉称：原审讼争之房是我与原审被告樊渭清夫妻的共同财产。一审法院未通知我参加诉讼，调解不合法，侵犯了我的合法权益，请求撤销原审调解。

被申诉人辩称：原调解是合法有效的，请求依法维持原调解。

再审裁判结果

四川省简阳市人民法院根据《继承法》第25条第1款、第26条和《民法通则》第78条及最高人民法院《关于贯彻执行〈中华人民共和国民法通则〉若干问题的意见（试行）》（以下简称《民通意见》）第90条、91条，《民事诉讼法》第177条、第184条之规定，作出如下判决：

一、撤销本院〔1993〕简民初字第00122号民事调解书；

二、讼争房全部归原审被告樊渭清和再审第三人钟兴夫妻二人共有，并共同付给原审原告李育琼、李育兰讼争房之经济补偿费36212.52元（此费包括房屋价值款31158.02元和房租费5059.50元；已扣除李育琼、李育兰各自收取的房租费2400元）；

三、讼争房补差款14019.70元，由原审原告李育琼付给樊渭清和钟兴夫妻334.83元，李育兰付给樊渭清和钟兴夫妻2334.83元，其余9351.04元由樊渭清和钟兴夫妻共同负担；

四、原审原、被告和再审第三人按上述第二、三项确定的应收应付款相折抵后，樊渭清和钟兴夫妻应共同付给原审原告李育琼35877.69元，李育兰33877.69元。此款在本判决生效后30日内付清。

再审裁判理由

四川省简阳市人民法院依照审判监督程序，决定对本案进行再审。经再审查明：原审被告樊渭清之已故前夫李国山婚前购买了简城衙门街26号街房后，于1953年6月与原审被告结婚。婚后生育2女即原审两原告。1962年7月，李国山病逝，其第一顺序法定继承人樊渭清、李育琼、李育兰和李何氏（系李国山之母）均未表示放弃继承。1965年8月，再审第三人钟兴与原审被告再婚后，原审原告李育琼（当时11岁）与樊、钟在该房共同居住、生活至1987年；李育兰（当时9岁）与樊、钟在该房共同居住、生活至1983年元月。

1987年12月，简阳县城建局统建办与原审被告和再审第三人签订了拆建上述房屋的《换房协议书》。1989年5月，统建办按协议所还的房屋为政府街68号门面1间（31.58平方米）和74号1幢2—4号住房（55.53平方米）共计建筑面积87.11平方米，超还面积31.66平方米。该讼争房的所有权人登记为原审被告樊渭清。该房换房补差款14019.70元，分别以钟兴的名义付了6519.70元，以樊渭清的名义付了7500元（其中含李育琼交给樊渭清的换房补差款2000元；李育兰所交的1500元退给了李育兰）。

讼争房之住房一直由原审被告樊渭清和再审第三人钟兴夫妻共同居住。讼争房之门面房，1993年8月以前由钟兴和樊渭清出租和安排经营；1993年9月至1995年8月由原审两原告出租。讼争房之门面房从1989年8月至1995年8月应收房租费46080元。该房租费除原审两原告各自收2400元和本案再审期间本院暂收存的14400元外，其余房租由钟兴和樊渭清夫妻收取。

讼争房之原旧房在拆迁时，被折价为4436元，统建办退还的新房（即讼争房）的价值，经简阳市集体资产评估事务所评估为186928.20元。其中门面为159163.20元，每平方米5040元；住宅房为27765元，每平方米500元。

李国山之母李何氏于1990年6月去世，其第一顺序法定继承人只有其子李宗志；他明确表示放弃继承李何氏应继承李国山遗产的权利。

四川省简阳市人民法院再审认为：

1. 对讼争房之原房共有关系的认定。讼争房之原旧房虽属李国山的婚前财产，但他与原审被告结婚后共同生活9年才去世。根据最高人民法院关于审理离婚案件处理财产分割问题的司法解释之规定精神，李国山之婚前房产应视为夫妻共同财产。李国山死后，该旧房的一半房产应由其遗产，由于继承人对该房产未表示过放弃继承，根据《继承法》第25条第1款规定，应视为对上述房产的一半已共同接受继承。又因上述继承人对遗产房从未分割，所以讼争房之旧房的一半应属原审原告、被告3人的共同财产，另一半则应属原审被告所有的财产。

2. 对现讼争房共有关系的认定。讼争房是原旧房拆修后还的新房。两者相比，一是面积增加、结构改变、质量提高，二是新房补差款14000余元除李育琼出资2000元外，其余均为钟兴和樊渭清所付，这表明新房较旧房有较大的增值。同时表明钟兴对讼争房尽了一定义务，他对该房享有的权利，就不仅仅只依附其与樊渭清的夫妻关系而成立，还由于他对此房尽了义务而成立。所以讼争房的共有关系已经不完全是原有旧房意义上的共有关系。故应认定讼争房属原审原告、被告和再审第三人共有。

3. 对李育琼、李育兰交换房补差款的认定。再审第三人钟兴和原审原、被告均对原审两原告在换房时分别交给原审被告和再审第三人钟兴2000元和1500元无争议。争议焦点是上述款项性质的认定。原审原、被告3人均主张上述款是换房补差款，再审第三人钟兴认为原审两原告交的是另外买房的购房款，双方均无充分证据。因此，按照举证责任原则，再审第三人在事后对原审两原告交款的用意提出异议，应对其主张负责举证。钟兴逾期未提供证据，故应认定原审两原告所交上述款为讼争房补差款。此外，原审两原告交上述款后，钟兴又给了李育兰1500元作为退还其在换房时交1500元。李育兰称收1500元是事实，但对此款是钟兴退还她换房时交的1500元提出异议，认为是钟兴分给她的讼争房之门面房租费。双方在交接此款时未具备文字依据载明此款用意，李育兰又举不出充分证据支持其主张成立。所以，按举证责任原则，应认定钟兴退还的1500元属退还李育兰所交的换房补差款。

（三）共有人优先购买权纠纷

47. 共有人优先购买权的行使条件是什么，如何行使？

按份共有财产的每个共有人有权要求将自己的份额分出或者转让。但在出售时，其他共有人在同等条件下，有优先购买的权利。但这种共有优先购买权的行使条件是两个或两个以上公民、法人或者其他组织对同一动产或者不动产共同享有所有权、用益物权或者担保物权。离开这一前提，共有优先购买权则无从行使。

典型疑难案件参考

王怀仁诉福鼎县秦屿供销合作社房屋优先购买权案

基本案情

讼争房屋坐落在秦屿镇康湖街279号。该房屋为木质结构，前后楼上楼下各2间，中间隔一天井。该房屋原属第三人祖辈所有。1956年公私合营时第三人将该房前截店屋上、下两间折价入股归被告所有，后截上、下两间仍属第三人所有。天井、走廊、楼梯为双方共有。1985年5月31日，该店屋上、下两间由原告承租使用至今。1993年7月10日，被告将该店屋上、下两间出卖给第三人，双方引起纠纷。原告于1993年7月24日诉至福鼎县人民法院，请求确认双方房屋买卖关系无效，保护其房屋优先购买权。

一审诉辩情况

原告诉称：原告于1982年向被告租用坐落于秦屿镇康湖街279号店屋1间至今。1993年6月，被告张贴通告要变卖该店屋。原告获悉后多次向被告要求购买，而被告却将该店出卖给第三人，侵犯了原告的优先购买权。请求依法确认被告与第三人的房屋买卖关系无效，保护原告优先购买权。

被告答辩：康湖街279号房屋系被告与第三人按份共有，且该房屋店面系其与第三人共用（第三人从店面通行）。第三人有优先购买权。将该店面出卖给第三人，并非侵权，请求驳回原告的诉讼请求。

第三人诉称：第三人向被告购买的店面系康湖街279号房屋的一部分。该房屋系其与被告按份共有，享有优先购买权。原告所诉无理，请求驳回原告的诉讼请求。

一审裁判结果

福建省福鼎县人民法院根据《民法通则》第78条第3款之规定，作出如下判决：驳回原告王怀仁主张讼争房屋优先购买权的诉讼请求。案件受理费人民币50元，由原告负担。

一审裁判理由

福建省福鼎县人民法院认为，讼争屋为原告承租，但该店屋与后截天井、走廊、楼梯及第三人的房屋连成一体。该店屋系属康湖街279号房屋整体结构中的一部分，且该房屋天井、走廊、楼梯为被告与第三人共有，同时该店屋右侧系第三人出入的必经之路，第三人对该店屋享有优先购买权，其与被告签订的店屋买卖关系有效，原告基于租赁关系的优先权不能对抗第三人的优先购买权。原告所诉无理，不予支持。

二审诉辩情况

上诉人（原审原告）诉称：该店屋与第三人房屋虽在同一房屋内，但前后两截产权明确，分别为被上诉人与第三人所有，双方不存在共有关系。尽管中间天井、走廊、楼梯为双方共有，但不能以此推论双方房屋按份共有，第三人不享有优先购买权，一审判决系属适用法律错误，请求撤销原判，支持其诉讼请求。

被上诉人、第三人的答辩：被上诉人店屋系279号房屋的一部分，中间天井、走廊、楼梯为双方共有，且第三人长期从被上诉人店屋右侧通行。279号房屋系属被上诉人与第三人按份共有。第三人有优先购买权。原审判决正确，请求驳回上诉，维持原判。

二审裁判结果

福建省宁德地区中级人民法院根据《民事诉讼法》第135条第1款第2项、《民法通则》第72条、第58条第1款第5项、中华人民共和国国务院《城市私有房屋管理条例》第11条之规定，作出如下判决：

一、撤销福鼎县人民法院〔1993〕鼎秦民初字第068号民事判决；

二、被上诉人与第三人签订的房屋买卖合同无效；上诉人对秦屿镇康湖街279号店屋享有优先购买权。一、二审诉讼费各人民币50元，由被上诉人与第三人各负担50元。

> **二审裁判理由**

福建省宁德地区中级人民法院经审理查明：坐落于秦屿镇康湖街279号房屋原系第三人祖遗房屋（二层）。该房屋分前后截两部分，中间为天井、走廊、楼梯。1956年公私合营时，第三人将前截店屋（包括楼上）折价入股归被上诉人所有。但第三人仍从底层店屋右侧通行。中间天井、走廊和楼梯为双方共同使用。1982年，被上诉人将其店屋出租给上诉人使用。1993年6月，被上诉人张贴公告出卖该店屋。上诉人及第三人均向被上诉人要求购买。7月10日，被上诉人立契将该店屋以人民币20000元出卖给第三人。上诉人提出异议，向福鼎县人民法院提起诉讼，主张对该店屋享有优先购买权。

福建省宁德地区中级人民法院经审理认为，被上诉人店屋与第三人房屋虽然连为一体，但双方产权界限明确，第三人对被上诉人前截店屋没有共有权。现被上诉人出卖该店屋，第三人没有优先购买权，其与被上诉人签订的房屋买卖协议无效。上诉人系该店屋承租户，依法享有优先购买权。现其主张优先购买该屋应予支持。福鼎县人民法院以被上诉人店屋与第三人房屋之间的天井等为双方共有，第三人门路从被上诉人房屋右侧通行为由，确认第三人对讼争房屋享有优先购买权理由依据不足，所作判决不当，应依法予以改判。

共有纠纷办案依据集成

1. 中华人民共和国民法通则（2009年8月27日修正）（节录）

第三十二条 合伙人投入的财产，由合伙人统一管理和使用。

合伙经营积累的财产，归合伙人共有。

第七十八条 财产可以由两个以上的公民、法人共有。

共有分为按份共有和共同共有。按份共有人按照各自的份额，对共有财产分享权利，分担义务。共同共有人对共有财产享有权利，承担义务。

按份共有财产的每个共有人有权要求将自己的份额分出或者转让。但在出售时，其他共有人在同等条件下，有优先购买的权利。

2. 中华人民共和国物权法（2007年3月16日主席令第62号公布）（节录）

第九十三条 不动产或者动产可以由两个以上单位、个人共有。共有包括按份共有和共同共有。

第九十四条 按份共有人对共有的不动产或者动产按照其份额享有所有权。

第九十五条 共同共有人对共有的不动产或者动产共同享有所有权。

第九十六条 共有人按照约定管理共有的不动产或者动产；没有约定或者约定不明确的，各共有人都有管理的权利和义务。

第九十七条 处分共有的不动产或者动产以及对共有的不动产或者动产作重大修缮的，应当经占份额三分之二以上的按份共有人或者全体共同共有人同意，但共有人之间另有约定的除外。

第九十八条 对共有物的管理费用以及其他负担，有约定的，按照约定；没有约定或者约定不明确的，按份共有人按照其份额负担，共同共有人共同负担。

第九十九条 共有人约定不得分割共有的不动产或者动产，以维持共有关系的，应当按照约定，但共有人有重大理由需要分割的，可以请求分割；没有约定或者约定不明确的，按份共有人可以随时请求分割，共同共有人在共有的基础丧失或者有重大理由需要分割时可以请求分割。因分割对其他共有人造成损害的，应当给予赔偿。

第一百条 共有人可以协商确定分割方式。达不成协议，共有的不动产或者动产可以分割并且不会因分割减损价值的，应当对实物予以分割；难以分割或者因分割会减损价值的，应当对折价或者拍卖、变卖取得的价款予以分割。

共有人分割所得的不动产或者动产有瑕疵的，其他共有人应当分担损失。

第一百零一条 按份共有人可以转让其享有的共有的不动产或者动产份额。其他共有人在同等条件下享有优先购买的权利。

第一百零二条 因共有的不动产或者动产产生的债权债务，在对外关系上，共有人享有连带债权、承担连带债务，但法律另有规定或者第三人知道共有人不具有连带债权债务关系的除外；在共有人内部关系上，除共有人另有约定外，按份共有人按照份额享有债权、承担债务，共同共有人共同享有债权、承担债务。偿还债务超过自己应当承担份额的按份共有人，有权向其他共有人追偿。

第一百零三条　共有人对共有的不动产或者动产没有约定为按份共有或者共同共有，或者约定不明确的，除共有人具有家庭关系等外，视为按份共有。

第一百零四条　按份共有人对共有的不动产或者动产享有的份额，没有约定或者约定不明确的，按照出资额确定；不能确定出资额的，视为等额享有。

第一百零五条　两个以上单位、个人共同享有用益物权、担保物权的，参照本章规定。

3. 最高人民法院关于贯彻执行《中华人民共和国民法通则》若干问题的意见（试行）（1988年4月2日　法（办）〔1988〕发6号）（节录）

42. 以公民个人名义申请登记的个体工商户和个人承包的农村承包经营户，用家庭共有财产投资，或者收益的主要部分供家庭成员享用的，其债务应以家庭共有财产清偿。

43. 在夫妻关系存续期间，一方从事个体经营或者承包经营的，其收入为夫妻共有财产，债务亦应以夫妻共有财产清偿。

89. 共同共有人对共有财产享有共同的权利，承担共同的义务。在共同共有关系存续期间，部分共有人擅自处分共有财产的，一般认定无效。但第三人善意、有偿取得该财产的，应当维护第三人的合法权益，对其他共有人的损失，由擅自处分共有财产的人赔偿。

90. 在共同共有关系终止时，对共有财产的分割，有协议的，按协议处理；没有协议的，应当根据等分原则处理，并且考虑共有人对共有财产的贡献大小，适当照顾共有人生产、生活的实际需要等情况。但分割夫妻共有财产，应当根据婚姻法的有关规定处理。

91. 共有财产是特定物，而且不能分割或者分割有损其价值的，可以折价处理。

92. 共同共有财产分割后，一个或者数个原共有人出卖自己分得的财产时，如果出卖的财产与其他原共有人分得的财产属于一个整体或者配套使用，其他原共有人主张优先购买权的，应当予以支持。

第三章 用益物权纠纷

一、海域使用权纠纷

48. 2002年1月1日,《海域使用管理法》颁布实行后,对海域的使用有何新的要求？

2002年1月1日,《海域使用管理法》实行,它规定：国务院批准使用海域的,由国务院海洋行政主管部门登记造册,向海域使用申请人颁发海域使用权证书；地方人民政府批准使用海域的,由地方人民政府登记造册,向海域使用申请人颁发海域使用权证书。海域使用申请人自领取海域使用权证书之日起,取得海域使用权。

典型疑难案件参考

北海市高德农村信用合作社诉李光存虾塘租赁合同案

基本案情

2000年7月20日,原告北海市高德农村信用合作社与被告李光存签订虾塘租赁合同,约定：原告将其拥有使用权的位于北海市海城区靖海镇垌尾村的浅海滩涂约900亩出租给被告,由被告自筹资金修复后用于海水养殖；租期11年（自合同签订之日至2010年）,其中给予被告建设期1年,建设期内免交租金,自2001年起每年12月20日前交纳租金15万元；租期内被告可以转租虾塘或与他人合股经营。合同签订后,原告依约将虾塘交付被告使用。2000年12月20日,被告将共240亩虾塘出租给何上荣经营,因该虾塘未能取得海域使用权证,何上荣于2002年12月28日通知被告解除合同。2003年1月8日,被告与北海天伟水产技术服务部签订合股养殖合同,约定双方合股养殖对虾,面积180亩。3月2日,该部以该虾塘未办海域使用权证为由,通知被告解除合同。经北海海事法院委托鉴定,围海大堤及内塘建设等土建工程总造价为 4948386.37 元。

被告租赁经营原告虾塘后,《中华人民共和国海域使用管理法》(以下简称《海域使用管理法》)于 2002 年 1 月 1 日起施行,根据该法规定,使用海滩涂养殖需办理海域使用权证。2002 年 12 月 4 日,北海市海洋局向原告发出《关于催办用海手续的通知》,限定原告在 2002 年 12 月 13 日前办理海域使用权证。但原告未办理。2003 年 9 月 4 日,被告向原告发出办理海域使用权证的催告函,但原告仍未办理。为此,被告于 2003 年 10 月 31 日向原告发出关于解除合同的通知。现该海滩涂已被北海市政府划为功能待定区,原告已不能取得该海域的使用权。

在 2002 年 10 月原告对被告提起的另案诉讼中,原告请求被告支付 2001 年尚欠租金 7 万元。北海海事法院作出判决,认为根据原、被告约定的一年租金金额 15 万元,从 2001 年 7 月 21 日到 12 月 20 日,仅有 5 个月的滩涂租用期,被告已交付该租金期内的租金 8 万元,该数额显然已经超过了按比例应付租金的份额,故驳回其请求。

一审诉辩情况

原告及其委托代理人诉称:2000 年 7 月 20 日,原告与被告签订虾塘租赁合同,约定原告将 900 亩浅海滩涂租赁给被告经营,租期 11 年,从第 2 年起每年租金 15 万元。合同签订后,原告依约将滩涂交付被告,但被告仅支付租金 8 万元,尚欠 2001—2002 年度租金 22 万元未付,请求判令被告偿付尚欠租金。

被告及其委托代理人答辩并反诉称:被告承租原告虾塘属实,但原告至今未办理该虾塘的海域使用权证,造成其无法使用该海域,导致合同目的不能实现。故原、被告之间的虾塘租赁合同应当解除。原告应赔偿被告修复虾塘的投资款 5960506 元及转租虾塘的可得利益 128 万元,并退还已收取的 8 万元租金。

原告对被告的反诉答辩称:原告已向北海市海洋局申办用海手续,目前正在办理之中。原告暂时未能领取海域使用权证,并不影响被告经营,合同的目的并非不能实现,原、被告之间的合同不应解除。

一审裁判结果

北海海事法院依照《合同法》第 94 条、第 96 条、第 97 条之规定,作出如下判决:

一、解除原告(反诉被告)北海市高德农村信用合作社与被告(反诉原告）李光存之间的虾塘租赁合同；

二、原告（反诉被告）北海市高德农村信用合作社赔偿被告（反诉原告）李光存虾塘建设经济损失3988607元；

三、驳回原告（反诉被告）北海市高德农村信用合作社要求被告（反诉原告）李光存支付尚欠租金的诉讼请求；

四、驳回被告（反诉原告）李光存要求原告（反诉被告）北海市高德农村信用合作社返还租金及赔偿可得利益的诉讼请求。

一审裁判理由

北海海事法院经审理认为：原、被告之间订立的虾塘租赁合同依法成立并合法生效。在合同订立之时，原告为涉案海域的合法使用人，但在合同履行过程中，《海域使用管理法》颁布施行，原告必须办理海域使用权证才能取得海域使用权，但至今原告未能办取涉案海域的使用权证，这就意味着原告未取得该海域的合法使用权，导致被告通过该合同的履行以达到养殖或转租收益的目的已不能实现。原、被告之间订立的虾塘租赁合同因合同目的不能实现而具备了解除的条件，对此，享有解除权的被告在履行了解除行为后，原、被告之间虾塘租赁合同归于解除。由于合同解除是发生于《海域使用管理法》施行之日即2002年1月1日，故合同解除效力溯及于2002年1月1日。

原告主张被告支付尚欠2001年度的租金，其已提起了另案诉讼，法院已作出判决。原告就生效判决已经确认的事实不能再次起诉。因合同解除的效力溯及于2002年1月1日，因此，原告要求被告支付2002年度租金的诉讼请求，其理由不正当。

经北海海事法院委托鉴定，该虾塘建设工程总造价为4948386.37元，但部分项目应减去原有部分基础的造价，按75%计算被告建设投入损失比较公平合理，共计损失为3988607元。

既然被告行使了合同解除权，合同解除后，就不存在被告继续经营虾塘问题，推而论之，也就不存在可得利益。双方签订租赁合同时，《浅海滩涂水产养殖使用证》在有效期内，且《海域使用管理法》尚未施行，因而合同合法有效，被告交纳2001年度租金系其履行合同义务。被告反诉请求给付可得利益及退回已交租金不予支持。

二审诉辩情况

上诉人北海市高德农村信用合作社及其委托代理人上诉称：（1）上诉人未能办理海域使用权证是因行政机关对如何办证处于不确定状态，并非上诉人主观或客观原因导致,且广西壮族自治区海洋局最终确定上诉人享有该海域的使用权,故上诉人出租虾塘没有任何违约行为,被上诉人亦没有任何在此期间不能经营的证据,被上诉人无权解除合同;(2)在另案中,法院认定被上诉人支付的是 2001 年 7 月 20 日至 2001 年 12 月 31 日的 8 万元租金,现上诉人请求支付的是第一年剩余的 7 万元租金及第二年的租金 15 万元,不存在基于同一事实再行起诉的问题。上诉人不存在重复起诉,故请求撤销一审判决,判令被上诉人支付虾塘租金 22 万元,驳回被上诉人的反诉请求。

被上诉人李光存的答辩及其委托代理人的辩护意见:(1)上诉人经相关部门的催告仍未办理海域使用权证。使被上诉人遭受重大经济损失,被上诉人有权解除合同;(2)租期第一年应是 2001 年 7 月 21 日至 2001 年 12 月 31 日,被上诉人已经交纳了 8 万元租金,按比例已属多付,上诉人再要求支付 7 万元租金显属不当。请求维持原判。

二审裁判结果

广西壮族自治区高级人民法院根据《合同法》第 94 条、第 107 条,《民事诉讼法》第 153 条第 1 款第 2 项的规定,判决如下:

一、撤销北海海事法院〔2004〕海商初字第 086 号民事判决;

二、被上诉人李光存支付上诉人北海市高德农村信用合作社 2002 年度尚欠虾塘租金 13.25 万元;

三、驳回上诉人北海市高德农村信用合作社的其他诉讼请求;

四、驳回被上诉人李光存的反诉请求。

二审裁判理由

广西壮族自治区高级人民法院经审理查明:一审法院认定的事实中除何上荣解除转租虾塘协议及北海天伟水产技术服务部解除合股养殖合同之外,其余事实清楚,证据充分,予以确认。因何上荣、北海天伟水产技术服务部的两份解除合同通知均未有解除人的签名,上诉人在一审中对该证据不予认可,两份通知的发出人未出庭作证,解除转租合同及合股养殖合同之事实缺乏充分的证据证明,对该事实不予认定。

另查明:上诉人与被上诉人签订的《虾塘租赁合同书》第 10 条约定:合同期内如遇国家征用,青苗补偿归乙方(李光存),固定资产补偿部分前五年甲方(高德信用社)占 50%,乙方占 50%,后五年甲方占 80%,乙方占 20%。

还查明:2003 年 2 月 9 日,北海市海洋局向上诉人发出行政处罚听证告知书，对上诉人使用 900 亩海域围海养殖未办理海域使用权证的无证用海行为罚款 210 万元；同年 11 月 25 日，广西壮族自治区海洋局作出行政处罚听证告知书，对上诉人作出罚款 577500 元的行政处罚；经上诉人要求，广西壮族自治区海洋局举行了公开听证后于 2004 年 1 月 5 日再次作出行政处罚决定书，认定上诉人自 2003 年 1 月 1 日到 2003 年 10 月 31 日属于非法用海，并处罚款 693000 元；上诉人仍不服此处罚决定，对广西壮族自治区海洋局提起行政诉讼，后经协调，广西壮族自治区海洋局同意上诉人交纳 20 万元罚款由北海市海洋局给其办理有关用海手续；上诉人交纳罚款后，至北海市海洋局办理海域使用权证，但因所使用海域不符合调整后的北海市海洋功能区划而未能办理海域使用权证。

2004 年 4 月 21 日，北海市政府发出通知，要求对"凡不符合海洋功能区划的已建海岸、海洋工程项目，要进行调整，并限期搬迁"。2005 年 4 月 10 日，北海市相关政府部门发布通告：要求位于"海景大道"规划范围内的虾塘，从通告之日起必须停止投苗生产。案涉虾塘所在海域即位于"海景大道"规划范围内，现北海市政府已征用上诉人虾塘。

广西壮族自治区高级人民法院认为：上诉人与被上诉人签订《虾塘租赁合同书》时，上诉人持有浅海滩涂水产养殖使用许可证，为合法的海域使用人，《虾塘租赁合同书》合法有效。在合同的履行过程中，《海域使用管理法》生效施行，要求海域使用者必须办理海域使用权证才能合法用海。上诉人未及时向海域行政管理部门申办海域使用权证，受到相关部门的行政处罚，并引发了行政听证及行政诉讼。在此过程中，被上诉人以上诉人无海域使用权证为由而要求解除合同，该请求能否成立，应考察是否出现了法定的合同解除情形。根据《合同法》第 94 条的规定，只有在因不可抗力、预期违约、迟延履行、其他违约行为而使合同的目的不能实现时，非违约方才享有合同解除权。由此可见，法律对非违约方的合同解除权设置了一定的限制，只有合同违约方构成根本违约，即违约方的违约行为严重影响合同订立时期望的经济利益时，非违约方才能行使合同解除权。据此衡量，上诉人虽未能及时办理海域使用权证，其对虾塘的权利出现瑕疵，但该权利瑕疵并未构成根本违约，理由为：首先，上诉人的权利瑕疵对被上诉人的经营活动不构成实质影响。上诉人履行了交付出租物并保证承租人对虾塘使用的义务。虽然上诉人未及时申办海域使用权证受到相关行政部门的行政处罚，但行政处罚的相对方为上诉人，而非被上诉人，且行政部门采取的是发出通知催促其办理海域使用权证、对其处以罚款等措施，并未采取收回海域或其他足以使被上诉人的经营活动受到干预、影响的强制措施，不影响被上诉人承租虾塘目的的实现。其次，上诉人的权利瑕疵能够得到补救。在一审审理期间，广西壮族自治区海洋局已同意其办理海域使用权证，且相关海洋行政部门均认为如没有政府的海洋功能区划、征用行为，上诉人完全可以办理海域使用权证，权利瑕疵能够得到补救。最后，上诉人现仍未能办理海域使用权证是因其使用的海域已被北海市政府规划为其他功能区——兴建"海景大道"而需征用，而上诉人与被上诉人对租赁期间因政府征用而致合同无法履行时，双方对补偿的分配问题已经作出了明确的约定，虾塘租赁合同实际是因合同约定的解除条件已成就而终止，被上诉人可在虾塘被征用而致合同失效时与上诉人按照约定对政府补偿进行分配，而无权在上诉人办理海域使用权的过程中以上诉人无海域使用权证为由解除合同。

上诉人已就其认为被上诉人应交纳2001年余下的7万元租金的事宜提起诉讼，广西壮族自治区高级人民法院已作出终审判决，现上诉人再行对该部分租金提起诉讼，属于重复起诉。但2002年度被上诉人使用了虾塘，理应交纳相应租金。因被上诉人2001年实际使用虾塘的期限只有5个月，根据合同的约定并结合实际使用期限，其应交纳的租金应为6.25万元（15万元除以12个月乘以5个月），实际支付8万元，多付1.75万元。被上诉人多付的2001年度的租金应在2002年度的租金中冲减，故被上诉人尚应付上诉人2002年度租金13.25万元。

海域使用权纠纷办案依据集成

1. 中华人民共和国物权法（2007年3月16日主席令第62号公布）（节录）

第一百二十二条　依法取得的海域使用权受法律保护。

2. 中华人民共和国海域使用管理法（2007年3月16日主席令第61号公布）（节录）

第十九条　海域使用申请经依法批准后，国务院批准用海的，由国务院海洋行政主管部门登记造册，向海域使用申请人颁发海域使用权证书；地方人民政府批准用海的，由地方人民政府登记造册，向海域使用申请人颁发海域使用权证书。海域使用申请人自领取海域使用权证书之日起，取得海域使用权。

第二十条　海域使用权除依照本法第十九条规定的方式取得外，也可以通过招标或者拍卖的方式取得。招标或者拍卖方案由海洋行政主管部门制订，报有审批权的人民政府批准后组织实施。海洋行政主管部门制订招标或者拍卖方案，应当征求同级有关部门的意见。

招标或者拍卖工作完成后，依法向中标人或者买受人颁发海域使用权证书。中标人或者买受人自领取海域使用权证书之日起，取得海域使用权。

第二十一条　颁发海域使用权证书，应当向社会公告。

颁发海域使用权证书，除依法收取海域使用金外，不得收取其他费用。

海域使用权证书的发放和管理办法，由国务院规定。

第二十二条　本法施行前，已经由农村集体经济组织或者村民委员会经营、管理的养殖用海，符合海洋功能区划的，经当地县级人民政府核准，可以将海域使用权确定给该农村集体经济组织或者村民委员会，由本集体经济组织的成员承包，用于养殖生产。

第二十三条　海域使用权人依法使用海域并获得收益的权利受法律保护，任何单位和个人不得侵犯。

海域使用权人有依法保护和合理使用海域的义务；海域使用权人对不妨害其依法使用海域的非排他性用海活动，不得阻挠。

第二十四条　海域使用权人在使用海域期间，未经依法批准，不得从事海洋基础测绘。

海域使用权人发现所使用海域的自然资源和自然条件发生重大变化时，应当及时报告海洋行政主管部门。

第二十五条　海域使用权最高期限，按照下列用途确定：

（一）养殖用海十五年；

（二）拆船用海二十年；

（三）旅游、娱乐用海二十五年；

（四）盐业、矿业用海三十年；

（五）公益事业用海四十年；

（六）港口、修造船厂等建设工程用海五十年。

第二十六条 海域使用权期限届满，海域使用权人需要继续使用海域的，应当至迟于期限届满前二个月向原批准用海的人民政府申请续期。除根据公共利益或者国家安全需要收回海域使用权的外，原批准用海的人民政府应当批准续期。准予续期的，海域使用权人应当依法缴纳续期的海域使用金。

第二十七条 因企业合并、分立或者与他人合资、合作经营，变更海域使用权人的，需经原批准用海的人民政府批准。

海域使用权可以依法转让。海域使用权转让的具体办法，由国务院规定。

海域使用权可以依法继承。

第二十八条 海域使用权人不得擅自改变经批准的海域用途；确需改变的，应当在符合海洋功能区划的前提下，报原批准用海的人民政府批准。

第二十九条 海域使用权期满，未申请续期或者申请续期未获批准的，海域使用权终止。

海域使用权终止后，原海域使用权人应当拆除可能造成海洋环境污染或者影响其他用海项目的用海设施和构筑物。

第三十条 因公共利益或者国家安全的需要，原批准用海的人民政府可以依法收回海域使用权。

依照前款规定在海域使用权期满前提前收回海域使用权的，对海域使用权人应当给予相应的补偿。

第三十一条 因海域使用权发生争议，当事人协商解决不成的，由县级以上人民政府海洋行政主管部门调解；当事人也可以直接向人民法院提起诉讼。

在海域使用权争议解决前，任何一方不得改变海域使用现状。

第三十二条 填海项目竣工后形成的土地，属于国家所有。

海域使用权人应当自填海项目竣工之日起三个月内，凭海域使用权证书，向县级以上人民政府土地行政主管部门提出土地登记申请，由县级以上人民政府登记造册，换发国有土地使用权证书，确认土地使用权。

二、探矿权纠纷

49. 如何才能取得探矿权？

勘查、开采矿产资源，必须依法分别申请、经批准取得探矿权、采矿权，并办理登记；但是，已经依法申请取得采矿权的矿山企业在划定的矿区范围内为本企业的生产而进行的勘查除外。

50. 什么情形下探矿权可以转让？

除按下列规定可以转让外，探矿权、采矿权不得转让：

1. 探矿权人有权在划定的勘查作业区内进行规定的勘查作业，有权优先取得勘查作业区内矿产资源的采矿权。探矿权人在完成规定的最低勘查投入后，经依法批准，可以将探矿权转让他人。

2. 已取得采矿权的矿山企业，因企业合并、分立，与他人合资、合作经营，或者因企业资产出售以及有其他变更企业资产产权的情形而需要变更采矿权主体的，经依法批准可以将采矿权转让他人。

典型疑难案件参考

代玲等与杨柱敏探矿权纠纷上诉案

基本案情

2006年12月10日，杨柱敏作为甲方与代玲作为乙方签订《煤矿兼并整合协议书》，约定：杨柱敏将其享有探矿权的穿底场煤矿（地理位置：贵州省毕节地区大方县，证号：5200000530346，图幅号：G48E005016，勘查面积：2.29平方公里，有效期限2005年4月1日至2007年4月1日，性质为普查探矿权）兼并整合给代玲申办建矿。同年12月19日，代玲作为甲方、杨柱敏作为乙方又签订《煤矿兼并整合协议》，约定：（1）因甲方称在黔煤办字〔2006〕97号文件中的大方县小屯乡新设置矿权（属甲方的投资项目）的矿界与山东兖矿集团在大方申办的小屯煤矿（规模120万吨）大矿的矿界重叠，所以到三元乡乙方办理的合法探矿权证并已进行初步探矿工作的三元乡穿底场煤矿（以下简称穿底场煤矿）兼并整合给甲方继续申办建矿；（2）甲、乙双方协商甲方付给乙方已经发生的支出成本200万元；（3）付款方式分为两次，第一次在签订该协议时支付50万元，第二次在取得采矿权时支付所欠150万元；（4）协议签订并第一次付款时，乙方将穿底场煤矿的相关手续提供给甲方（提供资料为原件并双方书写清单）；（5）甲方在申办建矿中所发生的一切费用及手续均与乙方无关（包括探矿权价款及采矿权价款等），乙方做一些力所能及的配合工作，但没有硬性要求；（6）在申报等待手续期间，需办理探矿权延续手续（由于原文已交给甲方）由甲方承担申报乙方配合；（7）如乙方的探矿地质资料未被采纳，申报未成功，甲方退还乙方的全部资料之日乙方退回甲方所付的全款，但甲方损坏、遗失乙方资料，或未及时申报探矿权延期造成失效，那怕甲方由于探矿权过期或损失申报不成功，仍然按协议价款赔偿给乙方，补齐总价款200万元的最迟时间不超过2007年6月。同日，杨柱敏向代玲拟建的大方县三元乡怡合煤矿（以下简称怡合煤矿）的拟任法定代表人韦润辉出具委托书，委托其以穿底场煤矿的探矿权申报采矿权；代玲向杨柱敏支付首笔款50万元。

在代玲将杨柱敏提供的证号为5200000530346号探矿权证及相关资料递交省国土厅申办采矿权的过程中，因未能及时申领到采矿权证，双方于2007年3月13日到113地质队委托其制作探矿权延续申请登记书。该登记书在申请理由栏内注明因原探矿权人杨柱敏改变其他投资行业，经双方协商，杨柱敏愿将原探矿权转让给韦润辉。同年3月22日，杨柱敏向113地质大队支付了制作转让探矿权的地质资料费（变更、延续）1万元。

2007年10月8日，省国土厅作出《关于解决毕节地区煤矿资源合理配置、调整部分煤矿矿区范围的批复》（黔国土资矿管函〔2007〕1598号），认为怡合煤矿与穿底场煤矿普查探矿权重叠，要经双方达成协议后才同意。同年10月25日，省国土厅作出《关于怡合煤矿采矿权申请有关问题的通知》（黔国土资矿管函〔2007〕1668号），认为怡合煤矿与穿底场煤矿存在纠纷，请大方县国土资源局通知怡合煤矿业主与穿底场煤矿普查探矿权人协商解决好纠纷，重新签订协议，依法办理探矿权转让手续后，才能按程序申报采矿权登记。

双方因探矿权转让发生纠纷后，曾私下协商进行解决，但未协商成功。2007年12月13日，代玲以怡合煤矿的名义向大方县人民法院对杨柱敏及穿底场煤矿提起诉讼。诉讼中，杨柱敏、穿底场煤矿提起反诉。2008年6月11日，大方县人民法院以怡合煤矿与穿底场煤矿均未到工商行政管理部门办理企业法人登记手续，不是适格的民事诉讼主体为由，驳回了怡合煤矿的起诉及穿底场煤矿的反诉。怡合煤矿不服该判决，向毕节地区中级人民法院提起上诉，该院于2008年8月27日作出〔2008〕黔毕民终字第787号民事裁定，裁定驳回上诉，维持原裁定。后代玲以自然人身份向毕节地区中级人民法院提起诉讼。

一审诉辩情况

原告（反诉被告）代玲、韦润辉起诉和答辩的事实理由是：双方签订协议后，代玲、韦润辉按约支付了第一期费用50万元，而杨柱敏拒不配合办理探矿权转让的有关审批手续，违背了诚实信用原则，给代玲、韦润辉造成损失500万元。杨柱敏认为代玲、韦润辉拒绝缴纳资料费与事实不符，转让是否符合审批条件是审批机关审查的问题，是否符合现在政策与本案无关联性，探矿权是普查还是详查不涉及本案。杨柱敏提出的第一项反诉请求应予驳回。诉讼请求是：（1）判决由代玲、韦润辉自行向人民政府地质矿产主管部门办理穿底场煤矿探矿权的转让审批手续；（2）判令杨柱敏赔偿代玲、韦润辉损失500万元；（3）由杨柱敏承担本案诉讼费用。

被告（反诉原告）杨柱敏答辩并反诉的事实理由是：转让探矿权经批准才能生效，所转让的探矿权未缴纳探矿权价款，国家利益未满足，协议应为无效。代玲、韦润辉拒绝交纳探矿权延续、转让报批资料制作费，将探矿权证原件退还杨柱敏，提出杨柱敏退还50万元，双方解约。后杨柱敏取得详查探矿权，有关部门重新设定探矿权区域，原协议基础和申报政策基础已丧失。反诉请求是：（1）判决终止双方签订的《煤矿兼并整合协议书》和《煤矿兼并整合协议》；（2）判决杨柱敏退还代玲、韦润辉50万元；（3）判决驳回代玲、韦润辉提出的诉讼请求。

一审裁判结果

一审法院依照《探矿权采矿权转让管理办法》第5条，第10条第1款、第3款，《合同法》第58条，最高人民法院《关于适用〈中华人民共和国合同法〉若干问题的解释（二）》（以下简称《合同法解释》）第8条之规定，判决：

一、双方签订的《煤矿兼并整合协议书》及《煤矿兼并整合协议》无效；
二、驳回代玲、韦润辉的本诉请求；
三、杨柱敏在本判决生效后10日内返还代玲500000元。案件受理费22800元，反诉费11400元，合计34200元，由代玲、韦润辉负担30000元，杨柱敏负担4200元。

> 一审裁判理由

一审法院认为，关于2006年12月10日、19日代玲与杨柱敏签订的《煤矿兼并整合协议书》与《煤矿兼并整合协议》的性质和效力的认定问题。从双方签订的两份整合协议的内容看，约定由杨柱敏将穿底场煤矿探矿权兼并整合给代玲，由代玲申办建设怡合煤矿，代玲支付杨柱敏200万元，该两份整合协议事实上是煤矿探矿权转让合同，转让方为杨柱敏，受让方为代玲。

关于对转让协议效力的认定问题。双方签订转让协议时即2006年12月拟转让的是穿底场煤矿的普查探矿权，杨柱敏取得该普查探矿权的时间是2005年7月8日，且在获取该探矿权时杨柱敏并未向省国土厅缴纳探矿权价款。从转让探矿权应具备的实质要件上看，双方转让的探矿权不具备《探矿权采矿权管理办法》第5条规定的第1项、第4项条件，可以认定双方协议转让的探矿权不符合转让的实质条件。

从请求权的角度分析，根据最高人民法院《合同法解释》第8条的规定，享有该请求权的主体是负有申请报批义务的义务人的相对人，行使该请求权的前提是负有申请报批义务的义务人拒不履行申请报批义务。在双方未补充协商变更申请报批义务承担人的情况下，该种性质的请求权主体不能发生移转，即负有申请报批义务者不享有该种请求权，不能以该种请求权为基础提出《合同法解释》第8条规定之诉。同时，根据《探矿权采矿权转让管理办法》第10条第1款、第3款的规定及《煤矿兼并整合协议》第5条的约定，双方签订转让协议后，杨柱敏将穿底场煤矿的探矿权证原件及其出具给韦润辉的委托书交由代玲并由代玲和韦润辉提交给省国土厅申领采矿权，结合省国土厅2008年3月31日《行政许可受理回执》内容来看，双方发生纠纷后，怡合煤矿曾向省国土厅提交怡合煤矿采矿权（民用整合）的申请。省国土厅经初步审查，认为符合受理条件，予以受理。说明负有申报办理审查批准义务的一方为怡合煤矿即代玲方，同时，根据回执内容表明申请符合受理条件，说明杨柱敏的履约行为符合双方转让协议的约定。因此，根据双方签订的《煤矿兼并整合协议》第5条的约定和最高人民法院《合同法解释》第8条的规定进行分析，本案中有义务办理申请批准手续的义务人为怡合煤矿即代玲方，相对人为杨柱敏，故本案的情况不适用《合同法解释》第8条的规定。

从履行过程及结果来看，因代玲方在办理穿底场煤矿延续手续过程中，违反《煤矿兼并整合协议》第6条的约定，致使杨柱敏在将穿底场煤矿普查探矿权延续后投资将普查探矿权变更为详查探矿权，于2009年12月完成对穿底场煤矿矿产资源储量的勘探，省国土厅据此于2010年5月行文划定了穿底场煤矿的矿区范围；同年6月穿底场煤矿开发利用方案通过省国土资源勘测规划院专家评审；省能源局于2010年8月行文同意穿底场煤矿开展前期工作，建设规模暂定为30万吨/年。以上事实表明，穿底场煤矿即杨柱敏现在采取的单方申报行为已使该矿现状与2006年12月双方签订兼并整合协议时穿底场煤矿只具有普查探矿权的情况相距甚远，双方缔约的基础条件发生改变。同时，杨柱敏的这一系列行为已表明其不可能再配合对方办理任何有关涉及穿底场煤矿探矿权或采矿权申报批准等手续，且相关行政主管机关对穿底场煤矿的单方申报行为已进行了行政审批，导致本案已不具备《合同法解释》第8条规定的负有申报审批义务的义务人拒绝履行申报审批义务时由相对方自行办理有关手续的条件，更何况本案中负有申报审批手续的是怡合煤矿即代玲方，在相对人杨柱敏放弃该请求权导致合同效力处于悬而未决的状态，致使双方当事人的权益无法依据合同得到实现的情况下，毕节地区中级人民法院认为双方签订的探矿权转让合同为无效合同并无不当，该院根据最高人民法院《关于民事诉讼证据的若干规定》第35条的规定，向代玲方进行了释明，但其仍然坚持原诉请，故对其第一项诉请应予以驳回；对其第二项诉请，因代玲方未提供其损失的相关证据，故也予以驳回。对杨柱敏的反诉请求，因转让探矿权的合同系无效合同，根据合同法第58条关于无效合同的处理规则，其收取的50万元转让款应退还代玲。

▶ **二审诉辩情况**

代玲、韦润辉不服一审判决，提起上诉，请求：（1）撤销一审判决，依法改判，由代玲、韦润辉自行向政府地质矿产主管部门办理探矿权转让审批手续，驳回杨柱敏的反诉请求；（2）诉讼费用由杨柱敏承担。杨柱敏拒不办理申请转让手续，违背诚信原则，根据最高人民法院《合同法解释》第8条的规定，代玲、韦润辉提出的请求应得到支持，杨柱敏提出的反诉请求应予以驳回。

被上诉人杨柱敏辩称：代玲、韦润辉的上诉无事实和法律依据，请求驳回上诉，维持原判。

▶ **二审裁判结果**

二审法院依照《合同法》第56条、第57条、第58条，《探矿权采矿权转让管理办法》第5条、第8条第1款、第10条，《民事诉讼法》第153条第1款第1项的规定，判决如下：驳回上诉，维持原判。本案一审案件受理费、反诉案件受理费按一审判决执行，二审案件受理费34200元由代玲、韦润辉负担。

二审裁判理由

一审查明的事实清楚,二审予以认定。

二审法院认为,杨柱敏与代玲、韦润辉签订的探矿权转让合同无效,杨柱敏不存在怠于行使办理申请探矿权转让批准手续的情形,同时,因缔约基础条件发生变化,杨柱敏以自己的行为表明其不再愿意转让探矿权,双方应按照协议中解决争议的约定予以处理,即代玲、韦润辉返还杨柱敏有关资料,杨柱敏返还代玲所付款项。二审法院认为,一审判决认定事实清楚,审判程序合法,实体处理正确,予以维持,部分法律适用有误,予以纠正。代玲、韦润辉提出的上诉请求理由不充分,证据不足,不予支持。

探矿权纠纷办案依据集成

1. 中华人民共和国民法通则（2009年8月27日修正）（节录）

第八十一条第二款　国家所有的矿藏，可以依法由全民所有制单位和集体所有制单位开采，也可以依法由公民采挖。国家保护合法的采矿权。

2. 中华人民共和国物权法（2007年3月16日主席令第62号公布）（节录）

第一百二十三条　依法取得的探矿权、采矿权、取水权和使用水域、滩涂从事养殖、捕捞的权利受法律保护。

3. 中华人民共和国矿产资源法（2009年8月27日修正）（节录）

第三条　矿产资源属于国家所有，由国务院行使国家对矿产资源的所有权。地表或者地下的矿产资源的国家所有权，不因其所依附的土地的所有权或者使用权的不同而改变。

国家保障矿产资源的合理开发利用。禁止任何组织或者个人用任何手段侵占或者破坏矿产资源。各级人民政府必须加强矿产资源的保护工作。

勘查、开采矿产资源，必须依法分别申请、经批准取得探矿权、采矿权，并办理登记；但是，已经依法申请取得采矿权的矿山企业在划定的矿区范围内为本企业的生产而进行的勘查除外。国家保护探矿权和采矿权不受侵犯，保障矿区和勘查作业区的生产秩序、工作秩序不受影响和破坏。

从事矿产资源勘查和开采的，必须符合规定的资质条件。

第四条　国家保障依法设立的矿山企业开采矿产资源的合法权益。

国有矿山企业是开采矿产资源的主体。国家保障国有矿业经济的巩固和发展。

第五条　国家实行探矿权、采矿权有偿取得的制度；但是，国家对探矿权、采矿权有偿取得的费用，可以根据不同情况规定予以减缴、免缴。具体办法和实施步骤由国务院规定。

开采矿产资源，必须按照国家有关规定缴纳资源税和资源补偿费。

第六条　除按下列规定可以转让外，探矿权、采矿权不得转让：

（一）探矿权人有权在划定的勘查作业区内进行规定的勘查作业，有权优先取得勘查作业区内矿产资源的采矿权。探矿权人在完成规定的最低勘查投入后，经依法批准，可以将探矿权转让他人。

（二）已取得采矿权的矿山企业，因企业合并、分立，与他人合资、合作经营，或者因企业资产出售以及有其他变更企业资产产权的情形而需要变更采矿权主体的，经依法批准可以将采矿权转让他人采矿。

前款规定的具体办法和实施步骤由国务院规定。

禁止将探矿权、采矿权倒卖牟利。

4. 中华人民共和国矿产资源法实施细则（1994年3月26日国务院令第152号公布）（节录）

第六条 《矿产资源法》及本细则中下列用语的含义：

探矿权，是指在依法取得的勘查许可证规定的范围内，勘查矿产资源的权利。取得勘查许可证的单位或者个人称为探矿权人。

采矿权，是指在依法取得的采矿许可证规定的范围内，开采矿产资源和获得所开采的矿产品的权利。取得采矿许可证的单位或者个人称为采矿权人。

国家规定实行保护性开采的特定矿种，是指国务院根据国民经济建设和高科技发展的需要，以及资源稀缺、贵重程度确定的，由国务院有关主管部门按照国家计划批准开采的矿种。

国家规划矿区，是指国家根据建设规划和矿产资源规划，为建设大、中型矿山划定的矿产资源分布区域。

对国民经济具有重要价值的矿区，是指国家根据国民经济发展需要划定的，尚未列入国家建设规划的，储量大、质量好、具有开发前景的矿产资源保护区域。

三、采矿权纠纷

> **51. 什么情形下采矿权可以转让？**
>
> 转让采矿权，应当具备下列条件：
> (1) 矿山企业投入采矿生产满1年；
> (2) 采矿权属无争议；
> (3) 按照国家有关规定已经缴纳采矿权使用费、采矿权价款、矿产资源补偿费和资源税；
> (4) 国务院地质矿产主管部门规定的其他条件。
> 国有矿山企业在申请转让采矿权前，应当征得矿山企业主管部门的同意。

典型疑难案件参考

茅德贤、成县茨坝须弥山实业有限公司、甘肃有色地质勘查局106队、成县恒兴矿业有限公司与白银有色金属公司采矿权纠纷案（《最高人民法院公报案例》2012年第3期，总第185期）

基本案情

106队作为甘肃省地质勘查局下属的专门负责李家沟铅锌矿地质勘探工作的专业机构，于1986年3月向全国矿产储量委员会提交了《甘肃省成县李家沟铅锌矿床地质勘探报告》。1988年1月5日，全国矿产储量委员会正式审批核准了由甘肃有色地质勘探公司106队呈报的《甘肃省成县李家沟铅锌矿床地质勘探报告》。本案涉案三个盗采采场即Ⅰ号矿体、105线Ⅲ2矿体、109线Ⅲ2矿体的矿石品位、比重计算方式及矿体产状在该报告中均有具体的记载和描述。

1998年9月2日，白银公司取得国土资源部颁发的证号为1000009820009的《采矿许可证》。该许可证载明：采矿许可证有效期为1998年9月至2013年9月，生产规模为66万吨/年，矿区面积1.44平方公里，开采深度1375—700米标高。其范围拐点坐标为：(1) 3756848 (X)、35563555 (Y)；(2) 3756500 (X)、35563810 (Y)；(3) 3757000 (X)、35565410 (Y)；(4) 3757335 (X)、35565500 (Y)；(5) 3757765 (X)、35564810 (Y)；(6) 3758065 (X)、35564885 (Y)；(7) 3758175 (X)、35564590 (Y)；(8) 3757300 (X)、35564130 (Y)；(9) 3757000 (X)、35563855 (Y)。经对比得出，涉案的Ⅰ号、105线Ⅲ2号、109

线Ⅲ2号三个采场在上述九个拐点圈定的范围内；上述九个拐点圈定的矿区范围与须弥山公司持有的采矿许可证载明的15个拐点圈定的范围既不相交也不重叠。

2006年10月22日，白银公司在对其管护区内王家沟一民采矿硐进行巡查监测时，发现在Ⅲ2矿体102地质勘探线附近有新近焊堵的钢筋栅栏。次日，白银公司拆除栅栏后发现有大规模越界开采区域，被告30余名工作人员在白银公司所属的Ⅰ号矿体区域进行大规模的盗采活动，在现场抓获了正在实施盗采活动的黄渚选矿厂的三名工人赖丁谊、赖丁诚和苏世赞，在该三名正在实施盗采工作的工人的带领下，对盗采现场进行了实地探查，并同步进行了现场摄像。当日，白银公司即向有关行政主管部门予以汇报。2006年10月28日，陇南市国土资源局与成县国土资源局组成了陇南市县联合调查小组赶赴盗采矿区进行现场实地勘探调查。2006年11月24日，由甘肃省国土资源厅牵头再次组成了省、市、县三级政府和各职能部门共同参加的联合调查组对被告盗采情况进行调查。

在调查期间，调查组委托白银公司工程测量人员对23日发现的三个盗采采场进行了实测：（1）在Ⅰ号矿体区域已经形成长约80.6米的回采矿房，利用浅孔压矿，采场内有9个出矿短穿，压矿高度达10米，平均采幅7米，已开采至97地质勘探线附近；（2）在Ⅲ2号矿体105线附近勘查到正在掘进的斜上山、下斜井、大型车场、巷场、大量0.75M3矿车和比较完善规范的通风、供风、供电、供水、通讯、运输系统，已经形成高6米、采幅3米、采场长度50米的规模采场；（3）在越界采矿区域的标高为1190m的Ⅲ2矿体，有一采场长度为30米，宽度为6—8米，高度为16米，有5个出矿口，矿石品位10%以上，爆落的矿石已基本出空，对盗采情形调查小组进行了实地拍照。2006年11月23日，依据调查组的指示和实际测量结果，白银公司形成实测资料报告和三个盗采采场的水平平面图。根据该测量结果，Ⅰ号矿体（97线采场）被盗采矿量为14508吨，Ⅲ2号矿体（105线采场）被盗采矿量为2700吨，Ⅲ2号矿体（109线采场）被盗采矿量为10080吨。三个采场损失矿量合计27288吨。

2006年10月，白银公司与案外人交易的五张增值税专用发票显示当期锌精矿的交易价格分别为21954元/吨、21971元/吨、22831元/吨、21971元/吨、21992元/吨，平均价格为22143.8元/吨。2006年10月，白银公司与案外人交易的两张增值税专用发票显示当期铅精矿的交易价格分别为：11380元/吨、11440元/吨、11380元/吨、11340元/吨，平均价格为11385元/吨。

2006年11月23日至11月30日期间，经调查组核实越界开采主体是须弥山公司徐明山铅锌矿。越界开采地段为Ⅲ2矿体102线至109线（含105线Ⅲ2矿体和109线Ⅲ2矿体两处）和Ⅰ矿体97线一带。

2006年11月7日，甘肃省成县国土资源局发出成国土资字〔2006〕153号《关于再次限期清理疏通柒家沟口采矿坑道的通知》，要求须弥山公司于11月11日前将其采矿坑道全部疏通；2006年11月20日，该局再次发出成国土资字〔2006〕160号《关于加快限期清理疏通柒家沟口采矿坑道的通知》称："我局已于2006年10月31日和11月7日先后两次通知你矿对采矿坑道内全部崩塌封堵段落清理疏通，并将疏通情况书面报告我局，但你矿至今未报清障情况。现再次通知你矿，接此通知后三日内疏通坑道。"

2007年9月13日，陇南市国土资源局作出陇国土资罚〔2007〕2号《矿产资源行政处罚决定书》，以须弥山公司自2006年以来超越批准的矿区范围，进入李家沟矿区范围采矿，违反了相关法规为由，对其作出行政处罚："（1）没收越界开采的矿石量4907吨，折合人民币1048135元；（2）并处以违法所得5%的罚款52407元。"从恒兴公司提交的证据七中显示，该行政处罚认定越界开采矿石量4907吨包括两部分：一是《估算报告》认定的109线Ⅲ2号矿体的矿量2005.36吨，二是对白银公司主张的97线Ⅰ号矿体14508吨矿量乘以20%得出的2901.6吨。

2008年10月27日，因越界开采造成损失，白银公司向法院提起诉讼。

一审诉辩情况

原告诉称：被告之越界开采行为已构成对白银公司依法取得采矿权的严重侵害，故请求人民法院判令4被告共同赔偿白银公司损失5234.85万元并承担本案全部诉讼费。

一审裁判结果

一审法院依照《民法通则》第117条、第130条之规定，判决：茅德贤、须弥山公司、106队于判决生效后10日内连带赔偿白银公司清算组5234.85万元。恒兴公司对于茅德贤承担赔偿部分在其承接的黄渚选矿厂的财产范围内承担补充赔偿责任。案件受理费303543元，由茅德贤负担103543元，须弥山公司负担100000元，恒兴公司负担100000元。

一审裁判理由

一审法院经审理认为：根据当事人的诉辩主张以及庭审质证意见，各方当事人争议的焦点为：（1）白银公司清算组、茅德贤的诉讼主体是否适格；（2）4被告是否侵犯了白银公司清算组的采矿权，是否应当承担民事责任；（3）如何承担民事责任及赔偿数额多少。

1. 关于白银公司清算组和茅德贤的诉讼主体是否适格问题。本案越界开采行为发生在白银公司李家沟铅锌矿，该矿《采矿许可证》载明的采矿权人为白银公司。2007年5月21日，甘肃省白银市中级人民法院以〔2007〕白中民破字第2号民事裁定宣告其破产还债后，依法成立白银公司清算组对破产企业财产行使管理权。在破产程序终结后，该清算组并未撤销，由白银市中级人民法院裁定继续履行职责。故对于越界开采行为，白银公司清算组以其名义向人民法院提起诉讼，符合《民事诉讼法》第108条的规定，其作为原告的诉讼主体适格。就此问题在原审一审中原告方已经举证证明，各被告均表示认可。由于被告106队系发回重审后参加本案诉讼，经该院释明后，被告106队表示没有异议。黄渚选矿厂在其法人营业执照上记载的是联营企业，但是截止到2004年4月底，黄渚铅锌选矿厂其他出资人的出资已全部转让给了茅德贤个人。2006年10月23日本案侵权纠纷发生时，黄渚选矿厂系茅德贤个人所有，该厂被注销后债权债务应由茅德贤个人承担。白银公司清算组向茅德贤主张权利符合法律规定，并无不当。

2. 关于4被告是否侵犯白银公司清算组采矿权、是否应当承担民事责任的问题。法庭审理过程中，4被告对侵权事实的真实存在均不持异议，只是对各自应否承担民事责任提出了意见。须弥山公司和恒兴公司提出，盗采事件已经行政主管部门处罚过，根据一事不二罚的原则，白银公司清算组无权提出民事赔偿诉求。该院认为，一事不二罚是行政处罚法的基本原则，指行政机关不能就同一行政违法事实进行两次处罚。本案白银公司清算组提出的是民事侵权赔偿诉讼，与行政处罚是两个不同的法律关系。陇南市国土资源局根据《中华人民共和国矿产资源法》相关规定对须弥山公司作出了行政处罚，但该行政处罚仅是须弥山公司因违反行政法所承担的责任，并不能代替其应当承担的其他法律责任。同时，根据《中华人民共和国行政处罚法》（以下简称《行政处罚法》）第7条关于"公民、法人或者其他组织因违法受到行政处罚，其违法行为对他人造成损害的，应当依法承担民事责任"之规定，白银公司清算组提出民事侵权赔偿之诉符合法律规定。

关于4被告在本案中如何承担相应的民事责任一节，庭审查明的事实表明：一是黄渚选矿厂、须弥山公司、106队从联合探矿发展到联合采矿，各有分工利益共享；二是在联合体中各自的任务和工作内容不同，黄渚选矿厂负责采矿作业、须弥山公司提供采矿许可证、106队将原用于探矿作业的矿硐作为联合采矿的主运输巷道；三是在侵权行为发生后的行政违法责任的承担上也证明三者在侵犯白银公司清算组采矿权上的共同意思联络和风险共担的合意，被行政处罚的主体是须弥山公司，而罚款是由茅德贤安排代为缴纳的。因而，黄渚选矿厂、须弥山公司、106队系共同侵权；黄渚选矿厂被注销后，其民事责任应当由其业主茅德贤和部分财产的继受者恒兴公司共同承担。

3. 关于赔偿数额的问题。民事赔偿数额的大小取决于侵权损失的大小。侵权损失的确定在本案集中在两个方面：首先是盗采矿量的确认；其次是盗采矿石价格的确认。该院依据查明的事实分述如下：

关于被盗采矿量的问题。首先，白银公司清算组主张的 27288 吨矿石的损失是在联合调查组调查期间其对盗采现场进行实测取得各项数据后，根据 106 队上报国家矿产储量委员会审核过的地质报告中确定的矿石品位及计算公式严格计算出来的，数据的取得和计算方式是客观真实和较为全面的。须弥山公司、恒兴公司认为实测数据不真实的问题，要从以下几个方面去考量：一个是在侵权事件发生后，黄渚选矿厂没有保护现场，而是采取了多次爆破封堵的方式阻挠越界开采矿石的有关调查，致使损失无法准确核实。这些情节已被省、市、县三级政府和矿产资源职能机构的行政文件所确认。此外，在拍摄的盗采现场的数码相片和摄像资料中均有反映和印证。即便是在一勘院的《估算报告》中也明确表示 97 线采场因为封堵根本没有进去，其对 105 线Ⅲ2 采场根本就没有提及。在本次诉讼中，各被告没有针对该问题向法庭举出相反的证据。根据证据优势原则和《民事诉讼法》第 102 条第 1 款第 1 项"伪造、毁灭重要证据妨碍人民法院审理案件"之规定，黄渚选矿厂应当就其爆破封堵毁灭重要证据的行为承担对其不利的法律后果。其次，白银公司清算组在计算矿石量时所采用的铅锌矿的品味和计算公式都是有着充分依据的。其援引的全国矿石储量委员会审核的地质报告具有相当的权威性，加之该报告关于铅锌矿石品位及比重计算公式系专门针对涉案的Ⅰ号和Ⅲ2号矿体，具有很强的针对性；该报告关于 105 线Ⅲ2 矿体和 97 线Ⅰ号矿体产状倾角的描述与专门负责成县李家沟铅锌矿床地质探查工作的 106 队绘制的《李家沟铅锌矿床 97 线储量计算剖面图》、《李家沟铅锌矿床 105 线储量计算剖面图》中产状的倾角完全一致。被告所举一勘院《估算报告》仅系三个盗采采场中其中一个的部分矿量，其本身就不完整，而造成这种残缺的直接原因是黄渚选矿厂的爆破封堵和拒不清理。黄渚选矿厂和茅德贤在越界开采平面图上签字盖章的行为应当是对这一问题最好的诠释。

关于铅精矿和锌精矿的价格问题。被告质疑不应按市场价格赔偿，就此问题在《中华人民共和国侵权责任法》中已有较为明确的规定，即侵犯财产权的以被侵权财产的市场价格进行赔偿。白银公司清算组对于铅精矿、锌精矿的购买价格所做的解释是合理的。白银公司清算组提交的铅精矿和锌精矿发票均是 1996 年 10 月份当期与案外人的市场交易价格，属于侵权行为发生当时的市场价格，其计算方法是分别将铅精矿和锌精矿的 4 个单价分别相加后，再以总价格除以 4 得出的当期市场平均价格，符合侵权责任法关于侵犯财产权损失以被侵犯财产当期市场价格计算的精神。

二审诉辩情况

茅德贤、须弥山公司、106 队及恒兴公司均不服原审法院上述民事判决，提起上诉称：原审判决认定事实不清，适用法律错误，请求：撤销原审法院上述民事判决，并依法改判；判令诉讼费用由白银公司清算组承担。

白银公司就 4 方上诉人的上诉共同答辩称：一审判决认定事实清楚，适用法律正确，证据采纳合法，应予维持。

二审裁判结果

二审法院依照《民事诉讼法》第 153 条第 1 款第 1 项之规定，判决如下：驳回上诉，维持原判。二审案件受理费 303543 元，由茅德贤负担 78543 元，成县茨坝须弥山实业有限公司负担 75000 元，成县恒兴矿业有限公司负担 75000 元，甘肃有色地质勘查局 106 队负担 75000 元。

二审裁判理由

二审法院查明的事实和证据与一审相同。

二审法院经审理认为，根据当事人上诉与答辩意见，本案二审争议焦点为：（1）茅德贤、106 队应否成为本案被告；（2）本案侵权损失数额应如何确定；（3）4 方上诉人应如何承担本案民事责任。

关于茅德贤与 106 队应否成为本案被告问题。黄渚选矿厂系涉案联合探矿协议的签约主体之一，亦为"10·23"越界开采的实际操作主体，该厂作为联营企业至 2004 年 4 月，其全部出资已由茅德贤个人受让；该厂虽已被当地工商部门注销，但该厂未就其债权债务予以清算，故茅德贤应依法对黄渚选矿厂的债权债务承担民事责任。白银公司向茅德贤主张权利，并要求其承担侵权责任，符合我国民事诉讼法及民法通则的规定，原审判决将茅德贤列为本案被告，并无不当，予以维持。本案一、二审查明的事实表明，自 1999 年 10 月至 2003 年 11 月，黄渚选矿厂、106 队与须弥山公司签订数份联合探矿合同与合作勘查合同，合同约定各方联合探矿、探采结合、逐步转入正规开采，直至开采闭坑为止；约定 106 队负责技术及管理工作，提供技术资料；对三方各自所占探矿比例、矿石回收分配比例等均作出了相应约定，且三方认可实际已依约履行。陇南市国土资源局的相关调查报告亦认定三方由联合探矿变为联合采矿，而本次越界开采的主运输巷道系 106 队原探矿巷道。可见，没有 106 队将自己的探矿权合并到须弥山公司名下，并将自己有权使用的原有探矿巷道作为此次非法越界开采的主运输巷道,供须弥山公司与黄渚选矿厂实际使用,没有106队多年的技术支持,就不会有本案非法越界开采后果的发生。因此,原审判决将106队列为本案被告,同样符合我国《民事诉讼法》第108条的规定。茅德贤与106队关于自己不应成为本案被告的上诉请求不能成立,不予支持。

关于本案侵权损失数额的确定问题。从本案查明的事实看,关于涉案"10·23"越界开采事件,陇南市国土资源局与甘肃省国土资源厅已分别组织调查组进行了调查,并分别作出了《陇南市国土资源局关于成县李家沟矿区"10·23"非法越界开采情况的调查报告》与《甘肃省国土资源厅关于白银公司成县李家沟铅锌矿区"10·23"越界开采事件处理意见的请示》,陇南市国土资源局还作出了《矿产资源行政处罚决定书》,就该事件作出了基本结论与处理。当地政府均表态该事件为非法越界开采国有矿藏,事件严重情况与白银公司李家沟铅锌矿反映的情况基本一致;一、二审中,各方当事人对本案侵权事实的存在均予认可。因此,本案作为侵权损害赔偿纠纷,侵权事实客观存在,其与陇南市国土资源局就该事件作出行政处罚,属于民事与行政两个不同性质的法律关系,二者在认定事实、适用法律政策方面的依据均有所不同。《行政处罚法》第7条明确规定"公民、法人或者其他组织因违法受到行政处罚,其违法行为对他人造成损害的,应当依法承担民事责任",4方上诉人要求按照陇南市国土资源局作出的《矿产资源行政处罚决定书》确认本案民事责任,缺乏法律依据,不予支持。关于侵权损失赔偿数额,包括越界采矿数量与矿石损失单价的确认,以及应否剔除越界开采成本问题。一审中,白银公司为支持自己的主张向法庭提供了一系列证据材料,包括参与当地政府调查期间形成的实测资料报告、采场水平平面图、增值税专业发票等,经过一审法庭质证,有关当事人对其真实性或者表示认可,或者虽提出异议,但并未提出相应的反驳证据。本院二审中,原审4被告均提出上诉,认为原审判决在证据的认定与采纳方面不符合我国法律要求,经本院释明后,各方仍均未提出相应有效的合法证据予以反驳。本院根据《若干规定》第2条"当事人对自己提出的诉讼请求所依据的事实或反驳对方诉讼请求所依据的事实有责任提供证据加以证明。没有证据或者证据不足以证明当事人的事实主张的,由负有举证责任的当事人承担不利后果"之规定,4方上诉人应当承担举证不能的法律责任。首先,白银公司主张的27288吨矿石损失数量问题,该数量系地方政府两次组织调查前后,白银公司清算组作为联合调查组成员对越界开采现场实际测量取得数据,再依据国家矿产储量委员会审核通过的106队作出的相关地质报告所确定的矿石品位及计算公式严格计算出来的;且包括该数据在内的有关越界开采的事实情况报告得到了陇南市国土资源局以及甘肃省国土资源厅三级联合调查组的肯定，并成为陇南市国土资源局作出行政处罚的基本依据之一，具有相当的权威性。该数据系理论计算结果，本应通过实地核查予以印证，但由于黄渚选矿厂在越界开采行为被发现后，不但没有停止侵权、保护现场，反而多次实施爆破、封堵等恶意阻挠行为，陇南市国土资源局多次发文责令其停止侵权行为并立即清理，但黄渚选矿厂拒不清理，阻挠有关调查，致使矿产损失至今无法准确核实。该爆破、封堵行为是本案侵权行为的延续和实际损失不能准确核查的主要原因，已被地方与矿产资源管理机构的有效行政文件所确认。在地方政府组织的调查组对该越界开采事件调查处理过程中，茅德贤与黄渚选矿厂在该调查组成员白银公司清算组出具的"越界开采调查平面图"上签字、加盖公章，对自己实施的侵权行为以及该行为实施的范围、位置予以认可。而在本案诉讼中，茅德贤又拒绝承认黄渚选矿厂实施了爆堵行为，否认该厂越界开采行为与损害后果之间的关联性，有违诚实信用原则，据此，不予支持。至于一勘院基于甘肃省国土资源厅三级联合调查组委托就侵权事实所作的《估算报告》亦明确97线采场因为封堵无法进入，但该报告对105线Ⅲ2采场未提及，一些损失计算所必要的数据未提供，原审法院对该《估算报告》未予采纳，符合我国民事诉讼证据规则的规定，并无不妥。二审中，106队向本院提出申请，请求由权威部门就本案侵权产生的矿石损失予以鉴定。对此，本院认为，基于本案业已查明的案件事实，已不可能恢复越界开采当时的历史原貌，本案已不存在进行相关鉴定的条件，故不予准许。原审判决认定本案越界开采矿石数量为27288吨，并以国家矿产储量委员会1988年1月审批的106队呈报的《甘肃省成县李家沟铅锌矿床地质勘探报告》所确定的矿石品位及计算公式计算本案侵权损失数额，符合我国民事诉讼证据规则的基本要求，并无不妥，本院予以维持。其次，4方上诉人在上诉意见中均提出在计算损失具体数额时应当采用原矿价格而非精粉价格。在二审期间依职权走访咨询了国土资源部、陇南市国土资源局与物价局等部门，均无法查询到确切的涉案原矿石的市场价格或者国家指导性价格等直接证据；如前所述，由于上诉人方面的原因，采场已无法恢复原状，本案已不具备法定的鉴定条件，上诉人又未提出有效的合法证据加以反驳，依照证据规则要求，上诉人应当承担举证不能的法律后果。故原审判决实际采纳白银公司2006年（非1996年）10月即越界开采被发现当月购买铅精粉和锌精粉价格发票的平均值，符合本院民事诉讼证据规则的要求，本院予以维持。对于上诉人提出的计算损失具体数额时应剔除开采、选矿成本与损失、支出的管理运输费用、税费等问题。本院认为，本案系侵犯采矿权纠纷，本案中的越界开采行为系非法侵权行为，不同于一般的合法商业交易行为。该非法行为持续多年，使国有矿山资源遭受巨大破坏，造成国有资产的流失,严重损害了国家利益;在该侵权行为被发现、相关国家管理部门三令五申立即停止侵权的情况下,侵权人仍通过爆破、封堵等手段阻挠调查,毁灭证据,已被国家有关部门予以行政处罚,故对这种恶意侵权行为人民法院应当进行制裁。原矿石被开采出来后经过加工、运输等生产程序,转换成精粉等深加工产品,在计算侵权损失时扣除开采、运输、人工工资、税收等必要的成本,得出净利润予以赔偿,是一般正常合同交易损害赔偿纠纷中通常使用的计算方法。本案当事人的侵权行为完全不同于一般矿石开采交易,而是恶意侵犯国有资产,性质严重,造成的国有资产损失难以估量,将如此恶意侵权行为所付出的成本由受害方国有企业承担,既无法律依据,亦不合情理。且上诉人在一审反驳、二审上诉中经法院释明后均拒绝提供自己非法越界开采成本的相关证据,故对此不予支持。因此,上诉人关于重新确认价格和损失的上诉请求缺乏事实和法律依据,不能成立,不予支持。

关于本案侵权损失的民事责任承担问题。从二审查明的事实看,须弥山公司、黄渚选矿厂与106队自1999年10月以来签订数份联合探矿合同,合同内容证明各方合作关系经历了联合探矿、探采结合到正规开采这样一个不断推进"直至开采闭坑为止"的过程。因此,该三方关系并非单纯的联合探矿关系,而是联合探矿发展到联合采矿的长期合作关系。甘肃省地方政府就本次非法越界开采行为的认定与处理表明,该3方当事人多年来实际按照上述合同约定内容履行了合同,各方亦获得了收益;对此,各方当事人在本案一、二审中均予认可。因此,须弥山公司、黄渚选矿厂与106队实际不仅联合探矿,亦实际联合采矿,106队提供自用矿硐、技术力量,获取收益,为本次越界开采提供条件并奠定了基础。该三方当事人就联合探矿与联合采矿存在共同的意思联络与风险共担的合意,在本案中存在共同的侵权行为,该共同侵权行为与白银公司合法采矿权的损失之间存在直接的因果关系,根据《民法通则》第117条关于"侵占国家、集体的财产或者他人财产的,应当返还财产,不能返还财产的,应折价赔偿"和第130条关于"二人以上共同侵权造成他人损害的,应当承担连带责任"之规定,须弥山公司、黄渚选矿厂与106队应对本案侵权造成的损失承担连带赔偿责任。原审判决判令须弥山公司、茅德贤与106队连带赔偿白银公司的损失具有事实依据,符合法律规定,并无不当,予以维持。既然黄渚选矿厂在本案中应承担民事责任,而恒兴公司接收了黄渚选矿厂的采矿许可证等财产,故原审判决判令恒兴公司就茅德贤承担赔偿部分在其承接黄渚选矿厂的财产范围内承担补充赔偿责任,同样具有事实依据,符合法律规定,予以维持。本案4方上诉人有关原审判决认定侵权损害数额错误、证据不足、其不应承担民事责任的上诉请求缺乏事实与法律依据,均不能成立,不予支持。

探矿权采矿权转让管理办法（1998年2月12日国务院令第242号发布）

第一条 为了加强对探矿权、采矿权转让的管理，保护探矿权人、采矿权人的合法权益，促进矿业发展，根据《中华人民共和国矿产资源法》，制定本办法。

第二条 在中华人民共和国领域及管辖的其他海域转让依法取得的探矿权、采矿权的，必须遵守本办法。

第三条 除按照下列规定可以转让外，探矿权、采矿权不得转让：

（一）探矿权人有权在划定的勘查作业区内进行规定的勘查作业，有权优先取得勘查作业区内矿产资源的采矿权。探矿权人在完成规定的最低勘查投入后，经依法批准，可以将探矿权转让他人。

（二）已经取得采矿权的矿山企业，因企业合并、分立，与他人合资、合作经营，或者因企业资产出售以及有其他变更企业资产产权的情形，需要变更采矿权主体的，经依法批准，可以将采矿权转让他人采矿。

第四条 国务院地质矿产主管部门和省、自治区、直辖市人民政府地质矿产主管部门是探矿权、采矿权转让的审批管理机关。

国务院地质矿产主管部门负责由其审批发证的探矿权、采矿权转让的审批。

省、自治区、直辖市人民政府地质矿产主管部门负责本条第二款规定以外的探矿权、采矿权转让的审批。

第五条 转让探矿权，应当具备下列条件：

（一）自颁发勘查许可证之日起满2年，或者在勘查作业区内发现可供进一步勘查或者开采的矿产资源；

（二）完成规定的最低勘查投入；

（三）探矿权属无争议；

（四）按照国家有关规定已经缴纳探矿权使用费、探矿权价款；

（五）国务院地质矿产主管部门规定的其他条件。

第六条 转让采矿权，应当具备下列条件：

（一）矿山企业投入采矿生产满1年；

（二）采矿权属无争议；

（三）按照国家有关规定已经缴纳采矿权使用费、采矿权价款、矿产资源补偿费和资源税；

（四）国务院地质矿产主管部门规定的其他条件。

国有矿山企业在申请转让采矿权前，应当征得矿山企业主管部门的同意。

第七条 探矿权或者采矿权转让的受让人，应当符合《矿产资源勘查区块登记管理办法》或者《矿产资源开采登记管理办法》规定的有关探矿权申请人或者采矿权申请人的条件。

第八条 探矿权人或者采矿权人在申请转让探矿权或者采矿权时，应当向审批管理机关提交下列资料：

（一）转让申请书；
（二）转让人与受让人签订的转让合同；
（三）受让人资质条件的证明文件；
（四）转让人具备本办法第五条或者第六条规定的转让条件的证明；
（五）矿产资源勘查或者开采情况的报告；
（六）审批管理机关要求提交的其他有关资料。

国有矿山企业转让采矿权时，还应当提交有关主管部门同意转让采矿权的批准文件。

第九条 转让国家出资勘查所形成的探矿权、采矿权的，必须进行评估。

探矿权、采矿权转让的评估工作，由国务院地质矿产主管部门会同国务院国有资产管理部门认定的评估机构进行；评估结果由国务院地质矿产主管部门确认。

第十条 申请转让探矿权、采矿权的，审批管理机关应当自收到转让申请之日起40日内，作出准予转让或者不准转让的决定，并通知转让人和受让人。

准予转让的，转让人和受让人应当自收到批准转让通知之日起60日内，到原发证机关办理变更登记手续；受让人按照国家规定缴纳有关费用后，领取勘查许可证或者采矿许可证，成为探矿权人或者采矿权人。

批准转让的，转让合同自批准之日起生效。

不准转让的，审批管理机关应当说明理由。

第十一条 审批管理机关批准转让探矿权、采矿权后，应当及时通知原发证机关。

第十二条 探矿权、采矿权转让后，探矿权人、采矿权人的权利、义务随之转移。

第十三条 探矿权、采矿权转让后，勘查许可证、采矿许可证的有效期限，为原勘查许可证、采矿许可证的有效期减去已经进行勘查、采矿的年限的剩余期限。

第十四条 未经审批管理机关批准，擅自转让探矿权、采矿权的，由登记管理机关责令改正，没收违法所得，处10万元以下的罚款；情节严重的，由原发证机关吊销勘查许可证、采矿许可证。

第十五条 违反本办法第三条第（二）项的规定，以承包等方式擅自将采矿权转给他人进行采矿的，由县级以上人民政府负责地质矿产管理工作的部门按照国务院地质矿产主管部门规定的权限，责令改正，没收违法所得，处10万元以下的罚款；情节严重的，由原发证机关吊销采矿许可证。

第十六条 审批管理机关工作人员徇私舞弊、滥用职权、玩忽职守，构成犯罪的，依法追究刑事责任；尚不构成犯罪的，依法给予行政处分。

第十七条 探矿权转让申请书、采矿权转让申请书的格式，由国务院地质矿产主管部门统一制定。

第十八条 本办法自发布之日起施行。

四、取水权纠纷

52. 取水权取得的方式有哪些？

国家对水资源依法实行取水许可制度和有偿使用制度。但是，农村集体经济组织及其成员使用本集体经济组织的水塘、水库中的水除外。国务院水行政主管部门负责全国取水许可制度和水资源有偿使用制度的组织实施。

典型疑难案件参考

侯彦等诉姜启华等排除妨害、恢复原状、相邻用水纠纷案

基本案情

在原告舒洞连等人的房屋后面，是被告姜启华等人的承包地，承包地中有一条人行道路自原告家至公路。2008年，酉阳县政府扩建改造天馆至黔江区两河口公路，此路经过原、被告两家之间。2009年2月，施工单位在修建公路过程中，将部分土石堆放在公路外边，将原告通往公路上的其中一条路口堵塞，随后，被告将此路的中间路段砌墙堵塞，不许原告疏通此路和通行，给原告方的人畜通行带来不便。施工单位在扩建公路过程中，在被告家不远处的公路里边（涵沟）挖出一股水源，被告对其进行加固和修缮，被告在加固和修缮中，不准原告参与，修好水井后，被告不准原告饮用，为此产生纠纷。

诉辩情况

原告诉称：2009年2月，被告将通行几十年的老路封堵，造成原告人畜通行不便。同时，因改造"两天"路（酉阳县天馆至黔江区两河口镇），在公路里边涵沟处挖出的水，被告不准原告方参与修整和引用。被告的行为严重地侵犯了原告的通行权和取水权，现要求被告停止侵害、恢复道路，同时不能干涉原告饮用水。

被告辩称：原告所诉的被堵之路，是因"两天"路工程施工造成，原告应起诉"两天"路项目部。被告把路堵了，也是为了安全。此路通过被告承包地，也应该封堵，封堵此路，原告还可以走另一条路。关于公路里面的取水问题，原告在自己的房屋边有两个水井可以引用，被告是在自己的自留地里挖出的水源，原告要求饮用，还要用水管导流到其水池中，被告不同意原告的无

理要求。因此，请求法院驳回原告的诉讼请求。

▶ 裁判结果

一审法院依照《物权法》第84条、第86条、第87条，《民法通则》第83条之规定，判决如下：

一、由被告姜启华、董延淑、姜飞、王琼将原告舒洞连、王素珍、舒勇、侯彦、简素仙房屋后面即被告承包地中的道路恢复原状，并拆除其所砌堵的石墙；

二、原、被告两家之间公路里边涵沟处水井的水，原告方有权饮用，被告方不应干涉其正常饮用。

案件受理费80元，适用简易程序减半收取40元，由原告负担，余款40元退付原告。

▶ 裁判理由

一审法院认为，用益物权中的地役权是指地役权人因通行、取水、排水等的需要，利用他人的不动产（供役地）或限制他人不动产的利用，以提高自己不动产（需役地）效益的权利。我国《民法通则》第85条规定，不动产的相邻各方，应当按照有利生产、方便生活、团结互助、公平合理的精神，正确处理通行、取水等方面的相邻关系，给相邻方造成妨碍的，应当停止侵害、排除妨害。本案中，被告将自己承包地内通行了几十年的道路用石头等砌断，妨碍了地役权人原告的通行，被告的行为显然侵害了原告的物权权利，即通行权。因此，原告要求被告停止侵害、恢复被砌断道路原状的请求，予以支持。至于被告辩称其所堵塞路的公路连接处的堵塞问题，原告可以自行排除，也可以与施工方协商解决，是否起诉施工方是原告的权利。关于原告取水的问题，水资源属于国家，任何人都不得独占享有，因此，原告要求在房后公路里边取水饮用的请求，予以支持，但为了照顾相邻的另一方饮用水，原告不宜用水管导流引用。

取水权纠纷办案依据集成

1. 中华人民共和国物权法（2007年3月16日主席令第62号公布）（节录）

第一百二十三条 依法取得的探矿权、采矿权、取水权和使用水域、滩涂从事养殖、捕捞的权利受法律保护。

2. 中华人民共和国水法（2009年8月27日修正）（节录）

第三条 水资源属于国家所有。水资源的所有权由国务院代表国家行使。农村集体经济组织的水塘和由农村集体经济组织修建管理的水库中的水，归各该农村集体经济组织使用。

第七条 国家对水资源依法实行取水许可制度和有偿使用制度。但是，农村集体经济组织及其成员使用本集体经济组织的水塘、水库中的水的除外。国务院水行政主管部门负责全国取水许可制度和水资源有偿使用制度的组织实施。

第二十八条 任何单位和个人引水、截（蓄）水、排水，不得损害公共利益和他人的合法权益。

五、养殖权纠纷

> **53.** 单位或个人使用国家规划确定用于养殖业的全民所有的水域、滩涂，应履行何种程序？
>
> 国家对水域利用进行统一规划，确定可以用于养殖业的水域和滩涂。单位和个人使用国家规划确定用于养殖业的全民所有的水域、滩涂的，使用者应当向县级以上地方人民政府渔业行政主管部门提出申请，由本级人民政府核发养殖证，许可其使用该水域、滩涂从事养殖生产。核发养殖证的具体办法由国务院规定。集体所有的或者全民所有的由农业集体经济组织使用的水域、滩涂，可以由个人或者集体承包，从事养殖生产。

典型疑难案件参考

华容县南山乡水产场村民委员会大湖组与华容县南山乡水产场村民委员会养殖组等养殖权纠纷上诉案

基本案情

水产场村养殖组、水产场村大湖组是水产场村委会下设的二个小组。1997年2月18日，水产场村委会研究后，经群众大会讨论通过，制订了《1997年责任制调整落实方案》，明确了当时大湖组（现养殖组）对中西湖的承包期限为10年，即从1997年农历正月初一起至2006年腊月三十日止。2001年11月22日南山乡政府下发了南政发〔2001〕28号《关于水产场有关问题处理协调会议纪要》，确认《方案》有效。2002年1月，中西湖并入"丰泽特种渔业股份有限公司"，水产场村委会继续参与中西湖的管理经营，但不参与分红，只领取工资。2006年底，水产场村委会按《97方案》调整原养殖组（现大湖组）下湖，原大湖组上岸进行精养池养殖，下湖人员也还是只参与管理领取工资。2008年底，南山乡政府将中西湖的经营管理权收回。2009年1月1日，南山乡政府将中西湖以每年24万元承包给了水产场村委会，期限两年，并签订了承包合同。尔后，水产场村委会经研究决定，并张榜公布下湖人员及养殖人员名单后，将中西湖承包给水产场村大湖组承包经营，并于2009年4月21日补签了一份承包期为8年的合同，水产场村大湖组于2009年1月1日和2010年3月31日按合同约定交纳了承包款48万元，并在2009年12月22日与水产场村养殖组代表签订了一份《2009年水产场渔种收购协议》。2009年底捕鱼时，因水产场村大湖组的投入、管理及市场行情等因素，导致当年收益较好，水产场村养殖组对此认为，双方收入差别太大，便提出人人下湖、人人有池进行承包的方式，并于2009年腊月十八日，组织10余人动用8条棚船下湖守湖，后经南山乡政府和派出所出面制止才上岸。2010年2月13日，水产场村大湖组运肥料下湖时，水产场村养殖组又派人阻止，造成水产场村大湖组无法正常经营。南山乡政府多次调处纠纷未果，于2010年11月18日作出了延长中西湖承包期限共为3年的决定。

一审诉辩情况

原告诉称：请求确认华容县南山乡水产场村民委员会与华容县南山乡水产场村民委员会大湖组于2009年4月21日签订的《中西湖承包协议》有效，华容县南山乡水产场村民委员会养殖组立即停止对华容县南山乡水产场村民委员会大湖组对南山乡中西湖行使养殖权的侵害。

一审裁判结果

一审法院依照《民法通则》第81条第1款、第3款、《合同法》第44条第1款、第51条、《物权法》第37条、第123条之规定，判决如下：

一、确认华容县南山乡水产场村民委员会与华容县南山乡水产场村民委员会大湖组于2009年4月21日签订的《中西湖承包协议》中有关承包期在3年内的部分有效（即华容县南山乡水产场村民委员会大湖组依据承包合同对南山乡中西湖的养殖权行使至2011年12月30日止），超过3年期限的部分无效；

二、华容县南山乡水产场村民委员会养殖组立即停止对华容县南山乡水产场村民委员会大湖组对南山乡中西湖行使养殖权的侵害。

一审裁判理由

一审法院认为，水产场村大湖组与南山乡水产场的承包关系是一种经营承包关系，水产场村大湖组据此取得中西湖的养殖权。双方虽然就承包与发包过程是否召开群众大会的事实有争议，但水产场村委会已张榜公布，2009年度水产场村大湖组从事大湖养殖，水产场村养殖组进行渔池精养已付诸实施，双方相安无事，这说明双方对当时大湖承包经营关系已认可。南山乡政府与水产场村委会签订承包合同期限只有2年，而水产场村委会在未征得南山乡政府同意的情况下与水产场村大湖组签订了8年承包合同。水产场村委会与水产场村大湖组签订承包经营合同超过经营权期限的部分为无效处分行为，但在一审审理期间南山乡政府已明确表示，根据双方现状，考虑其特殊性，其与水产场村委会签订的2年承包合同延长1年，是南山乡政府对水产场村委会无权处分行为的部分追认，故水产场村委会与水产场村委会签订8年承包合同中有关承包期限未被南山乡人民政府追认的部分应无效。所以，水产场村大湖组在3年承包经营期内是合法承包经营，其养殖权应受到法律的保护。水产场村大湖组在2009年底捕鱼时，水产场村养殖组以双方收益不均衡、不公平为由而认为水产场村大湖组的承包关系不合法，派人下湖守湖，阻碍水产场村大湖组运送肥料的行为侵犯了其合法取得的养殖权。因此，水产场村大湖组要求确认其承包关系合法，责令水产场村养殖组立即停止对其经营活动侵害的诉讼请求，予以部分支持。

二审诉辩情况

一审判决后，上诉人水产场村大湖组不服上诉称：中西湖的经营权一直归南山乡水产场村所有。在水产场村养殖组承包经营中西湖5年后，调整为水产场村大湖组承包经营是合理的，大湖组承包经营8年如果说过长，但从对等原则出发，也应承包5年。一审判决只让承包3年有失公正。

被上诉人水产场村养殖组、南山乡政府、水产场村委会均未提出答辩。

二审裁判结果

二审法院依照《民事诉讼法》第153条第1款第1项之规定，判决如下：驳回上诉，维持原判。二审案件受理费5000元，由华容县南山乡水产场村民委员会大湖组承担。

二审裁判理由

二审查明的事实与一审一致。

二审法院认为，中西湖系自然形成的湖泊水体，依法属于国家所有，具体由国务院授权当地人民政府代表行使权利。人民政府是将中西湖发包经营的唯一有权主体。虽然南山乡水产场村有在中西湖从事渔业经营的传统，但这一传统并不是其必然具有的固定权利，在法律上仍必须事先取得有权主体的许可和经营依据，并在许可的范围内从事经营。南山乡政府既已将中西湖发包给水产场村委会承包经营2年（其后追加1年），水产场村委会在本次继续分包时，就无权超越该承包经营期限，只能在此范围内再作具体安排，最长也不得超过3年。故此，水产场村大湖组关于其应当承包5年的上诉请求不能成立，不予支持。原审判决认定事实清楚，适用法律基本正确，处理恰当，应予维持。

养殖权纠纷办案依据集成

1. 中华人民共和国物权法（2007年3月16日主席令第62号公布）（节录）

第一百二十三条 依法取得的探矿权、采矿权、取水权和使用水域、滩涂从事养殖、捕捞的权利受法律保护。

2. 中华人民共和国渔业法（2007年8月27日修正）（节录）

第十条 国家鼓励全民所有制单位、集体所有制单位和个人充分利用适于养殖的水域、滩涂，发展养殖业。

第十一条 国家对水域利用进行统一规划，确定可以用于养殖业的水域和滩涂。单位和个人使用国家规划确定用于养殖业的全民所有的水域、滩涂的，使用者应当向县级以上地方人民政府渔业行政主管部门提出申请，由本级人民政府核发养殖证，许可其使用该水域、滩涂从事养殖生产。核发养殖证的具体办、法由国务院规定。集体所有的或者全民所有由农业集体经济组织使用的水域、滩涂，可以由个人或者集体承包，从事养殖生产。

第十二条 县级以上地方人民政府在核发养殖证时，应当优先安排当地的渔业生产者。

六、捕捞权纠纷

54. 怎样才能享有捕捞权?

国家对捕捞业实行捕捞许可证制度。获得捕捞权必须先向有关国家机关提出申请,由专门机构发给捕捞许可证后方可捕捞。海洋大型拖网、围网作业以及到中华人民共和国与有关国家缔结的协定确定的共同管理的渔区或者公海从事捕捞作业的捕捞许可证,由国务院渔业行政主管部门批准发放。其他作业的捕捞许可证,由县级以上地方人民政府渔业行政主管部门批准发放。但是,批准发放海洋作业的捕捞许可证不得超过国家下达的船网工具控制指标,具体办法由省、自治区、直辖市人民政府规定。捕捞许可证不得买卖、出租和以其他形式转让,不得涂改、伪造、变造。

到他国管辖海域从事捕捞作业的,应当经国务院渔业行政主管部门批准,并遵守中华人民共和国缔结的或者参加的有关条约、协定和有关国家的法律。

55. 捕捞许可证如何才能取得?

具备下列条件的,方可发给捕捞许可证:
(1) 有渔业船舶检验证书;
(2) 有渔业船舶登记证书;
(3) 符合国务院渔业行政主管部门规定的其他条件。县级以上地方人民政府渔业行政主管部门批准发放的捕捞许可证,应当与上级人民政府渔业行政主管部门下达的捕捞限额指标相适应。

典型疑难案件参考

姜明金等与刘连池侵权纠纷再审案

基本案情

原告刘连池1990年开始承包本村栗园水库，2001年2月到期。2001年4月10日，新集乡栗园村委对水库经营权进行拍卖，被告姜明金中标，取得栗园村水库经营权，并约定于2002年3月1日合同生效。原被告于2001年4月10日与水库发包方栗园村委达成以下协议：2001年2月至2002年3月1日前栗园水库由原告管理及捕鱼，但1斤以下的鱼不允许捕捞，捕捞时应通知被告在场，如不在场不允许捕捞。2002年2月原告捕鱼时被告以有捕鱼器为由予以阻止。

一审诉辩情况

原告刘连池以其捕捞权受损为由要求被告姜明金、姜猛赔偿经济损失4.2万元及支付鉴定费1750元的诉讼请求。

一审裁判结果

一审法院判决：驳回原告刘连池要求被告姜明金、姜猛赔偿经济损失4.2万元及支付鉴定费1750元的诉讼请求。案件受理费1760元，其他诉讼费240元，由原告负担。

一审裁判理由

一审法院认为，按照原被告与发包方栗园村委的约定，被告取得承包经营权后，原告仍有1年的捕捞权，在该捕捞时间内，被告对原告的捕捞虽有阻止行为，但原告提供其损失为4.2万元的鉴定系依据原告单方陈述的事实而作出的结论，而原告在此期间内多次进行了捕鱼，水库内亦发生过死鱼现象，且双方约定1斤以下鱼不准捕捞，而1斤以下鱼数量无法确定。综上，原告要求赔偿损失4.2万元的证据不足，不予支持。原告要求支付鉴定费1750元的请求亦无法律依据，亦不予支持。

二审诉辩情况

刘连池不服一审判决，上诉称：上诉人承包到期后，水库中有大量成品鱼未捕出，但该水库新承包人不履行约定，阻止上诉人捕捞，应按照鉴定结论赔偿上诉人的损失。

姜明金、姜猛答辩称：刘连池在未通知新承包户到场的情况下，多次私自捕捞，并且使用鱼鹰及电机捕鱼器等破坏性、掠夺性的捕鱼方式，答辩人予以阻止正当合法，上诉人的上诉理由不能成立，应予以驳回。

二审裁判结果

二审法院判决：

一、撤销桐柏县人民法院〔2002〕桐鸿民初字第201号民事判决；

二、姜明金、姜猛于判决生效后30日内赔偿刘连池经济损失2.1万元；

三、驳回刘连池的其他诉讼请求。如果未按本判决指定的期间履行给付金钱义务，应当依照《民事诉讼法》第229条之规定，加倍支付迟延履行期间的债务利息。一、二审诉讼费2850元，由刘连池负担1425元，姜明金、姜猛负担1425元。

二审裁判理由

二审认为，姜明金、姜猛取得栗园水库经营权后，与原承包人刘连池达成协议，2001年2月至2002年3月1日前栗园水库由刘连池管理及捕鱼，在此期间，因客观原因及双方对捕鱼方式的争执，刘连池捕鱼较少，现刘连池要求姜明金、姜猛赔偿经济损失，应予支持。结合桐柏县人民法院〔2001〕桐法技鉴字第89号司法技术鉴定书认定的4.2万元水库库存鱼价值数额，综合全案实际情况考虑，赔偿数额按2.1万元确定为宜。原判适用法律不当，判决欠妥，应予纠正。刘连池的部分上诉理由成立，予以采纳。

再审诉辩情况

姜明金、姜猛二人不服二审判决，申请再审的理由是：（1）刘连池在捕鱼时使用鱼鹰和带电捕鱼器，此种捕鱼方式会伤及一斤以下的小鱼，我们进行阻挡是为了维护我方正当权益，并不构成侵权，不应承担赔偿责任；（2）即使我方的阻挡行为具有过错，也仅应赔偿刘连池及所请捕鱼人员的误工费，而不应按水库鱼的价值进行赔偿；（3）判令我方赔偿刘连池2.1万元经济损失，证据不足；（4）姜猛不是水库承包人，不应与姜明金共同承担赔偿责任。

刘连池答辩：（1）我承包的水库水面约有200余亩，在此水库捕鱼，使用鱼鹰和带电捕鱼器均是为了赶鱼，是捕鱼的必要辅助措施，且带电捕鱼器，仅是放在船上的一个柴油机，目地是通过发动机的震动来驱赶鱼群，鱼鹰也仅有二只，并且在下水前已被扎着了脖子，使用鱼鹰也仅是为了赶鱼，根本不会伤及一斤以下小鱼，姜明金、姜猛二人在我对水库进行交接前借故阻挡我捕鱼，致使应归我捕捞的鱼均留在库内，而被新承包人占有，他们的行为明显构成侵权,应承担赔偿责任;(2)姜明金、姜猛二人阻挡我捕鱼,不仅给我造成了误工损失,更重要的是造成我方不能收获的重大生产损失,二审判令姜明金、姜猛二人赔偿此损失的证据充分,处理适当;(3)姜猛是共同侵权人,依法应共同承担赔偿责任,二审判令其二人共同承担赔偿责任的处理符合法律规定。

再审裁判结果

再审法院依据《民事诉讼法》第153条第1款第1项、第186条之规定,判决如下:维持〔2008〕南民二终字第53号民事判决。

再审裁判理由

再审查明,桐柏县新集乡栗园水库系山地水库,水面面积约有200余亩,自1990年起,新集栗园村委将该水库交由刘连池承包经营,2001年2月底原承包合同到期,2001年4月10日栗园村委在对水库的经营权进行招标时,与刘连池约定,至2002年2月底之前水库仍由刘连池管理及捕鱼,刘连池在捕捞鱼时应通知新承包人到场,且一斤以下的鱼不允许捕捞。2001年4月10日姜明金通过招标以每年6800元,30年共计204000元的价格取得自2002年3月1日起30年的水库承包经营权,2001年麦收前和2001年12月6日,刘连池曾进行少量捕鱼,2002年2月,刘连池组织捕捞队、捕捞船携带二只鱼鹰及一台柴油发电机准备捕捞生产时,姜明金、姜猛二人以刘连池的捕捞方式具有破坏性,可能伤及一斤以下的小鱼为由予以阻拦,致使刘连池在2002年2月底捕捞期结束前未能捕捞生产。2002年8月,刘连池向桐柏县人民法院起诉,要求姜明金、姜猛二人共同赔偿其经济损失4.2万元。另2001年7月15日为刘连池诉栗园村委承包合同一案,桐柏县人民法院作出〔2001〕桐法技鉴定第89号司法技术鉴定,结论为水库存鱼价值为4.2万元。

再审法院认为,刘连池以承包方式从新集乡栗园村委取得栗园水库的承包经营权,后经与栗园村委商定刘连池享有的捕捞权截止2002年2月底,姜明金从栗园村委取得的承包经营权为自2002年3月1日开始,刘连池与姜明金之间的经营权并无矛盾冲突之处,姜明金与刘连池之间也并不发生直接权利义务关系。关于2002年2月底之前刘连池捕鱼时不允许捕捞一斤以下的鱼的约定系刘连池与栗园村委之间的约定,并非刘连池与姜明金之间的约定,姜明金在自己的承包期未开始之前,在现场观察刘连池捕鱼生产时,如发现刘连池捕捞有一斤以下的鱼的行为时,其应向合同相对人栗园村委反映解决,其个人无权以此为理由对刘连池的捕捞作业予以阻拦。栗园水库系水面面积约有200余亩的山地水库，2002年2月刘连池在实施捕捞作业时使用二只鱼鹰和一台柴油机，是水库捕鱼生产时为了提高赶鱼效率的一种正常生产方式，姜明金、姜猛二人借故对刘连池的捕捞作业进行阻拦，属侵权行为，其二人应承担相应侵权责任。姜明金、姜猛二人申请再审称其阻拦行为不构成侵权的理由，缺乏法律依据，再审不予支持。姜明金、姜猛二人实施的侵权行为不仅造成了刘连池的误工损失，更造成了刘连池在捕捞期结束前不能将库内生产的鱼捕出的直接生产损失，二审判令姜明金、姜猛二人对刘连池的生产损失予以赔偿的处理适当，姜明金、姜猛二人申请再审称仅应赔偿误工损失不应赔偿生产损失的理由缺乏法律依据，再审不予支持。姜明金、姜猛二人系共同侵权人，依法应共同承担侵权责任，姜明金、姜猛二人诉称姜猛不应承担赔偿责任的理由不能成立，再审不予支持。因客观原因，姜明金、姜猛二人给刘连池造成的生产损失的数额难以准确计算，二审依据司法技术鉴定和案件实际情况，酌定由姜明金、姜猛二人赔偿刘连池经济损失21000元的处理适当，姜明金、姜猛二人诉称二审按21000元处理不当的主张，缺乏相应证据，不予支持。综上，二审认定事实清楚，适用法律正确，处理适当。

捕捞权纠纷办案依据集成

1. 中华人民共和国物权法（2007年3月16日主席令第62号公布）（节录）

第一百二十三条 依法取得的探矿权、采矿权、取水权和使用水域、滩涂从事养殖、捕捞的权利受法律保护。

2. 中华人民共和国渔业法（2007年8月27日修正）（节录）

第二十三条 国家对捕捞业实行捕捞许可证制度。海洋大型拖网、围网作业以及到中华人民共和国与有关国家缔结的协定确定的共同管理的渔区或者公海从事捕捞作业的捕捞许可证，由国务院渔业行政主管部门批准发放。其他作业的捕捞许可证，由县级以上地方人民政府渔业行政主管部门批准发放；但是，批准发放海洋作业的捕捞许可证不得超过国家下达的船网工具控制指标，具体办法由省、自治区、直辖市人民政府规定。捕捞许可证不得买卖、出租和以其他形式转让，不得涂改、伪造、变造。

到他国管辖海域从事捕捞作业的，应当经国务院渔业行政主管部门批准，并遵守中华人民共和国缔结的或者参加的有关条约、协定和有关国家的法律。

七、土地承包经营权纠纷

(一) 土地承包经营权确认纠纷

56. 公民因婚姻关系而获得的土地承包经营权,离婚后是否还受法律保护?

土地承包经营权人依法对其承包经营的耕地、林地、草地等享有占有、使用和收益的权利,土地承包经营权受法律保护,承包期内发包人不得收回承包地。妇女离婚或者丧偶,仍在原居住地生活或者不在原居住地生活但在新居住地未取得承包地的,发包方不得收回其原承包地。

57. 土地承包经营的期限为多长,从何时开始?

耕地的承包期为 30 年。草地的承包期为 30 年至 50 年。林地的承包期为 30 年至 70 年;特殊林木的林地承包期,经国务院林业行政主管部门批准可以延长。承包期届满,由土地承包经营权人按照国家有关规定继续承包。土地承包经营权自土地承包经营权合同生效时设立。

县级以上地方人民政府应当向土地承包经营权人发放土地承包经营权证、林权证、草原使用权证,并登记造册,确认土地承包经营权。

典型疑难案件参考

符运金等诉新田县骥村镇李家山村十一组侵犯土地承包经营权案

基本案情

原告符运金于 1990 年与汝城县郊乡的何运伍结婚,1991 年符运金与何运伍离婚。1993 年 11 月,经人介绍,符运金带女儿符敏敏与骥村镇李家山村 11 组村民刘福民结婚。在 1994 年实行土地承包期限延期时,原告符运金、符敏敏和刘福民父子,4 人共承包了李家山村 11 组位于长塘的水面 0.8 亩,同皮洞葡萄园的水田 1.63 亩,以及旱地 0.21 亩。发包方李家山村委会与承包方刘福民户签订了集体土地承包合同，骥村镇人民政府填发了集体土地承包经营证，其经营权受国家保护。1995年2月，原告符运金与刘福民离婚。离婚时双方协议，同皮洞葡萄园的1.63亩水田由符运金母女负责耕种；长塘的水面0.8亩和旱地由刘福民父子负责承包经营。原告符运金因外出做生意，其承包经营的1.63亩水田由其妹夫周英杰代耕。1997年5月8日，被告代表人刘国保，以收回外出人员的田土为由，召集本组人员，将周英杰已插好的1.63亩禾苗用耙耙掉，损毁禾苗致稻谷减产约600公斤，造成损失200余元。

诉辩情况

原告诉称：我于1993年11月带女儿符敏敏与李家山村民刘福民结婚。1994年9月，在延长土地承包期限时，我母女在李家山村分得合法耕地。1995年2月，我与刘福民离婚时，双方协议：位于同皮洞葡萄园的1.63亩土地，作为我母女的责任田，由我负责耕种，负责交纳国家税金。1997年5月8日，被告代表人刘国保召集本组人员，将我耕种的1.63亩责任田的禾苗用耙耙掉，造成可得利益损失计稻谷600公斤。请求依法责令被告赔偿损失，确认我母女对责任田的承包经营权。

被告辩称：原告符运金已与我组村民刘福民离婚，又不在我组居住，离婚时刘福民将我组的田交由符运金耕种，我组坚决不同意，一定要收回。将我们自己田里的禾苗耙掉不能算侵权，要说侵权是符运金侵权，我组不能赔偿损失。

裁判结果

新田县人民法院根据《民法通则》第28条、第80条第2款，《妇女权益保障法》第30条、第50条第1款第5项之规定，判决如下：

一、在原告符运金未再婚前或者1994年9月1日刘福民与骥村镇李家山村委会签订的集体土地承包经营合同未变更的情况下，准许原告符运金、符敏敏继续耕种李家山村11组在同皮洞葡萄园的1.63亩水田；

二、由被告李家山村11组赔偿原告符运金、符敏敏禾苗损失费200元，限判决生效后7日内交本院转付给原告。案件受理费300元，由被告负担，其他诉讼费用200元，由原告负担。

裁判理由

新田县人民法院认为：原告符运金、符敏敏，在1994年9月延长耕地承包期限时，作为李家山村11组的合法居民承包了耕地。后来，按符运金与刘福民离婚时双方的协议，同皮洞葡萄园的1.63亩水田由符运金母女负责耕种。

符运金母女对该地的承包经营权,受法律保护,被告无权收回。被告将原告的1.63亩禾苗毁损,侵犯了原告的承包经营权,依法应承担民事赔偿责任。妇女离婚后,其承包的责任田应受到保障。在1994年9月1日刘福民与李家山村委签订的集体土地承包合同未变更的情况下,应允许符运金母女继续承包她们的一份责任田。

(二) 承包地征收补偿费用分配纠纷

58. 承包期内,承包方全家迁入小城镇落户的,是否丧失对土地的承包经营权?

承包期内,承包方全家迁入小城镇落户的,应当按照承包方的意愿,保留其土地承包经营权或者允许其依法进行土地承包经营权流转。

59. 承包期内,承包地被征收的,承包方可以请求补偿的费用有哪些?

承包地被依法征收,承包方请求发包方给付已经收到的地上附着物和青苗的补偿费的,应予支持。承包地被依法征收,放弃统一安置的家庭承包方,请求发包方给付已经收到的安置补助费的,应予支持。

60. 承包期内,承包方将土地转包、出租,土地又被征收的,地上附着物和青苗的补偿费如何分配?

承包方已将土地承包经营权以转包、出租等方式流转给第三人的,除当事人另有约定外,青苗补偿费归实际投入人所有,地上附着物补偿费归附着物所有人所有。

典型疑难案件参考

陈清棕诉亭洋村一组、亭洋村村委会征地补偿款分配纠纷案

基本案情

1996年1月5日，原告陈清棕代表全家4口人，以被告亭洋村一组村民（户别为农业户口）的身份，与亭洋村一组签订农业承包合同，承包了该组村民所有的旱地1.16亩、水田0.38亩，共计1.54亩。1998年12月31日，厦门市同安区人民政府给陈清棕发放证号为No.066277的《土地承包经营权证》，确认了陈清棕一家与亭洋村一组之间的农业承包合同关系。2002年1月21日，陈清棕一家迁往同安区大同镇碧岳村岳口居住，户别也转为非农业户。陈清棕一家迁出后，亭洋村一组就将陈清棕一家原来承包的土地调整给其他村民。2002年7月23日，如意食品公司与被告亭洋村村委会签订《土地征用协议》，征用了包括陈清棕一家原来承包的1.16亩土地在内的旱地69.8亩，支付了土地补偿款、安置款及青苗补偿款。亭洋村村委会和亭洋村一组按比例将补偿款分发给被征用土地的各户村民，但未分给陈清棕一家，因此引起纠纷。2002年7月24日，陈清棕将全家户口从大同镇碧岳村岳口迁回亭洋村，户口类别仍为非农业户。2003年3月11日，陈清棕提起本案诉讼。

一审诉辩情况

原告诉称：原告一家4口是被告亭洋村一组的村民。1996年1月5日，原告代表全家承包了亭洋村一组的1.54亩土地，该土地承包关系得到厦门市同安区人民政府于1998年12月31日颁发No.066277号《土地承包经营权证》的确认。2002年7月23日，被告亭洋村村委会与厦门如意食品有限公司（以下简称如意食品公司）签订土地征用协议，由如意食品公司在向亭洋村村委会支付土地补偿款、安置款及青苗补偿款后，征用亭洋村的旱地69.8亩，其中包括原告承包的1.16亩土地。亭洋村一组在向承包土地被征用的各户村民发放土地补偿款时，不给原告一家发放。请求判令亭洋村一组和亭洋村村委会给原告支付土地征用补偿款、安置款共计17400元。

被告亭洋村一组辩称：原告一家4口原来虽是本组村民，并在本组承包过土地，但自2002年1月21日，原告一家已将户口迁出本村并转为非农户。其原承包的土地，已由本组按村规民约形成的惯例，重新调整给其他村民承包。本组土地被征用后，土地补偿款、安置款等，均已如数发放给相关农户。由于自2002年1月21日后，原告已不是本集体经济组织的成员，没有承包经营的土地被征用，故无权请求分配征地补偿款。原告即使仍持有前几年发放的

《土地承包经营权证》，也改变不了这一事实，因此其诉讼请求应当驳回。

被告亭洋村村委会辩称：首先，支持亭洋村一组的答辩意见。其次，依照《村民委员会组织法》第5条的规定，本村委会作为村农民集体所有土地的管理者，只是按照亭洋村一组大多数村民的意愿，履行与如意食品公司签订《土地征用协议》的手续而已。土地被征用后获得的土地补偿款，村委会已经全部交给亭洋村一组，由该组村民按照自主决策的方案全部分配。村委会没有截留这笔款项，谈不上与原告发生土地补偿款分配纠纷。原告将本村委会列为被告起诉，是错误的。请依法驳回原告的诉讼请求。

▶ 一审裁判结果

厦门市同安区人民法院于2003年6月25日判决：驳回原告陈清棕的诉讼请求。本案案件受理费706元，由原告陈清棕负担。

▶ 一审裁判理由

一审法院认为，《民法通则》第71条规定："财产所有权是指所有人依法对自己的财产享有占有、使用、收益和处分的权利。"第74条第2款规定："集体所有的土地依照法律属于村农民集体所有，由村农业生产合作社等农业集体经济组织或者村民委员会经营、管理。已经属于乡（镇）农民集体经济组织所有的，可以属于乡（镇）农民集体所有。"原告陈清棕一家原来虽是被告亭洋村一组的村民，但因其一家已于2002年1月21日迁往大同镇居住，户别也转为非农户，故已丧失了作为农业人员承包土地的权利。亭洋村一组依法收回陈清棕一家承包的土地，是合理的。陈清棕一家承包该地享有的权利及应尽的义务随之消灭。此后，该承包土地于2002年7月23日被征用。陈清棕一家虽于2002年7月24日回迁亭洋村，但仍保留非农业户性质。故陈清棕请求亭洋村一组及被告亭洋村村委会给其支付征地补偿安置款，理由不能成立，不予支持。

▶ 二审诉辩情况

一审宣判后，原告陈清棕不服，向福建省厦门市中级人民法院提出上诉。理由是：（1）《土地承包经营权证》是证实农村土地承包合同关系真实有效存在的惟一法律凭证，上诉人在一审中已经举出这个证据和《农业承包合同书》，充分证实上诉人一家对亭洋村一组的1.16亩旱地享有30年的承包经营权。上诉人迁出亭洋村时，将自己的承包地交给他人耕种，不是由被上诉人亭洋村一组调整给他人耕种。亭洋村一组虽然主张其已经收回上诉人的承包地，但却没有举出任何有效证据。在此情况下，一审置真实有效的法律凭证于不顾，完全采信亭洋村一组的说法，认定亭洋村一组已经收回上诉人的承包地，这是认定事实错误。（2）根据《中华人民共和国农村土地承包法》（以下简称《土地承包法》）第26条的规定，只有在承包方全家迁入设区的市并转为非农户的情况下，发包方才能收回承包地；相反，承包人如果仅是迁入城镇或者仅是将户口转为非农户，承包地则不能被收回。上诉人一家虽于2002年初迁往大同镇生活半年，户口也转为非农户，但由于大同镇未曾建立相应的社会保障机制，上诉人与妻子到那里后，没有固定职业，缺乏稳定的收入来源，因此生活无着，不得已才又于当年7月份迁回原址居住，准备继续靠承包地收入维持生活。上诉人一家常年在被上诉人的村民小组劳作生活，与其他村民一样将农业收入作为重要生活来源，理应享有参与分配土地补偿款、安置款的权利。短短半年时间，户籍类别虽然变更为非农户，但上诉人的农民身份却未改变。从今年7月1日起，厦门市的户籍管理开始取消农户与非农户的区别。现在，那些事实上已经取得过土地补偿款、安置款的村民，也和上诉人一样，都是居民户。这说明，尽管户籍管理上曾经存在过类别的区分，但这不能成为取得土地补偿款、安置款的决定因素。被上诉人亭洋村村委会、亭洋村一组负有维护成员合法财产权利及生活保障权利的责任，理应妥善安置上诉人一家，帮助上诉人一家摆脱生活困境。然而亭洋村村委会、亭洋村一组竟以上诉人已不是本村农户为由，不给上诉人以同等的村民待遇，剥夺上诉人一家的生存基本权利，将上诉人一家推向生活困境，这种做法与法律规定明显不符。一审忽视了上诉人的具体情况，违背相关法律规定的基本精神，简单地以上诉人一家已转为非农户为由，认定亭洋村一组收回上诉人的承包地合理，继而依此驳回上诉人的诉讼请求，是适用法律错误。请求二审撤销一审判决，改判支持上诉人在一审提出的诉讼请求。

被上诉人亭洋村一组答辩称：自从实行生产责任制以来，本组村民的承包地，每年都要根据各户人口增减情况调整一次，后来改为每二年变动一次。这种变动方式，已经延续了20年，成为本组村民约定俗成的土地调整分配形式。尽管1998年底实行了土地延包和给各户发放了《土地承包经营权证》，但本组村民还都一直按原来约定俗成的惯例，进行承包土地的调整分配。这种约定俗成的承包土地分配形式，全体村民（包括迁出户口前的上诉人在内）没有异议，已构成一项村规民约。上诉人正是根据本组村民人口构成比例和此项村规民约，才在当时按惯例取得一家4口相应份额的承包土地。2002年1月21日以后，上诉人的户口迁出本村，按照本组的村规民约，其原承包的土地已由全组村民重新调整分配承包。本组所有69.8亩土地的使用权按照每亩1.5万元标准出让给如意食品公司后，获得的104.7万元土地补偿款和168792.40元地上物补偿款已经全部支付给承包土地被征用的农户。由于上诉人不是本组村民，此次也没有承包经营的土地被征用，故无权请求分配征地补偿款。一审判决正确，应当维持。

被上诉人亭洋村村委会支持亭洋村一组的答辩意见。

二审裁判结果

厦门市中级人民法院依照《民事诉讼法》第64条第1款、第153条第1款第3项的规定，于2003年12月11日判决：

一、撤销一审民事判决；

二、被上诉人亭洋村一组、亭洋村村委会应于本判决生效之日起10日内，支付上诉人陈清棕土地补偿款17400元。本案一、二审案件受理费各706元，均由被上诉人亭洋村一组、亭洋村村委会负担。

二审裁判理由

厦门市中级人民法院经审理查明：一审判决事实认定部分关于"陈清棕一家迁出后，亭洋村一组就将陈清棕一家原来承包的土地调整给其他村民"的认定，没有相应的证据证实，应不予确认；关于如意食品公司支付土地补偿款、安置款及青苗补偿款的时间，应当是2002年9月1日。除此以外，确认一审认定的其他事实属实。另查明，在土地被征用前，被上诉人曾以《新乡村征地表决书》一份，逐户征求在征地范围内有承包地的村民对征地的意见，上诉人陈清棕在该表决书上签字同意征地。

厦门市中级人民法院认为：《民法通则》第4条规定："民事活动应当遵循自愿、公平、等价有偿、诚实信用的原则。"《中华人民共和国土地管理法》（以下简称《土地管理法》）第14条第1款规定："农民集体所有的土地由本集体经济组织的成员承包经营，从事种植业、林业、畜牧业、渔业生产。土地承包经营期限为三十年。发包方和承包方应当订立承包合同，约定双方的权利和义务。承包经营土地的农民有保护和按照承包合同约定的用途合理利用土地的义务。农民的土地承包经营权受法律保护。"第2款规定："在土地承包经营期限内，对个别承包经营者之间承包的土地进行适当调整的，必须经村民会议三分之二以上成员或者三分之二以上村民代表的同意，并报乡（镇）人民政府和县级人民政府农业行政主管部门批准。"《土地承包法》第26条第1款规定："承包期内，发包方不得收回承包地。"第2款规定："承包期内，承包方全家迁入小城镇落户的，应当按照承包方的意愿，保留其土地承包经营权或者允许其依法进行土地承包经营权流转。"第3款规定："承包期内，承包方全家迁入设区的市，转为非农业户口的，应当将承包的耕地和草地交回发包方。承包方不交回的，发包方可以收回承包的耕地和草地。"

农民到城市落户，是社会发展趋势，然而适合小城镇特点的社会保障制度，还在积极探索和建立中。目前农民进入小城镇后，无论户口类别是否改变，都还不能确保享受到基本生活保障。土地承包法之所以规定"承包方全家迁入小城镇落户的，应当按照承包方的意愿，保留其土地承包经营权或者允许其依法进行土地承包经营权流转"，主要是考虑土地是农民的基本生活保障，在农民进入小城镇后的基本生活保障尚未落实时，如果收回他们的承包地，可能使他们面临生活困难。

2002年1月21日以前，上诉人陈清棕及其家人居住在亭洋村，是被上诉人亭洋村村委会和亭洋村一组的村民。《土地承包经营权证》证明，陈清棕一家在亭洋村一组承包了土地，承包期至2028年12月31日。陈清棕签字同意的《新乡村征地表决书》，不仅可以证明陈清棕承包的部分土地在此次征地范围内，还可以证明在该土地被征用前，亭洋村村委会和亭洋村一组承认陈清棕对这部分土地享有承包经营权。在承包期内，陈清棕一家的土地承包经营权，依法应当受到保护。2002年1月22日至7月24日期间，陈清棕一家的户口虽然迁离亭洋村并转为非农业户，但其不是迁往设区的市，而是小城镇。在此期间，陈清棕一家在亭洋村承包的土地，应当按照其意愿保留土地承包经营权，或者允许其依法进行土地承包经营权的流转。亭洋村村委会和亭洋村一组没有证据证明陈清棕承包的旱地已经在征用前被调整给其他村民，即使证明此事属实，这种做法也由于不符合《土地管理法》第14条第2款和土地承包法第26条第1款、第2款的规定，不能受到法律保护。因此，陈清棕诉请比照其他村民的标准获得征地补偿款（即每亩1.5万元乘以1.16亩共计17400元），符合法律规定，应当支持。一审判决认定事实不清，适用法律错误，依法应当改判。

（三）土地承包经营权继承纠纷

61. 承包人死亡的，其继承人可否要求在承包期内继续承包？

林地家庭承包中，承包方的继承人请求在承包期内继续承包的，应予支持。其他方式承包中，承包方的继承人或者权利义务承受者请求在承包期内继续承包的，应予支持。

62. 承包人死亡的，承包人应得的承包收益，是否可以依照继承法的规定继承？

承包人应得的承包收益，依照继承法的规定继承。

典型疑难案件参考

杨哈定等诉杨勾山等土地承包纠纷案

基本案情

原告杨哈定1983年11月与被告杨勾山、吴巫山之子杨昌金结婚，1990年杨哈定夫妇与被告分家，杨哈定夫妇分得责任田1.1亩，其中坑呢（土名）一块0.5亩是土改造成的田。1991年5月24日杨哈定生育杨小秋。1994年6月杨昌金病死，杨哈定带儿子杨小秋回娘家居住，继续耕种所分得的责任田。1996年杨哈定与本镇大普村杨昌平再婚。被告以杨昌金的丧葬是他们操办，要求原告杨哈定付出费用的一半后，才能与杨小秋继承承包那块土变田的一半，否则只能由杨勾山、吴巫山、杨小秋三人分三股继承承包。经猴场村调解未果。1996年5月，经旁海镇司法办调解，将坑呢争议田分为两份，原、被告各承包一半，双方签字同意，后原告翻悔，把这块田全部插了秧，被告发现后拔掉一半，自己又插上秧。

一审诉辩情况

原告诉称：我1983年与被告杨勾山、吴巫山之子杨昌金结婚，与三被告共同生活至1991年才分居生活，分家时按全家6口人将全家的责任田土分为6份，以抽签的方式确定两家的责任田土，杨昌金抽得一块土改造的田进行耕种。1994年6月杨昌金病死后，我带着儿子小秋回娘家居住两年，继续耕种我和杨昌金分得的责任田土，1996年我与大普村一组村民杨昌平结婚，被告就提出要与我母子平分这块土改造的田，不让我耕种，请求依法保护我的合法权益。

被告辩称：原告杨哈定嫁到我家后没有分得责任田土，1991年分家时按家庭成员分配责任地，原告与其夫分得的田是全家的自留地开成的。1994年6月原告丈夫杨昌金病故，后事是我们操办的，原告虽可以继承承包这块土变田的一部分，但必须付出其丈夫丧葬所花费用的一半之后，才可与杨小秋继承承包这块土变田的一半，否则，只能由杨勾山、吴巫山、杨小秋三人分三股继承承包。

一审裁判结果

贵州省凯里市人民法院根据《民法通则》第 27 条、第 28 条、第 55 条、第 59 条第 2 款之规定，作出如下判决：坑呢（地名）这块土变田划为二份，由原告承包上游，被告承包下游，现栽的秧秋收时按划分收割。案件受理费 50 元，原告负担 30 元，被告负担 20 元。

一审裁判理由

凯里市人民法院认为：原、被告 1991 年分家时，对耕种的责任田土进行划分，原告夫妇除耕种杨昌金的 0.6 亩田和 0.13 亩土，还耕种坑呢（地名）土改造的 0.5 亩田，不违反法律和有关农业承包责任制管理的规定。现在杨昌金已死，仍由原告耕种，有失公平，应将田划分承包耕种。被告提出要原告偿付杨昌金丧葬所花费用的一半，是另一法律关系，可另行起诉。

二审诉辩情况

上诉人（原审被告）诉称：原判认定事实不清，判决结果不当。

被上诉人（原审原告）辩称：一审判决不合理，争执的田应全部归我和杨小秋继承承包。

二审裁判结果

黔东南苗族侗族自治州中级人民法院根据《民法通则》第 80 条第 2 款、《妇女权益保障法》第 30 条、《中华人民共和国农业法》第 13 条第 4 款和《民事诉讼法》第 153 条第 1 款第 2 项、第 3 项之规定，判决如下：

一、撤销凯里市人民法院〔1996〕凯民初字第 157 号民事判决；

二、坑呢（地名）土变田责任田 0.5 亩继续由杨哈定、杨小秋承包耕种。

一、二审案件受理费 100 元，由杨勾山、吴巫山、杨龙山负担。

二审裁判理由

黔东南苗族侗族自治州中级人民法院经审理查明：上诉人全家 1980 年承包责任地时有 7 口人（杨勾山、吴巫山、杨昌金、杨龙山、杨昌义、杨昌贵、杨昌辉），人均承包责任田 0.6 亩、土 0.13 亩。1983 年 11 月被上诉人杨哈定与杨勾山、吴巫山之子杨昌金结婚。1990 年杨哈定夫妇与上诉人分家，分得原承包的责任田 1.1 亩（坑呢一块开荒田 0.5 亩、干南欧一块 0.2 亩、你鸡一块 0.4 亩），土 0.13 亩。杨哈定于 1991 年 5 月 24 日生育杨小秋。1994 年 6 月杨昌金病死后，杨哈定带杨小秋回娘家居住，继续耕种分包的责任田土，1996年杨哈定与本镇大普村杨昌平再婚后，上诉人以杨昌金病死的后事是其操办为由，不允许杨哈定继续耕种坑呢0.5亩的那块田，要杨哈定付出其夫丧葬费用一半后，才可与杨小秋耕种这块田的一半。被上诉人杨哈定向法院起诉，要求保护其合法权益。

二审法院认为，上诉人与被上诉人双方所争执的坑呢（地名）土变田一块0.5亩，在被上诉人前夫杨昌金去世前，已明确给被上诉人与其夫管理耕种，杨昌金死后，被上诉人继续耕种是符合法律规定的。被上诉人再婚后，上诉人即以其一手操办杨昌金丧葬一事为由，不允许被上诉人继续耕种，是侵犯被上诉人承包经营权的行为。原判认定杨昌金病故后原告继续耕种坑呢0.5亩田是显失公平，认定有误，判决结果不当，应予改判。

土地承包经营权纠纷办案依据集成

1. 中华人民共和国物权法（2007年3月16日主席令第62号公布）（节录）

第四十二条 为了公共利益的需要，依照法律规定的权限和程序可以征收集体所有的土地和单位、个人的房屋及其他不动产。

征收集体所有的土地，应当依法足额支付土地补偿费、安置补助费、地上附着物和青苗的补偿费等费用，安排被征地农民的社会保障费用，保障被征地农民的生活，维护被征地农民的合法权益。

征收单位、个人的房屋及其他不动产，应当依法给予拆迁补偿，维护被征收人的合法权益；征收个人住宅的，还应当保障被征收人的居住条件。

任何单位和个人不得贪污、挪用、私分、截留、拖欠征收补偿费等费用。

第四十三条 国家对耕地实行特殊保护，严格限制农用地转为建设用地，控制建设用地总量。不得违反法律规定的权限和程序征收集体所有的土地。

第一百二十五条 土地承包经营权人依法对其承包经营的耕地、林地、草地等享有占有、使用和收益的权利，有权从事种植业、林业、畜牧业等农业生产。

第一百二十六条 耕地的承包期为三十年。草地的承包期为三十年至五十年。林地的承包期为三十年至七十年；特殊林木的林地承包期，经国务院林业行政主管部门批准可以延长。

前款规定的承包期届满，由土地承包经营权人按照国家有关规定继续承包。

第一百二十七条 土地承包经营权自土地承包经营合同生效时设立。

县级以上地方人民政府应当向土地承包经营权人发放土地承包经营权证、林权证、草原使用权证，并登记造册，确认土地承包经营权。

第一百二十八条 土地承包经营权人依照农村土地承包法的规定，有权将土地承包经营权采取转包、互换、转让等方式流转。流转的期限不得超过承包期的剩余期限。未经依法批准，不得将承包地用于非农建设。

第一百二十九条 土地承包经营权人将土地承包经营权互换、转让，当事人要求登记的，应当向县级以上地方人民政府申请土地承包经营权变更登记；未经登记，不得对抗善意第三人。

第一百三十条 承包期内发包人不得调整承包地。

因自然灾害严重毁损承包地等特殊情形，需要适当调整承包的耕地和草地的，应当依照农村土地承包法等法律规定办理。

第一百三十一条 承包期内发包人不得收回承包地。农村土地承包法等法律另有规定的，依照其规定。

第一百三十二条 承包地被征收的，土地承包经营权人有权依照本法第四十二条第二款的规定获得相应补偿。

第一百三十三条 通过招标、拍卖、公开协商等方式承包荒地等农村土地，依照农村土地承包法等法律和国务院的有关规定，其土地承包经营权可以转让、入股、抵押或者以其他方式流转。

第一百三十四条 国家所有的农用地实行承包经营的，参照本法的有关规定。

2. 中华人民共和国农村土地承包法（2009年8月27日修正）

第一章 总 则

第一条 为稳定和完善以家庭承包经营为基础、统分结合的双层经营体制，赋予农民长期而有保障的土地使用权，维护农村土地承包当事人的合法权益，促进农业、农村经济发展和农村社会稳定，根据宪法，制定本法。

第二条 本法所称农村土地，是指农民集体所有和国家所有依法由农民集体使用的耕地、林地、草地，以及其他依法用于农业的土地。

第三条 国家实行农村土地承包经营制度。

农村土地承包采取农村集体经济组织内部的家庭承包方式，不宜采取家庭承包方式的荒山、荒沟、荒丘、荒滩等农村土地，可以采取招标、拍卖、公开协商等方式承包。

第四条 国家依法保护农村土地承包关系的长期稳定。

农村土地承包后，土地的所有权性质不变。承包地不得买卖。

第五条 农村集体经济组织成员有权依法承包由本集体经济组织发包的农村土地。

任何组织和个人不得剥夺和非法限制农村集体经济组织成员承包土地的权利。

第六条 农村土地承包，妇女与男子享有平等的权利。承包中应当保护妇女的合法权益，任何组织和个人不得剥夺、侵害妇女应当享有的土地承包经营权。

第七条 农村土地承包应当坚持公开、公平、公正的原则，正确处理国家、集体、个人三者的利益关系。

第八条 农村土地承包应当遵守法律、法规，保护土地资源的合理开发和可持续利用。未经依法批准不得将承包地用于非农建设。

国家鼓励农民和农村集体经济组织增加对土地的投入，培肥地力，提高农业生产能力。

第九条 国家保护集体土地所有者的合法权益，保护承包方的土地承包经营权，任何组织和个人不得侵犯。

第十条 国家保护承包方依法、自愿、有偿地进行土地承包经营权流转。

第十一条 国务院农业、林业行政主管部门分别依照国务院规定的职责负责全国农村土地承包及承包合同管理的指导。县级以上地方人民政府农业、林业等行政主管部门分别依照各自职责，负责本行政区域内农村土地承包及承包合同管理。乡（镇）人民政府负责本行政区域内农村土地承包及承包合同管理。

第二章 家庭承包

第一节 发包方和承包方的权利和义务

第十二条 农民集体所有的土地依法属于村农民集体所有的，由村集体经济组织或者村民委员会发包；已经分别属于村内两个以上农村集体经济组织的农民集体所有的，由村内各该农村集体经济组织或者村民小组发包。村集体经济组织或者村民委员会发包的，不得改变村内各集体经济组织农民集体所有的土地的所有权。

国家所有依法由农民集体使用的农村土地，由使用该土地的农村集体经济组织、村民委员会或者村民小组发包。

第十三条 发包方享有下列权利：

（一）发包本集体所有的或者国家所有依法由本集体使用的农村土地；

（二）监督承包方依照承包合同约定的用途合理利用和保护土地；

（三）制止承包方损害承包地和农业资源的行为；

（四）法律、行政法规规定的其他权利。

第十四条 发包方承担下列义务：

（一）维护承包方的土地承包经营权，不得非法变更、解除承包合同；

（二）尊重承包方的生产经营自主权，不得干涉承包方依法进行正常的生产经营活动；

（三）依照承包合同约定为承包方提供生产、技术、信息等服务；

（四）执行县、乡（镇）土地利用总体规划，组织本集体经济组织内的农业基础设施建设；

（五）法律、行政法规规定的其他义务。

第十五条 家庭承包的承包方是本集体经济组织的农户。

第十六条 承包方享有下列权利：

（一）依法享有承包地使用、收益和土地承包经营权流转的权利，有权自主组织生产经营和处置产品；

（二）承包地被依法征用、占用的，有权依法获得相应的补偿；

（三）法律、行政法规规定的其他权利。

第十七条 承包方承担下列义务：

（一）维持土地的农业用途，不得用于非农建设；

（二）依法保护和合理利用土地，不得给土地造成永久性损害；

（三）法律、行政法规规定的其他义务。

第二节 承包的原则和程序

第十八条 土地承包应当遵循以下原则：

（一）按照规定统一组织承包时，本集体经济组织成员依法平等地行使承包土地的权利，也可以自愿放弃承包土地的权利；

（二）民主协商，公平合理；

（三）承包方案应当按照本法第十二条的规定，依法经本集体经济组织成员的村民会议三分之二以上成员或者三分之二以上村民代表的同意；

（四）承包程序合法。

第十九条 土地承包应当按照以下程序进行：

（一）本集体经济组织成员的村民会议选举产生承包工作小组；

（二）承包工作小组依照法律、法规的规定拟订并公布承包方案；

（三）依法召开本集体经济组织成员的村民会议，讨论通过承包方案；

（四）公开组织实施承包方案；

（五）签订承包合同。

第三节 承包期限和承包合同

第二十条 耕地的承包期为三十年。草地的承包期为三十年至五十年。林地的承包期为三十年至七十年；特殊林木的林地承包期，经国务院林业行政主管部门批准可以延长。

第二十一条 发包方应当与承包方签订书面承包合同。

承包合同一般包括以下条款：

（一）发包方、承包方的名称，发包方负责人和承包方代表的姓名、住所；

（二）承包土地的名称、坐落、面积、质量等级；

（三）承包期限和起止日期；

（四）承包土地的用途；

（五）发包方和承包方的权利和义务；

（六）违约责任。

第二十二条 承包合同自成立之日起生效。承包方自承包合同生效时取得土地承包经营权。

第二十三条 县级以上地方人民政府应当向承包方颁发土地承包经营权证或者林权证等证书，并登记造册，确认土地承包经营权。

颁发土地承包经营权证或者林权证等证书，除按规定收取证书工本费外，不得收取其他费用。

第二十四条 承包合同生效后，发包方不得因承办人或者负责人的变动而变更或者解除，也不得因集体经济组织的分立或者合并而变更或者解除。

第二十五条 国家机关及其工作人员不得利用职权干涉农村土地承包或者变更、解除承包合同。

第四节 土地承包经营权的保护

第二十六条 承包期内，发包方不得收回承包地。

承包期内，承包方全家迁入小城镇落户的，应当按照承包方的意愿，保留其土地承包经营权或者允许其依法进行土地承包经营权流转。

承包期内，承包方全家迁入设区的市，转为非农业户口的，应当将承包的耕地和草地交回发包方。承包方不交回的，发包方可以收回承包的耕地和草地。

承包期内，承包方交回承包地或者发包方依法收回承包地时，承包方对其在承包地上投入而提高土地生产能力的，有权获得相应的补偿。

第二十七条 承包期内，发包方不得调整承包地。

承包期内，因自然灾害严重毁损承包地等特殊情形对个别农户之间承包的耕地和草地需要适当调整的，必须经本集体经济组织成员的村民会议三分之二以上成员或者三分之二以上村民代表的同意，并报乡（镇）人民政府和县级人民政府农业等行政主管部门批准。承包合同中约定不得调整的，按照其约定。

第二十八条 下列土地应当用于调整承包土地或者承包给新增人口：

（一）集体经济组织依法预留的机动地；

（二）通过依法开垦等方式增加的；

（三）承包方依法、自愿交回的。

第二十九条 承包期内，承包方可以自愿将承包地交回发包方。承包方自愿交回承包地的，应当提前半年以书面形式通知发包方。承包方在承包期内交回承包地的，在承包期内不得再要求承包土地。

第三十条 承包期内，妇女结婚，在新居住地未取得承包地的，发包方不得收回其原承包地；妇女离婚或者丧偶，仍在原居住地生活或者不在原居住地生活但在新居住地未取得承包地的，发包方不得收回其原承包地。

第三十一条 承包人应得的承包收益，依照继承法的规定继承。

林地承包的承包人死亡，其继承人可以在承包期内继续承包。

第五节　土地承包经营权的流转

第三十二条 通过家庭承包取得的土地承包经营权可以依法采取转包、出租、互换、转让或者其他方式流转。

第三十三条 土地承包经营权流转应当遵循以下原则：

（一）平等协商、自愿、有偿，任何组织和个人不得强迫或者阻碍承包方进行土地承包经营权流转；

（二）不得改变土地所有权的性质和土地的农业用途；

（三）流转的期限不得超过承包期的剩余期限；

（四）受让方须有农业经营能力；

（五）在同等条件下，本集体经济组织成员享有优先权。

第三十四条 土地承包经营权流转的主体是承包方。承包方有权依法自主决定土地承包经营权是否流转和流转的方式。

第三十五条 承包期内，发包方不得单方面解除承包合同，不得假借少数服从多数强迫承包方放弃或者变更土地承包经营权，不得以划分"口粮田"和"责任田"等为由收回承包地搞招标承包，不得将承包地收回抵顶欠款。

第三十六条 土地承包经营权流转的转包费、租金、转让费等，应当由当事人双方协商确定。流转的收益归承包方所有，任何组织和个人不得擅自截留、扣缴。

第三十七条 土地承包经营权采取转包、出租、互换、转让或者其他方式流转，当事人双方应当签订书面合同。采取转让方式流转的，应当经发包方同意；采取转包、出租、互换或者其他方式流转的，应当报发包方备案。

土地承包经营权流转合同一般包括以下条款：

（一）双方当事人的姓名、住所；

（二）流转土地的名称、坐落、面积、质量等级；

（三）流转的期限及起止日期；

（四）流转土地的用途；

（五）双方当事人的权利和义务；

（六）流转价款及支付方式；

（七）违约责任。

第三十八条　土地承包经营权采取互换、转让方式流转，当事人要求登记的，应当向县级以上地方人民政府申请登记。未经登记，不得对抗善意第三人。

第三十九条　承包方可以在一定期限内将部分或者全部土地承包经营权转包或者出租给第三方，承包方与发包方的承包关系不变。

承包方将土地交由他人代耕不超过一年的，可以不签订书面合同。

第四十条　承包方之间为方便耕种或者各自需要，可以对属于同一集体经济组织的土地的土地承包经营权进行互换。

第四十一条　承包方有稳定的非农职业或者有稳定的收入来源的，经发包方同意，可以将全部或者部分土地承包经营权转让给其他从事农业生产经营的农户，由该农户同发包方确立新的承包关系，原承包方与发包方在该土地上的承包关系即行终止。

第四十二条　承包方之间为发展农业经济，可以自愿联合将土地承包经营权入股，从事农业合作生产。

第四十三条　承包方对其在承包地上投入而提高土地生产能力的，土地承包经营权依法流转时有权获得相应的补偿。

第三章　其他方式的承包

第四十四条　不宜采取家庭承包方式的荒山、荒沟、荒丘、荒滩等农村土地，通过招标、拍卖、公开协商等方式承包的，适用本章规定。

第四十五条　以其他方式承包农村土地的，应当签订承包合同。当事人的权利和义务、承包期限等，由双方协商确定。以招标、拍卖方式承包的，承包费通过公开竞标、竞价确定；以公开协商等方式承包的，承包费由双方议定。

第四十六条　荒山、荒沟、荒丘、荒滩等可以直接通过招标、拍卖、公开协商等方式实行承包经营，也可以将土地承包经营权折股分给本集体经济组织成员后，再实行承包经营或者股份合作经营。

承包荒山、荒沟、荒丘、荒滩的，应当遵守有关法律、行政法规的规定，防止水土流失，保护生态环境。

第四十七条　以其他方式承包农村土地，在同等条件下，本集体经济组织成员享有优先承包权。

第四十八条　发包方将农村土地发包给本集体经济组织以外的单位或者个人承包，应当事先经本集体经济组织成员的村民会议三分之二以上成员或者三分之二以上村民代表的同意，并报乡（镇）人民政府批准。

由本集体经济组织以外的单位或者个人承包的，应当对承包方的资信情况和经营能力进行审查后，再签订承包合同。

第四十九条　通过招标、拍卖、公开协商等方式承包农村土地，经依法登记取得土地承包经营权证或者林权证等证书的，其土地承包经营权可以依法采取转让、出租、入股、抵押或者其他方式流转。

第五十条　土地承包经营权通过招标、拍卖、公开协商等方式取得的，该承包人死亡，其应得的承包收益,依照继承法的规定继承;在承包期内,其继承人可以继续承包。

第四章 争议的解决和法律责任

第五十一条 因土地承包经营发生纠纷的,双方当事人可以通过协商解决,也可以请求村民委员会、乡(镇)人民政府等调解解决。

当事人不愿协商、调解或者协商、调解不成的,可以向农村土地承包仲裁机构申请仲裁,也可以直接向人民法院起诉。

第五十二条 当事人对农村土地承包仲裁机构的仲裁裁决不服的,可以在收到裁决书之日起三十日内向人民法院起诉。逾期不起诉的,裁决书即发生法律效力。

第五十三条 任何组织和个人侵害承包方的土地承包经营权的,应当承担民事责任。

第五十四条 发包方有下列行为之一的,应当承担停止侵害、返还原物、恢复原状、排除妨害、消除危险、赔偿损失等民事责任:

(一)干涉承包方依法享有的生产经营自主权;

(二)违反本法规定收回、调整承包地;

(三)强迫或者阻碍承包方进行土地承包经营权流转;

(四)假借少数服从多数强迫承包方放弃或者变更土地承包经营权而进行土地承包经营权流转;

(五)以划分"口粮田"和"责任田"等为由收回承包地搞招标承包;

(六)将承包地收回抵顶欠款;

(七)剥夺、侵害妇女依法享有的土地承包经营权;

(八)其他侵害土地承包经营权的行为。

第五十五条 承包合同中违背承包方意愿或者违反法律、行政法规有关不得收回、调整承包地等强制性规定的约定无效。

第五十六条 当事人一方不履行合同义务或者履行义务不符合约定的,应当依照《中华人民共和国合同法》的规定承担违约责任。

第五十七条 任何组织和个人强迫承包方进行土地承包经营权流转的,该流转无效。

第五十八条 任何组织和个人擅自截留、扣缴土地承包经营权流转收益的,应当退还。

第五十九条 违反土地管理法规,非法征用、占用土地或者贪污、挪用土地征用补偿费用,构成犯罪的,依法追究刑事责任;造成他人损害的,应当承担损害赔偿等责任。

第六十条 承包方违法将承包地用于非农建设的,由县级以上地方人民政府有关行政主管部门依法予以处罚。

承包方给承包地造成永久性损害的,发包方有权制止,并有权要求承包方赔偿由此造成的损失。

第六十一条 国家机关及其工作人员有利用职权干涉农村土地承包,变更、解除承包合同,干涉承包方依法享有的生产经营自主权,或者强迫、阻碍承包方进行土地承包经营权流转等侵害土地承包经营权的行为,给承包方造成损失的,应当承担损害赔偿等责任;情节严重的,由上级机关或者所在单位给予直接责任人员行政处分;构成犯罪的,依法追究刑事责任。

第五章 附　　则

第六十二条　本法实施前已经按照国家有关农村土地承包的规定承包，包括承包期限长于本法规定的，本法实施后继续有效，不得重新承包土地。未向承包方颁发土地承包经营权证或者林权证等证书的，应当补发证书。

第六十三条　本法实施前已经预留机动地的，机动地面积不得超过本集体经济组织耕地总面积的百分之五。不足百分之五的，不得再增加机动地。

本法实施前未留机动地的，本法实施后不得再留机动地。

第六十四条　各省、自治区、直辖市人民代表大会常务委员会可以根据本法，结合本行政区域的实际情况，制定实施办法。

第六十五条　本法自 2003 年 3 月 1 日起施行。

3. 中华人民共和国草原法（2009 年 8 月 27 日修正）（节录）

第十三条　集体所有的草原或者依法确定给集体经济组织使用的国家所有的草原，可以由本集体经济组织内的家庭或者联户承包经营。

在草原承包经营期内，不得对承包经营者使用的草原进行调整；个别确需适当调整的，必须经本集体经济组织成员的村（牧）民会议三分之二以上成员或者三分之二以上村（牧）民代表的同意，并报乡（镇）人民政府和县级人民政府草原行政主管部门批准。

集体所有的草原或者依法确定给集体经济组织使用的国家所有的草原由本集体经济组织以外的单位或者个人承包经营的，必须经本集体经济组织成员的村（牧）民会议三分之二以上成员或者三分之二以上村（牧）民代表的同意，并报乡（镇）人民政府批准。

第十四条　承包经营草原，发包方和承包方应当签订书面合同。草原承包合同的内容应当包括双方的权利和义务、承包草原四至界限、面积和等级、承包期和起止日期、承包草原用途和违约责任等。承包期届满，原承包经营者在同等条件下享有优先承包权。

承包经营草原的单位和个人，应当履行保护、建设和按照承包合同约定的用途合理利用草原的义务。

第十五条　草原承包经营权受法律保护，可以按照自愿、有偿的原则依法转让。

草原承包经营权转让的受让方必须具有从事畜牧业生产的能力，并应当履行保护、建设和按照承包合同约定的用途合理利用草原的义务。

草原承包经营权转让应当经发包方同意。承包方与受让方在转让合同中约定的转让期限，不得超过原承包合同剩余的期限。

4. 最高人民法院关于审理涉及农村土地承包纠纷案件适用法律问题的解释（2005 年 7 月 29 日　法释〔2005〕6 号）

根据《中华人民共和国民法通则》、《中华人民共和国合同法》、《中华人民共和国民事诉讼法》、《中华人民共和国农村土地承包法》、《中华人民共和国土地管理法》等法律的规定，结合民事审判实践，对审理涉及农村土地承包纠纷案件适用法律的若干问题解释如下：

一、受理与诉讼主体

第一条 下列涉及农村土地承包民事纠纷，人民法院应当依法受理：

（一）承包合同纠纷；

（二）承包经营权侵权纠纷；

（三）承包经营权流转纠纷；

（四）承包地征收补偿费用分配纠纷；

（五）承包经营权继承纠纷。

集体经济组织成员因未实际取得土地承包经营权提起民事诉讼的，人民法院应当告知其向有关行政主管部门申请解决。

集体经济组织成员就用于分配的土地补偿费数额提起民事诉讼的，人民法院不予受理。

第二条 当事人自愿达成书面仲裁协议的，受诉人民法院应当参照最高人民法院《关于适用〈中华人民共和国民事诉讼法〉若干问题的意见》第145条至第148条的规定处理。

当事人未达成书面仲裁协议，一方当事人向农村土地承包仲裁机构申请仲裁，另一方当事人提起诉讼的，人民法院应予受理，并书面通知仲裁机构。但另一方当事人接受仲裁管辖后又起诉的，人民法院不予受理。

当事人对仲裁裁决不服并在收到裁决书之日起三十日内提起诉讼的，人民法院应予受理。

第三条 承包合同纠纷，以发包方和承包方为当事人。

前款所称承包方是指以家庭承包方式承包本集体经济组织农村土地的农户，以及以其他方式承包农村土地的单位或者个人。

第四条 农户成员为多人的，由其代表人进行诉讼。

农户代表人按照下列情形确定：

（一）土地承包经营权证等证书上记载的人；

（二）未依法登记取得土地承包经营权证等证书的，为在承包合同上签字的人；

（三）前两项规定的人死亡、丧失民事行为能力或者因其他原因无法进行诉讼的，为农户成员推选的人。

二、家庭承包纠纷案件的处理

第五条 承包合同中有关收回、调整承包地的约定违反农村土地承包法第二十六条、第二十七条、第三十条、第三十五条规定的，应当认定该约定无效。

第六条 因发包方违法收回、调整承包地，或者因发包方收回承包方弃耕、撂荒的承包地产生的纠纷，按照下列情形，分别处理：

（一）发包方未将承包地另行发包，承包方请求返还承包地的，应予支持；

（二）发包方已将承包地另行发包给第三人，承包方以发包方和第三人为共同被告，请求确认其所签订的承包合同无效、返还承包地并赔偿损失的，应予支持。但属于承包方弃耕、撂荒情形的，对其赔偿损失的诉讼请求，不予支持。

前款第（二）项所称的第三人，请求受益方补偿其在承包地上的合理投入的，应予支持。

第七条 承包合同约定或者土地承包经营权证等证书记载的承包期限短于农村土地承包法规定的期限，承包方请求延长的，应予支持。

第八条 承包方违反农村土地承包法第十七条规定，将承包地用于非农建设或者对承包地造成永久性损害，发包方请求承包方停止侵害、恢复原状或者赔偿损失的，应予支持。

第九条 发包方根据农村土地承包法第二十六条规定收回承包地前，承包方已经以转包、出租等形式将其土地承包经营权流转给第三人，且流转期限尚未届满，因流转价款收取产生的纠纷，按照下列情形，分别处理：

（一）承包方已经一次性收取了流转价款，发包方请求承包方返还剩余流转期限的流转价款的，应予支持；

（二）流转价款为分期支付，发包方请求第三人按照流转合同的约定支付流转价款的，应予支持。

第十条 承包方交回承包地不符合农村土地承包法第二十九条规定程序的，不得认定其为自愿交回。

第十一条 土地承包经营权流转中，本集体经济组织成员在流转价款、流转期限等主要内容相同的条件下主张优先权的，应予支持。但下列情形除外：

（一）在书面公示的合理期限内未提出优先权主张的；

（二）未经书面公示，在本集体经济组织以外的人开始使用承包地两个月内未提出优先权主张的。

第十二条 发包方强迫承包方将土地承包经营权流转给第三人，承包方请求确认其与第三人签订的流转合同无效的，应予支持。

发包方阻碍承包方依法流转土地承包经营权，承包方请求排除妨碍、赔偿损失的，应予支持。

第十三条 承包方未经发包方同意，采取转让方式流转其土地承包经营权的，转让合同无效。但发包方无法定理由不同意或者拖延表态的除外。

第十四条 承包方依法采取转包、出租、互换或者其他方式流转土地承包经营权，发包方仅以该土地承包经营权流转合同未报其备案为由，请求确认合同无效的，不予支持。

第十五条 承包方以其土地承包经营权进行抵押或者抵偿债务的，应当认定无效。对因此造成的损失，当事人有过错的，应当承担相应的民事责任。

第十六条 因承包方不收取流转价款或者向对方支付费用的约定产生纠纷，当事人协商变更无法达成一致，且继续履行又显失公平的，人民法院可以根据发生变更的客观情况，按照公平原则处理。

第十七条 当事人对转包、出租地流转期限没有约定或者约定不明的，参照合同法第二百三十二条规定处理。除当事人另有约定或者属于林地承包经营外，承包地交回的时间应当在农作物收获期结束后或者下一耕种期开始前。

对提高土地生产能力的投入，对方当事人请求承包方给予相应补偿的，应予支持。

第十八条 发包方或者其他组织、个人擅自截留、扣缴承包收益或者土地承包经营权流转收益,承包方请求返还的,应予支持。

发包方或者其他组织、个人主张抵销的,不予支持。

三、其他方式承包纠纷的处理

第十九条 本集体经济组织成员在承包费、承包期限等主要内容相同的条件下主张优先承包权的,应予支持。但在发包方将农村土地发包给本集体经济组织以外的单位或者个人,已经法律规定的民主议定程序通过,并由乡(镇)人民政府批准后主张优先承包权的,不予支持。

第二十条 发包方就同一土地签订两个以上承包合同,承包方均主张取得土地承包经营权的,按照下列情形,分别处理:

(一)已经依法登记的承包方,取得土地承包经营权;

(二)均未依法登记的,生效在先合同的承包方取得土地承包经营权;

(三)依前两项规定无法确定的,已经根据承包合同合法占有使用承包地的人取得土地承包经营权,但争议发生后一方强行先占承包地的行为和事实,不得作为确定土地承包经营权的依据。

第二十一条 承包方未依法登记取得土地承包经营权证等证书,即以转让、出租、入股、抵押等方式流转土地承包经营权,发包方请求确认该流转无效的,应予支持。但非因承包方原因未登记取得土地承包经营权证等证书的除外。

承包方流转土地承包经营权,除法律或者本解释有特殊规定外,按照有关家庭承包土地承包经营权流转的规定处理。

四、土地征收补偿费用分配及土地承包经营权继承纠纷的处理

第二十二条 承包地被依法征收,承包方请求发包方给付已经收到的地上附着物和青苗的补偿费的,应予支持。

承包方已将土地承包经营权以转包、出租等方式流转给第三人的,除当事人另有约定外,青苗补偿费归实际投入人所有,地上附着物补偿费归附着物所有人所有。

第二十三条 承包地被依法征收,放弃统一安置的家庭承包方,请求发包方给付已经收到的安置补助费的,应予支持。

第二十四条 农村集体经济组织或者村民委员会、村民小组,可以依照法律规定的民主议定程序,决定在本集体经济组织内部分配已经收到的土地补偿费。征地补偿安置方案确定时已经具有本集体经济组织成员资格的人,请求支付相应份额的,应予支持。但已报全国人大常委会、国务院备案的地方性法规、自治条例和单行条例、地方政府规章对土地补偿费在农村集体经济组织内部的分配办法另有规定的除外。

第二十五条 林地家庭承包中,承包方的继承人请求在承包期内继续承包的,应予支持。

其他方式承包中,承包方的继承人或者权利义务承受者请求在承包期内继续承包的,应予支持。

五、其他规定

第二十六条 人民法院在审理涉及本解释第五条、第六条第一款第（二）项及第二款、第十六条的纠纷案件时，应当着重进行调解。必要时可以委托人民调解组织进行调解。

第二十七条 本解释自2005年9月1日起施行。施行后受理的第一审案件，适用本解释的规定。

施行前已经生效的司法解释与本解释不一致的，以本解释为准。

八、建设用地使用权纠纷

63. 设立建设用地使用权有哪几种方式？

设立建设用地使用权，可以采取出让或者划拨等方式。工业、商业、旅游、娱乐和商品住宅等经营性用地以及同一土地有两个以上意向用地者的，应当采取招标、拍卖等公开竞价的方式出让。严格限制以划拨方式设立建设用地使用权。采取划拨方式的，应当遵守法律、行政法规关于土地用途的规定。

64. 哪些建设用地可以采取划拨的方式？

下列建设用地，经县级以上人民政府依法批准，可以以划拨方式取得：（1）国家机关用地和军事用地；（2）城市基础设施用地和公益事业用地；（3）国家重点扶持的能源、交通、水利等基础设施用地；（4）法律、行政法规规定的其他用地。

65. 土地使用权出让应履行何种程序？

土地使用权出让，应当签订书面出让合同。土地使用权出让合同由市、县人民政府土地管理部门与土地使用者签订。土地使用者必须按照出让合同约定，支付土地使用权出让金；未按照出让合同约定支付土地使用权出让金的，土地管理部门有权解除合同，并可以请求违约赔偿。

典型疑难案件参考

崂山国土局与南太置业公司国有土地使用权出让合同纠纷案

基本案情

2001年2月23日，山东省青岛市崂山区沙子口街道办事处段家埠村与澳大利亚南太置业股份有限公司、青岛鑫城房地产有限公司签订了《开发"澳大利亚旅游观光度假村"联建合同书》。

2001年8月15日，崂山区国土局与南太公司、澳大利亚南太置业股份有限公司签订青崂土预字〔2001〕第18号《青岛市崂山区国有土地使用权预约协议》。该协议约定：土地位于山东省青岛市崂山区沙子口街道办事处段家埠村，土地面积为20万平方米，土地使用权出让费用为每亩21万元，总计金额为6300万元，土地规划用途为综合用地，使用期限为50年；南太公司和澳大利亚南太置业股份有限公司凭本协议办理企业设立等手续，在预约有效期内，与崂山区国土局正式签订《国有土地使用权出让合同》，取得土地使用权。

2004年4月12日，崂山区国土局以《国有土地使用权出让合同》无效、其无法履行合同约定的义务为由，通知南太公司解除双方签订的《国有土地使用权出让合同》，并要求南太公司于接到通知后30日内到崂山区经营性用地合同清理办公室办理退款等相关事宜。

一审诉辩情况

原告诉称：南太公司系青岛"澳洲花园"项目的开发商，《国有土地使用权出让合同》是为该项目用地所签。该项目是山东省青岛市人民政府的招商引资项目，该项目及为此项目成立的项目公司已经山东省青岛市人民政府合法批准。2003年1月6日双方正式签订了《国有土地使用权出让合同》。该合同签订后，南太公司不仅如约履行了自己的义务，还向当地村民支付了500万元的土地补偿费，并协助当地村委会给全体村民办理了养老保险等相关事宜。但崂山区国土局却不仅没有依约为南太公司办理《国有土地使用权证》，反而以合同无效为由，于2003年7月口头通知南太公司解除合同，于2004年4月12日书面通知南太公司解除合同，于同年6月18日发函催促南太公司办理退款手续。崂山区国土局的行为不仅严重违约，而且给南太公司造成了不可估量的经济损失。为维护自己的合法权益，特请依法判令崂山区国土局继续履行《国有土地使用权出让合同》，立即为南太公司颁发土地使用权证。

崂山区国土局口头答辩称：崂山区国土局和南太公司签订的《国有土地使用权出让合同》没有生效，该合同对双方当事人没有约束力。请求一审法院判决驳回南太公司的诉讼请求。

一审裁判结果

一审法院判决如下：

一、崂山区国土局、南太公司继续履行双方于2003年1月6日签订的《国有土地使用权出让合同》；

二、崂山区国土局于判决生效后30日内为南太公司办理《国有土地使用权证》。案件受理费 291859.72 元，财产保全费 281849.72 元，均由崂山区国土局负担。

一审裁判理由

一审法院认为：双方当事人的争议焦点为：《国有土地使用权出让合同》是否生效及是否有效；《国有土地使用权出让合同》应否继续履行。

关于《国有土地使用权出让合同》是否生效及是否有效问题。根据《国有土地使用权出让合同》第 40 条第 2 款的约定，该合同的生效条件为"本合同项下宗地出让方案尚需经山东省人民政府批准，本合同自山东省人民政府批准之日起生效"。经查，本案所涉及的"澳洲花园"项目是山东省青岛市人民政府在招商引资活动中引入的项目，该项目引进后，与该项目相关的立项、规划、用地等手续已经山东省青岛市人民政府有关职能部门批准。2002 年 12 月 26 日山东省青岛市人民政府向山东省人民政府报送了《关于崂山区 2002 年第十八批城市建设用地的请示》，该请示的内容包括了本案所涉及的土地。2003 年 2 月 19 日，山东省人民政府以《关于青岛市崂山区 2002 年第十八批次城市建设用地的批复》，批准了山东省青岛市人民政府的用地请示。至此，双方当事人所签订的《国有土地使用权出让合同》的生效条件已成就，该合同自山东省人民政府批复之日起生效。至于山东省青岛市人民政府报送的请示中是否包括合同约定的"出让方案"，不影响该合同的效力。崂山区国土局关于《国有土地使用权出让合同》没有生效的抗辩主张不成立，不予支持。双方当事人签订的《国有土地使用权出让合同》及《补充协议》内容合法，意思表示真实，为有效合同。

关于《国有土地使用权出让合同》应否继续履行问题。南太公司按照《国有土地使用权出让合同》和《补充协议》约定，付清了土地出让金和代征道路及绿化用地征地费，山东省青岛市人民政府有关职能部门为该项目办理了项目立项、规划、土地农转用、征用等手续，双方的合同义务已基本履行完毕。根据合同第 15 条的约定，今后只要崂山区国土局继续履行合同义务，依约为南太公司办理国有土地使用权证，合同目的即可得到实现。因此，南太公司请求崂山区国土局继续履行合同的主张，予以支持。

二审诉辩情况

崂山区国土局不服一审判决，提起上诉，请求撤销一审判决，改判驳回南太公司的诉讼请求，由南太公司负担本案一审、二审诉讼费及财产保全费。

南太公司答辩称：崂山区国土局提起上诉依据的事实和理由不成立，请求驳回上诉，维持原判。

二审裁判结果

二审法院依照《民事诉讼法》第153条第1款第3项之规定，判决如下：

一、撤销山东省高级人民法院〔2004〕鲁民一初字第9号民事判决；

二、驳回青岛南太置业有限公司关于继续履行合同的诉讼请求。一审案件受理费、财产保全费和二审案件受理费共计865569.16元，均由青岛市崂山区国土资源局负担。

二审裁判理由

二审法院经审理查明：崂山区国土局上诉主张本案所涉《国有土地使用权出让合同》未生效、无效的理由不能成立，认为一审判决违反民事诉讼原则的理由亦不能成立。因双方签订的《国有土地使用权出让合同》事实上无法继续履行，南太公司要求判令继续履行该合同的诉讼请求难以支持，一审判决相关判项应予撤销，南太公司的该项诉讼请求应予驳回。本案所涉《国有土地使用权出让合同》是否应当依法予以解除及其法律后果承担问题，当事人可依法另行解决。由于双方纠纷成讼以及南太公司关于继续履行合同的诉讼请求不能得到支持的根本原因，是崂山区国土局的行为造成的，崂山区国土局应当为诉讼成本付出代价，即承担本案的全部诉讼费用。

建设用地使用权纠纷办案依据集成

1. 中华人民共和国物权法（2007年3月16日主席令第62号公布）（节录）

第一百三十五条 建设用地使用权人依法对国家所有的土地享有占有、使用和收益的权利，有权利用该土地建造建筑物、构筑物及其附属设施。

第一百三十六条 建设用地使用权可以在土地的地表、地上或者地下分别设立。新设立的建设用地使用权，不得损害已设立的用益物权。

第一百三十七条 设立建设用地使用权，可以采取出让或者划拨等方式。

工业、商业、旅游、娱乐和商品住宅等经营性用地以及同一土地有两个以上意向用地者的，应当采取招标、拍卖等公开竞价的方式出让。

严格限制以划拨方式设立建设用地使用权。采取划拨方式的，应当遵守法律、行政法规关于土地用途的规定。

第一百三十八条 采取招标、拍卖、协议等出让方式设立建设用地使用权的，当事人应当采取书面形式订立建设用地使用权出让合同。

建设用地使用权出让合同一般包括下列条款：

（一）当事人的名称和住所；

（二）土地界址、面积等；

（三）建筑物、构筑物及其附属设施占用的空间；

（四）土地用途；

（五）使用期限；

（六）出让金等费用及其支付方式；

（七）解决争议的方法。

第一百三十九条 设立建设用地使用权的，应当向登记机构申请建设用地使用权登记。建设用地使用权自登记时设立。登记机构应当向建设用地使用权人发放建设用地使用权证书。

第一百四十条 建设用地使用权人应当合理利用土地，不得改变土地用途；需要改变土地用途的，应当依法经有关行政主管部门批准。

第一百四十一条 建设用地使用权人应当依照法律规定以及合同约定支付出让金等费用。

第一百四十二条 建设用地使用权人建造的建筑物、构筑物及其附属设施的所有权属于建设用地使用权人，但有相反证据证明的除外。

第一百四十三条 建设用地使用权人有权将建设用地使用权转让、互换、出资、赠与或者抵押，但法律另有规定的除外。

第一百四十四条 建设用地使用权转让、互换、出资、赠与或者抵押的，当事人应当采取书面形式订立相应的合同。使用期限由当事人约定，但不得超过建设用地使用权的剩余期限。

第一百四十五条 建设用地使用权转让、互换、出资或者赠与的，应当向登记机构申请变更登记。

第一百四十六条 建设用地使用权转让、互换、出资或者赠与的，附着于该土地上的建筑物、构筑物及其附属设施一并处分。

第一百四十七条 建筑物、构筑物及其附属设施转让、互换、出资或者赠与的，该建筑物、构筑物及其附属设施占用范围内的建设用地使用权一并处分。

第一百四十八条 建设用地使用权期间届满前，因公共利益需要提前收回该土地的，应当依照本法第四十二条的规定对该土地上的房屋及其他不动产给予补偿，并退还相应的出让金。

第一百四十九条 住宅建设用地使用权期间届满的，自动续期。

非住宅建设用地使用权期间届满后的续期，依照法律规定办理。该土地上的房屋及其他不动产的归属，有约定的，按照约定；没有约定或者约定不明确的，依照法律、行政法规的规定办理。

第一百五十条 建设用地使用权消灭的，出让人应当及时办理注销登记。登记机构应当收回建设用地使用权证书。

第一百五十一条 集体所有的土地作为建设用地的，应当依照土地管理法等法律规定办理。

2. 中华人民共和国土地管理法（2004年8月28日修正）（节录）

第四十三条 任何单位和个人进行建设，需要使用土地的，必须依法申请使用国有土地；但是，兴办乡镇企业和村民建设住宅经依法批准使用本集体经济组织农民集体所有的土地的，或者乡（镇）村公共设施和公益事业建设经依法批准使用农民集体所有的土地的除外。

前款所称依法申请使用的国有土地包括国家所有的土地和国家征收的原属于农民集体所有的土地。

第五十四条 建设单位使用国有土地，应当以出让等有偿使用方式取得；但是，下列建设用地，经县级以上人民政府依法批准，可以以划拨方式取得：

（一）国家机关用地和军事用地；

（二）城市基础设施用地和公益事业用地；

（三）国家重点扶持的能源、交通、水利等基础设施用地；

（四）法律、行政法规规定的其他用地。

第五十五条 以出让等有偿使用方式取得国有土地使用权的建设单位，按照国务院规定的标准和办法，缴纳土地使用权出让金等土地有偿使用费和其他费用后，方可使用土地。

自本法施行之日起，新增建设用地的土地有偿使用费，百分之三十上缴中央财政，百分之七十留给有关地方人民政府，都专项用于耕地开发。

第五十六条 建设单位使用国有土地的，应当按照土地使用权出让等有偿使用合同的约定或者土地使用权划拨批准文件的规定使用土地；确需改变该幅土地建设用途的，应当经有关人民政府土地行政主管部门同意，报原批准用地的人民政府批准。其中，在城市规划区内改变土地用途的，在报批前，应当先经有关城市规划行政主管部门同意。

第五十七条 建设项目施工和地质勘查需要临时使用国有土地或者农民集体所有的土地的，由县级以上人民政府土地行政主管部门批准。其中，在城市规划区内的临时用地，在报批前，应当先经有关城市规划行政主管部门同意。土地使用者应当根据土地权属，与有关土地行政主管部门或者农村集体经济组织、村民委员会签订临时使用土地合同，并按照合同的约定支付临时使用土地补偿费。

临时使用土地的使用者应当按照临时使用土地合同约定的用途使用土地，并不得修建永久性建筑物。

临时使用土地期限一般不超过二年。

第五十八条　有下列情形之一的，由有关人民政府土地行政主管部门报经原批准用地的人民政府或者有批准权的人民政府批准，可以收回国有土地使用权：

（一）为公共利益需要使用土地的；

（二）为实施城市规划进行旧城区改建，需要调整使用土地的；

（三）土地出让等有偿使用合同约定的使用期限届满，土地使用者未申请续期或者申请续期未获批准的；

（四）因单位撤销、迁移等原因，停止使用原划拨的国有土地的；

（五）公路、铁路、机场、矿场等经核准报废的。

依照前款第（一）项、第（二）项的规定收回国有土地使用权的，对土地使用权人应当给予适当补偿。

3. 中华人民共和国城市房地产管理法（2009年8月27修正）（节录）

第八条　土地使用权出让，是指国家将国有土地使用权（以下简称土地使用权）在一定年限内出让给土地使用者，由土地使用者向国家支付土地使用权出让金的行为。

第九条　城市规划区内的集体所有的土地，经依法征用转为国有土地后，该幅国有土地的使用权方可有偿出让。

第十条　土地使用权出让，必须符合土地利用总体规划、城市规划和年度建设用地计划。

第十一条　县级以上地方人民政府出让土地使用权用于房地产开发的，须根据省级以上人民政府下达的控制指标拟订年度出让土地使用权总面积方案，按照国务院规定，报国务院或者省级人民政府批准。

第十二条　土地使用权出让，由市、县人民政府有计划、有步骤地进行。出让的每幅地块、用途、年限和其他条件，由市、县人民政府土地管理部门会同城市规划、建设、房产管理部门共同拟定方案，按照国务院规定，报经有批准权的人民政府批准后，由市、县人民政府土地管理部门实施。

直辖市的县人民政府及其有关部门行使前款规定的权限，由直辖市人民政府规定。

第十三条　土地使用权出让，可以采取拍卖、招标或者双方协议的方式。

商业、旅游、娱乐和豪华住宅用地，有条件的，必须采取拍卖、招标方式；没有条件，不能采取拍卖、招标方式的，可以采取双方协议的方式。

采取双方协议方式出让土地使用权的出让金不得低于按国家规定所确定的最低价。

第十四条　土地使用权出让最高年限由国务院规定。

第十五条　土地使用权出让，应当签订书面出让合同。

土地使用权出让合同由市、县人民政府土地管理部门与土地使用者签订。

第十六条 土地使用者必须按照出让合同约定，支付土地使用权出让金；未按照出让合同约定支付土地使用权出让金的，土地管理部门有权解除合同，并可以请求违约赔偿。

第十七条 土地使用者按照出让合同约定支付土地使用权出让金的，市、县人民政府土地管理部门必须按照出让合同约定，提供出让的土地；未按照出让合同约定提供出让的土地的，土地使用者有权解除合同，由土地管理部门返还土地使用权出让金，土地使用者并可以请求违约赔偿。

第十八条 土地使用者需要改变土地使用权出让合同约定的土地用途的，必须取得出让方和市、县人民政府城市规划行政主管部门的同意，签订土地使用权出让合同变更协议或者重新签订土地使用权出让合同，相应调整土地使用权出让金。

第十九条 土地使用权出让金应当全部上缴财政，列入预算，用于城市基础设施建设和土地开发。土地使用权出让金上缴和使用的具体办法由国务院规定。

第二十条 国家对土地使用者依法取得的土地使用权，在出让合同约定的使用年限届满前不收回；在特殊情况下，根据社会公共利益的需要，可以依照法律程序提前收回，并根据土地使用者使用土地的实际年限和开发土地的实际情况给予相应的补偿。

第二十一条 土地使用权因土地灭失而终止。

第二十二条 土地使用权出让合同约定的使用年限届满，土地使用者需要继续使用土地的，应当至迟于届满前一年申请续期，除根据社会公共利益需要收回该幅土地的，应当予以批准。经批准准予续期的，应当重新签订土地使用权出让合同，依照规定支付土地使用权出让金。

土地使用权出让合同约定的使用年限届满，土地使用者未申请续期或者虽申请续期但依照前款规定未获批准的，土地使用权由国家无偿收回。

第二十三条 土地使用权划拨，是指县级以上人民政府依法批准，在土地使用者缴纳补偿、安置等费用后将该幅土地交付其使用，或者将土地使用权无偿交付给土地使用者使用的行为。

依照本法规定以划拨方式取得土地使用权的，除法律、行政法规另有规定外，没有使用期限的限制。

第二十四条 下列建设用地的土地使用权，确属必需的，可以由县级以上人民政府依法批准划拨：

（一）国家机关用地和军事用地；

（二）城市基础设施用地和公益事业用地；

（三）国家重点扶持的能源、交通、水利等项目用地；

（四）法律、行政法规规定的其他用地。

第二十八条 依法取得的土地使用权，可以依照本法和有关法律、行政法规的规定，作价入股，合资、合作开发经营房地产。

第三十二条 房地产转让、抵押时，房屋的所有权和该房屋占用范围内的土地使用权同时转让、抵押。

九、宅基地使用权纠纷

66. 宅基地使用有哪些注意事项？

农村村民建住宅，应当符合乡（镇）土地利用总体规划，并尽量使用原有的宅基地和村内空闲地。

农村村民住宅用地，经乡（镇）人民政府审核，由县级人民政府批准；其中，涉及占用农用地的，依照规定办理审批手续。

67. 农村村民出卖、出租住房后，能否通过申请，再次获得宅基地？

农村村民一户只能拥有一处宅基地，其宅基地的面积不得超过省、自治区、直辖市规定的标准。

农村村民出卖、出租住房后，再申请宅基地的，不予批准。

典型疑难案件参考

罗衍宣诉林明强宅基地使用权纠纷案

基本案情

原告罗衍宣于1986年向镇田村经联社、联群乡政府、城郊区公所申请在坐落于现文城镇新风路3号（傅厚全室）围墙下地基一块建房，面积110.5平方米，四至：东至距傅厚全围墙1米，南至距县小公路1米，西至距东8.5米，北至距南13米，均获上列单位批准。该地原属镇田村集体所有，后属于文城镇建设总体规划范围。原告于1991年8月持原申请表向县国土局及县建委申请，同年8月5日国土局批准原告建房用地，1991年8月6日经县建委批准，取得建设许可证。原告准备建房时，被告林明强认为该地系自家老屋地基，于1991年8月2日未经任何单位、组织批准，强行在该地上打下一块约20多平方米水泥结构的墙基，引起纠纷。案经调解无效。

一审诉辩情况

原告诉称：我家住房困难，于1986年分别向镇田村经联社、联群乡政府、城郊区公所申请在文城镇新风路3号房屋围墙下地皮一块建房,均获批准。该地属于文城镇建设规划范围,原告又于1991年8月报县国土局批准,并经县建委批准,取得建设许可证,建房手续已完备,正在备料施工时,被告林明强强行在该地上占26平方米打下一眼房屋的墙基,使原告无法建房。现请求人民法院依法保护原告对土地的使用权。

被告辩称:被告现所打墙基之地系我家华侨宅基地,被告祖母翁丽花侨居马来西亚,今年一月回来探亲,吩咐并给钱于被告,在自家老宅基地上建房。农村建房习惯是没有经有关部门批准的。被告有土地证为据并非侵占罗衍宣建房用地,请法庭明察。

一审裁判结果

海南省文昌县人民法院依照《民法通则》第5条和《土地管理法》第11条规定,判决:

一、原、被告争讼的文城镇新风路3号房屋围墙下之地基归原告罗衍宣使用;

二、被告林明强在该地基所筑起的房屋基础,限在判决书生效后1个月内拆除。案件受理费人民币100元由被告林明强负担。

一审裁判理由

一审法院认为,由原告于1986年间向村经联社、乡政府及镇政府申请并获准使用讼争土地之后,该地区划归县文城镇总体建设规划范围内,原告又向县国土局和县建设委员会申请,再次被批准使用。原告取得讼争土地的使用权,手续完备,应受到法律保护。被告以该地系自家老屋基地为由强行打墙基建房,没有法律依据,构成对原告土地使用权的侵犯,应负民事责任。

二审诉辩情况

一审判决书送达后,被告林明强以原答辩理由向海南中级人民法院提起上诉,被上诉人罗衍宣以与一审诉讼主张相同的理由答辩。

二审裁判结果

二审法院依照《民事诉讼法》第153条第1款第1项规定,判决:驳回上诉,维持原判。二审案件受理费人民币100元由林明强负担。

二审裁判理由

经海南中级人民法院补充查明:上诉人林明强与被上诉人罗衍宣讼争之宅

基地座落在文昌县文城镇新风路3号房屋围墙的下边（西边），面积约20平方米。1986年4月10日，罗衍宣向镇田村经联社、联群乡政府、城郊区公所申请坐落于现文城镇新风路3号房屋围墙下地皮一块建房，面积110.5平方米，四至：东至距傅厚全围墙1米，南至距县小公路1米，西至距东8.5米，北至距南13米。经上述单位批准后，罗衍宣便在该宅基地上塔起简易棚出租给他人。1991年8月2日，林明强未经有关部门批准，强行在该地的东侧打下长6米、宽3.3米水泥结构的墙基从而引起纠纷。由于该地属文城镇建设总体规划范围，罗衍宣于1991年8月持原申请书交文昌县国土局、文昌县建设委员会审批，县国土局于1991年8月5日按上述面积及四至批准罗衍宣使用。罗衍宣于1991年8月6日领取建设许可证。案经一审法院调解无效。

在上诉阶段，二审法院再次到文昌县国土局征求意见，该局对原来所批土地予以追认有效。

海南中级人民法院认为，被上诉人使用该地审批手续合法，应受法律保护；上诉人林明强未经批准，擅自在被上诉人的用地范围内打下墙基，属侵权行为，应责令停止侵害并拆除建筑物。据此，二审法院认为，一审认定事实基本清楚，适用法律正确。

宅基地使用权纠纷办案依据集成

1. 中华人民共和国物权法（2007年3月16日主席令第62号公布）（节录）

第一百五十二条　宅基地使用权人依法对集体所有的土地享有占有和使用的权利，有权依法利用该土地建造住宅及其附属设施。

第一百五十三条　宅基地使用权的取得、行使和转让，适用土地管理法等法律和国家有关规定。

第一百五十四条　宅基地因自然灾害等原因灭失的，宅基地使用权消灭。对失去宅基地的村民，应当重新分配宅基地。

第一百五十五条　已经登记的宅基地使用权转让或者消灭的，应当及时办理变更登记或者注销登记。

2. 中华人民共和国土地管理法（2004年8月28日修正）（节录）

第六十二条　农村村民一户只能拥有一处宅基地，其宅基地的面积不得超过省、自治区、直辖市规定的标准。

农村村民建住宅，应当符合乡（镇）土地利用总体规划，并尽量使用原有的宅基地和村内空闲地。

农村村民住宅用地，经乡（镇）人民政府审核，由县级人民政府批准；其中，涉及占用农用地的，依照本法第四十四条的规定办理审批手续。

农村村民出卖、出租住房后，再申请宅基地的，不予批准。

3. 中华人民共和国妇女权益保障法（2005年8月28日修正）（节录）

第三十二条　妇女在农村土地承包经营、集体经济组织收益分配、土地征收或者征用补偿费使用以及宅基地使用等方面，享有与男子平等的权利。

4. 中华人民共和国村民委员会组织法（2010年10月28日修订）（节录）

第十九条　村民委员会成员出缺，可以由村民会议或者村民代表会议进行补选。补选程序参照本法第十五条的规定办理。补选的村民委员会成员的任期到本届村民委员会任期届满时止。

十、地役权纠纷

68. 设立地役权，当事人应当采取书面形式订立地役权合同，地役权合同应包括哪些内容？

地役权合同一般包括下列条款：（1）当事人的姓名或者名称和住所；（2）供役地和需役地的位置；（3）利用目的和方法；（4）利用期限；（5）费用及其支付方式；（6）解决争议的方法。

69. 地役权合同解除的条件有哪些？

地役权人有下列情形之一的，供役地权利人有权解除地役权合同，地役权消灭：（1）违反法律规定或者合同约定，滥用地役权；（2）有偿利用供役地，约定的付款期间届满后在合理期限内经两次催告未支付费用。

典型疑难案件参考

王学堂与潘德潮相邻通行权纠纷上诉案

基本案情

原、被告系邻居，原告房屋在被告西北，被告房屋在原告东南。原告房屋东侧是潘福堂家，潘福堂家南是被告王学堂家。双方房屋均坐北朝南。1989年，原慈溪县胜西乡路南村民委员会将原大会堂平屋三间半卖与原审被告，1995年被告拆建房屋，并在房屋北面原大会堂墙基上砌筑围墙。1999年，原告拆建房屋，并居住至今。1999年3月31日，原告因家庭出入行路困难，向潘福堂协议调地，潘福堂将屋前横26.6米，东西各直1米，计面积0.0399亩宅旁地调与原告。此后，原告向东的出入行路保持南至被告砌筑的围墙，北至潘福堂房屋，宽度约3.5米，并已包括向潘福堂调换的土地。该行路作为原告的主要生活行路行走至今。2009年6月，被告在距原北围墙外1.5米处砌筑凹形围墙，新围墙东西长17.7米，宽1.5米。被告在新围墙至旧围墙间土地上部分种植蔬菜，部分浇筑水泥地坪。被告砌筑新围墙后，原告向东行走的行路宽度为2米。原告屋西有一条南北朝向的小过道，现堆放着旧椅子、旧酒坛等杂物。被告认可自1999年3月31日形成约3.5米宽的行路后，原告以向东行路为主要生产、生活通道。

一审诉辩情况

潘德潮于2010年1月18日诉至法院，请求判令被告停止侵害，排除砌筑在原告行路上的围墙，恢复行路原状。

一审裁判结果

一审法院依照《民法通则》第83条之规定，判决如下：被告王学堂应于判决生效之日起15日内拆除位于慈溪市胜山镇三灶村其房屋北侧原墙基以北的围墙，恢复行路至2009年6月原审被告砌筑围墙前的行路状况，并保持行路畅通。案件诉讼费80元，由被告王学堂承担，于判决生效之日交纳。

一审裁判理由

一审法院认为，不动产相邻各方应当按照有利生产、方便生活、团结互助、公平合理的精神，正确处理排水、通行、通风、采光等方面的相邻关系。原告诉称涉讼行路是其必经的唯一行路，根据现场拍摄的照片和双方陈述，原告道地的西大门向西是邻居家的房屋墙壁，虽然两房之间有一条小的过道，但上面堆满了杂物，且过道狭小，不利于通行，不能满足日常的生产、生活之需。自1999年3月31日，原告因解决行路困难而调剂土地后，原告一直以涉讼的向东出入行路为主要生产、生活通道，且至纠纷前的约10年期间，原告此行路均保持宽约3.5米的状态，该行路已为历史形成的原告日常生产、生活道路。现被告砌筑新围墙的行为妨碍了原告的正常通行，故原告要求拆除涉讼行路上围墙的诉请，予以支持。被告主张其原墙基至新砌围墙间土地使用权属被告享有，涉及土地使用权的归属，不属于本案审理范围，被告可以通过其他方式另行解决，本案不作处理。

二审诉辩情况

宣判后，原审被告王学堂不服，上诉称：（1）一审法院认定事实错误。被上诉人的屋前曾有一条向西通行的道路，该道路在1999年3月31日前及同年12月被上诉人拆建房屋前都作为其出入行路，后因其为打院落而堵住，是被上诉人自己行为造成只得向东借道。因历史上没有向东通行的道路，村规划中也没有找到，故在1989年原慈溪县胜西乡路南村民委员会将原大会堂平屋卖与上诉人，《协议书》上载明北至三灶村潘福堂地界，也没有表明有向东的通道。基于此，被上诉人向潘福堂借道调换横26.6米，东西各直1米的宅旁地作为其向东出入的行路,实际上,被上诉人出入的道路也只有东西各直1米的宽度。当时村里的主干道也只有2米,屋前屋后的通道仅1米,即使现在也比比皆是。上诉人自1989年购入原大会堂平屋,1995年拆建房屋,至今未同意把北至三灶村潘福堂地界的土地作为被上诉人向东出入的道路,也未在一审中认可自1999年3月31日形成约3.5米宽的行路。上诉人从未放弃上述土地的管理和耕作,在被上诉人通行时也多次提出不能行走,尤其是被上诉人在上诉人的土地上铺设出水管时上诉人全力反对,只是碍于邻里关系没有采取有效措施,现被上诉人对上诉人的一片好意不但不领情,而是反咬一口说是历史上就形成的道路有权通行。一审法院仅凭一面之词就认定该事实,对上诉人有失公允。(2)一审判决证据不足,而对驳回被上诉人诉讼请求的证据却视而不见。为证明有通道,被上诉人提供了书面证明两份,证明讼争出入行路1956年就已形成,作为当时两个生产队的分界行路,小学学生都在该路上通行。首先,上诉人对该两份证明的真实性存在异议,一个是原三灶村的村干部,另一个是原三灶村的村民,被上诉人也是原三灶村村民,而上诉人是原路南村村民,证人与被上诉人存在利害关系,明显对上诉人不利。其次,由于一审时证人均未出庭作证,上诉人无法向证人发问,也不能质证。再次,该两份证明均是间接证据,不能充分证明被上诉人诉称的事实。现场勘验笔录和现场拍摄的照片只能证明现在的情况,一审法院仅以现场勘验笔录和现场拍摄的照片,来认定有通道这一事实是错误的。被上诉人提供的《调绝土地协议书》,证明被上诉人为解决向东出入的方便而向潘福堂调地1米宽作为其行路,但被上诉人与上诉人并未有类似的约定。而上诉人提供的《协议书》、《村庄地籍调查登记表》、《建设用地使用证》、《用地申请表》证明北至三灶村潘福堂地界,没有表明有向东的通道。一审法院查明被上诉人屋西有一条南北朝向的小过道,由此可以证明向东的通道不是被上诉人通行的唯一行路。一审法院却认为堆满杂物、狭小,不利于通行,更不能满足日常生产、生活之需。上诉人认为,堆满杂物可以搬离的,满足日常生产、生活之需又是怎样的标准,一审法院认定不足以使人信服。(3)一审判决适用法律错误。一审法院适用的法律是《民法通则》第83条的规定,上诉人认为一审法院适用法律错误,应适用《物权法》关于地役权的规定。本案实际上不是相邻权纠纷,如果存在纠纷那也是地役权之争。根据《物权法》第157条的规定,当事人双方应当采取书面合同形式订立地役权合同。因双方并没有签订地役权合同,故被上诉人有1米宽的通道作为行路能满足日常生产、生活之需时,额外要求上诉人提供土地而且是免费的,被上诉人并无这个权利,故一审法院的判决没有法律依据。综上,请求二审法院撤销原判,依法驳回被上诉人的诉讼请求。

被上诉人潘德潮答辩称：原审判决认定事实清楚，证据充分，程序合法，适用法律正确，请求二审法院驳回上诉，维持原判。

在二审审理期间，上诉人提供案外人励群岳与路南村村民委员会签订的《绝卖房屋协议书》一份，证明励群岳与原胜山镇路南村村民委员会签订协议书，路南村将原三灶小学平屋三间卖给励群岳所有，该三间房屋与上诉人从路南村买入的大会堂平屋3间半是连拼的，与上诉人房屋北至潘福堂地界的事实相互印证，同时证明北至潘福堂地界当时没有向东出入的村路的事实。

被上诉人潘德潮经质证认为，对证据的真实性没有异议，根据这份协议第3条约定的内容，可以证明案外人励群岳房屋北墙后面的余地村里是没有出卖的。

二审裁判结果

二审法院依照《民事诉讼法》第153条第1款第1项、第158条的规定，判决如下：驳回上诉，维持原判。二审案件受理费80元，由上诉人王学堂负担。本判决为终审判决。

二审裁判理由

二审法院认为：不动产相邻各方应当按照有利生产、方便生活、团结互助、公平合理的精神，正确处理排水、通行、通风、采光等方面的相邻关系。被上诉人潘德潮房屋的西边已经建造了房屋，与被上诉人房屋之间仅有一条约1米宽的通道，在目前经济、社会发展的状况下，该通道难以满足日常生产、生活的需要，原审法院对此认定，符合情理。上诉人在买入原路南村大会堂的平房后，于1995进行拆建，在北面原大会堂墙基上砌筑围墙，1999年3月31日，被上诉人向案外人潘福堂调剂了土地使用权，此后被上诉人以向东行路为主要生产、生活通道，至2009年6月双方均相安无事。被上诉人在向潘福堂调剂了土地使用权后，向东的行路约有3.5米的宽度，这一行路宽度对于现今生活中大件物品的搬运、应急车辆的出入均是必需的。上诉人在拆建房屋的10多年后，在其房屋的北面另建围墙，致使被上诉人的通行道路显著变窄，影响了被上诉人的通行，故原审法院对被上诉人的诉讼请求予以支持，并无不当。上诉人主张的其房屋北面的土地使用权的归属，不属于本案的审理范围。上诉人主张本案属于地役权纠纷，缺乏依据，不予采信。据此，原审认定事实清楚，适用法律正确，上诉人的上诉理由难以成立，不予支持。

地役权纠纷办案依据集成

1. 中华人民共和国物权法（2007年3月16日主席令第62号公布）（节录）

第一百五十六条 地役权人有权按照合同约定，利用他人的不动产，以提高自己的不动产的效益。

前款所称他人的不动产为供役地，自己的不动产为需役地。

第一百五十七条 设立地役权，当事人应当采取书面形式订立地役权合同。

地役权合同一般包括下列条款：

（一）当事人的姓名或者名称和住所；
（二）供役地和需役地的位置；
（三）利用目的和方法；
（四）利用期限；
（五）费用及其支付方式；
（六）解决争议的方法。

第一百五十八条 地役权自地役权合同生效时设立。当事人要求登记的，可以向登记机构申请地役权登记；未经登记，不得对抗善意第三人。

第一百五十九条 供役地权利人应当按照合同约定，允许地役权人利用其土地，不得妨害地役权人行使权利。

第一百六十条 地役权人应当按照合同约定的利用目的和方法利用供役地，尽量减少对供役地权利人物权的限制。

第一百六十一条 地役权的期限由当事人约定，但不得超过土地承包经营权、建设用地使用权等用益物权的剩余期限。

第一百六十二条 土地所有权人享有地役权或者负担地役权的，设立土地承包经营权、宅基地使用权时，该土地承包经营权人、宅基地使用权人继续享有或者负担已设立的地役权。

第一百六十三条 土地上已设立土地承包经营权、建设用地使用权、宅基地使用权等权利的，未经用益物权人同意，土地所有权人不得设立地役权。

第一百六十四条 地役权不得单独转让。土地承包经营权、建设用地使用权等转让的，地役权一并转让，但合同另有约定的除外。

第一百六十五条 地役权不得单独抵押。土地承包经营权、建设用地使用权等抵押的，在实现抵押权时，地役权一并转让。

第一百六十六条 需役地以及需役地上的土地承包经营权、建设用地使用权部分转让时，转让部分涉及地役权的，受让人同时享有地役权。

第一百六十七条 供役地以及供役地上的土地承包经营权、建设用地使用权部分转让时，转让部分涉及地役权的，地役权对受让人具有约束力。

第一百六十八条 地役权人有下列情形之一的,供役地权利人有权解除地役权合同,地役权消灭:

(一)违反法律规定或者合同约定,滥用地役权;

(二)有偿利用供役地,约定的付款期间届满后在合理期限内经两次催告未支付费用。

第一百六十九条 已经登记的地役权变更、转让或者消灭的,应当及时办理变更登记或者注销登记。

第四章 担保物权纠纷

一、抵押权纠纷

(一) 建筑物和其他土地附着物抵押权纠纷

70. 以建筑物抵押的,该建筑物占用范围内的建设用地使用权是否一并抵押,以建设用地使用权抵押的,该土地上的建筑物是否一并抵押?

以建筑物抵押的,该建筑物占用范围内的建设用地使用权一并抵押。以建设用地使用权抵押的,该土地上的建筑物一并抵押。抵押人未一并抵押的,未抵押的财产视为一并抵押。

71. 抵押权何时设立,应采取何种方式订立抵押合同?

设立抵押权,当事人应当采取书面形式订立抵押合同。以建筑物和其他土地附着物、建设用地使用权,以招标、拍卖、公开协商等方式取得的荒地等土地承包经营权和正在建造的建筑物抵押的,应当办理抵押登记。抵押权自登记时设立。

72. 抵押权人与抵押人未就抵押权实现方式达成协议的,如何处置抵押财产?

抵押权人与抵押人未就抵押权实现方式达成协议的,抵押权人可以请求人民法院拍卖、变卖抵押财产。抵押财产折价或者变卖的,应当参照市场价格。

典型疑难案件参考

杨婉华诉张小菁房屋抵押贷款合同案

基本案情

海口市博爱北路12号房屋系原告于1994年3月25日所购买的私有房屋，该房屋的所有权及使用权均属原告。由于原告已年老，其身份证、华侨亲属证及海口市博爱北路12号的房产证由其儿子李树钧保管。1994年10月12日，被告因急需用钱，便与原告的儿子李树钧私自达成用原告的身份证、房产证及华侨亲属证向第三人办理典当贷款的有关协议。被告并于1994年10月14日私自以原告名义写下委托书，与第三人签订了房屋抵押贷款合同。合同规定：以原告坐落于海口市博爱北路12号三层楼房屋全部抵押给第三人，第三人提供贷款6万元，该房的典期为一个月。原告对此毫无所知。典期届满后，第三人于1995年9月25日函告原告。为此，原告以被侵权为由诉至法院，请求判令合同无效，返还办理典当手续的房产证及身份证、华侨亲属证等。被告张小菁以被告被关押在澄迈县看守所为由，未将借款偿还第三人。第三人则以合同合法有效为由请求法院驳回原告的诉讼请求。

一审诉辩情况

原告杨婉华诉称：海口市博爱北路12号三层楼房屋系我于1994年3月20日所购买的私有房屋。同年10月12日，被告张小菁从我儿子李树钧手中骗得我的身份证、华侨亲属证及房屋产权证。同月14日，被告又伪造我委托其代理抵押贷款的委托书，并于当日与第三人签订了房屋抵押贷款合同。合同规定：原告以海口市博爱北路12号三层楼全部抵押，贷款6万元，为期一个月。直到1995年9月25日第三人通知原告抵押贷款一事，原告才知道自己的房屋产权受到非法侵权。故请求法院依法判令该抵押合同无效，要求第三人返还我的身份证、华侨亲属证及房屋产权证。

被告张小菁辩称：我取得原告的房产证、华侨亲属证都是原告儿子李树钧给我的，并同意支持我拿这些证件到典当行去典当，取得资金用于周转。为了达到向第三人借款的目的，我私自写下委托手续。借钱还钱是天经地义的事情，可是我现被关押在监狱无法获得自由，找不出钱来还给第三人。

第三人海口真诚典当行述称：原告的身份证及房产证是由其儿子李树钧交给被告的，且李树钧有保管证件的权利；证件是有效的证件，办理典当的手续也是合法的。所以根据最高人民法院的有关规定，该抵押合同是合法有效的，应受法律的保护。请求法院驳回原告的诉讼请求。

一审裁判结果

海口市新华区人民法院根据最高人民法院《民通意见》第 112 条之规定，判决如下：驳回原告杨婉华的诉讼请求，本案受理费人民币 2310 元，由原告承担。

一审裁判理由

海口市新华区人民法院认为：（1）原告的房产证、身份证及华侨亲属证由其儿子李树钧保管，故李树钧对所有证件均有保管权，其本人将证件借给被告与第三人签订抵押贷款合同，应确认被告取得原告的证件是合法取得，不存在欺骗行为；（2）鉴于合同的签订是被告与第三人真实意思的表示，且又经海南省公证处作出公证，故该抵押贷款合同应视为合法有效合同，第三人不应负本案纠纷的任何责任，其请求应予支持；（3）现原告提出被告骗取其证件与第三人签订的抵押合同无效，因未能提出相应的证据证明，故不予支持。

二审诉辩情况

上诉人杨婉华诉称：上诉人将诉争房屋的产权证及自己的身份证、华侨亲属证交由儿子李树钧保管，并不等于儿子李树钧对上诉人所有的房屋享有所有权和经营管理权，且上诉人从未授权儿子将房屋用于抵押贷款。上诉人与被上诉人张小菁之间不存在委托代理关系，所谓委托书系被上诉人私自书写。被上诉人张小菁与被上诉人典当行签订的抵押贷款合同违反有关法律规定，不具有法律效力。

被上诉人海口真诚典当行辩称：原审判决认定事实正确，处理得当。

被上诉人张小菁在一审宣判时已下落不明，遂公告送达，故其未作答辩。

二审裁判结果

海口市中级人民法院根据《中华人民共和国经济合同法》（以下简称《经济合同法》）第 7 条、第 16 条第 1 款，最高人民法院《民通意见》第 113 条，《民事诉讼法》第 153 条第 1 款第 2 项之规定，判决如下：

一、撤销海口市新华区人民法院〔1996〕新民初字第 6 号民事判决；

二、被上诉人张小菁以上诉人杨婉华名义与被上诉人海口真诚典当行签订的房屋抵押贷款合同无效；

三、海口真诚典当行在判决生效后 5 日内返还杨婉华身份证、华侨亲属证及博爱北路 12 号房屋产权证；

四、张小菁在判决生效后 5 日内返还海口真诚典当行人民币 6 万元并赔偿经济损失（自 1994 年 10 月 14 日至还款之日止，按人民银行同期贷款利率计算）。一、二审案件受理费共计 4620 元，由张小菁承担 3234 元，海口真诚典当行承担 1386 元。

▶ **二审裁判理由**

二审法院审理查明的事实和证据与一审相同。

海口市中级人民法院认为：（1）本案的房屋抵押贷款合同的效力问题。被上诉人张小菁未经上诉人杨婉华授权，私自书写授权委托书，以杨婉华的名义与被上诉人典当行签订房屋抵押贷款合同，且又未办理房屋他项权利登记，该合同应为无效。（2）无效合同的责任归属问题。造成合同无效的主要责任应由张小菁承担。典当行审查核实不严，也负有一定责任。（3）一审查明的事实是清楚的，但认定侵权责任上存在错误。上诉人将房产证等有关证件交其子存放，其子李树钧只是对证件有保管权而不享有对该房产的处分权。上诉人与其子之间并不存在法定代理关系或委托代理关系。因而李树钧将上诉人一系列证件提供给被上诉人张小菁进行抵押贷款的行为是无效的，一审认定被上诉人张小菁合法取得这些证件是错误的。再者，一审法院认定张小菁与典当行签订的合同是双方真实意思表示，且又经海南省公证处作出公证，故该合同有效，典当行不负任何责任是非常错误的。在抵押贷款合同上，房产所有人一方是杨婉华，而张小菁所谓的委托书系其私自书写的，杨对此一无所知，张小菁是在无权代理的情况下签订此合同的，且典当行也明知张不是房产所有人，却未向杨婉华核实。该合同虽进行了公证，但因所公证的合同违法，所以其公证也是无效的。

（二）在建建筑物抵押权纠纷

73. 以依法获准尚未建造的或者正在建造中的房屋或者其他建筑物抵押的，抵押是否有效？

以依法获准尚未建造的或者正在建造中的房屋或者其他建筑物抵押的，当事人办理了抵押物登记，人民法院可以认定抵押有效。

74. 抵押物折价或者拍卖、变卖所得的价款，当事人没有约定的，按何种顺序清偿？

抵押物折价或者拍卖、变卖所得的价款，当事人没有约定的，按下列顺序清偿：（1）实现抵押权的费用；（2）主债权的利息；（3）主债权。

典型疑难案件参考

福州商贸大厦筹备处与福建佳盛投资发展有限公司借款纠纷案

基本案情

1993年11月30日，中国工商银行福州市南门支行（以下简称南门工行）与福州商贸大厦筹备处（以下简称筹备处）签订一份最高额授信借款合同——1993年93015号流动资金借款合同。合同约定：南门工行向筹备处发放6000万元的最高额授信借款，期限自1993年11月30日至1998年12月27日，借款利率为月9.15‰，如遇国家调整利率，按调整后的利率计算。借款实际发放和期限以借据为凭，并在特别约定条款中明确贷款发放采取逐笔核贷。逾期还贷，则按中国人民银行有关规定计收利息等。福州民天集团有限公司（以下简称民天公司）、福州市台江百货大楼（以下简称台江百货）、福州榕福糖酒副食品批发公司（以下简称批发公司）作为保证人，为筹备处提供连带责任保证。上述最高额授信借款合同签订后，南门工行先后向筹备处发放五笔贷款。（1）1993年11月30日，南门工行向筹备处发放人民币1000万元贷款，借款到期日为1995年6月27日，用于商业网点建设，借款利率为月9.15‰。民天公司、台江百货、批发公司作为保证人，为筹备处提供连带责任保证。上述贷款发放后，筹备处无法按期还款，后上述贷款经两次展期，第一次展期自1995年6月27日至1996年6月27日，利率月10.98‰。第二次展期自1996年6月27日至1998年6月27日，利率月12.45‰。民天公司、台江百货、批发公司继续为筹备处提供连带责任保证。但展期后，筹备处未偿还借款。（2）1994年12月9日，南门工行与筹备处签订94014抵押借款合同，向筹备处发放人民币1500万元贷款，借款期限自1994年12月9日至1996年12月13日，用于试桩、施工等，借款利率为10.98‰，如遇国家调整利率，按调整后的利率计算。逾期还贷，则按中国人民银行有关规定计收利息等。上述借款由筹备处提供坐落于817北路东侧总面积为4860平方米的土地使用权

[土地证号：榕证地〔1993〕137号〕作为借款的抵押担保并在福州市土地管理局办理抵押登记，领取了榕抵证〔1994〕字第136号土地使用权抵押证书。上述合同签订后，南门工行依约发放贷款，但筹备处至今无法还款。（3）1995年11月，南门工行与筹备处签订95021抵押借款合同（即榕房押字第950098号在建房地产抵押贷款合同），向筹备处发放人民币700万元贷款。借款期限自1995年11月30日至1997年11月23日。用于商业网点设施，借款利率为12.06‰，如遇国家调整利率，按调整后的利率计算。逾期还贷，则按中国人民银行有关规定计收利息等。上述借款由筹备处提供坐落于817北路东侧在建工程总面积用于抵押担保。上述抵押物已在福州房地产交易管理所办理抵押登记。上述抵押借款合同签订后，南门工行依约发放700万元贷款，但筹备处至今无法还款。（4）1996年4月22日，南门工行与筹备处签订96011抵押借款合同（即榕房押字第960064号在建房地产抵押贷款合同），向筹备处发放人民币150万元贷款，借款期限自1996年4月25日至1998年4月3日，用于商业网点设施，借款利率为10.95‰，如遇国家调整利率，按调整后的利率计算。逾期还贷，则按中国人民银行有关规定计收利息等。上述借款由筹备处提供坐落于817北路东侧在建工程总面积用于抵押担保。上述抵押物已在福州房地产交易管理所办理抵押登记。上述抵押借款合同签订后，南门工行依约发放150万元贷款，但筹备处至今无法还款。（5）1996年12月26日，南门工行与筹备处签订编号为96040人民币短期借款合同，向筹备处发放人民币200万元贷款。借款期限自1996年12月26日至1997年12月26日。借款利率为9.24‰，如遇国家调整利率，按调整后的利率计算。逾期还贷，则按中国人民银行有关规定计收利息等。上述借款由福州颐丰集团公司（以下简称颐丰公司）提供连带责任担保。上述借款担保合同签订后，南门工行依约发放200万元贷款，但筹备处至今无法还款。颐丰公司亦未履行担保义务。

2000年6月21日，中国工商银行福建省分行（以下简称福建工行）与中国华融资产管理公司福州办事处（以下简称华融福州办）签订《债权转让协议》。由福建工行将南门工行所享有的前述5笔债权及其相应的担保从债权全部转让给华融福州办。上述债权转让已告知筹备处及相应保证人。

2003年6月26日，华融福州办与中信信托投资有限责任公司签订《华融资产处置财产信托合同》、《信托财产委托处置协议》，将上述债权设定为信托财产，华融福州办仍有权处置上述财产。华融福州办在管理上述债权期间，多次通过报纸公告或邮寄送达等方式向筹备处及相应保证人催收。

2004年11月，华融福州办将上述已设定为信托财产的五笔债权全部转让给佳盛公司。上述转让事实已由中信信托投资有限责任公司与华融福州办共同通知筹备处及相应保证人。

一审诉辩情况

原告佳盛公司为实现债权，于2004年11月26日向法院提起诉讼，请求判令：筹备处返还尚欠佳盛公司的贷款本金3550万元，并按中国人民银行有关规定支付至实际还款之日止的利息、罚息（利息、罚息暂计至2004年9月21日为28746682.79元）；佳盛公司对筹备处用于担保的抵押物（坐落于817北路东侧总面积为4860平方米的土地使用权）有优先受偿权，从处置上述抵押物所得价款中优先清偿佳盛公司在94014抵押借款合同项下享有的债权（本金1500万元及相应利息、罚息）；佳盛公司对筹备处用于担保的抵押物（坐落于817北路东侧的在建工程）有优先受偿权，从处置上述抵押物所得价款中优先清偿佳盛公司在编号为榕房押字第950098在建房地产抵押贷款合同项下享有的债权（本金700万元及相应利息、罚息）；佳盛公司对筹备处用于担保的抵押物（坐落于817北路东侧的在建工程）有优先受偿权，从处置上述抵押物所得价款中优先清偿佳盛公司在编号为榕房押字第960064号在建房地产抵押贷款合同项下享有的债权（本金150万元及相应利息、罚息）；筹备处承担本案的诉讼费用。

一审裁判结果

一审法院依据《民事诉讼法》第138条，《合同法》第80条、第82条、第206条、第207条，《中华人民共和国担保法》（以下简称《担保法》）第33条、第41条、第46条、第56条的规定，判决：

一、筹备处应在该判决生效之日起10日内返还尚欠佳盛公司的借款本金人民币3550万元及利息11030159.17元；借款本金人民币3550万元从2000年6月21日债权转让后所产生的利息按日2.1‰支付至实际还款之日止；

二、佳盛公司对筹备处用于担保的抵押物（坐落于817北路东侧总面积为4860平方米的土地使用权）有优先受偿权，从处置上述抵押物所得价款中优先清偿佳盛公司在94014抵押借款合同项下享有的债权（本金1500万元及相应利息、罚息）；

三、佳盛公司对筹备处用于担保的抵押物（坐落于817北路东侧的在建工程）有优先受偿权，从处置上述抵押物所得价款中优先清偿佳盛公司在编号为榕房押字第950098在建房地产抵押贷款合同项下享有的债权（本金700万元及相应利息、罚息）；

四、佳盛公司对筹备处用于担保的抵押物（坐落于817北路东侧的在建工程）有优先受偿权，从处置上述抵押物所得价款中优先清偿佳盛公司在编号为榕房押字第 960064 号在建房地产抵押贷款合同项下享有的债权（本金150 万元及相应利息、罚息）。本案一审案件受理费 331244 元，由筹备处承担。

▶ 一审裁判理由

一审法院认为，本案属于债权转让而产生的欠款纠纷，佳盛公司在 2004 年 11 月 29 日从华融福州办受让取得债权本金人民币 3550 万元及利息。债权债务转让合法有效。佳盛公司取得合法有效的债权即人民币本金 3550 万元及利息，包含了该债权债务上述的 5 份借款合同及 3 份抵押合同。至于 2000 年 6 月 20 日华融福州办从福建工行受让取得的债权本金人民币 3550 万元及利息 11030159.17 元，也是合法有效的，其从 2000 年 6 月 20 日始本金 3550 万元产生的利息应归于新的债权人即华融福州办。华融福州办在 2004 年的债权转让也是将 2000 年 6 月 20 日后的利息与本金转让给佳盛公司，明确指出转让后债权所产生的利息也一并随之转让。因此，佳盛公司取得债权后也同时取得本金人民币 3550 万元及利息 11030159.17 元，以及本金 3550 万元从 2000 年 6 月 20 日起至诉讼时的利息。关于划拨地能否抵押问题，该院认为，筹备处将自有的土地用于抵押，根据《中华人民共和国城镇国有土地使用权出让和转让暂行条例》第 45 条规定，经市、县人民政府土地管理部门和房产管理部门批准，其划拨土地使用权和地上建筑物、其他附着物所有权可以转让、出租、抵押。筹备处在借款时已经福州市土地管理部门批准并办理抵押登记手续，因此，抵押合同及抵押登记是合法有效的。其他两项在建工程的借款抵押合同，用于抵押的在建工程也是筹备处自有的财产，并经有关部门登记合法有效。关于能否合并审理问题。根据《民事诉讼法》的规定，本案 5 笔借款属于同一种类，同一当事人，合并审理符合法律规定。

综上，一审法院认为：佳盛公司与华融福州办的债权转让协议合法有效。筹备处与南门工行签订的 3 份借款抵押合同，是双方当事人的真实意思表示，合法有效。该债权转让后抵押合同也一并转让给佳盛公司，根据《担保法》的规定，佳盛公司对抵押的土地及其土地上的在建工程享有优先受偿权。因此，佳盛公司要求筹备处返还欠款的请求，符合法律规定，应予支持。筹备处的抗辩无事实和法律依据，不予支持。

▶ 二审诉辩情况

筹备处不服原审法院民事判决，上诉称：原审判决认定事实不清，适用法律不当。(1) 原审判决对于债权转让范围之事实认定错误。2000年10月，南门工行及华融福州办联合送达给筹备处的债权转让通知书表明：南门工行转让的是"截止2000年6月20日止"尚未履行偿还义务的主债务及担保债务，转让金额合计人民币46530159.17元，被上诉人佳盛公司从华融福州办随之受让的债权也不应超出此范围，这充分说明受让方华融福州办对筹备处仅享有人民币46530159.17元的债权，筹备处有权依据上述债权转让通知书及我国合同法的有关规定抗辩佳盛公司超出部分的诉请。(2) 原审将5个独立之诉合并受理及审理存在程序上的不当。(3) 原审判决上诉人筹备处全额承担一审受理费不公。综上，故请求撤销原审判决第一项中"从2000年6月21日起债权转让后产生借款本金人民币3550万元的利息计算按日2.1‰支付利息至实际还款之日止"部分，驳回佳盛公司相应主张；依法判决佳盛公司承担本案诉讼费用。

被上诉人佳盛公司答辩称：(1) 2000年6月21日福建工行转让给华融福州办的债权已经包含了2000年6月20日后的利息，原审判决的认定是正确的。第一，根据2000年6月21日福建工行与华融福州办签订的编号为1-2-2-2-2010《债权转让协议》第一、二、三条之约定，债权转让后，"华融替代工行在借款合同中的债权人地位，享有在借款合同项下相应的债权"，因此，2000年6月20日后的利息已经归于新的债权人华融福州办。第二，根据福州市公证处〔2000〕榕公证内民字第8299号《债权转让通知书》，福建工行与华融福州办在上述债权转让通知中已明确告之筹备处，"我分行决定将贵借款人和担保人截止2000年6月20日止尚未履行偿还义务的主债权及担保债务，即我分行的贷款主债权及担保债权转让给华融福州办，并已签订《债权转让协议》编号1-2-2-2-2010"。上述债权转让通知中明确将贷款主债权及担保债权已全部转让给华融福州办。第三，2000年12月8日，福建工行与华融福州办在福建日报B2版所发债权转让公告，也明确告之筹备处："中国工商银行福建省分行及所属分、支行已经合法将下述企业的贷款主债权及相应的从权利转让给中国华融资产管理公司福州办事处。"第四，根据最高人民法院《关于审理涉及金融资产管理公司收购、管理、处置国有银行不良贷款形成的资产的案件适用法律若干问题的规定》第7条："债务人逾期归还贷款，原借款合同约定的利息计算办法不违反法律法规规定的，该约定有效。没有约定或者不明的，依照中国人民银行《人民币利率管理规定》计算利息和复息。"根据该司法解释，在债权转让给华融福州办后，华融福州办有权依原合同约定向筹备处收取2000年6月20日后的利息。第五，根据主从债关系，主债权转让，作为从债权的利息亦随之转让。(2) 本案是基于同一债权转让之事实而产生的诉讼，应合并审理。（3）原审判决筹备处全额承担一审受理费是正确的。综上，请求驳回上诉，维持原判。

二审裁判结果

二审法院依照《民事诉讼法》第153条第1款第1项、第2项之规定，判决如下：

一、维持福建省高级人民法院〔2004〕闽民初字第67号民事判决主文第二、三、四项；

二、变更原审判决主文第一项为：福州商贸大厦筹备处偿还福建佳盛投资有限公司借款本金3550万元、利息11030159.17元及逾期罚息（自2000年6月21日起至实际给付之日止按照中国人民银行同期逾期贷款利率分段计付）。上述应付款项于本判决送达之次日起10日内给付。逾期给付则按照《民事诉讼法》第232条之规定办理。本案一审案件受理费267710元按照一审判决执行；二审案件受理费267710元，由上诉人福建商贸大厦筹备处承担。

二审裁判理由

二审除认定原审法院查明的事实外，另查明：华融福州办于2004年11月29日向原审法院出具《债权转让证明》载明，"……上述合同项下的债权本金为人民币3550万元，利息（暂计至2004年9月21日）为28746682.79元。上述转让的债权本金及利息合计人民币64246682.79元。2004年9月22日起的利息随之转让"。

二审法院认为：本案双方当事人对于两次债权转让协议中确认的债务本金3550万元及其计算至2000年6月20日的利息11030159.17元均无争议，故对原审判决主文第一项中关于该部分的判决内容予以维持。本案争议焦点在于筹备处对于2000年6月21日之后的利息是否应予给付问题。首先，从债权转让合同的约定看，2000年6月20日，华融福州办从福建工行受让前述五份借款合同、三份担保合同项下未受清偿债权之时，并未明示放弃债权受让之后的利息之债；2004年11月29日，佳盛公司从华融福州办转让取得相同债权，亦未明示放弃相应利息之债。其次，华融福州办向筹备处出具的数份《催款通知书》上写明的无具体数额的"相应利息"，以及华融福州办于2004年11月29日向原审法院出具《债权转让证明》中关于"债权本金3550万元、利息（暂计至2004年9月21日）及2004年9月22日之日起的利息随之转让"的表述，亦能说明华融福州办从未放弃2000年6月21日之后的利息之债。况且，银行利息是主债权的收益，属法定孳息，除法律有特别规定或当事人有特别约定外，取得孳息的权利随着主物所有权转移而同时转移。本案债权虽经两次转让，但合同当事人均未明确表示放弃债权转让之后的利息，故原审判决判令债务人筹备处偿还债权人佳盛公司自 2000 年 6 月 21 日起至给付之日止的利息并无不当，应予维持，但计息标准应按照中国人民银行同期逾期贷款利率分段计付。原审判决统一按照日 2.1‰计付未能考虑中国人民银行逾期贷款利率的变动情况，应予以纠正。

综上，二审法院认为，原审判决认定事实清楚，除逾期罚息的计付标准表述不当而应予调整以外，其余适用法律并无不当，予以维持。上诉人筹备处的上诉理由不能成立，不予支持。

（三）建设用地使用权抵押权纠纷

> **75. 地上建筑物所有权转让后，就其占用范围内国有土地使用权单独抵押的，抵押行为是否有效？**
>
> 地上建筑物所有权转让后，就其占用范围内国有土地使用权单独抵押的，虽然抵押登记只针对国有土地使用权，但应视为当事人约定土地使用权与地面建筑物所有权一并抵押，然而地上建筑物中转让给他人所有，抵押人并无权利处分。如未经地上建筑物的所有权人追认，则抵押合同无效，依据该合同设立的抵押权也相应无效。

典型疑难案件参考

中国信达资产管理公司西安办事处与陕西省粮油食品进出口公司西安中转冷库、陕西省粮油食品进出口公司借款担保合同纠纷案（最高人民法院民事判决书〔2007〕民二终字第 222 号，《最高人民法院公报》2009 年第 12 期，总第 158 期）

基本案情

2003 年 3 月 16 日，被告陕西省粮油食品进出口公司（以下简称粮油公司）与中国银行陕西省分行（以下简称陕西中行）签订编号为 2003 年陕中营借字 022 号《人民币借款合同》一份，约定粮油公司向陕西中行借款 2560 万元，借款期限 12 个月，借款用途为借新还旧，借款利率为年利率 5.31%，由被告陕西省粮油食品进出口公司西安中转冷库（以下简称中转冷库）提供抵押担保。如粮油公司未按约定期限还款,逾期部分按每日2.1‰计收利息。逾期利率遇利率调整分段计息。同日,中转冷库与陕西中行签订了编号为2003年陕中营抵字022号《抵押合同》,中转冷库以其44.46亩土地使用权作价4106.55万元为粮油公司2560万元借款提供抵押担保。抵押合同第2条约定,借款合同双方协议变更合同内容的,除增加借款金额之外,无需征得抵押人的同意,抵押人应按照变更后的债权范围承担担保责任。借款合同双方未经抵押人同意而增加借款金额的,抵押人仍在原借款金额内承担保证责任。抵押权人将借款合同项下的债权转让给第三人的,抵押物继续担保,该债权优先受偿。同年3月17日,陕西中行向粮油公司发放贷款2560万元,粮油公司清偿了在陕西中行的旧贷款。2003年3月28日,西安市国土资源和房屋管理局就中转冷库同意继续用土地及地面建筑物进行贷款抵押的致函作了批复,该批复称:"你单位报来《关于同意继续用土地及地面建筑物进行贷款抵押的函》及你单位与中国银行陕西省分行签订的编号为2003年陕中营抵字022号抵押合同、陕西省粮油食品进出口公司与中国银行陕西省分行签订的编号为2003年陕中营借字022号人民币借款合同等附件收悉。根据《中华人民共和国城市房地产管理法》及建设部《城市房地产抵押管理办法》的规定,经研究,同意你单位以位于西安市未央区辛家庙土地使用权在中国银行陕西省分行设定抵押,为陕西省粮油食品进出口公司提供担保,贷款2560万元整,抵押期限为自登记之日起12个月,抵押证件为西未国用〔2000〕字第979号、西未国用〔2001〕字第299号国有土地使用证。根据有关规定,在抵押期间,未经抵押权人同意,土地使用权及地上建筑物、附着物所有权不得转让。"

2004年6月25日,陕西中行与原告中国信达资产管理公司西安办事处(以下简称信达西安办)签订《债权转让协议》,陕西中行将其对粮油公司享有的2560万债权及从权利转让给了信达西安办。同年11月10日,陕西中行和信达西安办在《陕西日报》刊登"债权转让暨催收公告",向粮油公司通知了债权转让的事宜,同时受让人信达西安办向粮油公司主张了权利。2006年6月18日,信达西安办又在《陕西日报》刊登公告,向粮油公司主张权利。

此外,中转冷库提供的44.466亩国有划拨土地使用权抵押中,有13.265亩为中转冷库的福利区,即职工住宅区。该宗土地使用证号为西未国用〔2000〕字第979号。粮油公司与中转冷库未履行还款义务,信达西安办向陕西高院提起诉讼,请求判令粮油公司清偿借款本金2560万元及利息7 046 315.64元(计算至2006年9月20日),中转冷库对上述借款本息承担担保责任,信达西安办对中转冷库提供的抵押物处置价款优先受偿,粮油公司与中转冷库承担诉讼费用。

并且，西未国用〔2000〕字第979号土地上有职工住宅楼，其中46户职工持有西安市房产管理局颁发的《房屋所有权证》，填发日期部分为2001年5月21日，部分为5月22日，房屋所有权证中房屋分层分户平面图下标时间为2001年5月9日。中转冷库与陕西中行签订的2003年陕中营抵字022号《抵押合同》第5条"抵押财产"中约定，"抵押财产净值为人民币4106.55万元，有关情况详见抵押财产清单"，该合同所附抵押财产清单中载明"抵押财产名称"为"土地、房产"。西安市房屋管理局2008年7月18日出具《关于陕西省粮油食品进出口公司西安中转冷库土地权抵押登记的复函》（市房函〔2008〕101号），载明："经核实，陕西省粮油食品进出口公司西安中转冷库西未国用〔2000〕字第979号、西未国用〔2001〕字第299号国有土地使用证，在我局办理过抵押登记手续，初次登记时间为2001年3月6日，展期登记时间为2003年3月28日。以上两块土地证载用途为仓储用地。""在2002年机构改革以前，市房产局与市土地局都有土地使用权抵押登记业务。市房产局办理抵押登记时，暂存土地使用证原件，直至抵押登记注销。机构改革以后，两局合并，经局领导研究，两局合并之前原房产局办理的抵押登记业务，作为遗留问题，由产权市场处办理展期和注销登记。按照该决定，两局合并以后，市场处办理的抵押登记业务都是原来的遗留问题，登记备案证明抄送地籍地政处、房地产交易管理中心和房屋产权产籍管理中心。2005年机构改革后，两局分设，该遗留问题仍由我局办理。""陕西省粮油食品进出口公司西安中转冷库所建房屋产权登记总共有三处，其中两处为职工住宅，证号为1150112018-15-19、1150112018-15-3，已房改分户，发证日期为1998年9月；一处为办公，证号为1150112018-15-2，发证日期为1998年9月，提交的土地证为：未国用〔95〕字1321#、1322#。三处房产登记均看不出与西未国用〔2000〕字第979号土地证有关联。"西安市国土资源局所存西未国用〔2000〕字第979号土地档案中土地登记审批表显示该宗土地"申报建筑物权属"为"本单位所有"，"建筑物类型"为"平房、楼房"，"土地用途"为"仓储"，并载明"该宗地由陕西省粮油食品进出口公司西安中转冷库使用，持有未国用〔1995〕字第1321号《国有土地使用证》，证载土地面积为11 236.59平方米。经未央区土地局地籍调查，土地面积为13.265亩，用途为住宅。注销原颁发的未国用〔1995〕字第1321号《国有土地使用证》。同意换发新证"。

▎一审裁判结果▶

陕西省高级人民法院根据《民法通则》第84条、第106条第1款、第

108 条、第 140 条、《合同法》第 207 条、《担保法》第 33 条、第 37 条第 1 款第 4 项、第 41 条、第 52 条、第 53 条、第 57 条、最高人民法院《关于适用〈中华人民共和国担保法〉若干问题的解释》（以下简称《担保法解释》）第 7 条、最高人民法院《关于审理涉及金融资产管理公司、收购、管理、处置国有银行不良贷款形成的资产的案件运用法律若干问题的规定》第 10 条之规定，该院判决如下：

一、陕西中行与粮油公司签订的编号为 2003 年陕中营借字 022 号《人民币借款合同》及陕西中行与信达西安办签订的《债权转让协议》有效，陕西中行与中转冷库签订的编号为 2003 年陕中营抵字 022 号《抵押合同》中，除西未国用〔2000〕字第 979 号土地证项下的 13.265 亩土地使用权抵押无效外，其余部分有效；

二、粮油公司在本判决生效后 10 日内向信达西安办偿还借款本金 2560 万人民币及利息（借款合同期内的利息按照借款合同约定的利率计付，逾期部分的利息按照中国人民银行规定的同期逾期罚息计算标准计付至给付之日）；

三、粮油公司不履行上述给付义务时，信达西安办有权就中转冷库提供的抵押物西未国用〔2001〕字第 299 号土地使用证项下的 31.201 亩土地使用权折价或者以拍卖、变卖该财产的价款优先受偿；

四、上述二、三项给付义务执行完毕后，如信达西安办仍有部分债权未受清偿，中转冷库对粮油公司不能清偿的部分承担 1/3 的赔偿责任；

五、中转冷库履行担保义务后，有权向粮油公司追偿。如果未按本判决指定的期间履行给付金钱义务，应当依照《民事诉讼法》第 232 条之规定，加倍支付迟延履行期间的债务利息。案件受理费 86621 元，保全费 81616 元，由粮油公司承担。

一审裁判理由

陕西省高级人民法院经审理认为：粮油公司与陕西中行签订的编号 2003 年陕中营借字 022 号《人民币借款合同》及陕西中行与信达西安办签订的《债权转让协议》，系各方当事人的真实意思表示，且不违反法律、行政法规强制性规定，应为有效。粮油公司未按合同约定履行还款义务，已构成违约，依法应承担相应的民事责任。中转冷库与陕西中行签订的编号为 2003 年陕中营抵字 022 号《抵押合同》，除中转冷库提供的西未国用〔2000〕字第 979 号土地使用证项下的 13.265 亩土地使用权因存在争议而违反了《担保法》第 37 条第 1 款第 4 项关于"所有权、使用权不明或者有争议的财产不得抵押"的规定无效外，其余部分符合《担保法》第 34 条第 1 款第 3 项"抵押人依法有权处分的国有土地使用权、房屋和其他地上定着物可以抵押"的规定，应为有效。中转冷库应按抵押合同中有效部分的约定，对粮油公司所欠债务依法承担抵押担保责任。造成部分抵押无效，因陕西中行和中转冷库均有过错，根据最高人民法院《担保法解释》第7条，"主合同有效而担保合同无效，债权人无过错的，担保人与债务人对主合同债权人的经济损失，承担连带赔偿责任；债权人、担保人有过错的，担保人承担民事责任的部分，不应超过债务人不能清偿部分的二分之一"的规定，抵押人中转冷库在抵押权人信达西安办对有效抵押部分实现抵押权后，对粮油公司仍不能清偿的部分承担1/3的赔偿责任。根据本案查明的事实，粮油公司2560万元的借款期限届满日为2004年3月16日，诉讼时效的届满日为2006年3月16日。信达西安办受让该债权后，分别于2004年11月10日、2006年6月18日在《陕西日报》刊登催收公告，向粮油公司主张了权利，依据最高人民法院《关于审理涉及金融资产管理公司收购、管理、处置国有银行不良贷款形成的资产的案件适用法律若干问题的规定》第10条，"原债权银行在全国或省级有影响的报纸上发布的债权转让公告或通知中有催收债务内容的，该公告或通知可以作为诉讼时效中断的证据"的规定，本案借款的诉讼时效因债权人信达西安办主张权利发生中断，故粮油公司关于本案借款已过诉讼时效的抗辩理由不能成立。本案借款虽系借新还旧，但根据2003年3月28日，西安市国土资源和房屋管理局给中转冷库"关于房地产抵押登记展期的批复"证明，中转冷库持有粮油公司与陕西中行签订的2003年陕中营借字022号"借新还旧"的借款合同，由此证明其知道本案借款系"借新还旧"，故中转冷库辩称其不知道本案借款系"借新还旧"与事实不符，其主张抵押担保无效，应免除其担保责任的理由不能成立。西安市国土资源和房屋管理局给中转冷库抵押登记展期的批复中载明抵押期限自登记之日起12个月，期限届满后，中转冷库再未续登，但根据最高人民法院《担保法解释》第12条第1项之规定："当事人约定的或者登记部门要求登记的担保期间，对担保物权的存续不具有法律约束力。"故中转冷库关于抵押期限届满后未办展期，抵押无效的抗辩理由亦不能成立。本案所涉及的抵押物，除中转冷库提供的西未国用〔2000〕字第979号土地使用证项下的13.265亩土地使用权因违反《担保法》第37条第1款第4项之规定无效外，中转冷库对西未国用〔2001〕字第299号土地使用证项下的31.201亩土地使用权独自享有，本案抵押物不存在共有的问题，故中转冷库关于抵押担保未经共有人同意而无效的抗辩理由不能成立。其辩称本案已过诉讼时效，亦与事实不符，其抗辩理由不能成立。虽然信达西安办两次报纸公告没有中转冷库的名称，但根据《担保法》第52条的规定："抵押权与其担保的债权同时存在，债权消灭的，抵押权也消灭。"因本案债权并未消灭，故信达西安办的抵押权依然存在。综上，中转冷库主张抵押担保无效，请求免除担保责任的理由均不能成立。

二审诉辩情况

信达西安办不服陕西省高级人民法院上述民事判决，向最高人民法院提起上诉称：（1）一审判决认定事实不清，证据不足，信达西安办对西未国用〔2000〕字第979号土地证项下的13.265亩土地使用权享有合法的抵押权。根据《担保法》之规定，当事人完全可以对在其名下的国有土地使用权进行抵押，抵押权人与抵押人只要在土地管理部门办理完成抵押物登记，该抵押权就是合法有效的，在没有相反证据的情况下合法有效的抵押权并不能任意推翻。原债权银行与中转冷库签订了西未国用〔2000〕字第979号土地使用权抵押合同，又于同年3月28日在西安市国土资源和房屋管理局办理了抵押权登记，登记机构核发了市国土房管发〔2003〕109号抵押批复，信达西安办与中转冷库签订了抵押合同，又依法办理了抵押权登记手续，双方行为完全符合《担保法》及相关法规之规定。信达西安办对上述土地使用权享有的抵押权是完全合法有效的。（2）一审判决适用法律错误，西未国用〔2000〕字第979号国有土地使用权属中转冷库享有，并不存在权属争议。信达西安办出示的多份证据足以证明西未国用〔2000〕字第979号国有土地使用权在法律上属于中转冷库享有，该幅土地使用权权属清楚，并无任何争议，中转冷库完全有权利在其上设定抵押权，一审认定上述土地使用权系所有权、使用权不明或者有争议的财产是适用法律错误。（3）一审法院仅以抵押土地上先前已有职工住宅为由即认定上诉人享有抵押权的土地使用权存在争议，明显证据不足。中转冷库用以抵押的13.265亩土地，在1992年即已经陕西省对外经济贸易委员会及其他相关部门批准，集资建了三栋职工家属楼共计46户，并于2001年5月9日领取了房产证，但土地性质仍为划拨土地，在此情况下中转冷库以该土地使用权设定了抵押，一审判决据此即认定信达西安办享有抵押权的土地使用权存在争议而认为抵押权无效，该认定是不能成立的。原因在于，《担保法》所指的使用权不明或有争议的财产仅指双方对使用权有争议，正由司法部门或者行政部门进行解决的情况，在这种情况下由于该土地使用权是否存在争议正由相关部门处理，因此法律不允许此种土地使用权进行抵押。本案中西未国用〔2000〕字第979号国有土地使用权从档案中看在中转冷库名下，没有任何单位或者个人与中转冷库就该土地使用权发生争议。虽中转冷库职工在该土地上建有住宅，但并不能以此否定上诉人已经土地管理部门登记的抵押权，因此一审判决信达西安办抵押权部分无效明显证据不足。

综上,一审判决认定事实不清,证据不足,适用法律错误,上诉人对西未国用〔2000〕字第979号国有土地使用权享有的抵押权合法有效。请求:(1)撤销陕西省高级人民法院〔2007〕陕民二初字第2号民事判决书第一、三、四项,改判确认信达西安办对中转冷库抵押的两宗土地均享有抵押权,中转冷库应承担担保责任,信达西安办有权处置中转冷库享有的西未国用〔2000〕字第979号、西未国用〔2001〕字第299号国有土地使用权,从抵押物处置价款中优先受偿;(2)由粮油公司和中转冷库承担本案全部诉讼费用。

被上诉人中转冷库答辩称:一审判决认定事实清楚,证据充分,适用法律得当,依法应当维持,请求驳回信达西安办的上诉请求,维持原审判决。(1)西未国用〔2000〕字第979号土地证项下的13.265亩土地抵押无效。信达西安办一审没有出示他项权利证书,应承担举证不能的法律后果。抵押合同未经其他共有人同意,抵押无效。中转冷库为解决职工住宅楼问题,于1992年9月8日贷资盖楼,经省经贸委〔1992〕349号文件批准,并报省纪委、省建行、市规划局、市房地局、市土地局等有关部门备案,共46户职工在2001年5月9日领取了房屋所有权证,产权界定为私有。一审庭审中,信达西安办承认其在办理抵押时去现场查看过,知道有三幢职工家属集资楼共有人。本案土地抵押没有经过共有人同意,抵押行为无效。(2)一审判决适用法律得当,西未国用〔2000〕字第979号国有土地存在严重的权属问题。首先,46户职工办理房产证在先,抵押行为在后。46户职工于2001年5月9日在西安市房产管理局办理的房屋所有权证,46户房屋所有权人享有西未国用〔2000〕字第979号13.265亩地的使用权;其次,国家政策没有关于国家职工集资房和国有土地大证分割的政策,故中转冷库无法办理;最后,信达西安办知道抵押土地上有三幢职工集资楼,职工办理合法有效的房产证,还置法律于不顾,于2003年3月28日行使抵押无效行为。即使信达西安办对抵押物的所有权状态不知,也不能取得抵押权。(3)信达西安办在该案中有严重过错,应当自行承担法律责任。原债权银行在办理抵押时,明知抵押物上有三幢职工集资楼,46户职工有房产证,明知抵押土地存在所有权、使用权不明问题,强行办理无效抵押合同。信达西安办作为专业机构应当自行承担法律后果。抵押登记期满未办理展期,抵押已无效。信达西安办起诉中转冷库时已经超过诉讼时效,依法应裁定驳回起诉。根据《物权法》第202条的规定:"抵押人应当在主债权诉讼时效期间内行使抵押权;未行使的,人民法院不予保护。"这两块抵押土地信达西安办没有在主债权诉讼时效期间内行使抵押权,人民法院都不应当保护。(4)信达西安办明知抵押权无效,又申请法院查封原抵押的土地,该土地上持有房产的46户职工,几百名家属强烈不满,要上访反映,严重影响社会的安定和谐。

原审被告粮油公司陈述称：（1）信达西安办一审的诉讼请求不能成立，没有依据支持。信达西安办要求粮油公司偿还借款2560万元没有依据。（2）抵押行为无效，中转冷库不承担担保责任。办理借款合同时，原债权银行已明知粮油公司无力偿还借款，而严重违反商业法的有关规定，让粮油公司拿着空白抵押合同找中转冷库盖章。抵押合同是盖完章后，银行才填写的内容，中转冷库根本不知是借新还旧。原债权银行始终没有和中转冷库见面商谈合同，中转冷库是独立法人从未给粮油公司授权。抵押行为未经共有人许可，是无效行为。抵押已过期限，未办理展期，应失效。根据《物权法》第202条规定，信达西安办未在主债权诉讼时效期间内行使抵押权，不应当保护。（3）粮油公司贷款是计划经济时期为完成国家下达外汇指标任务，属于政策性挂账亏损。粮油公司已经处于资不抵债的破产状况。信达西安办对粮油公司财务经营状况清楚，签订借款合同中存在严重过错，应当自行承担法律后果。

▶ 二审裁判结果

最高人民法院依照《民事诉讼法》第153条第1款之规定，判决如下：
一、维持陕西省高级人民法院〔2007〕陕民二初字第2号民事判决第一、二、三、五项；
二、变更上述判决主文第四项为"上述二、三项给付义务执行完毕后，如中国信达资产管理公司西安办事处仍有部分债权未受清偿，陕西省粮油食品进出口公司西安中转冷库对陕西省粮油食品进出口公司不能清偿的部分承担1/2的赔偿责任。"一审案件受理费、诉讼保全费按照一审判决执行。二审案件受理费102515.79元，由上诉人中国信达资产管理公司西安办事处承担68343.86元，被上诉人陕西省粮油食品进出口公司西安中转冷库承担34171.93元。

▶ 二审裁判理由

最高人民法院认为，本案当事人二审争议的焦点是西未国用〔2000〕字第979号国有土地使用权抵押效力问题。

《中华人民共和国城市房地产管理法》（以下简称《城市房地产管理法》）第31条规定："房地产转让、抵押时，房屋的所有权和该房屋占用范围内的土地使用权同时转让、抵押。"中华人民共和国建设部1997年10月27日颁布的《城市房屋权属登记管理办法》第6条规定："房屋权属登记应当遵循房屋的所有权和该房屋占用范围内的土地使用权权利主体一致的原则。"中华人民共和国土地管理局1992年3月8日颁布的《划拨土地使用权管理暂行办法》第11条规定，"转让、抵押土地使用权，其地上建筑物、其他附着物所有权随之转让、抵押；转让、抵押地上建筑物、其他附着物所有权，其使用范围内的土地使用权随之转让、抵押。但地上建筑物、其他附着物作为动产转让的除外"。"地随房走，房随地走"的权利合一原则是我国房地产权属的一贯原则。房产转让人负有将所售房屋占用范围内的土地使用权移转给受让人的义务，受让人享有要求将所购房屋占用范围内土地使用权移转给自己的权利。在土地使用权变更登记完成之前，转让人为登记的名义权利人，但受让人为实质权利人，可以请求将土地使用权变更至自己名下。

陕中营抵字022号《抵押合同》中约定了抵押物名称为"土地、房产"，中转冷库2003年向西安市国土资源和房屋管理局报送的也为《关于同意继续用土地及地面建筑物进行贷款抵押的函》。因此，虽然抵押登记只针对西未国用〔2000〕字第979号国有土地使用权，但应视为当事人约定土地使用权与地面建筑物所有权一并抵押。然而地上建筑物中职工住宅楼的所有权已经移转给购房职工所有，中转冷库并无权利处分。根据《合同法》第51条之规定："无处分权的人处分他人财产，经权利人追认或者无处分权的人订立合同后取得处分权的，该合同有效。"该抵押合同未经地上建筑物所有权人购房职工追认；且西未国用〔2000〕字第979号土地使用权证书中已经标明该宗土地上存有地上建筑物，并标明为中转冷库的福利区，地上建筑物中职工住宅楼所有权已经登记移转至购房职工名下，而原债权银行却未查明地上建筑物实际权属即接受抵押，也存在过错，因此抵押合同无效，依据该合同设立的抵押权也相应无效。

本案中职工住宅楼虽然没有占用西未国用〔2000〕字第979号全部13.265亩土地，但于该土地使用权上设定的抵押权无效及于该宗土地全部，西未国用〔2000〕字第979号国有土地使用权抵押无效。信达西安办关于其对上述国有土地使用权享有抵押权的上诉理由不能成立，本院不予采纳。原审判决关于造成该部分抵押无效，陕西中行和中转冷库均有过错，中转冷库在信达西安办对有效抵押部分实现抵押权后，对粮油公司仍不能清偿的部分需承担部分赔偿责任的认定正确，但其关于中转冷库就此承担1/3赔偿责任的比例认定偏低。虽然陕西中行对造成上述国有土地使用权抵押无效的后果存在过错，但中转冷库的无权处分行为亦是导致抵押无效的主要原因，因此，本院将中转冷库上述赔偿责任比例调整为1/2。

综上，原审判决除对中转冷库承担赔偿责任比例认定偏低以外，其余部分判决结果并无不当，应予维持。

76. 事后抵押是否有效？

事后抵押是指债务人有多个普通债权人，在清偿债务时，债务人与其中一个债权人恶意串通，将其全部或者部分财产抵押给该债权人。该抵押设定通常发生在债务人业已陷入支付危机、濒临破产、其财产已经不足以清偿全部债务的情况下，将必然导致其降低或者丧失了履行其他债务的能力，损害了其他债权人的合法利益。因此事后抵押应认定为无效，抵押权人对于行使抵押权获得的价款没有优先受偿权，已经取得该价款的，应当依法予以返还。

典型疑难案件参考

中国光大银行与内蒙古包头华达合资卧具装饰厂、中国农业银行包头市青山区支行、包头市青山区人民政府自由路办事处侵权纠纷案（最高人民法院〔2008〕民二终字第135号民事判决书，《最高人民法院公报》2010年第2期，第160期）

基本案情

上诉人中国光大银行（以下简称光大银行）为与被上诉人内蒙古包头华达合资卧具装饰厂（以下简称华达装饰厂）、中国农业银行包头市青山区支行（以下简称农行青山支行）、包头市青山区人民政府自由路办事处（以下简称自由路办事处）侵权纠纷一案，不服内蒙古自治区高级人民法院〔2007〕内民二初字第21号民事判决，向最高人民法院提起上诉。

1989年1月，原中国投资银行内蒙古分行向原包头市第四木器厂发放世界银行转贷款570680美元，人民币919280元。后债务主体变更为华达装饰厂，该厂承诺于1999年9月20日前归还本息。1999年3月，债权主体变更为光大银行。截止到2003年9月，华达装饰厂尚欠光大银行外汇借款本息2332778.39美元，人民币借款本息1470093.21元。

1999年9月30日，农行青山支行与华达装饰厂签订了抵押担保借款合同，约定贷款金额169万元，借款用途为落债，贷款期限为1999年9月30日至2000年9月29日，贷款利率为月息5.85‰，抵押财产为房产，评估价值为246万元。同日，双方签订了房地产抵押合同，同年10月6日办理了房屋抵押登记。同年10月18日，农行青山支行与华达装饰厂又签订了一份抵押担保借款合同，约定贷款金额 27 万元，借款用途为落债，贷款期限为 1999 年 10 月 18 日至 2000 年 10 月 17 日，贷款利率为月息 5.855‰，抵押财产为土地，评估价值为 66 万元，土地类型为划拨的国有土地使用权。该抵押办理了抵押物登记。另外，中国农业银行借款借据显示，农行青山支行向华达装饰厂发放短期贷款一笔 149.4 万元，贷款期限为 1999 年 11 月 1 日至 1999 年 12 月 20 日，借款用途为落债，贷款利率为月息 5.9525‰，该笔贷款借据显示 2003 年 6 月 10 日还本金 100 万元，2003 年 7 月 10 日还本金 25 万元。

2002 年 11 月 7 日，农行青山支行为实现贷款回收与华达装饰厂和包头正业房地产开发有限责任公司（以下简称正业公司）签订了《房产转让协议》，欲将抵押的全部房产和土地使用权转让给正业公司。农行青山支行、华达装饰厂和包头市土地储备中心于 2003 年 2 月 25 日签订了《土地使用权收购合同》，约定由包头市土地储备中心收购华达装饰厂抵押的国有土地使用权，并于同年 4 月挂牌交易，正业公司参与竞标，取得了该宗土地使用权及地上附着的房产，并于 4 月 30 日签订了挂牌成交确认书。正业公司支付了 2809000 元。同年 9 月 26 日，包头市国土资源局为正业公司核发了上述挂牌交易土地的《国有土地使用权证》。农行青山支行分别于 2003 年 6 月 10 日和 7 月 10 日从华达装饰厂收贷 100 万元和 25 万元。

2000 年 11 月 10 日，光大银行得知华达装饰厂将房屋土地与农行青山支行办理抵押的情况后，向包头市青山区人民政府发出了关于进一步落实华达装饰厂金融债权的函，请求青山区人民政府根据国务院《关于进一步加强外国政府贷款管理若干意见的通知》和最高人民法院《关于债务人有多个债权人而将其全部财产抵押给其中一个债权人是否有效问题的批复》，落实该行债权。在青山区人民政府不知情的情况下，农行青山支行与原企业负责人付酷彪私自达成协议，于 2002 年将华达装饰厂房产和土地委托包头市国土资源局土地储备中心进行拍卖，买方为正业公司。2003 年 5 月，青山区人民政府发现此事后立即出面制止，曾多方协调包头市国土资源局、正业公司要求停止办理有关土地过户手续，但均无结果。

华达装饰厂因到期不能偿还光大银行借款，2004 年光大银行向内蒙古自治区高级人民法院起诉华达装饰厂清偿到期债权，光大银行对华达装饰厂借款形成的债权在〔2004〕内民二初字第 4 号民事判决中得到确认。其后，光大银行申请执行，因华达装饰厂除抵押的厂房、土地外无其他财产，光大银行债权未获受偿。2004 年光大银行以恶意串通损害其他债权人利益为由，向内蒙古自治区高级人民法院诉请确认抵押合同无效及恢复抵押物为未抵押状态。内蒙古自治区高级人民法院作出〔2005〕内民二终字第 48 号民事判决，确认了华达装饰厂与农行青山支行签订的抵押合同无效,驳回了光大银行要求将抵押物恢复为未抵押状态的诉讼请求。

2007年7月25日,光大银行以华达装饰厂、农行青山支行为被告向内蒙古自治区高级人民法院提起诉讼;2008年1月10日光大银行申请追加自由路办事处为被告。光大银行的诉讼请求为:(1)华达装饰厂、农行青山支行连带赔偿光大银行损失25606683.28元(美元本金588149.69元、利息2649600.62元,人民币本金526778.05元、利息473002.87元,美元折算率为7.6);(2)自由路办事处对华达装饰厂承担清算责任,并以清算财产承担民事责任;(3)本案诉讼费由华达装饰厂、农行青山支行、自由路办事处共同承担。

▶ 一审裁判结果

内蒙古自治区高级人民法院依照《民法通则》第106条第2款、《民事诉讼法》第130条的规定,判决:驳回光大银行的诉讼请求。一审案件受理费169657.20元,由光大银行负担。

▶ 一审裁判理由

内蒙古自治区高级人民法院原审判决认为,农行青山支行与华达装饰厂签订169万元和27万元的抵押担保借款合同,所担保的借款合同并没有实际履行,其签订合同的目的是为旧有债务设定抵押。农行青山支行称旧有债务149.4万元系由1998年6月25日贷款132.4万元和1999年9月28日17万元的贷款组成,但是两笔贷款在贷款时间、期限、用途、利率等方面并不相同。该两笔贷款借据表面记载均已清偿,还款日期均为1999年11月3日,与149.4万元借据转讫章相同,149.4万元的借款用途又为落债,可见农行青山支行是将旧有债务统归为一张149.4万元的借据,因此农行青山支行与华达装饰厂签订抵押担保借款合同及房地产抵押合同,使华达装饰厂的有效资产均设定为农行贷款抵押,双方存在主观上的恶意,该行为损害了其他债权人的利益,因此农行青山支行与华达装饰厂的房地产抵押行为无效,农行青山支行就行使抵押权获得的价款没有优先受偿权,农行青山支行应将该价款返还华达装饰厂。农行青山支行、光大银行各自的债权可以另行通过诉讼途径解决。由于光大银行没有提出确认华达装饰厂与正业公司房地产转让行为无效的诉讼请求,且正业公司也已经通过相应程序,成为该房地产的实际所有权人和使用权人,因此光大银行要求将抵押物恢复到未抵押状态的请求得不到法律支持。该院〔2005〕内民二终字第48号民事判决确认抵押无效的原因是,债务人在陷入支付危机后将全部有效资产抵押给一个债权人,使其他普通债权人丧失获偿机会，基于此点主观上存在的恶意，认定当事人间的事后抵押无效。但是恶意抵押双方侵害的是其他普通债权人受偿的机会，与光大银行借款合同项下的贷款不能偿还之间并不存在直接的因果关系。华达装饰厂已经在该院生效文书中被判决承担合同还款责任，在本案中不应再承担侵权责任。因此，在本案中光大银行请求自由路办事处基于华达装饰厂侵权责任的前提，承担主管单位的清算责任，并以清算财产承担责任的请求，没有成立的前提条件。

二审诉辩情况

光大银行不服原审法院上述民事判决，向最高人民法院提起上诉称：原审判决认定事实错误。原审判决对华达装饰厂与农行青山支行虚构债权设定抵押的事实没有认定，本案的事实以及原审法院〔2005〕内民二终字第48号民事判决，并非仅因为事后抵押的确认而认定抵押合同无效。争议所涉的169万元、27万元的抵押担保借款合同并未实际履行，为虚构的债权债务。农行青山支行与华达装饰厂是在虚构债权债务的前提下设定抵押，原审法院认定华达装饰厂与农行青山支行的抵押行为系事后抵押没有事实依据。华达装饰厂与农行青山支行恶意串通，虚构债权设定抵押并处置抵押物的行为，使华达装饰厂失去必要生产资料，导致华达装饰厂彻底失去偿债能力，构成对光大银行债权的侵害，双方的行为与光大银行的损失之间有因果关系，使光大银行的债权彻底不能实现，华达装饰厂与农行青山支行应当对光大银行债权的全部损失承担连带赔偿责任。请求二审撤销原审判决，改判如一审所请。

被上诉人农行青山支行答辩称：（1）光大银行提起本案诉讼既违反程序法一事不再理的原则，也违反实体法违约侵权之诉竞合的法律强制性规定。我国现行法律规定对普通合同债权保护不适用于侵权之诉，光大银行提起侵权之诉于法无据。（2）债权人为实现债权与债务人协议处置债务人财产的行为合法不构成侵权。农行青山支行在抵押担保借款法律关系中，既是抵押权人又是债权人，即使认定抵押合同无效，农行青山支行不再具有抵押权人的优先受偿权，但仍然是普通银行债权人，农行青山支行为实现债权与华达装饰厂协议处置财产的行为不违反法律禁止性规定，不构成侵权，合法有效应受法律保护。（3）农行青山支行与华达装饰厂为落实原有债务只是事后设定抵押并没有虚构债权债务关系。本案中农行青山支行与华达装饰厂为落实原有149.4万元贷款债务，签订了两份借款用途为落债的抵押担保借款合同，是按照法律规定和上级行要求房产和土地使用权同时抵押的规定办理的，并办理了抵押登记手续。原审法院在〔2005〕内民二终字第48号民事判决中并未对光大银行所主张的虚构债权债务的事实予以确认。（4）光大银行的贷款债权不能实现与农行青山支行设定抵押没有任何因果关系。根据法律规定，设定抵押担保，实现抵押权时抵押权人只是有优先受偿权，抵押物所有权的4项权能不受任何影响，更不会影响抵押人的生产经营活动。华达装饰厂于1998年彻底停产，1999年设定抵押不可能影响已经停产一年的华达装饰厂的生产经营。2003年为解决华达装饰厂职工5年未发工资的问题，农行青山支行与华达装饰厂协商处理转让房地产225万元，其中100万元用于安置职工生活，125万元用于清偿了农行青山支行贷款。光大银行的贷款债权不能实现的原因是华达装饰厂企业生产经营管理不善，连年亏损，严重资不抵债，导致彻底停止生产经营活动所致，与农行青山支行实现债权的行为无关。请求驳回上诉，维持原判。

被上诉人华达装饰厂未提交书面答辩状。

被上诉人自由路办事处未提交书面答辩状。二审开庭质证时口头答辩认为，华达装饰厂是集体企业，目前处于自动解散状态，划归自由路办事处主管后，自由路办事处只是解决职工的保险问题，其他的自由路办事处不负责，集体企业的财产清算应当由职工代表大会执行。请求维持原判。

▶ **二审裁判结果**

最高人民法院依照《民法通则》第40条、第46条、第47条，最高人民法院《关于贯彻执行〈中华人民共和国民法通则〉若干问题的意见（试行）》第59条，《民事诉讼法》第153条第1款第2项的规定，判决如下：

一、撤销内蒙古自治区高级人民法院〔2007〕内民二初字第21号民事判决；

二、驳回中国光大银行对内蒙包头华达合资卧具装饰厂、中国农业银行包头市青山区支行的诉讼请求；

三、包头市青山区人民政府自由路办事处对内蒙包头华达合资卧具装饰厂进行清算，并以清算的财产承担民事责任。一审案件受理费169657.2元，由中国光大银行承担135725.76元，包头市青山区人民政府自由路办事处承担33931.44元。二审案件受理费169657.2元，由中国光大银行承担135725.76元，包头市青山区人民政府自由路办事处承担33931.44元。

▶ **二审裁判理由**

最高人民法院认为，本案二审当事人争议的焦点问题是华达装饰厂和农行青山支行对光大银行的损失是否承担侵权责任、自由路办事处是否应当对华达装饰厂进行清算并以清算的财产承担民事责任。

关于光大银行提出的华达装饰厂和农行青山支行对其构成侵权，应当赔偿其债权损失的上诉理由,光大银行提出原审判决认定事实错误,华达装饰厂与农行青山支行系虚构债权设定抵押,认定华达装饰厂与农行青山支行的抵押行为系事后抵押没有事实依据。本院认为,对于华达装饰厂与农行青山支行的抵押行为系事后抵押事实的认定,是原审法院在〔2005〕内民二终字第48号民事判决中查明并认定的事实,该判决已经发生法律效力。光大银行在本案中并没有提供新的证据,即没有证据证明其主张的华达装饰厂与农行青山支行之间的债权系虚构。原审法院依据生效的法律文书确认本案事实并无不当。光大银行提出华达装饰厂与农行青山支行恶意串通,虚构债权设定抵押并处置抵押物的行为,与光大银行的损失之间有因果关系,故应当对其债权的全部损失承担连带赔偿责任。如上所述,华达装饰厂与农行青山支行的抵押行为系事后抵押,所谓事后抵押,一般是指债务人有多个普通债权人,在清偿债务时,债务人与其中一个债权人恶意串通,将其全部或者部分财产抵押给该债权人,因此丧失了履行其他债务的能力,损害了其他债权人的合法权益。通常情况下,债务人与其中一个债权人恶意串通设定事后抵押,一般均发生在债务人已经陷入支付危机即债务人濒临破产,其财产已经不足以清偿全部债务。在该抵押行为被确认无效后,产生的法律后果是抵押权人就行使抵押权获得的价款没有优先受偿权;已经取得该价款的,应当依法予以返还。根据本案查明的事实,光大银行已就自己债权的保护在原审法院提起了借款合同纠纷与确认抵押合同无效纠纷两起诉讼,原审法院针对查明的事实,已经分别作出判决,华达装饰厂就借款合同承担违约还款责任,确认华达装饰厂与农行青山支行之间的抵押合同无效。故原审法院在本案中认定华达装饰厂已经在该院生效文书中被判决承担合同还款责任,不应再承担侵权责任并无不当。事实上,华达装饰厂与农行青山支行之间的事后抵押行为发生时,华达装饰厂已经彻底停产,处于资不抵债状态,农行青山支行与华达装饰厂签订抵押合同时,对抵押的房产和土地均进行了评估,其价值远低于光大银行所享有的债权,农行青山支行就抵押无效所应承担的法律后果是返还其基于抵押优先受偿获得的款项。故原审法院认定农行青山支行与华达装饰厂的抵押行为,与光大银行借款合同项下的贷款不能得到清偿之间不存在直接的因果关系,该认定并无不当。光大银行提出农行青山支行应当对其全部债权损失承担连带赔偿责任的诉讼请求,没有事实依据和法律依据,本院不予支持。

关于光大银行提出的自由路办事处应当对华达装饰厂承担清算责任,并以清算的财产承担民事责任的上诉请求,本院认为,根据本案查明的事实,华达装饰厂已经被工商行政管理机关吊销企业法人营业执照,自由路办事处庭审中亦表示华达装饰厂目前处于自动解散状态。吊销企业法人营业执照,是工商行政管理机关依据国家工商行政法规对违法的企业法人作出的一种行政处罚。根据《民法通则》第 40 条"法人终止,应当依法进行清算,停止清算范围外的活动"、第 46 条"企业法人终止,应当向登记机关办理注销登记并公告"、第 47 条"企业法人解散,应当成立清算组织,进行清算"的规定,企业法人被吊销营业执照的,应当依法进行清算,并办理工商注销登记后,该企业法人才归于消灭。根据最高人民法院《关于贯彻执行〈中华人民共和国民法通则〉若干问题的意见(试行)》第 59 条规定,企业法人解散或者被撤销的,应当由其主管机关组织清算小组进行清算。华达装饰厂为集体所有制企业,未进行改制,由于经营不善,自 1998 年即停止生产,在被工商行政管理机关吊销企业法人营业执照,企业处于解散的状态下,自由路办事处作为华达装饰厂现在的主管部门,应依法对其进行清算。本案中,虽然光大银行提起的是侵权之诉,但其亦提出了自由路办事处应当对华达装饰厂承担清算责任的诉讼请求,根据民事诉讼法中关于诉的合并原理以及节约当事人的诉讼成本原则,对自由路办事处的清算责任问题应在本案中一并处理。故光大银行提出的自由路办事处应当对华达装饰厂承担清算责任,并以清算的财产承担民事责任的上诉请求符合法律规定,本院予以支持。原审判决适用法律不当,应予纠正。

综上,原审判决认定的事实基本清楚,但部分适用法律不当,应予纠正。

77. 法院的民事调解书只确定了抵押人以其抵押的土地使用权对借款承担抵押责任,未确定以抵押土地上的房产承担抵押责任,抵押权人是否对该土地上的建筑物享有优先受偿的权利?

法院的民事调解书只确定了抵押人以其抵押的土地使用权对借款承担抵押责任,未确定以抵押土地上的房产承担抵押责任。调解协议的内容是双方当事人的真实意思表示,且不违反法律的强制性规定,也不损害国家、社会公共利益和他人的合法权益,体现了当事人自由处分自己的民事权利的原则。因调解协议所确定应当承担抵押责任的财产未包含抵押人的地上建筑物,表明抵押权人已放弃了对抵押人地上建筑物的抵押权利,故抵押权人对抵押人抵押土地上的建筑物不再享有优先受偿权。

典型疑难案件参考

中国农业银行缙云县支行诉李妙进等建设用地使用权抵押权纠纷案

基本案情

原告中国农业银行缙云县支行（以下简称缙云农行），被告李妙进、重庆劲霸摩托车制造有限公司、浙江武义豪邦车配制造有限公司、永康市益仁休闲运动机械有限公司。本案原、被告均为浙江田宇工具有限公司（以下简称田宇公司）的债权人，其向本院起诉后经判决、调解，确认田宇公司应当分别向上述债权人履行支付金钱义务。田宇公司向原告借款时，以该公司的土地使用权作抵押，于2008年1月31日经缙云县国土资源局办理了土地使用权他项权利登记手续，当时该公司地上建筑物已经建成，但未办理房产所有权的抵押登记。本院于2009年4月8日作出〔2008〕缙民执字第188-1号执行分配方案，将拍卖所得款6900000元在扣除案件的诉讼费、执行费、评估费用、保安工资、门卫工资后，对被执行人田宇公司所欠的劳动工资、以及对田宇公司的土地使用权享有抵押权的缙云农行的案件以拍卖时评估的土地使用权价值267.32万元和拍卖成交时土地使用权增值部分35.0385万元，共计302.3585万元优先予以分配。上述享有土地使用权抵押给缙云农行的案件优先受偿不足部分款项和其他普通债权按照比例受偿，在普通债权案件可分配款额中，缙云农行可得336000元。在预分配方案公示期间，原告对该方案提出执行异议，认为上述分配方案与法不符，田宇公司向缙云农行共借款8550000元，其中4100000元以该公司土地使用权设定抵押，依照物权法"以建设用地使用权设定抵押的，该土地上的建筑物一并抵押。未一并抵押的，未抵押的财产视为一并抵押"的规定，缙云农行享有的抵押权优先受偿范围应为土地使用权及地上建筑物价值，而不限于土地使用权评估的价值和拍卖成交的增值部分。在得知缙云农行的上述执行异议之后，本案的4名被告对该执行异议提出执行意见书，认为其异议不成立，要求法院依法驳回。缙云农行遂依法向本院提起本案的诉讼。

诉辩情况

原告缙云农行起诉称：缙云县人民法院于2009年4月8日作出对田宇公司执行分配方案，该方案认为原告缙云农行对田宇公司享有的抵押权只限于土地使用权拍卖时评估的价值267.32万元和拍卖成交时土地使用权增值部分35.0385万元。原告对此提出异议，认为依照物权法及担保法的相关规定，"以建设用地使用权设定抵押的，该土地上的建筑物一并抵押。未一并抵押的，未抵押的财产视为一并抵押"。根据此规定，原告享有的抵押权优先受偿范围应为土地使用权及地上建筑物的价值，而不是限于土地使用权拍卖评估时的价值和拍卖成交时的增值部分。而在被告向原告借款并设定抵押之前，被执行人田宇公司的厂房已经建成并在使用，只是由于消防验收原因未能及时办理房屋所有权证，并非属于在土地使用权设定抵押之后新增的房屋。原告的异议显然符合法律规定，应予支持，但其他债权人李妙进、重庆劲霸摩托车制造有限公司、浙江武义豪邦车配制造有限公司、永康市益仁休闲运动机械有限公司对此提出了异议，认为原告应限于土地使用权本身享有抵押权优先受偿。为此原告提起诉讼，请求确认原告对浙江田宇工具有限公司执行分配方案的异议成立，确认原告抵押权的优先受偿额为借款本金410万元及利息。

被告李妙进、重庆劲霸摩托车制造有限公司、浙江武义豪邦车配制造有限公司未作书面答辩，在庭审中共同口头答辩称：缙云县人民法院作出的对田宇公司执行分配方案是正确的。第一，田宇公司向原告借款的抵押物就是该公司的土地使用权，并不包括厂房或其他建筑物；第二，原告并没有办理田宇公司地上建筑物的法定登记手续，其抵押未生效，不得对抗第三人；第三，原告主张的优先受偿额超过了最高额抵押的最高限额390万元，对超过部分不应享有最高额抵押权。原告不应对田宇公司地上建筑物的价值享有优先受偿权，要求驳回原告的诉讼请求。被告李妙进、重庆劲霸摩托车制造有限公司、浙江武义豪邦车配制造有限公司未提供证据。

永康市益仁休闲运动机械有限公司未作答辩。

裁判结果

法院依照《合同法》第6条和《民事诉讼法》第64条第1款、第130条之规定，判决如下：驳回原告中国农业银行缙云县支行的诉讼请求。案件受理费39600元，由原告中国农业银行缙云县支行负担。

裁判理由

法院认为：田宇公司在向原告缙云农行借款并以其土地使用权抵押时，该公司地上建筑物已经建成，依照法律规定，该公司地上建筑物已随着土地使用权的抵押而抵押。农业银行就田宇公司借款合同纠纷起诉后，在审理过程中，经本院主持调解与田宇公司达成了调解协议。〔2008〕缙民初字第1133号民事调解书只确定了田宇公司以其抵押的土地使用权对借款承担抵押责任，未确定以田宇公司房产承担抵押责任。该调解协议的内容是双方当事人的真实意思表示，且不违反法律的强制性规定，也不损害国家、社会公共利益和他人的合法权益，体现了当事人自由处分自己的民事权利的原则。因调解协议所确定应当承担抵押责任的财产未包含田宇公司的地上建筑物，表明缙云农行已放弃了对田宇公司地上建筑物的抵押权利，故缙云农行对田宇公司地上建筑物不再享有优先受偿权。原告缙云农行要求确认其享有的抵押权优先受偿范围包括田宇公司地上建筑物的价值，抵押优先受偿额为借款本金410万元及利息的诉讼请求，缺乏依据，本院不予支持。

（四）动产抵押权纠纷

78. 抵押人以没有所有权但合法占有的动产作为抵押物，其抵押行为是否有效，善意抵押权人对动产抵押权的取得是否适用善意取得制度？

根据《物权法》第106条第3款的规定："当事人善意取得其他物权的，参照前两款规定。"由此得知，动产抵押权适用善意取得。占有一直是享有动产物权的公示方法，由于占有具有享有动产物权的公信力，占有人在占有物上行使的权利被法律推定为占有人合法享有，第三人只要善意地信赖占有人对该动产享有处分权并加以受让，就确定地取得动产的权利。因此，抵押人对其没有所有权但合法占有的动产行使的设定抵押的处分权，法律推定抵押人享有，第三人只要是善意的，就应当取得抵押权。

典型疑难案件参考

江苏省海安县农村信用合作联社诉海安县爱之缘服饰有限公司借款合同案

基本案情

2004年4月22日，原告江苏省海安县农村信用合作联社下属的海安县老坝港农村信用合作社（以下简称老坝港信用社）与被告海安县爱之缘服饰有限公司（以下简称爱之缘公司）签订了〔2004〕海信高抵借字31第005号最高额抵押担保借款合同一份，并于2004年4月27日在南通市海安工商行政管理局办理了抵押登记，抵押物为爱之缘公司设备平缝车26套、电子套结机4套、双针机10套、电子平锁机4套，抵押期间为2004年4月22日至2006年4月21日止，最高抵押金额为76.3万元。合同签订后，2005年11月10日和2006年3月26日，被告分别向老坝港信用社借款35万元和10万元，合计45

万元，约定还款日期为 2006 年 4 月 20 日。贷款到期后，被告爱之缘公司未履行还款义务，引起诉讼。

2003 年 9 月 23 日，第三人上海贵宏实业发展有限公司扬州分公司（以下简称贵宏公司扬州分公司）与被告爱之缘公司签订销售合同一份，由贵宏公司扬州分公司将"日星"牌工业缝纫机设备出售给爱之缘公司，合同总价款 92.5 万元，该合同中双方约定，货款未付清之前，货物产权仍归第三人所有。合同签订后，第三人按约交付了该批设备，被告亦给付货款 543582 元，尚欠货款 381417 元未能给付。2005 年 12 月 19 日，贵宏公司扬州分公司向东台市人民法院提起诉讼，要求爱之缘公司给付货款，该案经东台市人民法院调解结案，贵宏公司扬州分公司已向东台市人民法院申请执行。

▷ **一审诉辩情况**

原告诉称：2004 年 4 月 22 日，我社下属老坝港信用社与被告爱之缘公司签订最高额抵押担保借款合同一份，约定由老坝港信用社向爱之缘公司提供最高限额不超过 76.3 万元的贷款，最后还款期限为 2006 年 4 月 21 日，被告自愿以其合法拥有的设备作抵押担保，并办理了抵押登记。合同签订后，2005 年 11 月 10 日和 2006 年 3 月 26 日，被告分别向老坝港信用社借款 35 万元和 10 万元，合计 45 万元，约定还款日期为 2006 年 4 月 20 日，但被告逾期未能归还。现请求判令被告爱之缘公司立即归还借款本金 45 万元、利息 12789 元及至实际给付之日止的利息。如果被告不能履行还款义务，请求行使抵押权。

被告爱之缘公司未作答辩。

第三人贵宏公司扬州分公司述称：2004 年我公司与爱之缘公司签订了买卖合同，合同约定"日星"牌缝纫机设备以 90 多万元的价格出售给爱之缘公司，同时合同特别约定，爱之缘公司在货款未付清前对该批设备仅享有使用权，所有权仍属我公司所有，至今爱之缘公司尚未全部付清货款。2005 年 12 月，我公司已向东台市人民法院提起诉讼，后双方调解结案，现已进入执行程序。因此，该设备所有权尚未转移，爱之缘公司的抵押行为无效。

▷ **一审裁判结果**

江苏省海安县人民法院依据《民事诉讼法》第 130 条、《合同法》第 60 条、第 205 条、第 206 条、第 207 条，《担保法》第 53 条、第 59 条、第 60 条第 1 款之规定，作出如下判决：

一、被告爱之缘公司归还原告信用联社借款本金 45 万元；

二、被告爱之缘公司支付原告信用联社借款利息 12789 元（从借款之日起至2006年4月20日止，按合同约定的利率标准计算）。以上一、二项，合计462789元，由被告爱之缘公司于本判决发生法律效力后10日内给付原告信用联社。自2006年4月21日至实际还款之日止的利息，按合同约定的逾期利率标准计算，被告爱之缘公司在履行上述义务时一并给付原告信用联社。

一审裁判理由

江苏省海安县人民法院经审理认为：老坝港信用社与爱之缘公司签订的〔2004〕海信高抵借字31第005号最高额抵押担保借款合同，是由一个主合同即借款合同和一个从合同即抵押合同组成，该合同系双方当事人自愿达成，并未违反我国法律法规的强制性规定，也未损害合同双方的合法权益，该合同的主合同有效。爱之缘公司欠款事实清楚，应当归还。爱之缘公司与老坝港信用社签订抵押合同时，有义务将抵押物的权属状况告知老坝港信用社，但该公司却隐瞒真实情况与老坝港信用社订立抵押合同，明显违背了我国《民法通则》规定的诚实信用原则，显系恶意，但不能因此而得出老坝港信用社抵押权无效的结论。基于被告与第三人之间的买卖合同，该批设备作为动产，事实上是由爱之缘公司合法占有和使用，购买设备的发票也是爱之缘公司所持有，老坝港信用社与爱之缘公司订立抵押合同时，没有理由不相信该批设备不属于爱之缘公司所有，老坝港信用社主观上并无过错。而且该抵押物依法办理了抵押登记，因此，老坝港信用社的抵押权属善意取得，应认定该抵押合同有效。依据爱之缘公司与贵宏公司扬州分公司签订的买卖合同，双方约定货款未付清之前，货物产权仍归第三人所有，对此爱之缘公司是明知的，但爱之缘公司在未征得第三人同意的情况下，擅自将第三人所有的设备抵押给老坝港信用社，侵犯了第三人的财产权，因此给第三人造成的损失，可作为侵权之债，另行向爱之缘公司追偿。老坝港信用社系信用联社的下属机构，其诉讼权利义务应由信用联社享有和承担。原告的诉讼请求成立，应当支持。案件受理费和诉讼费用应由被告爱之缘公司负担。

二审诉辩情况

上诉人贵宏公司扬州分公司诉称：（1）其公司与爱之缘公司签订的买卖合同中有关所有权保留的规定符合法律规定，爱之缘公司未付清货款，所以设备的所有权仍归其公司所有，爱之缘以没有所有权的设备抵押的行为是无效的；（2）老坝港信用社在订立抵押合同时未尽审查义务，主观上不具有善意，所以信用联社不能取得抵押权。请求二审确认老坝港信用社与爱之缘公司签订的货款合同中有关抵押的部分无效。

被上诉人信用联社辩称：老坝港信用社取得抵押权是善意的，一审判决认为抵押行为有效正确，应当维持。

被上诉人爱之缘公司未作答辩。

▶ 二审裁判结果

江苏省南通市中级人民法院依据《民事诉讼法》第153条第1款第1项之规定，作出如下判决：驳回上诉，维持原判。二审案件受理费15310元由上诉人贵宏公司扬州分公司负担。

▶ 二审裁判理由

江苏省南通市中级人民法院经审理认为：贵宏公司扬州分公司与爱之缘公司签订的缝纫机设备买卖合同中，有关"货款未付清之前，货物产权仍归甲方（贵宏公司扬州分公司）所有"的约定不违反法律规定，应认定合法有效。由于贵宏公司扬州分公司供货后爱之缘公司尚未付清全部货款，根据上述约定，贵宏公司扬州分公司对所供缝纫机设备仍享有所有权。

财产的处分权属于财产所有权的权能，所有权人既可以自行处分其财产，也可以授权他人处分其财产。本案中爱之缘公司在付清货款、取得设备所有权之前，未经所有权人贵宏公司扬州分公司的授权在上述标的物上设定抵押属于无权处分。一般情况下无处分权人处分他人财产，除非经权利人追认或无权处分人在订立合同后取得处分权的，该处分行为无效。但维护交易安全、保护善意第三人利益的善意保护原则已为我国民法制度所承认，所以虽然无权处分人并不具有处分的权限，但在一定条件下法律仍承认其处分行为有效。由于善意保护原则维护交易安全、保护第三人利益是建立在牺牲真正权利人权利的基础之上，所以认定无权处分行为有效必须具备严格的条件：（1）无权处分人在外观上具有有权处分的表象；（2）相对人在主观上必须是善意无过失。本案中，首先，爱之缘公司具有有权处分的权利外观。我国法律规定动产标的物的所有权一般自交付时转移，因此接受动产的一方合法占有动产即具有动产所有权的外观表象。贵宏公司扬州分公司将缝纫机设备交付给爱之缘公司，爱之缘公司合法占有和使用该设备，即具有了有权处分的权利外观。相对人老坝港信用社据此可以初步确信爱之缘公司有权处分该设备。其次，相对人老坝港信用社在设定抵押时主观上善意无过失。贵宏公司扬州分公司并无证据证明老坝港信用社在与爱之缘公司订立抵押合同时知道或者应当知道爱之缘公司无权在该设备上设定抵押。而且老坝港信用社还审查了爱之缘公司购买该设备的发票，发票上并无所有权保留的记载，其通过发票进一步确信了爱之缘公司是设备的所有权人、有权处分该设备。所以老坝港信用社在设定抵押时对抵押物的权利审查尽到了一般注意义务,其主观为善意。

第三人贵宏公司扬州分公司提出海安信用社(老坝港信用社)在审查了爱之缘公司购买设备的发票后还应当审查其购买设备的买卖合同,才能说明其主观善意。本院认为,购买发票是爱之缘公司取得设备的凭证,具有物权归属的一般证明作用,而买卖合同只是爱之缘公司取得设备的债法依据,不具有证明设备权利归属的效力。况且还可能存在口头合同的情况,相对人根本无从确认合同的内容。所以要求相对人在审查了购物发票后还要一一审查买卖合同显然超出了一般注意义务的要求,不能作为判断相对人善意与否的标准。

至于贵宏公司扬州分公司提出的根据最高人民法院《关于贯彻执行〈中华人民共和国民法通则〉若干问题的意见》(以下简称《民通意见》)第113条规定,"以自己不享有所有权或者经营管理权的财产作抵押物的,应当认定抵押无效",所以爱之缘公司的抵押行为无效的上诉理由,本院认为,该规定是对无权处分人抵押财产行为效力的一般规定,并不排斥善意保护的原则。上述《民通意见》第89条规定:"在共同共有关系存续期间,部分共有人擅自处分共有财产的,一般认定无效。但第三人善意、有偿取得该财产的,应当维护第三人的合法权益,对其他共有人的损失,由擅自处分共有财产的人赔偿。";最高人民法院《担保法解释》第84条规定:"出质人以其不具有所有权但合法占有的动产出质的,不知出质人无处分权的质权人行使质权后,因此给动产所有人造成损失的,由出质人承担赔偿责任。"说明我国法律承认善意第三人可以自无权处分人处取得动产所有权和动产质权的担保权益。动产抵押权属于动产担保物权,在他人之物上设定抵押比直接转移他人之物的所有权在对他人权力的损害程度上要轻微得多,法律既然保护善意第三人自无权处分人处直接取得他人之物的所有权,那更应当保护善意第三人自无权处分人处取得在他人之物上设定抵押权的担保权益。而且与动产抵押权同属动产担保物权的质权已经明确可以使用善意保护原则,对与之类似的动产抵押权也应当适用这一原则。所以本案中应当运用善意保护原则,保护第三人的利益、维护交易的安全。至于贵宏公司扬州分公司提出的《担保法》第37条"下列财产不得抵押:……(四)所有权、使用权不明或者有争议的财产",所以爱之缘公司的抵押行为无效的上诉理由,本院认为该条款是对抵押人抵押行为的一般规范与要求,主要约束抵押人,而且本案抵押设备的所有权明确,故不适用该条款。

综上,老坝港信用社与爱之缘公司订立抵押合同时善意无过失,并办理了抵押物的登记手续,依法取得了该设备的抵押权。爱之缘公司故意隐瞒真实情况,将自己尚无处分权的缝纫机及其设备抵押给他人,并在贵宏公司扬州分公司起诉向其索要货款时隐瞒设备已经抵押的情况与其签订还款的调解协议，缺乏基本的诚信，对所造成的贵宏公司扬州分公司的损失应承担赔偿责任，贵宏公司扬州分公司可就此另行主张权利。原审事实清楚，处理正确，应当维持。

（五）在建船舶抵押权纠纷

79. 在建船舶抵押人违反主合同有关支付造船价款的约定时，抵押权人是否可主张行使船舶抵押权？

在建船舶抵押人违反主合同有关支付造船价款的约定时，抵押权人可以按照《物权法》第179条和第180条的规定主张行使船舶抵押权。

80. 抵押权未经由抵押权人和抵押人共同向船舶登记机关办理登记的，能否对抗第三人？

按照《海商法》第13条的规定，设定船舶抵押权，由抵押权人和抵押人共同向船舶登记机关办理抵押权登记；未经登记的，不得对抗第三人。

81. 接受抵押船舶转租的次承租人是否属于第三人的范畴？

一般来讲，接受抵押船舶转租的次承租人，一般是基于抵押船舶并无抵押登记事实的信赖，才会转租已被抵押船舶，从而与原光船承租人或船舶所有人之间发生债权债务关系，应属第三人的范畴。

典型疑难案件参考

中国船舶工业贸易公司与 OCEAN LINK SHIPPING LIMITED 船舶抵押融资合同纠纷案

基本案情

原告中国船舶工业贸易公司（以下简称船贸公司）与被告 OCEAN LINK SHIPPING LIMITED（以下简称 LINK 公司）船舶抵押融资合同纠纷一案。案情如下：

1. 关于船舶融资和抵押设定的事实。1997 年 8 月，因向被告出口两艘液化气船，原告向中国进出口银行申请 80% 船价计人民币 8800 万元、期限为 10 年的中长期出口卖方信贷。9 月 7 日，中国进出口银行发文认为，该项目符合国家产业政策和贷款条件，同意向原告发放人民币 9000 万元、期限为 9 年的出口卖方信贷。1999 年 5 月 27 日，原、被告在上海签订主协议（MASTER AGREEMENT）和第一优先性船舶抵押合同（FIRST PREFERRED SHIP MORTGAGE）。主协议确认"HOI CHI"轮根据 1997 年 5 月 30 日的造船合同于协议签订之日交付被告，并约定：由原告向被告提供相当于该轮船价 80% 计本金 5456000 美元的出口信贷，由被告在自交船时起 8 年内，以半年一付的 16 期等额期票分期付款予以偿还，船舶在 SVG 国登记，并设立以原告为第一优先抵押权人的船舶抵押；一旦原告提出还款要求，而被告未在 5 天内按期票承诺还款，则未还款项立即到期应付；主协议争议适用香港法律。抵押合同约定：根据主协议和 SVG 国法律，被告作为抵押人，以所属的在 SVG 国登记的 2000 立方米液化气船"HOI CHI"轮作为 16 份期票项下未付船价本金 5456000 美元及利息（年利率 8.73%，逾期年利率 12%）的抵押担保，原告为第一优先抵押权人，抵押担保总额为本金 6820000 美元连同利息，债务到期日为 2007 年 5 月 27 日；除因原告行使抵押权外，船舶因任何其他原因被扣押，抵押人应在 14 日内提供担保，以使船舶获释；未经抵押权人书面同意，抵押人不得将船舶出租，经抵押权人同意出租的，应将抵押条款并入租约；如抵押人违反抵押协议约定，则抵押合同所担保的所有未偿还款项及其利息立即到期和应付，且抵押合同设立的担保可立即强制执行；与抵押合同有关的争议，抵押权人可自主决定将争议交世界任何国家或地区的法院管辖。同日，郑涛代表被告向作为受益人的原告签发 16 份等额期票（PROMISSORY NOTE），承诺自该日起，每半年一期，按原告指示无条件于每期期票到期日支付本金 341000 美元及其利息（含该日，年利率 8.73%，逾期年利率 12%），付款日为每年的 11

月 27 日和 5 月 27 日；期票项下款项以"HOI CHI"轮作抵押担保，原告为第一优先抵押权人；如出票人对任一份期票违约达 15 日，持票人有权宣布所有期票中本金和利息立即到期应付；有关期票的争议非排他性提交香港法院管辖或由持票人自行选择任何其他法院管辖，期票效力和解释适用香港法律。5 月 28 日，双方在 SVG 国海事专员处（COMMISSIONER FOR MARITIME AFFAIRS）（以下简称"SVG 国海事专员"）办理"HOI CHI"轮第一优先抵押登记。抵押登记证书记载，抵押人 LINK 公司，抵押权人船贸公司，抵押金额 682 万美元及其利息和抵押权实现费用。

6 月 29 日，郑涛致函原告，称"HOI CHI"轮经交通部批准以光租形式改挂中国旗，需取消原注册国国籍证书，改登中国国籍证书，换旗后，改船名为"海芝"，船东、抵押不变，仍由 LINK 公司负责归还贷款，因船舶有抵押，取消原注册国国籍证书时，需原告确认。7 月 22 日，双方签订补充协议，约定船舶光租并更换国籍，但 LINK 公司保证船舶所有人、抵押人、抵押权人以及为原告设定的第一优先性抵押权利益保持不变，保证在 SVG 国的船舶所有权登记和抵押权登记继续有效。7 月 28 日，SVG 国海事专员签发 PERMISSION FOR TRANSFER OF REGISTRY，称经抵押权人船贸公司同意，LINK 公司所有的"HOI CHI"轮光租给龙珠公司，改挂中国国旗，船舶转为中国登记后，原 SVG 国登记中止。8 月 4 日，海口港务监督签发有效期为二年的"海芝"轮船舶国籍证书及其他船舶技术证书，记载"海芝"轮所有人 LINK 公司，经营人龙珠公司。8 月 5 日，被告与龙珠公司签订光租合同，"海芝"轮光租给龙珠公司，但光租合同约定"海芝"轮未经抵押。11 月 17 日，SVG 国海事专员远东区代表许振武传真原告律师，称"HOI CHI"轮光租转为中国船籍后，船舶所有权及抵押权登记均继续有效，没有中止，仍应依期缴付船舶年税。

至 2002 年 4 月 27 日，前 5 份期票已到期，原告分别向被告传真催告，被告均未付款，16 分期票共计本息 6787775.50 美元（利息计算至 2002 年 4 月 27 日）。2002 年 3 月 20 日，双方在北京协商，并达成一份会议纪要，确认："HOI CHI"轮 80% 船价延期还款卖方信贷，5 份已到期，LINK 公司至今未支付任何本息，双方同意按船舶产权回收方式处理上述债务，并共同投资成立一家合资公司，原、被告各 80% 和 20% 股权，合资公司成立、签署文件和船舶交接于 2002 年 4 月底前完成。被告提交上述会议纪要，并据此在庭审中认为，双方已对债务和"HOI CHI"轮的处理达成初步意向，但同时确认，未将"海芝"轮被法院扣押的事实告知原告，双方也未实际履行上述会议纪要约定事项。经第一次庭审质证，原告对证据的真实性无异议，但认为双方协商之日，"海芝"轮已被法院扣押，而原告并不知情，故会议纪要非原告真实意思表示,自始无效。因"海芝"轮于2002年1月23日为本院所扣押,被告未告知原告,且会议纪要也未实际履行,不构成对原约定的变更,原告质证异议成立,对该证据不予采用。

2. 关于船舶光租后抵押权效力的事实。2002年9月17日,许振武出具声明书称:第一,根据SVG国海事法,在抵押权人同意而将船舶光租登记予外国船籍时,船舶之国籍予以中止,而已登记之债务,抵押权及应付政府税收仍然有效;第二,船东及光租人必须确认船舶之所有权及所有有效之负担及抵押权在光租船籍国根据其法律予以登记,如果不将之登记,将构成违反SVG国海事法第44、45、46条款,构成蓄意诈骗罪及引致船舶受光租船籍国的司法权约束。该声明书中、英文件经我国司法部委托香港公证律师邵信发公证后,由第三人宏舟公司在第二次庭审之前提交本院。经第二次庭审质证,第三人五矿公司无异议;原告对证据形式以及声明第一项内容无异议,但认为SVG国海事法第44、45、46条目的是保护抵押权人的利益,故声明第二项内容无法律依据。本院认为,对该声明书形式上的真实性,原告和另一第三人均无异议,应予认定,至于对SVG国海事法相关条款的不同理解,属于法律适用问题,不影响证据的认定。

3. 关于"海芝"轮扣押、拍卖以及两第三人与本案关系的事实。因龙珠公司拖欠五矿公司光船租赁合同保证金,经五矿公司申请,本院于2002年1月21日作出〔2002〕甬海温保字第1号民事裁定,在温州港扣押龙珠公司光租的"海芝"轮。五矿公司于2002年2月19日向本院起诉,本院于2002年3月22日作出〔2002〕甬海温初字第31号民事判决,判令龙珠公司偿付五矿公司光租合同保证金人民币3483887.37元及其违约金。判决生效后,五矿公司于2002年4月28日向本院申请执行。执行过程中,本院于2002年5月27日作出〔2002〕甬海温执字第26号民事裁定,强制拍卖"海芝"轮,经两次公开拍卖无人竞买后,于2002年9月27日以人民币2338万元予以变卖(含海关关税)。

> 诉辩情况

原告诉称:1997年5月30日,原告和上海江南造船厂作为共同卖方与被告签订造船合同,为被告建造一艘2000立方米全密封液化石油气运输船"HOI CHI"轮(船号H2250)。1999年5月27日交船时,原告与被告签署贷款主协议,向被告提供一份总计本金金额5456000美元,相当于80%船价的出口信贷,由被告从交船时起的8年内,以半年一付的16期等额期票分期付款。同时,被告签发了16份本金数额为341000美元的等额期票,承诺自1999年11月27日起每半年偿付一笔期票的本金及利息。

为担保被告按期还款的义务，原告与被告于签订主协议的同时又签署了一系列附件，作为主协议的担保。其中包括第一优先性船舶抵押合同。根据抵押合同的规定，双方同意在船舶及其全部权益之上设立以原告为第一优先性抵押权人的船舶抵押担保。此后，原告向被告交付船舶。船舶在圣文森特和格林纳丁斯国（以下简称SVG国）登记入籍，并办理了以原告为第一优先性抵押权人的船舶抵押登记。

1999年8月，被告将"HOI CHI"轮以光租形式租赁给海南龙珠船务有限公司（以下简称"龙珠公司"）经营。为在中国登记需要，船舶在SVG国登记被中止，船名改为"海芝"，由海口港务监督签发了中华人民共和国国籍证书。

但至今，尽管期票已陆续到期，经原告多次催款，被告始终未支付任何一笔款项。根据抵押合同第9条规定，主协议和抵押合同项下的全部贷款本金和利息已经到期应付，被告共拖欠贷款本息总额为6973833.50美元（利息暂计至2002年4月27日），严重违反了主协议和抵押合同的约定。现"海芝"轮被宁波海事法院扣押，原告为行使第一优先性船舶抵押权，提起诉讼，要求判令被告：（1）偿付6973833.50美元出口信贷本金及利息；（2）支付原告为诉讼而支付的各项法院费用和律师费用；（3）承担本案诉讼费用。第一次庭审中，原告增加诉讼请求，要求判决确认原告对"海芝"轮享有第一优先性抵押权，并确定律师费用为50000美元，但未补交诉讼费。第二次庭审中，原告将诉讼请求第一项变更为：要求被告偿付出口信贷本金及利息合计6787775.50美元。

被告确认原告诉称属实，但辩称：利息应计算至船舶被扣押之日；原告对"海芝"轮是否享有第一优先性抵押权由法院判决。

第三人宏舟公司述称："海芝"轮光租至中国后，光租人及抵押人隐瞒船舶已在SVG国抵押登记的事实，而未在我国进行抵押登记，构成诈骗，根据SVG国海事法规定，本案应适用中国法。而根据我国海商法和船舶登记条例的规定，船舶抵押未经登记，不得对抗第三人，故本案中原告对"海芝"轮拍卖价款不具有优先受偿的权利。

第三人五矿公司述称：原告在"海芝"轮上设定抵押，虽在SVG国办理相应抵押优先登记，但船舶光租至中国后，未在新的船籍所在地办理任何登记手续，也未履行任何公示手续。我国《海商法》第271条规定，船舶在光船租赁以前或光船租赁期间设立抵押的，适用原船舶登记国法律，而根据SVG国商船运输法第20条第（7）、（8）款规定，任何外国船籍船舶在光船租赁下取得SVG国临时国籍时，必须将船舶抵押相关文件在SVG国海事处登记备案，并在船上展示，方能取得优先受偿地位。该条第（12）、（13）款规定，SVG国籍船舶在取得抵押权人同意并将抵押情况在新船籍文件中批注备查后方能取得海事专员同意以注册新的船籍；注册新的国籍后，该船舶将从SVG国船籍中删除。原告在申请贷款时明确保证在交船时办妥船舶头等抵押和租约抵押，可见原告明确知晓抵押期间发生船舶出租事宜，应重新办理相关的抵押手续。原告在本案中没有履行上述义务，在同意船舶转籍后疏忽或者放任自己的权利受到侵害，理应承担对其不利的法律后果，其抵押权不能取得优先地位，不能对抗作为善意第三人五矿公司对申请拍卖的船舶价款取得优先受偿的权利。

裁判结果

宁波海事法院依照《民事诉讼法》第130条、《合同法》第107条、第126条第1款、《海商法》第13条第1款、第271条第2款、最高人民法院《民通意见》第193条和Merchant Shipping Act（Cap. 364）of St. Vincent and The Grenadines（《圣文森特和格林纳丁斯国商船运输法》）第43条第1款之规定，案经本院审判委员会讨论，判决如下：

一、被告OCEAN LINK SHIPPING LIMITED应在本判决生效后30日内偿付原告中国船舶工业贸易公司船舶价款本金及其利息6787775.50美元；

二、原告中国船舶工业贸易公司对在圣文森特和格林纳丁斯国登记的"HOI CHI"轮（即"海芝"轮）享有抵押权，但在中华人民共和国不能对抗第三人；本案案件受理费人民币372500元，由被告OCEAN LINK SHIPPING LIMITED负担。

裁判理由

宁波海事法院经审理认为：

1. 关于合同效力以及违约责任。被告LINK公司为船舶融资需要，与原告船贸公司就船舶买卖合同项下船舶价款的支付及其担保签订主协议和船舶抵押合同，并向原告签发16份期票。上述主协议、船舶抵押合同系原、被告双方的真实意思表示，对双方当事人具有约束力。原告船贸公司依约在被告支付20%价款后将船舶交付被告，登记为被告所有，并同意其余80%船舶价款以被告所购船舶作抵押担保，由被告分期支付。被告LINK公司理应依照主协议的约定以及期票的承诺，按时分期支付原告船贸公司船舶价款欠款本金及其利息。船舶交付和合同生效后，至2002年4月27日已有5份期票到期，经原告船贸公司催讨，被告LINK公司未支付任何一期款项。被告LINK公司的上述行为违反了主协议的约定和按期票支付船舶价款的承诺，原告船贸公司有权依主协议、抵押合同以及期票赋予的民事权利，宣布所有未支付的16份期票项下全部本金和利息立即到期和应付，并行使船舶抵押权。因此，原告船贸公司要求被告 LINK 公司偿付船舶价款本金及其至 2002 年 4 月 27 日止利息的诉讼请求有理，应予支持。至于其关于律师费用的诉讼请求，因未补交诉讼费，按撤回诉讼请求处理，不予审查。涉案抵押船舶被本院扣押后，被告 LINK 公司对该船的处分权已受到限制，理应将此事实通知抵押权人船贸公司。被告未履行上述通知义务，而在其后与原告进行协商，双方因此达成的协商意见既未实际履行，也不构成对原约定的变更，对双方当事人不产生约束力。被告对此抗辩无理，予以驳回；其要求利息计算至船舶被扣押之日止的主张，不予采纳。

2. 关于船舶抵押权的效力。原、被告双方在签订抵押合同后，依约按 SVG 国商船运输法的规定，在 SVG 国船舶登记当局办理船舶抵押登记。根据 SVG 国商船运输法第 43 条第 1 款的规定，原、被告之间在"HOI CHI"轮上设定的船舶抵押权，具有法律效力，原告因此对该轮享有抵押权。此后，被告 LINK 公司为船舶经营需要，与原告船贸公司签订补充协议，经原告同意后，将船舶光租给位于中华人民共和国境内的龙珠公司经营，船舶在 SVG 国国籍登记中止，SVG 国船舶登记当局出具 PERMISSION FOR TRANSFER OF REGISTRY，由龙珠公司取得海口港务监督签发的"海芝"轮临时中华人民共和国船舶国籍证书。但光租双方在光租合同中约定"海芝"轮未经抵押，且抵押双方也未在船籍港海口港务监督披露或办理船舶原抵押登记情况，不符合物权公示的原则，根据《海商法》第 13 条第 1 款和《中华人民共和国船舶登记条例》第 20 条的规定，上述抵押权不能对抗第三人。两第三人作为船舶转租的次承租人和船舶联营合作的一方当事人，基于对"海芝"轮在中华人民共和国无抵押登记事实的的信赖，转租或与 LINK 公司联合经营管理"海芝"轮，从而与原光船承租人或船舶所有人之间发生债权债务关系，属于《海商法》第 13 条第 1 款所规定的第三人的范围，其主张原告船贸公司在"（HOI CHI）海芝"轮上设定的抵押权不得对抗第三人的抗辩有理，予以采纳。至于受偿顺序，应在"海芝"轮拍卖执行程序中解决，不影响本案的审理。

> **82. 抵押船舶已被扣押并变卖的，抵押权人是否可从变卖所得价款中优先受偿？**
>
> 船舶抵押权，抵押权人对于抵押人提供的作为债务担保的船舶，在抵押人不履行债务时，可以依法拍卖，从拍卖的价款中优先受偿的权利。但是抵押船舶已被扣押并变卖时，抵押权人仍有权从变卖所得价款中依法优先受偿。

83. 既有船舶抵押权，又有保证人的保证担保时，保证人如何承担保证责任？

同一债权既有保证又有物的担保的，保证人对物的担保以外的债权承担保证责任。因此，保证人只对抵押物被拍卖的价款偿付后仍未满足的债权的剩余部分承担保证责任。

典型疑难案件参考

中国光大银行烟台支行诉烟台海发船务有限责任公司等船舶抵押借款纠纷案

基本案情

1997年6月27日，被告山东大西苑集团总公司（以下简称大西苑公司）与原告中国光大银行烟台支行（以下简称光大银行）签订了一份美元借款合同。借款金额为45万美元，借款期限为1997年6月27日至1998年6月27日。同日，被告烟台海发船务有限责任公司（以下简称海发公司）与光大银行签订了一份动产抵押合同。海发公司以其所有的钢制冷藏船"龙升"轮作为抵押物，为大西苑公司与光大银行之间的45万美元借贷关系提供抵押担保，担保期间为自1997年6月27日至1998年6月27日。海发公司所提供的抵押物在抵押合同签字之日的价值为人民币800万元，抵押率为65.6%。同日，被告烟台市福山锅炉厂（以下简称锅炉厂）也与光大银行签订了一份保证合同，承诺对大西苑公司与光大银行之间的借款承担连带保证责任，保证期间为1997年6月27日起至2000年6月27日止（即借款期限加2年）。同日，烟台市公证处出具了〔1997〕烟证内字第541号公证书，对光大银行与大西苑公司、海发公司和锅炉厂于该日签订的借款合同、抵押合同和保证合同作了公证。

1997年6月28日。烟台港务监督签发了"龙升"轮船舶抵押权登记证书。该证书载明：抵押人为海发公司，抵押权人为光大银行；抵押数额为150万元人民币和45万美元，受偿期限为3年。在烟台港务监督处存档的材料中有二份借款合同和一份动产抵押合同，分别为1997年6月27日大西苑公司与光大银行签订的借款人民币150万元的借款合同、1997年6月27日大西苑公司与光大银行签订的45万美元的借款合同和1997年6月27日海发公司与光大银行签订的动产抵押合同。该动产抵押合同是为确保1997年6月27日大西苑公司与光大银行签订的45万美元借款合同而签订的。

1998年2月25日，锅炉厂的开办单位塔寺庄村民委员会与吕贻宾签订了一份锅炉厂产权转让合同，约定：塔寺庄村民委员会将锅炉厂以净资产值12万元的价格出售给吕贻宾，由吕贻宾在企业内部实行股份合作制。该合同还规定了塔寺庄村民委员会与吕赔宾之间在锅炉厂的管理方面的权责分配办法，但未涉及锅炉厂对外的债权、债务问题。

此外，1995年7月31日，海发公司与第三人中国水产大连渔轮公司（以下简称渔轮公司）签订了改修"龙升"轮合同，由渔轮公司为海发公司改修"龙升"轮。1996年4月30日，改修工程全部竣工，海发公司没有及时付清工程费。1997年5月23日，海发公司与渔轮公司签订了一份付款协议书，约定海发公司于1997年11月23日前将拖欠的工程费76.8万元付清，逾期30天，愿以所有"龙升"轮作抵押还款。由于海发公司没有如约履行自己的义务，渔轮公司遂向大连海事法院起诉海发公司，要求其立即付清欠款及利息。大连海事法院受理后，以〔1998〕大海法商初字第171号民事判决书判决海发公司应偿付渔轮公司修船费及利息共724701.29元，但对海发公司在付款协议中承诺以其所有的"龙升"轮抵押还款的事宜未予评判。1999年9月28日，大连海事法院以171万元人民币的价格将"龙升"轮变卖。

诉辩情况

原告光大银行向青岛海事法院起诉称：1997年6月27日，被告海发公司与其签订了一份动产抵押合同。约定以海发公司所有的"龙升"号冷藏船为我行的一笔美元贷款提供抵押担保，并于次日办理了抵押登记手续。我行与大西苑公司在贷款合同中约定：借款金额45万美元；月利率10‰，期限一年，到期日为1998年6月27日。同日，被告锅炉厂也与我行签订保证合同，约定由其为大西苑公司的借款承担连带保证责任。上述合同均到烟台市公证处办理了公证手续。我行如期发放了贷款。借款到期后，三被告均未履行各自的还款义务。请求判令大西苑公司偿还借款本金45万美元，利息161857.38美（计至2000年3月20日）；判令海发公司以"龙升"号冷藏船对上述款项承担抵押担保责任；判令锅炉厂对上述款项承担连带清偿责任。

被告海发公司答辩称：我公司以所有的"龙升"轮为大西苑公司的45万美元借款作抵押担保属实。但光大银行应先向大西苑公司索要欠款，大西苑公司无力支付时，我公司才承担担保责任。

被告大西苑公司答辩称：我公司向光大银行借款45万美元是事实。但该款项的部分利息已过诉讼时效，请求法院驳回光大银行对超过诉讼时效的利息的诉讼请求。

被告锅炉厂答辩称：大西苑公司不具备申请外币贷款的资格，因此，外币借款无效，我厂与光大银行之间的保证合同亦无效，我厂对大西苑公司的借款不应承担保证责任。另外，我厂的产权已于1998年2月25日由塔寺庄村委会转让给了吕贻宾个人，资产转让时，未对我厂为大西苑公司的45万美元借款作保证的事宜作出约定。这属于企业改制过程中形成的"漏债"，我厂对此不再承担保证责任。

第三人渔轮公司述称：海发公司拖欠我公司改装、修理"龙升"轮工程费76.8万元，并承诺以"龙升"轮作抵押担保。海发公司为了逃避债务，规避法律，却又将"龙升"轮抵押给了光大银行。海发公司与光大银行之间签订的"龙升"轮抵押贷款合同，违背了诚实、信用原则。严重损害了我公司的合法权益，请求判令海发公司与光大银行之间签订的"龙升"轮抵押合同无效。

裁判结果

青岛海事法院根据《民法通则》第106条第1款，《海商法》第13条第1款和《担保法》第33条、第18条、第28条第1款的规定，该院于2000年10月19日判决如下：

一、被告大西苑公司支付给原告光大银行借款本金45万美元和利息161857.38美元（计至2000年3月20日），及该款项自2000年3月21日至本判决生效之日止按借款合同中约定的利率计算的利息，于本判决生效之日起10日内付清；

二、第三人渔轮公司关于被告海发公司为被告大西苑公司向原告光大银行贷款45万美元设定的"龙升"轮抵押担保无效的主张不成立，被告海发公司与原告光大银行之间设定的船舶抵押合法有效。被告大西苑公司逾期不能付清本判决第一条规定的款项，原告光大银行有权从"龙升"轮拍卖所得价款中依法优先受偿其贷款本金及利息；

三、被告锅炉厂对被告大西苑公司应支付给原告光大银行的45万美元贷款及利息承担连带清偿责任，但仅限于原告光大银行自"龙升"轮变卖价款依法受偿后剩余的部分。判决后，当事人均未上诉。

裁判理由

青岛海事法院认为：大西苑公司与光大银行之间签订的借款45万美元的借款合同，是双方的真实意思表示，且经烟台市公证处公证，应属合法有效合同。大西苑公司应按照合同的约定，将45万美元及相应利息支付给光大银行。贷款利息作为本金的孳息，与本金的诉讼时效期间相同。对大西苑公司关于该款项的部分利息已过诉讼时效的主张，不予支持。海发公司为大西苑公司与光大银行之间的45万美元贷款，与光大银行签订了动产抵押合同，且到船舶登记机关办理了抵押登记手续。因此，海发公司为"龙升"轮设定的抵押权合法有效，大西苑公司未履行债务，海发公司应对大西苑公司的45万美元的借款承担抵押担保责任。海发公司所有的"龙升"轮已被大连海事法院依法变卖，光大银行依法有权以"龙升"轮的价款优先受偿。对第三人渔轮公司关于海发公司为大西苑公司向光大银行贷款45万美元设定的"龙升"轮抵押担保无效的主张，不予支持。锅炉厂与光大银行之间签订的保证合同，是双方的真实意思表示，合法有效，锅炉厂应对大西苑公司与光大银行之间的45万美元借款承担连带保证责任。塔寺庄村民委员会与吕贻宾签订的锅炉厂产权转让合同，仅对锅炉厂的财产进行了处理，而没有涉及其债务。因此，锅炉厂所进行的产权转让与依法进行的企业改制不同。锅炉厂应承担的保证责任也不属于改制时出现的"漏债"。产权转让后的锅炉厂仍应对大西苑公司的45万美元借款，向光大银行承担连带保证责任。鉴于大西苑公司与光大银行之间的45万美元借款，既有海发公司提供的"龙升"轮抵押担保，又有锅炉厂提供的保证，锅炉厂应只对"龙升"轮抵押担保以外的光大银行的债权承担保证责任。

（六）最高额抵押权纠纷

84. 最高额抵押人有关"基础合同关系发生的期间即为抵押权的存续期间，该期间一旦届满，抵押权丧失"的主张，法院应否支持？

一般来讲，在未定最高额抵押权存续期间的情形下，最高额抵押权随担保债权存在而存在，不论有无被担保债权的存在，当事人一方均可以相当的期限通知相对人终止合同，在通知期限经过后，合同终止，以合同终止时存在的债权额并在不超过最高限额的范围内，发生一般抵押权担保的效力。最高额抵押人主张基础合同关系期间一旦届满，抵押权限即丧失，有违双方当事人设立抵押权以确保担保债权得以清偿的初衷，该主张不能成立，法院不应支持。

85. 有关最高额抵押权存续期间与所担保的主债权的发生期间相同的约定和登记是否有效？

> 如果约定并登记的抵押权存续期间与所担保的主债权的发生期间相同，就会导致所设定的抵押权不具有担保的作用，显然不符合当事人订立抵押合同的真实意思，违背了抵押合同设立的初衷，侵犯了抵押权人的合法权益，该期间对双方当事人均不产生法律约束力，故法院应认定该约定和登记无效。

典型疑难案件参考

工行鹤壁分行长风路支行诉金马电子有限责任公司确认最高额抵押权案

基本案情

原告系中国工商银行鹤壁分行长风路支行，被告系鹤壁市金马电子有限责任公司。原鹤壁市无线电七厂因经营需要自1992年4月21日至1996年3月13日在原中国工商银行鹤壁分行营业部（以下简称原工行营业部）借款17笔，借款本金共计55.1万元；为担保上述债权的实现，1998年4月1日，原、被告双方订立了一份《最高额抵押合同》，以被告位于鹤壁市山城路西巷6号院内价值748303.92元的办公楼二幢，为双方自1992年4月21日至2001年3月31日所订立借款本金52.3万元的借款合同提供最高额抵押。双方于1999年3月19日进行了登记，办理了《房屋他项权证》（第990049号）。

诉辩情况

原告诉称，其于2002年10月16日由原工行营业部更名成立，为维护该行的合法权益不受侵害，特提起诉讼，要求确认该行最高额抵押权有效，并可以最高限额748303.92元对本案抵押财产行使抵押权。

被告辩称，我公司由原鹤壁市无线电七厂改制成立。我公司对原告所述事实无异议。但认为，1998年4月1日，双方所签订的《最高额抵押合同》中约定借款数额为52.3万元与被告实际借款数额55.1万元不符；该合同约定期间为1992年4月21日至2001年3月31日，双方办理的《房屋他项权证》的有效期限为1998年4月21日至2001年3月31日，现抵押合同期间及房产抵押证有效期均届满，原告此前未主张过该权利，该抵押权已失效。

裁判结果

鹤壁市山城区人民法院依照《担保法》第41条、第42条第1款第2项、第53条、第59条、第60条、第62条，最高人民法院《担保法解释》第12条、第83条第2款之规定，判决如下：原告工行长风支行对本案抵押财产所享有的最高额抵押权有效，原告可就1992年4月21日至2001年3月31日期间已确定的借款合同本金52.3万元及其所发生的利息、违约金、因债务不履行而产生的损害赔偿金的全部，以最高额748303.92元为限，行使抵押权。一审判决后，原、被告均未提起上诉。

裁判理由

鹤壁市山城区人民法院经审理认为：

1. 1998年4月1日，双方合同约定"在52.3万元贷款本金限额内的全部债权的实现提供抵押担保"，"抵押担保的范围为上述额度内借款人发放全部贷款的本金及利息、违约金、赔偿金和实现抵押权的费用"，1999年3月19日双方在鹤壁市房管局办理的《房屋他项权证》中载明的权利价值为748303.92元，即该合同的最高限额为748303.92元。合同中约定52.3万元的贷款限额，是双方对所发生基础关系，即发放借款合同本金数额的约定，本案抵押财产所担保的债权为借款合同本金52.3万元及其所发生利息、违约金、赔偿金的全部。借款人金马电子公司在确定的本金、利息给付之日前未能归还担保贷款，贷款人工行长风支行可就最高额抵押合同主张担保物权，但其主张的基础关系即借款本金的数额不得超过52.3万元，其主张抵押权的最高限额不得超过748303.92元。

2. 原、被告双方协议对1992年4月21日至2001年3月31日连续发生的借款合同提供抵押担保，该期间为最高额抵押权的存续期间，即该期间一旦届至，其所担保的该期间范围内的不特定债权即归于确定，其后所产生债权，不属被担保债权。被告主张因该期间届满，抵押权人丧失抵押权的抗辩主张不能成立；鹤壁市房管局在《房屋他项权证》中所载明的抵押权利存续期限为1998年4月1日至2001年3月31日，有违双方当事人设立抵押权以确保担保债权得以清偿的初衷，且抵押权人并未办理注销抵押登记，该行为侵犯了抵押权人的合法权益。该期间对本案最高额抵押权的存续不具有法律约束力，对本案当事人亦不产生法律约束力。被告以此抗辩抵押权丧失的主张不能成立。

> **86. 最高额抵押合同未将非经划拨的国有土地使用权一并抵押，且未另行办理抵押登记手续的，是否影响抵押效力？**
>
> 根据最高人民法院《关于破产企业国有划拨土地使用权应否列入破产财产等问题的批复》第3条的规定，如果建筑物附着于以划拨方式取得的国有土地使用权之上，将该建筑物与土地一并设定抵押的，对土地使用权的抵押须履行法定的审批手续，否则，应认定抵押无效。当事人在签订抵押合同时，如果仅仅约定以自有房产设定抵押并办理房屋抵押登记，并未将该房产所附着的、以划拨方式取得的国有土地使用权一并抵押的，并不影响抵押的效力。

典型疑难案件参考

中国长城资产管理公司济南办事处与山东省济南医药采购供应站、山东省医药集团有限公司、山东省医药公司借款担保合同纠纷案（最高人民法院民事判决书〔2006〕民二终字第153号，《最高人民法院公报》2008年第1期，总第135期）

基本案情

上诉人中国长城资产管理公司济南办事处（以下简称长城公司济南办事处）为与被上诉人山东省济南医药采购供应站（以下简称医药采购站）、原审被告山东省医药集团有限公司（以下简称医药集团公司）及山东省医药公司（以下简称医药公司）借款担保合同纠纷一案，不服山东省高级人民法院〔2006〕鲁民二初字第27号民事判决书，向最高人民法院提起上诉。

原审法院查明：2003年12月26日，中国工商银行济南市槐荫支行（以下简称槐荫工行）与医药采购站签订编号为2003年槐企信流字第0197号《借款合同》。约定医药采购站向槐荫工行借款1380万元，期限11个月，自2003年12月26日至2004年11月25日，借款用途为"用于偿还2001年槐企信流字第0007号借款合同项下借款人欠贷款人贷款本金"。本贷款为借新还旧，实际借款金额、日期以借据为准。槐荫工行出具的借款借据上载明，借款发放日期为2003年12月31日，还款日为2004年11月25日，用途为用于偿还2001年槐企信流字第0007号合同贷款本金，利率为4.425‰。分次还款记录栏载明2004年8月24日还款金额10000元。同日，槐荫工行与医药集团公司签订2003年槐企信流字第0197号《保证合同》，约定医药集团公司为上述《借款合同》项下借款提供连带责任保证，所担保的主债权为1380万元，包括借款本金、利息、复利、罚息、违约金、赔偿金、实现债权的费用和所有其他应付费用。保证期间为借款到期之次日起2年。在保证人陈述与保证条款载明："完全了解主合同借款人的借款用途，为主合同借款人提供保证担保完全出于自愿，其全部意思表示真实。"

2003年2月20日，医药采购站与槐荫工行签订2003年槐企信抵字第0006号《最高额抵押合同》，约定借款人医药采购站以自有的房产为2003年3月1日至2006年3月1日期间发生1200万元贷款余额范围内，设定抵押担保，并于同年2月26日在济南市房产管理局办理了抵押登记。该抵押房产所占用的土地使用期限为长期，没有交纳土地出让金，为国有划拨土地使用权。

2004年3月27日，槐荫工行与医药采购站签订2004年槐企信流字第002号《借款合同》。约定医药采购站向槐荫工行借款1200万元，期限12个月，自2004年3月27日至2005年3月25日，借款用途为"用于偿还2003年槐企信流字第0006号借款合同项下借款人欠贷款人贷款本金"。

2004年4月30日，槐荫工行与医药采购站签订2004年槐企信流字第005号《借款合同》。约定医药采购站向槐荫工行借款3830万元，期限12个月，自2004年4月30日至2005年4月29日，借款用途为"用于偿还2003年槐企信流字第0027号借款合同项下借款人欠贷款人贷款本金"。同日，槐荫工行与医药公司签订2004年槐企信流字第005号保证合同，约定医药公司为2004年槐企信流字第005号借款合同项下的借款提供连带保证责任保证，所担保的主债权为3850万元，包括借款本金、利息、复利、罚息、违约金、赔偿金、实现债权的费用和所有其他应付费用。保证期间为借款到期之次日起2年。

2005年7月23日，中国工商银行山东省分行与长城公司济南办事处签订《债权转让协议》，约定将包括上述3笔债权在内的债权转让给长城公司济南办事处。同年12月22日，双方在大众日报上发布债权转让通知暨债务催收联合公告（第八期），公告包括本案3笔债权在内。

长城公司济南办事处于2006年4月26日向原审法院提起诉讼，请求：（1）判令医药采购站偿还借款本金6409万元，利息3604287.27元；（2）确认《抵押合同》有效，对抵押物享有优先受偿权；（3）判令医药集团公司在担保的范围内承担连带清偿责任。

一审裁判结果

山东省高级人民法院依据《合同法》第60条、第206条、第207条，

《担保法》第 18 条，最高人民法院《关于破产企业国有划拨土地使用权应否列入破产财产等问题的批复》第 3 条第 2 款之规定，判决：

一、医药采购站于判决生效后十日内，偿还长城公司济南办事处 2003 年槐企信流字第 0197 号借款合同、2004 年槐企信流字第 002 号借款合同、2004 年槐企信流字第 005 号借款合同项下借款本金共计 6409 万元，利息 3604287.27 元；

二、医药集团公司对担保的 2003 年槐企信流字第 0197 号借款合同项下欠款余额 1379 万元借款本金，以及相应的利息，承担连带保证责任；

三、驳回长城公司济南办事处的其他诉讼请求。一审案件受理费 174240.7 元，诉讼保全费 75000 元，均由医药供应站负担。

一审裁判理由

山东省高级人民法院经审理认为：本案项下 3 份借款合同，均是当事人的真实意思表示，内容不违反法律法规的强制性规定，均为有效合同。长城资产公司济南办事处受让债权后，已经履行了通知及催收义务，主张权利合法有据，债务人医药采购站应当偿还所欠的借款本金和利息。但债务人医药采购站与槐荫工行签订的 2003 年槐企信抵字第 0006 号《最高额抵押合同》约定，医药采购站以自有的房产为 2003 年 3 月 1 日至 2006 年 3 月 1 日发生的借款，在余额不超过 1200 万元的最高额范围内提供抵押担保，并在房产管理局办理了抵押登记。由于抵押房产坐落于国有划拨土地使用权之上，抵押合同未经土地管理部门审批或登记，故该抵押合同无效。长城公司济南办事处主张对抵押的房产享有优先受偿权，该院不予支持。

医药集团公司与槐荫工行签订的 2003 年槐企信保字第 0197 号《保证合同》约定，医药集团公司为 2003 年槐企信流字第 0197 号借款合同项下医药采购站 1380 万元借款提供连带责任保证，该《保证合同》不违反法律法规的强制性规定，合法有效，保证人医药集团公司应当承担连带保证责任。该笔借款已经偿还 10000 元本金，实际欠款本金数额为 1379 万元。医药集团公司辩称其不了解该笔借款用于贷新还旧，应予免责。由于《借款合同》已经明确载明了借款用途为用于偿还原借款合同的贷款，保证人医药集团公司并在保证合同中声明"完全了解所担保借款的用途"，故医药集团公司抗辩其不了解该笔借款真实用途，应免于承担保证责任的理由不能成立。至于医药集团公司提出该笔借款有抵押担保，保证人应对物的担保范围以外的债务承担保证责任的问题，因为医药集团公司提交的抵押物登记证复印件，是为 2001 年槐企信抵字 0007 号抵押合同提供担保，与本案没有关联性，且长城公司济南办事处对复印件不认可其证明效力,故医药集团公司所提交的证据不能证明该笔借款债务另存在抵押担保的事实。

医药公司担保2004年槐企信流字第005号借款合同3830万元借款,因保证人医药公司进入破产程序,长城公司济南办事处已撤销对保证人医药公司的诉讼请求,改向破产清算组申报担保债权。对于长城公司济南办事处在保证人医药公司破产程序中得到的清偿,应当在主债务人医药采购站应偿还的债务总额中扣除。综上,本案借款债务事实清楚,债务人医药采购站应当偿还长城公司济南办事处3笔借款本金共计6409万元,利息3604287.27元。保证人医药集团公司应依据签订的2003年槐企信保字第0197号保证合同的约定,对其担保的1380万元借款本金,扣除已经偿还的10000元后的余额1379万元,以及相应的利息,承担连带保证责任。

二审诉辩情况

上诉人长城公司济南办事处不服原审法院上述民事判决,向本院提起上诉称:原审判决适用法律错误,请求撤销原审判决第三项,依法确认抵押合同合法有效,该办事处享有优先受偿权。本案的诉讼费由医药供应站承担。主要理由有:(1)抵押合同依法办理了抵押登记,手续是合法有效的,理应受法律保护。医药采购供应站与槐荫工行签订《借款合同》与《最高额抵押担保合同》,以医药采购供应站自有房产提供抵押。根据《房地产管理法》第61条和《担保法》第42条的规定,山东省人民政府鲁政字1996第68号《关于同意工商行政管理部门对以企业厂房等建筑物签订抵押合同进行登记管理的批复》、鲁政字2002第267号《关于对企业房产等建筑物抵押登记主管机关进行调整的通知》,指定房地产交易主管部门为对企业以厂房等建筑物进行抵押登记的主管机关,之前已经在工商行政管理部门进行抵押物登记的,确认有效。(2)一审法院判决法律适用错误,任意扩大了司法解释的适用范围,损害了该公司所代表的国家利益,也背离了立法者的本意。

被上诉人医药供应站答辩称:原审判决事实清楚,适用法律正确,请求维持原审判决。因其已进入破产程序,请求中止审理本案。

二审裁判结果

最高人民法院依照《民事诉讼法》第153条第1款第1项、第2项之规定,判决如下:

一、维持山东省高级人民法院〔2006〕鲁民二初字第27号民事判决第一、二项;

二、变更山东省高级人民法院〔2006〕鲁民二初字第 27 号民事判决第三项为：中国长城资产管理公司济南办事处对山东省济南医药采购供应站依据 2003 年槐企信抵字第 0006 号《最高额抵押合同》所抵押的自有房产享有优先受偿权，但最高限额不超过 1200 万元。一审案件受理费 174240.7 元，诉讼保全费 7500 元，由山东省济南医药采购供应站承担。二审案件受理费 174240.7 元，由山东省济南医药采购供应站承担。

二审裁判理由

最高人民法院经审理认为，本案系借款担保纠纷。二审中当事人的争议焦点为：如何确认涉案的《最高额抵押合同》的效力，债权人是否有优先受偿权。本案中，医药采购供应站于 2003 年 2 月 20 日与槐荫工行签订《最高额抵押合同》，明确约定医药采购供应站仅以自有房产设定抵押，随后亦仅在当地房屋管理部门办理抵押登记，这些行为均发生在《物权法》施行之前，应当适用当时的法律法规规定。上述《最高额抵押合同》系各方当事人真实意思表示，其内容不违反我国法律和行政法规的禁止性规定，且该合同抵押人医药采购供应站所抵押的房屋系该供应站的自有房屋，所抵押登记的部门为济南市房产管理局，符合《担保法》第 41 条"当事人以本法第四十二条规定的财产抵押的，应当办理抵押物登记，抵押合同自登记之日起生效"之规定，故抵押人医药采购供应站是否就国有土地使用权另行办理抵押登记手续不影响该《最高额抵押合同》的效力，本院认定该《最高额抵押合同》合法有效，抵押权成立。长城公司济南办事处有关抵押合同有效、抵押权应予实现的上诉理由具有事实和法律依据，本院予以支持。

本院《关于破产企业国有划拨土地使用权应否列入破产财产等问题的批复》（以下简称《批复》）第 3 条规定"如果建筑物附着于以划拨方式取得的国有土地使用权之上，将该建筑物与土地一并设定抵押的，对土地使用权的抵押须履行法定的审批手续，否则，应认定抵押无效"。该《批复》中所规定的"将该建筑物与土地一并设定抵押的"系指当事人约定将建筑物与土地一并设定抵押的情形。当事人在订立合同时如果约定将建筑物与以划拨方式取得的国有土地使用权一并设定抵押的，则抵押人应对抵押国有土地使用权履行法定审批手续。本案当事人签订合同约定仅以自有房产设定抵押并办理房屋抵押登记，并未涉及土地使用权一并抵押的情况，该事实与上述《批复》规定的情形不符，原审判决以该《批复》为依据认定本案《最高额抵押合同》无效不妥，本院予以纠正。

鉴于医药采购供应站已被人民法院裁定进入破产程序，依照《中华人民共和国破产法》(以下简称《破产法》)第20条"人民法院受理破产申请后,已经开始而尚未终结的有关债务人的民事诉讼或者仲裁应当中止;在管理人接管债务人的财产后,该诉讼或者仲裁继续进行"之规定,本案诉讼应当继续进行,医药公司答辩中提出本案应当中止审理的主张,本院不予支持。在本院认定上述《最高额抵押合同》有效后,抵押权人长城公司济南办事处可以依据破产法的有关规定向医药采购供应站破产案件管理人提出行使优先权的申请,但该权利应当在医药采购供应站所抵押的涉案房屋被变卖或拍卖的价款(不含房屋所占用的土地使用权价款)范围内予以实现,且最高限额不得超过该抵押合同所约定的最高限额1200万元。

综上,原审判决认定事实清楚,但适用法律不当。

87. 董事会决议为他人贷款提供最高额抵押担保签订的协议是否具有法律效力?

董事会在其职权内通过决议为他人贷款提供最高额抵押担保的,债务人未能履行债务的,债权人有权要求担保人以抵押物承担抵押担保责任。

典型疑难案件参考

中国工商银行镇江市谏壁支行诉江苏金益集团有限公司等借款合同纠纷案

基本案情

2001年6月22日,原告中国工商银行镇江市谏壁支行与被告江苏金益化工股份有限公司签订最高额抵押合同1份。合同约定:为了确保2001年6月22日至2003年6月22日期间,江苏金益集团公司(借款人)在人民币1090万元最高贷款余额内与本合同乙方工行谏壁支行签订的所有借款合同(以下简称"主合同")项下借款人的义务得到切实履行,甲方(被告江苏金益化工股份有限公司)愿意提供抵押担保。合同对抵押担保的范围作了约定,包括主合同项下全部借款本金、利息、复利、罚息、违约金、赔偿金、实现抵押权的费用和所有其他应付的费用,抵押物详见抵押物清单。合同签订后,原告与被告江苏金益化工股份有限公司共同在镇江市房屋产权监理处办理了抵押物登记手续。2001年6月26日,被告江苏金益化工股份有限公司召开董事会,经全体董事决议形成如下董事会决议:"为了解决江苏金益集团公司在工商银行镇江分行谏壁支行流动资金贷款人民币1090万元，全体董事一致同意以股份公司部分房屋产权证（号码：镇房权证京字第15650024、15650025、15650027、15650029号）作为江苏金益集团公司在工商银行镇江分行谏壁支行贷款的抵押物。"2002年3月28日，原告与被告江苏金益集团公司签订流动资金借款合同1份，合同约定，由原告向被告发放383万元流动资金贷款用于购买原材料。合同还约定，借款的担保方式为抵押担保，具体担保事项为2001年谏字DY0713032号担保合同之内容。合同签订后，原告于当日向被告发放了383万元贷款。2002年5月15日，原告又与被告江苏金益集团公司签订流动资金借款合同1份，合同约定，原告向被告发放589万元流动资金用于购买原材料，借款期限为10个月，自2002年5月15日至2003年3月20日止。合同还约定，借款的担保方式为抵押担保，具体担保事项为2001年谏字DY0713032号担保合同之内容，合同还对其他事项作了约定。合同签订后，原告于当日向被告发放了589万元贷款。被告江苏金益集团公司在收取上述两笔贷款后未能按照合同的约定按约给付原告利息，截至2002年12月20日，被告江苏金益集团公司共计欠原告利息419103.48元，原告多次向被告索要利息无果，遂诉至本院。

此外，被告江苏金益集团公司系被告江苏金益化工股份有限公司的股东。被告江苏金益化工股份有限公司的公司章程规定董事会可对外进行投资、提供担保。

诉辩情况

原告诉称：2002年3月28日、2002年5月15日，被告江苏金益集团公司分2次向我行借款383万元和589万元。合同约定，还款日期分别为2003年1月20日和2003年3月20日，同时还约定自实际提款日起按日计息，按月结息，上述两合同由被告江苏金益化工股份有限公司提供最高额抵押担保。合同签订后，我行按约向被告发放贷款，但被告江苏金益集团公司未按合同约定支付利息，截至2002年12月20日，被告江苏金益集团公司欠利息419103.48元。现我行提起诉讼，要求被告江苏金益集团公司偿还利息，并由被告江苏金益化工股份有限公司以抵押物承担抵押担保责任。

被告江苏金益集团公司在答辩期内未作答辩，在举证期限内未向本院提供相关证据。

被告江苏金益化工股份有限公司在答辩期内未作答辩，在举证期限内未向本院提供相关证据。

裁判结果

镇江市京口区人民法院根据《合同法》第 8 条、第 9 条、第 205 条、《担保法》第 34 条第 1 款第 1 项、第 46 条、第 53 条第 1 款、《民事诉讼法》第 128 条之规定，作出判决如下：

一、被告江苏金益集团公司于本判决生效后 10 日内给付原告中国工商银行镇江市谏壁支行截止到 2002 年 12 月 20 日的借款利息 419103.48 元；

二、被告江苏金益集团公司如未按期履行上述债务，则原告有权以被告江苏金益化工股份有限公司所有的房屋（房屋产权证号为：镇房权证京字第 15650024、15650025、15650027、15650029 号）折价或者拍卖、变卖所得价款优先受偿。案件诉讼费 11692 元，由两被告承担。

裁判理由

镇江市京口区人民法院经审理认为：原告与被告江苏金益集团公司于 2002 年 3 月 28 日、2002 年 5 月 15 日所签订的 2 份借款合同系双方真实意思的表示，符合法律规定，具有法律约束力。原告按约向被告江苏金益集团公司发放了 2 笔贷款，被告江苏金益集团公司在收到贷款后未能按照合同的约定按约给付原告利息，属违约行为，故原告要求被告江苏金益集团公司给付截止到 2002 年 12 月 20 日所欠利息 419103.48 元的诉讼请求，本院予以支持。被告江苏金益化工股份有限公司与原告签订了最高额抵押合同，该抵押合同经被告江苏金益化工股份有限公司董事会决议确认并由全体董事一致同意以镇房权证京字第 15650024、15650025、15650027、15650029 号房屋产权证作为被告江苏金益集团公司在原告处贷款的抵押物，而该董事会决议系在被告江苏金益化工股份有限公司的公司章程规定的董事会权限内作出的，故原告与被告江苏金益化工股份有限公司所签订的最高额抵押合同合法有效。原告要求被告江苏金益化工股份有限公司承担抵押担保责任，本院予以支持。

抵押权纠纷办案依据集成

1. 中华人民共和国民法通则（2009年8月27日修正）（节录）

第八十九条 依照法律的规定或者按照当事人的约定，可以采用下列方式担保债务的履行：

（一）保证人向债权人保证债务人履行债务，债务人不履行债务的，按照约定由保证人履行或者承担连带责任；保证人履行债务后，有权向债务人追偿。

（二）债务人或者第三人可以提供一定的财产作为抵押物。债务人不履行债务的，债权人有权依照法律的规定以抵押物折价或者以变卖抵押物的价款优先得到偿还。

（三）当事人一方在法律规定的范围内可以向对方给付定金。债务人履行债务后，定金应当抵作价款或者收回。给付定金的一方不履行债务的，无权要求返还定金；接受定金的一方不履行债务的，应当双倍返还定金。

（四）按照合同约定一方占有对方的财产，对方不按照合同给付应付款项超过约定期限的，占有人有权留置该财产，依照法律的规定以留置财产折价或者以变卖该财产的价款优先得到偿还。

2. 中华人民共和国物权法（2007年3月16日主席令第62号公布）（节录）

第十六章 抵押权

第一节 一般抵押权

第一百七十九条 为担保债务的履行，债务人或者第三人不转移财产的占有，将该财产抵押给债权人的，债务人不履行到期债务或者发生当事人约定的实现抵押权的情形，债权人有权就该财产优先受偿。

前款规定的债务人或者第三人为抵押人，债权人为抵押权人，提供担保的财产为抵押财产。

第一百八十条 债务人或者第三人有权处分的下列财产可以抵押：

（一）建筑物和其他土地附着物；
（二）建设用地使用权；
（三）以招标、拍卖、公开协商等方式取得的荒地等土地承包经营权；
（四）生产设备、原材料、半成品、产品；
（五）正在建造的建筑物、船舶、航空器；
（六）交通运输工具；
（七）法律、行政法规未禁止抵押的其他财产。

抵押人可以将前款所列财产一并抵押。

第一百八十一条 经当事人书面协议，企业、个体工商户、农业生产经营者可以将现有的以及将有的生产设备、原材料、半成品、产品抵押，债务人不履行到期债务或者发生当事人约定的实现抵押权的情形，债权人有权就实现抵押权时的动产优先受偿。

第一百八十二条 以建筑物抵押的，该建筑物占用范围内的建设用地使用权一并抵押。以建设用地使用权抵押的，该土地上的建筑物一并抵押。

抵押人未依照前款规定一并抵押的，未抵押的财产视为一并抵押。

第一百八十三条 乡镇、村企业的建设用地使用权不得单独抵押。以乡镇、村企业的厂房等建筑物抵押的，其占用范围内的建设用地使用权一并抵押。

第一百八十四条 下列财产不得抵押：

（一）土地所有权；

（二）耕地、宅基地、自留地、自留山等集体所有的土地使用权，但法律规定可以抵押的除外；

（三）学校、幼儿园、医院等以公益为目的的事业单位、社会团体的教育设施、医疗卫生设施和其他社会公益设施；

（四）所有权、使用权不明或者有争议的财产；

（五）依法被查封、扣押、监管的财产；

（六）法律、行政法规规定不得抵押的其他财产。

第一百八十五条 设立抵押权，当事人应当采取书面形式订立抵押合同。

抵押合同一般包括下列条款：

（一）被担保债权的种类和数额；

（二）债务人履行债务的期限；

（三）抵押财产的名称、数量、质量、状况、所在地、所有权归属或者使用权归属；

（四）担保的范围。

第一百八十六条 抵押权人在债务履行期届满前，不得与抵押人约定债务人不履行到期债务时抵押财产归债权人所有。

第一百八十七条 以本法第一百八十条第一款第一项至第三项规定的财产或者第五项规定的正在建造的建筑物抵押的，应当办理抵押登记。抵押权自登记时设立。

第一百八十八条 以本法第一百八十条第一款第四项、第六项规定的财产或者第五项规定的正在建造的船舶、航空器抵押的，抵押权自抵押合同生效时设立；未经登记，不得对抗善意第三人。

第一百八十九条 企业、个体工商户、农业生产经营者以本法第一百八十一条规定的动产抵押的，应当向抵押人住所地的工商行政管理部门办理登记。抵押权自抵押合同生效时设立；未经登记，不得对抗善意第三人。

依照本法第一百八十一条规定抵押的，不得对抗正常经营活动中已支付合理价款并取得抵押财产的买受人。

第一百九十条 订立抵押合同前抵押财产已出租的，原租赁关系不受该抵押权的影响。抵押权设立后抵押财产出租的，该租赁关系不得对抗已登记的抵押权。

第一百九十一条 抵押期间，抵押人经抵押权人同意转让抵押财产的，应当将转让所得的价款向抵押权人提前清偿债务或者提存。转让的价款超过债权数额的部分归抵押人所有，不足部分由债务人清偿。

抵押期间，抵押人未经抵押权人同意，不得转让抵押财产，但受让人代为清偿债务消灭抵押权的除外。

第一百九十二条 抵押权不得与债权分离而单独转让或者作为其他债权的担保。债权转让的，担保该债权的抵押权一并转让，但法律另有规定或者当事人另有约定的除外。

第一百九十三条 抵押人的行为足以使抵押财产价值减少的，抵押权人有权要求抵押人停止其行为。抵押财产价值减少的，抵押权人有权要求恢复抵押财产的价值，或者提供与减少的价值相应的担保。抵押人不恢复抵押财产的价值也不提供担保的，抵押权人有权要求债务人提前清偿债务。

第一百九十四条 抵押权人可以放弃抵押权或者抵押权的顺位。抵押权人与抵押人可以协议变更抵押权顺位以及被担保的债权数额等内容，但抵押权的变更，未经其他抵押权人书面同意，不得对其他抵押权人产生不利影响。

债务人以自己的财产设定抵押，抵押权人放弃该抵押权、抵押权顺位或者变更抵押权的，其他担保人在抵押权人丧失优先受偿权益的范围内免除担保责任，但其他担保人承诺仍然提供担保的除外。

第一百九十五条 债务人不履行到期债务或者发生当事人约定的实现抵押权的情形，抵押权人可以与抵押人协议以抵押财产折价或者以拍卖、变卖该抵押财产所得的价款优先受偿。协议损害其他债权人利益的，其他债权人可以在知道或者应当知道撤销事由之日起一年内请求人民法院撤销该协议。

抵押权人与抵押人未就抵押权实现方式达成协议的，抵押权人可以请求人民法院拍卖、变卖抵押财产。

抵押财产折价或者变卖的，应当参照市场价格。

第一百九十六条 依照本法第一百八十一条规定设定抵押的，抵押财产自下列情形之一发生时确定：

（一）债务履行期届满，债权未实现；

（二）抵押人被宣告破产或者被撤销；

（三）当事人约定的实现抵押权的情形；

（四）严重影响债权实现的其他情形。

第一百九十七条 债务人不履行到期债务或者发生当事人约定的实现抵押权的情形，致使抵押财产被人民法院依法扣押的，自扣押之日起抵押权人有权收取该抵押财产的天然孳息或者法定孳息，但抵押权人未通知应当清偿法定孳息的义务人的除外。

前款规定的孳息应当先充抵收取孳息的费用。

第一百九十八条 抵押财产折价或者拍卖、变卖后，其价款超过债权数额的部分归抵押人所有，不足部分由债务人清偿。

第一百九十九条 同一财产向两个以上债权人抵押的，拍卖、变卖抵押财产所得的价款依照下列规定清偿：

（一）抵押权已登记的，按照登记的先后顺序清偿；顺序相同的，按照债权比例清偿；

（二）抵押权已登记的先于未登记的受偿；

（三）抵押权未登记的，按照债权比例清偿。

第二百条 建设用地使用权抵押后，该土地上新增的建筑物不属于抵押财产。该建设用地使用权实现抵押权时，应当将该土地上新增的建筑物与建设用地使用权一并处分，但新增建筑物所得的价款，抵押权人无权优先受偿。

第二百零一条 依照本法第一百八十条第一款第三项规定的土地承包经营权抵押的，或者依照本法第一百八十三条规定以乡镇、村企业的厂房等建筑物占用范围内的建设用地使用权一并抵押的，实现抵押权后，未经法定程序，不得改变土地所有权的性质和土地用途。

第二百零二条 抵押权人应当在主债权诉讼时效期间行使抵押权；未行使的，人民法院不予保护。

第二节 最高额抵押权

第二百零三条 为担保债务的履行，债务人或者第三人对一定期间内将要连续发生的债权提供担保财产的，债务人不履行到期债务或者发生当事人约定的实现抵押权的情形，抵押权人有权在最高债权额限度内就该担保财产优先受偿。

最高额抵押权设立前已经存在的债权，经当事人同意，可以转入最高额抵押担保的债权范围。

第二百零四条 最高额抵押担保的债权确定前，部分债权转让的，最高额抵押权不得转让，但当事人另有约定的除外。

第二百零五条 最高额抵押担保的债权确定前，抵押权人与抵押人可以通过协议变更债权确定的期间、债权范围以及最高债权额，但变更的内容不得对其他抵押权人产生不利影响。

第二百零六条 有下列情形之一的，抵押权人的债权确定：

（一）约定的债权确定期间届满；

（二）没有约定债权确定期间或者约定不明确，抵押权人或者抵押人自最高额抵押权设立之日起满二年后请求确定债权；

（三）新的债权不可能发生；

（四）抵押财产被查封、扣押；

（五）债务人、抵押人被宣告破产或者被撤销；

（六）法律规定债权确定的其他情形。

第二百零七条 最高额抵押权除适用本节规定外，适用本章第一节一般抵押权的规定。

3. 中华人民共和国海商法（1992年11月7日主席令第64号公布）（节录）

第三十三条 从事国际航行的船舶的中国籍船员，必须持有中华人民共和国港务监督机构颁发的海员证和有关证书。

第三十四条 船员的任用和劳动方面的权利、义务，本法没有规定的，适用有关法律、行政法规的规定。

第二节 船 长

第三十五条 船长负责船舶的管理和驾驶。

船长在其职权范围内发布的命令,船员、旅客和其他在船人员都必须执行。

船长应当采取必要的措施,保护船舶和在船人员、文件、邮件、货物以及其他财产。

第三十六条 为保障在船人员和船舶的安全,船长有权对在船上进行违法、犯罪活动的人采取禁闭或者其他必要措施,并防止其隐匿、毁灭、伪造证据。

船长采取前款措施,应当制作案情报告书,由船长和两名以上在船人员签字,连同人犯送交有关当局处理。

第三十七条 船长应当将船上发生的出生或者死亡事件记入航海日志,并在两名证人的参加下制作证明书。死亡证明书应当附有死者遗物清单。死者有遗嘱的,船长应当予以证明。死亡证明书和遗嘱由船长负责保管,并送交家属或者有关方面。

第三十八条 船舶发生海上事故,危及在船人员和财产的安全时,船长应当组织船员和其他在船人员尽力施救。在船舶的沉没、毁灭不可避免的情况下,船长可以作出弃船决定;但是,除紧急情况外,应当报经船舶所有人同意。

弃船时,船长必须采取一切措施,首先组织旅客安全离船,然后安排船员离船,船长应当最后离船。在离船前,船长应当指挥船员尽力抢救航海日志、机舱日志、油类记录簿、无线电台日志、本航次使用过的海图和文件,以及贵重物品、邮件和现金。

第三十九条 船长管理船舶和驾驶船舶的责任,不因引航员引领船舶而解除。

第四十条 船长在航行中死亡或者因故不能执行职务时,应当由驾驶员中职务最高的人代理船长职务;在下一个港口开航前,船舶所有人应当指派新船长接任。

第四章 海上货物运输合同

第一节 一般规定

第四十一条 海上货物运输合同,是指承运人收取运费,负责将托运人托运的货物经海路由一港运至另一港的合同。

第四十二条 本章下列用语的含义:

(一)承运人是指本人或者委托他人以本人名义与托运人订立海上货物运输合同的人。

(二)实际承运人,是指接受承运人委托,从事货物运输或者部分运输的人,包括接受转委托从事此项运输的其他人。

(三)托运人是指:

1、本人或者委托他人以本人名义或者委托他人为本人与承运人订立海上货物运输合同的人;

2、本人或者委托他人以本人名义或者委托他人为本人将货物交给与海上货物运输合同有关的承运人的人。

(四)收货人,是指有权提取货物的人。

(五)货物,包括活动物和由托运人提供的用于集装货物的集装箱、货盘或者类似的装运器具。

第四十三条 承运人或者托运人可以要求书面确认海上货物运输合同的成立。但是，航次租船合同应当书面订立。电报、电传和传真具有书面效力。

第四十四条 海上货物运输合同和作为合同凭证的提单或者其他运输单证中的条款，违反本章规定的，无效。此类条款的无效，不影响该合同和提单或者其他运输单证中其他条款的效力。将货物的保险利益转让给承运人的条款或者类似条款，无效。

第四十五条 本法第四十四条的规定不影响承运人在本章规定的承运人责任和义务之外，增加其责任和义务。

第二节 承运人的责任

第四十六条 承运人对集装箱装运的货物的责任期间，是指从装货港接收货物时起至卸货港交付货物时止，货物处于承运人掌管之下的全部期间。承运人对非集装箱装运的货物的责任期间，是指从货物装上船时起至卸下船时止，货物处于承运人掌管之下的全部期间。在承运人的责任期间，货物发生灭失或者损坏，除本节另有规定外，承运人应当负赔偿责任。

前款规定，不影响承运人就非集装箱装运的货物，在装船前和卸船后所承担的责任，达成任何协议。

第四十七条 承运人在船舶开航前和开航当时，应当谨慎处理，使船舶处于适航状态，妥善配备船员、装备船舶和配备供应品，并使货舱、冷藏舱、冷气舱和其他载货处所适于并能安全收受、载运和保管货物。

第四十八条 承运人应当妥善地、谨慎地装载、搬移、积载、运输、保管、照料和卸载所运货物。

第四十九条 承运人应当按照约定的或者习惯的或者地理上的航线将货物运往卸货港。

船舶在海上为救助或者企图救助人命或者财产而发生的绕航或者其他合理绕航，不属于违反前款的规定的行为。

第五十条 货物未能在明确约定的时间内，在约定的卸货港交付的，为迟延交付。

除依照本章规定承运人不负赔偿责任的情形外，由于承运人的过失，致使货物因迟延交付而灭失或者损坏的，承运人应当负赔偿责任。

除依照本章规定承运人不负赔偿责任的情形外，由于承运人的过失，致使货物因迟延交付而遭受经济损失的，即使货物没有灭失或者损坏，承运人仍然应当负赔偿责任。

承运人未能在本条第一款规定的时间届满六十日内交付货物，有权对货物灭失提出赔偿请求的人可以认为货物已经灭失。

第五十一条 在责任期间货物发生的灭失或者损坏是由于下列原因之一造成的承运人不负赔偿责任：

（一）船长、船员、引航员或者承运人的其他受雇人在驾驶船舶或者管理船舶中的过失；

（二）火灾，但是由于承运人本人的过失所造成的除外；

（三）天灾，海上或者其他可航水域的危险或者意外事故；

（四）战争或者武装冲突；

（五）政府或者主管部门的行为、检疫限制或者司法扣押；
（六）罢工、停工或者劳动受到限制；
（七）在海上救助或者企图救助人命或者财产；
（八）托运人、货物所有人或者他们的代理人的行为；
（九）货物的自然特性或者固有缺陷；
（十）货物包装不良或者标志欠缺、不清；
（十一）经谨慎处理仍未发现的船舶潜在缺陷；
（十二）非由于承运人或者承运人的受雇人、代理人的过失造成的其他原因。

承运人依照前款规定免除赔偿责任的，除第（二）项规定的原因外，应当负举证责任。

第五十二条 因运输活动物的固有的特殊风险造成活动物灭失或者损害的，承运人不负赔偿责任。但是，承运人应当证明业已履行托运人关于运输活动物的特别要求，并证明根据实际情况，灭失或者损害是由于此种固有的特殊风险造成的。

第五十三条 承运人在舱面上装载货物，应当同托运人达成协议，或者符合航运惯例，或者符合有关法律、行政法规的规定。

承运人依照前款规定将货物装载在舱面上，对由于此种装载的特殊风险造成的货物灭失或者损坏，不负赔偿责任。

承运人违反本条第一款规定将货物装载在舱面上，致使货物遭受灭失或者损坏的，应当负赔偿责任。

第五十四条 货物的灭失、损坏或者迟延交付是由于承运人或者承运人的受雇人、代理人的不能免除赔偿责任的原因和其他原因共同造成的，承运人仅在其不能免除赔偿责任的范围内负赔偿责任；但是，承运人对其他原因造成的灭失、损坏或者迟延交付应当负举证责任。

第五十五条 货物灭失的赔偿额，按照货物的实际价值计算；货物损坏的赔偿额，按照货物受损前后实际价值的差额或者货物的修复费用计算。

货物的实际价值，按照货物装船时的价值加保险费加运费计算。

前款规定的货物实际价值，赔偿时应当减去因货物灭失或者损坏而少付或者免付的有关费用。

第五十六条 承运人对货物的灭失或者损坏的赔偿限额，按照货物件数或者其他货运单位数计算，每件或者每个其他货运单位为666.67计算单位，或者按照货物毛重计算，每公斤为2计算单位，以二者中赔偿限额较高的为准。但是，托运人在货物装运前已经申报其性质和价值，并在提单中载明的，或者承运人与托运人已经另行约定高于本条规定的赔偿限额的除外。

货物用集装箱、货盘或者类似装运器具集装的，提单中载明装在此类装运器具中的货物件数或者其他货运单位数，视为前款所指的货物件数或者其他货运单位数；未载明的，每一装运器具视为一件或者一个单位。

装运器具不属于承运人所有或者非由承运人提供的，装运器具本身应当视为一件或者一个单位。

　　第五十七条　承运人对货物因迟延交付造成经济损失的赔偿限额，为所迟延交付的货物的运费数额。货物的灭失或者损坏和迟延交付同时发生的，承运人的赔偿责任限额适用本法第五十六条第一款规定的限额。

　　第五十八条　就海上货物运输合同所涉及的货物灭失、损坏或者迟延交付对承运人提起的任何诉讼，不论海事请求人是否合同的一方，也不论是根据合同或者是根据侵权行为提起的，均适用本章关于承运人的抗辩理由和限制赔偿责任的规定。

　　前款诉讼是对承运人的受雇人或者代理人提起的，经承运人的受雇人或者代理人证明，其行为是在受雇或者委托的范围之内的，适用前款规定。

　　第五十九条　经证明，货物的灭失、损坏或者迟延交付是由于承运人的故意或者明知可能造成损失而轻率地作为或者不作为造成的，承运人不得援用本法第五十六条或者第五十七条限制赔偿责任的规定。

　　经证明，货物的灭失、损坏或者迟延交付是由于承运人的受雇人、代理人的故意或者明知可能造成损失而轻率地作为或者不作为造成的，承运人的受雇人或者代理人不得援用本法第五十六条或者第五十七条限制赔偿责任的规定。

　　第六十条　承运人将货物运输或者部分运输委托给实际承运人履行的，承运人仍然应当依照本章规定对全部运输负责。对实际承运人承担的运输，承运人应当对实际承运人的行为或者实际承运人的受雇人、代理人在受雇或者受委托的范围内的行为负责。

　　虽有前款规定，在海上运输合同中明确约定合同所包括的特定的部分运输由承运人以外的指定的实际承运人履行的，合同可以同时约定，货物在指定的实际承运人掌管期间发生的灭失、损坏或者迟延交付，承运人不负赔偿责任。

　　第六十一条　本章对承运人责任的规定，适用于实际承运人。对实际承运人的受雇人、代理人提起诉讼的，适用本法第五十八条第二款和第五十九条第二款的规定。

　　第六十二条　承运人承担本章未规定的义务或者放弃本章赋予的权利的任何特别协议，经实际承运人书面明确同意的，对实际承运人发生效力；实际承运人是否同意，不影响此项特别协议对承运人的效力。

4. 中华人民共和国城市房地产管理法（2009年8月27修正）（节录）

　　第四十七条　房地产抵押，是指抵押人以其合法的房地产以不转移占有的方式向抵押权人提供债务履行担保的行为。债务人不履行债务时，抵押权人有权依法以抵押的房地产拍卖所得的价款优先受偿。

　　第四十八条　依法取得的房屋所有权连同该房屋占用范围内的土地使用权，可以设定抵押权。

　　以出让方式取得的土地使用权，可以设定抵押权。

　　第四十九条　房地产抵押，应当凭土地使用权证书、房屋所有权证书办理。

　　第五十条　房地产抵押，抵押人和抵押权人应当签订书面抵押合同。

　　第五十一条　设定房地产抵押权的土地使用权是以划拨方式取得的，依法拍卖该房地产后，应当从拍卖所得的价款中缴纳相当于应缴纳的土地使用权出让金的款额后，抵押权人方可优先受偿。

第五十二条 房地产抵押合同签订后，土地上新增的房屋不属于抵押财产。需要拍卖该抵押的房地产时，可以依法将土地上新增的房屋与抵押财产一同拍卖，但对拍卖新增房屋所得，抵押权人无权优先受偿。

5. 中华人民共和国民用航空法（2009年8月27日修正）（节录）

第十六条 设定民用航空器抵押权，由抵押权人和抵押人共同向国务院民用航空主管部门办理抵押权登记；未经登记的，不得对抗第三人。

6. 最高人民法院关于适用《中华人民共和国担保法》若干问题的解释

（2000年12月8日 法释〔2000〕44号）（节录）

三、关于抵押部分的解释

第四十七条 以依法获准尚未建造的或者正在建造中的房屋或者其他建筑物抵押的，当事人办理了抵押物登记，人民法院可以认定抵押有效。

第四十八条 以法定程序确认为违法、违章的建筑物抵押的，抵押无效。

第四十九条 以尚未办理权属证书的财产抵押的，在第一审法庭辩论终结前能够提供权利证书或者补办登记手续的，可以认定抵押有效。

当事人未办理抵押物登记手续的，不得对抗第三人。

第五十条 以担保法第三十四条第一款所列财产一并抵押的，抵押财产的范围应当以登记的财产为准。抵押财产的价值在抵押权实现时予以确定。

第五十一条 抵押人所担保的债权超出其抵押物价值的，超出的部分不具有优先受偿的效力。

第五十二条 当事人以农作物和与其尚未分离的土地使用权同时抵押的，土地使用权部分的抵押无效。

第五十三条 学校、幼儿园、医院等以公益为目的的事业单位、社会团体，以其教育设施、医疗卫生设施和其他社会公益设施以外的财产为自身债务设定抵押的，人民法院可以认定抵押有效。

第五十四条 按份共有人以其共有财产中享有的份额设定抵押的，抵押有效。

共同共有人以其共有财产设定抵押，未经其他共有人的同意，抵押无效。但是，其他共有人知道或者应当知道而未提出异议的视为同意，抵押有效。

第五十五条 已经设定抵押的财产被采取查封、扣押等财产保全或者执行措施的，不影响抵押权的效力。

第五十六条 抵押合同对被担保的主债权种类、抵押财产没有约定或者约定不明，根据主合同和抵押合同不能补正或者无法推定的，抵押不成立。

法律规定登记生效的抵押合同签订后，抵押人违背诚实信用原则拒绝办理抵押登记致使债权人受到损失的，抵押人应当承担赔偿责任。

第五十七条 当事人在抵押合同中约定，债务履行期届满抵押权人未受清偿时，抵押物的所有权转移为债权人所有的内容无效。该内容的无效不影响抵押合同其他部分内容的效力。

债务履行期届满后抵押权人未受清偿时,抵押权人和抵押人可以协议以抵押物折价取得抵押物。但是,损害顺序在后的担保物权人和其他债权人利益的,人民法院可以适用合同法第七十四条、第七十五条的有关规定。

第五十八条 当事人同一天在不同的法定登记部门办理抵押物登记的,视为顺序相同。

因登记部门的原因致使抵押物进行连续登记的,抵押物第一次登记的日期,视为抵押登记的日期,并依此确定抵押权的顺序。

第五十九条 当事人办理抵押物登记手续时,因登记部门的原因致使其无法办理抵押物登记,抵押人向债权人交付权利凭证的,可以认定债权人对该财产有优先受偿权。但是,未办理抵押物登记的,不得对抗第三人。

第六十条 以担保法第四十二条第(二)项规定的不动产抵押的,县级以上地方人民政府对登记部门未作规定,当事人在土地管理部门或者房产管理部门办理了抵押物登记手续,人民法院可以确认其登记的效力。

第六十一条 抵押物登记记载的内容与抵押合同约定的内容不一致的,以登记记载的内容为准。

第六十二条 抵押物因附合、混合或者加工使抵押物的所有权为第三人所有的,抵押权的效力及于补偿金;抵押物所有人为附合物、混合物或者加工物的所有人的,抵押权的效力及于附合物、混合物或者加工物;第三人与抵押物所有人为附合物、混合物或者加工物的共有人的,抵押权的效力及于抵押人对共有物享有的份额。

第六十三条 抵押权设定前为抵押物的从物的,抵押权的效力及于抵押物的从物。但是,抵押物与其从物为两个以上的人分别所有时,抵押权的效力不及于抵押物的从物。

第六十四条 债务履行期届满,债务人不履行债务致使抵押物被人民法院依法扣押的,自扣押之日起抵押权人收取的由抵押物分离的天然孳息和法定孳息,按照下列顺序清偿:

(一)收取孳息的费用;

(二)主债权的利息;

(三)主债权。

第六十五条 抵押人将已出租的财产抵押的,抵押权实现后,租赁合同在有效期内对抵押物的受让人继续有效。

第六十六条 抵押人将已抵押的财产出租的,抵押权实现后,租赁合同对受让人不具有约束力。

抵押人将已抵押的财产出租时,如果抵押人未书面告知承租人该财产已抵押的,抵押人对出租抵押物造成承租人的损失承担赔偿责任;如果抵押人已书面告知承租人该财产已抵押的,抵押权实现造成承租人的损失,由承租人自己承担。

第六十七条 抵押权存续期间,抵押人转让抵押物未通知抵押权人或者未告知受让人的,如果抵押物已经登记的,抵押权人仍可以行使抵押权;取得抵押物所有权的受让人,可以代替债务人清偿其全部债务,使抵押权消灭。受让人清偿债务后可以向抵押人追偿。

如果抵押物未经登记的,抵押权不得对抗受让人,因此给抵押权人造成损失的,由抵押人承担赔偿责任。

第六十八条 抵押物依法被继承或者赠与的，抵押权不受影响。

第六十九条 债务人有多个普通债权人的，在清偿债务时，债务人与其中一个债权人恶意串通，将其全部或者部分财产抵押给该债权人，因此丧失了履行其他债务的能力，损害了其他债权人的合法权益，受损害的其他债权人可以请求人民法院撤销该抵押行为。

第七十条 抵押人的行为足以使抵押物价值减少的，抵押权人请求抵押人恢复原状或提供担保遭到拒绝时，抵押权人可以请求债务人履行债务，也可以请求提前行使抵押权。

第七十一条 主债权未受全部清偿的，抵押权人可以就抵押物的全部行使其抵押权。

抵押物被分割或者部分转让的，抵押权人可以就分割或者转让后的抵押物行使抵押权。

第七十二条 主债权被分割或者部分转让的，各债权人可以就其享有的债权份额行使抵押权。

主债务被分割或者部分转让的，抵押人仍以其抵押物担保数个债务人履行债务。但是，第三人提供抵押的，债权人许可债务人转让债务未经抵押人书面同意的，抵押人对未经其同意转让的债务，不再承担担保责任。

第七十三条 抵押物折价或者拍卖、变卖该抵押物的价款低于抵押权设定时约定价值的，应当按照抵押物实现的价值进行清偿。不足清偿的剩余部分，由债务人清偿。

第七十四条 抵押物折价或者拍卖、变卖所得的价款，当事人没有约定的，按下列顺序清偿：

（一）实现抵押权的费用；

（二）主债权的利息；

（三）主债权。

第七十五条 同一债权有两个以上抵押人的，债权人放弃债务人提供的抵押担保的，其他抵押人可以请求人民法院减轻或者免除其应当承担的担保责任。

同一债权有两个以上抵押人的，当事人对其提供的抵押财产所担保的债权份额或者顺序没有约定或者约定不明的，抵押权人可以就其中任一或者各个财产行使抵押权。

抵押人承担担保责任后，可以向债务人追偿，也可以要求其他抵押人清偿其应当承担的份额。

第七十六条 同一动产向两个以上债权人抵押的，当事人未办理抵押物登记，实现抵押权时，各抵押权人按照债权比例受偿。

第七十七条 同一财产向两个以上债权人抵押的，顺序在先的抵押权与该财产的所有权归属一人时，该财产的所有权人可以以其抵押权对抗顺序在后的抵押权。

第七十八条 同一财产向两个以上债权人抵押，顺序在后的抵押权所担保的债权先到期的，抵押权人只能就抵押物价值超出顺序在先的抵押担保债权的部分受偿。

顺序在先的抵押权所担保的债权先到期的，抵押权实现后的剩余价款应予提存，留待清偿顺序在后的抵押担保债权。

第七十九条 同一财产法定登记的抵押权与质权并存时，抵押权人优先于质权人受偿。

同一财产抵押权与留置权并存时，留置权人优先于抵押权人受偿。

第八十条 在抵押物灭失、毁损或者被征用的情况下，抵押权人可以就该抵押物的保险金、赔偿金或者补偿金优先受偿。

抵押物灭失、毁损或者被征用的情况下，抵押权所担保的债权未届清偿期的，抵押权人可以请求人民法院对保险金、赔偿金或补偿金等采取保全措施。

第八十一条 最高额抵押权所担保的债权范围，不包括抵押物因财产保全或者执行程序被查封后或债务人、抵押人破产后发生的债权。

第八十二条 当事人对最高额抵押合同的最高限额、最高额抵押期间进行变更，以其变更对抗顺序在后的抵押权人的，人民法院不予支持。

第八十三条 最高额抵押权所担保的不特定债权，在特定后，债权已届清偿期的，最高额抵押权人可以根据普通抵押权的规定行使其抵押权。

抵押权人实现最高额抵押权时，如果实际发生的债权余额高于最高限额的，以最高限额为限，超过部分不具有优先受偿的效力；如果实际发生的债权余额低于最高限额的，以实际发生的债权余额为限对抵押物优先受偿。

二、质权纠纷

(一) 动产质权纠纷

88. 质权人因怠于行使质押权利,导致质物贬值,是否应承担赔偿责任?

质权人因怠于行使质押权利,导致质物贬值,应当承担赔偿责任。法院可以通过委托鉴定部门对质物进行评估,确定质物贬值额后,判令质权人予以赔偿。

89. 赔偿数额如何确定,能否冲抵债务人的贷款本息?

质权人负赔偿责任的事实依据,是质物的贬值损失。如果质权人及时行使质押权利,则质物不会有贬值损失,质物的贬值损失应当是以鉴定评估结论产生时确认的,而鉴定评估行为是法院的审理行为,因此质权人的赔偿责任的确定,应当在其行使质押权利后依法确定。质权人怠于行使权利应承担相应的赔偿责任,与债权人依法向债务人收取贷款本息是两个法律关系,当然不能相互冲抵。如果债务人与出质人是同一被告,法院可以将质权人赔偿出质人的损失核减相应的贷款本金。如果出质人是第三人,则应当另计。

90. 当事人关于借款到期不能偿还时,质物可归质权人所有的约定是否具有法律效力?

根据《担保法》第66条规定:"出质人和质权人在合同中不得约定在债务履行期届满质权人未受清偿时,质物的所有权转移为质权人所有。"因此,当事人之间借款到期后,质物应归原告所有的约定,属于流质条款,不符合法律规定的主张,法院应当依法给予否定。

典型疑难案件参考

农行下仓营业所诉刘玉文返还质押贷款刘玉文以其在贷款到期后不行使质权致质物贬值要求以质物抵偿贷款案

基本案情

1997年12月17日,被告刘玉文以其所有的解放142型大货车一辆出质,与原告中国农业银行天津市蓟县支行下仓营业所签订质押担保借款合同,约定:被告以该质押物向原告质押贷款45000元,贷款使用期限至1998年6月20日。合同签订后,被告将该质押车辆移交给原告占有,并写下"如借款到期不能偿还,原告有权处置质押车辆并以其变现价值偿还贷款本息"的承诺书交给原告。原告在发放贷款时,扣收了贷款风险金4500元、监管费375元,被告实际支取贷款40125元。借款到期后,被告未偿还原告贷款本息。原告因扣收的贷款风险金支付到期贷款利息有余,故未按被告的承诺书及时处置质押车辆。经原告催收,至2000年9月,被告偿付了贷款利息5000元。天津市蓟县人民法院受理案件后,经委托蓟县物价局价格认证中心评估该质押车辆的价值,结论为:该质押车辆在1998年6月20日贷款期满时价值30150元,现价值6300元,贬值23850元。并认定,按被告实际支取贷款本金40125元计算,从1997年12月18日至2001年3月31日,应付利息为12476.48元,本息合计52611.48元。

诉辩情况

原告诉请:判令被告立即偿还其贷款本金45000元、利息2347.71元及余欠利息。

被告刘玉文答辩称:原告违反金融法规预收贷款利息。贷款到期后,原告不按承诺对质押车辆进行处置,质押车辆应归原告所有,以抵偿贷款本息。

裁判结果

依据《民法通则》第90条、第108条,《担保法》第63条、第64条、第71条第2款,最高人民法院《担保法解释》第95条之规定,该院于2001年4月14日判决:被告刘玉文偿还原告中国农业银行天津市蓟县支行下仓营业所贷款本金16275元,截至2001年3月31日的利息及余欠利息(另计至本金还清之日),判决生效后10日内付清。判决后,原、被告均未提起上诉。

裁判理由

天津市蓟县人民法院经审理认为:原、被告1997年12月17日质押担保借款合同为有效合同。因原告发放贷款时扣收贷款风险金、监管费违反国家借贷有关规定，应按被告实际支取贷款 40125 元为本计息。借款到期后，原告不按承诺对质押车辆及时进行处置，致使质押车辆贬值 23850 元，原告对该损失应承担赔偿责任。质押车辆贬值 23850 元的损失应从贷款本金 40125 元中核减，剩余本金 16275 元，本院予以确认。被告已偿利息 5000 元，应从被告所欠贷款利息 12467.48 元中核减，剩余利息 7467.48 元，本院予以确认。故被告尚欠原告贷款本息计 23742.48 元，应予偿还。

（二）票据质权纠纷

91. 质押背书是票据质权的对抗要件还是取得要件？

背书"质押"字样不是票据质权的取得要件，仅是票据质权的对抗要件，背书质押不是设定票据质权的唯一方式，订立质押合同、交付票据也可以设定票据质权。如果当事人以银行汇票为质押凭证，以书面形式另行设定了该汇票的质权，且得到出票银行确认的，应认定汇票的质押有效。

典型疑难案件参考

滕州市城郊信用社诉建行枣庄市薛城区支行票据纠纷案（《最高人民法院公报》2004 年第 11 期，总第 97 期）

基本案情

1997 年 5 月，滕州市金利来洗煤厂（以下简称洗煤厂）的业务员张宗乾请求被告中国建设银行枣庄市薛城区支行（以下简称薛城区建行）所属陶庄办事处副主任渠继栋为其提供贷款担保，并许诺给其好处费。5 月 28 日，渠继栋利用担任陶庄办事处副主任之便，在没有收到任何款项的情况下，签发了编号为 VIV00316605 的银行汇票（以下简称 5 号汇票），次日收到洗煤厂的法定代表人刘宝廷和业务员张宗乾出具的借条一张，内容为：借薛城区建行陶庄办事处汇票一张 75 万元，借款人刘宝廷、张宗乾，并加盖洗煤厂财务专章。该银行汇票记载的出票单位为陶庄办事处、收款人为洗煤厂、金额为 75 万元。同日，洗煤厂与原告滕州市城郊信用社（以下简称城郊信用社）签订一份质押借款合同，约定：洗煤厂向城郊信用社借款 75 万元，期限 1 个月，质物为"汇票"。合同签订后，洗煤厂向城郊信用社交付 5 号汇票和一份《权利质物质押声明书》，其上加盖了汇票签发行陶庄办事处和汇票收款人洗煤厂的印章，载明的主要内容为洗煤厂以其所有的5号汇票作为向城郊信用社借款的权利质押凭证，城郊信用社据此向洗煤厂发放贷款75万元。同年6月26日，借款期限即将届满时，渠继栋担心如果洗煤厂不能按期归还，城郊信用社一旦行使质权，将暴露其非法出具银行汇票的事实，于是在没有收到任何款项的情况下，又签发了编号为VIV00316608的银行汇票（以下简称8号汇票）。洗煤厂持8号汇票向城郊信用社换回了5号汇票，同时交付城郊信用社一份注明权利质押凭证为8号汇票的《权利质物质押声明书》。8号汇票记载的出票单位亦为陶庄办事处，收款人为洗煤厂，金额为75万元，出票日期为1997年6月26日。该汇票的背书人栏内加盖了洗煤厂的财务专章及法定代表人刘宝廷的印章，但被背书人栏内空白。该汇票的"持票人向银行提示付款签章"处加盖了"滕州市金利来洗煤厂财务专章"和法定代表人"刘宝廷"印章，并书写有"委托城郊信用社收款"。洗煤厂在借款到期后未能偿还借款，城郊信用社于1997年7月17日将8号汇票提交滕州市人民银行，通过票据交换系统向薛城区建行收取75万元票款。薛城区建行见票后，通知陶庄办事处办理解付，原陶庄办事处副主任渠继栋收到汇票后，携票潜逃，薛城区建行遂向检察机关报案，并拒绝向城郊信用社支付票款。渠继栋潜逃3天后，将该汇票寄回薛城区建行处，薛城区建行将该汇票退回城郊信用社，但仍拒付票款。在本案的审理过程中，薛城区建行向城郊信用社出具退票理由书，明确退票理由：一是洗煤厂以恶意取得票据，二是该票据实际结算金额没有套写。

此外，薛城区建行所属陶庄办事处与洗煤厂均在1997年6月26日的《权利质物质押声明书》上盖章，该声明书载明："本人（出质人）对下列有价证券滕州金利来洗煤厂汇票金额柒拾伍万元VIV00316608有所有权，现已向城郊信用社（贷款社名称）办理质押担保贷款。借款人滕州金利来洗煤厂，贷款金额柒拾伍万元整，期限从1997年6月26日至1997年7月25日。自即日起，对上述有价单证请停止挂失。贷款偿清后，请凭贷款社背书办理支付。如贷款到期借款人不能清偿，贷款社可凭抵押协议、催收贷款通知书及本声明支本息（或办理转让手续）。请予认定。"

▶ 一审诉辩情况

原告诉称：洗煤厂以被告所属陶庄办事处签发的金额为75万元的银行汇票为质押凭证，向原告借款75万元。借款到期后，洗煤厂没有偿还借款，原告将洗煤厂质押的银行汇票存入滕州市人民银行进行票据交换时，被告拒不履行付款义务，致使原告的75万元贷款至今不能收回。请求判令被告支付票款

75万元，并支付相应利息。

被告辩称：原告据以主张权利的银行汇票，是在洗煤厂没有交付款项的情况下，由被告原陶庄办事处副主任渠继栋非法出具的。根据渠继栋非法出具的票证，持票人应为洗煤厂，而不是原告，原告不享有票据权利，无权请求我行支付票款。

一审裁判结果

山东省枣庄市中级人民法院于 2002 年 4 月 2 日判决：被告于本判决生效后 10 日内向原告支付票款 75 万元及相应利息（利息按中国人民银行规定的同期贷款利率从 1997 年 7 月 17 日计算至本判决生效之日）。

一审裁判理由

山东省枣庄市中级人民法院认为，《担保法》第 76 条规定："以汇票、支票、本票、债券、存款单、仓单、提单出质的，应当在合同约定的期限内将权利凭证交付质权人。质押合同自权利凭证交付之日起生效。"本案中，原告城郊信用社据以主张权利的 8 号汇票，是被告薛城区建行所属陶庄办事处签发的，该银行汇票记载事项齐全，记载内容清楚、明确，是有效的银行汇票。洗煤厂作为银行汇票的持票人，与城郊信用社签订的以 5 号汇票为权利质押凭证的质押借款合同，是双方当事人的真实意思表示。该合同内容明确、合法，汇票已交付，该质押借款合同属有效合同。借款期限即将届满，洗煤厂以 8 号汇票换回 5 号汇票时，交付城郊信用社一份注明权利质押凭证为 8 号汇票的声明书，故洗煤厂以 8 号汇票继续用作权利质押凭证的意思表示真实，以 8 号汇票成立的权利质押仍为有效质押。

《支付结算办法》第 37 条第 1 款规定："通过委托收款银行或者通过票据交换系统向付款人或代理付款人提示付款的，视同持票人提示付款；其提示付款日期以持票人向开户银行提交票据日为准。"第 2 款规定："付款人或代理付款人应于见票当日足额付款。"本案中，城郊信用社作为持票人洗煤厂的开户行，在洗煤厂委托其收取 8 号汇票票款的情况下，有向出票行薛城区建行收取票款的权利。又因城郊信用社与洗煤厂之间就 8 号汇票的质押关系有效成立，城郊信用社对洗煤厂提示付款的汇票的票款享有质权，即所收 8 号汇票的票款应优先偿还洗煤厂的欠款，故城郊信用社有权向薛城区建行主张支付票款。薛城区建行作为汇票的出票行，是汇票的付款人，有见票无条件付款的义务。城郊信用社诉讼请求合法，法院予以支持，薛城区建行答辩理由不能成立，不予采纳。

二审诉辩情况

被告薛城区建行不服，向山东省高级人民法院提出上诉。理由是：（1）8号汇票背面的"持票人向银行提示付款签章处"已加盖了洗煤厂财务章及法定代表人印章并记载了"委托城郊信用社收款"字样，因此，8号汇票已由持票人洗煤厂作委托收款使用，在客观上已不能再用来进行质押。（2）依据《中华人民共和国票据法》（以下简称《票据法》）第35条第2款、《支付结算办法》第29条、最高人民法院《关于审理票据纠纷案件若干问题的规定》第55条规定，票据质押是一种要式行为，以票据质押时必须在票据上为质押背书，否则不构成票据质押。在认定票据质押关系是否成立的问题上，票据法相对于担保法来说属于特别法，按特别法优于普通法的法律适用原则，本案在认定汇票质押成立要件上，应优先适用票据法及有关司法解释，原审判决依据担保法认定城郊信用社享有票据质权是错误的。（3）原审判决认定"所收8号汇票的票款应优先偿还洗煤厂欠款"，原审判决既然承认洗煤厂是票据权利人，城郊信用社只是对票款有优先权，则只能由洗煤厂行使票据权利取得票款后再行使优先权，上诉人拒付票款也只能由洗煤厂来主张支付票款，原审判决认定城郊信用社对洗煤厂票款的优先权转化为对上诉人的支付票款请求权缺乏依据。综上，洗煤厂与城郊信用社在8号汇票上没有形成有效的质押关系。城郊信用社不是8号汇票的票据权利人，其对8号汇票不享有票据权利，无权请求上诉人支付票款。一审判决驳回上诉人的诉讼请求是错误的，应当改判。

被上诉人城郊信用社答辩称：（1）票据法虽规定汇票质押应背书并记载"质押"字样。但并未否定以其他方式质押汇票的效力。原审判决认定票据质押有效是正确的。（2）上诉人所属陶庄办事处两次向洗煤厂签发银行汇票，并两次签章认定《权利质物质押声明书》。因此，上诉人对以8号汇票作为权利质押凭证既是明知的，又是积极认可的，其既证实了8号汇票的真实有效性，又认可以该汇票作为洗煤厂贷款时向我方设定的质押担保，是对质权人实现质权的承诺。当洗煤厂不履行债务时，我方有权为实现质权而行使票据权利。洗煤厂是8号汇票的收款人，对上诉人享有绝对的汇票结算权利。上诉人负有见票即付的支付结算义务，不得以其与洗煤厂之间的抗辩事由抗辩我方的票据权利。一审判决正确，应当维持。

二审裁判结果

山东省高级人民法院依照《民事诉讼法》第153条第1款第1项的规定判决：驳回上诉，维持原判。

二审裁判理由

山东省高级人民法院认为，双方当事人争议的焦点问题是：城郊信用社与洗煤厂之间是否就8号汇票形成有效的质押关系，薛城区建行应否向城郊信用社支付票款。

洗煤厂既在8号银行汇票的背面作了委托收款背书，又在该汇票上设定了质押，因其是票据权利人，其在票据上进行了委托收款背书之后，在委托收款行为完成之前，其有权取消委托而再对汇票进行质押处分。因此，上诉人关于票据作了委托收款背书之后不能再为质押的上诉理由不能成立。

关于城郊信用社与洗煤厂之间是否形成有效的质押关系，既应适用票据法、担保法，也应适用最高人民法院《担保法解释》和最高人民法院《关于审理票据纠纷案件若干问题的规定》。票据法第35条第2款规定，汇票质押时应当以背书记载"质押"字样。但并未规定如果未记载"质押"字样的，质押不生效或无效。《担保法》第76条规定："以汇票、支票、本票、债券、存款单、仓单、提单出质的，应当在合同约定的期限内将权利凭证交付质权人。质押合同自权利凭证交付之日起生效。"因此，背书质押不是设定票据质权的唯一方式，订立质押合同、交付票据也可以设定票据质权。《票据法》第31条第1款规定："以背书转让的汇票，背书应当连续。持票人以背书的连续，证明其汇票权利；非经背书转让，而以其他合法方式取得汇票的，依法举证，证明其汇票权利。"以票据出质的，质押背书是表明票据持有人享有票据质权的直接证据，如果无质押背书，书面的质押合同就是票据持有人证明其享有票据质权的合法证据。在票据持有人持有票据，并有书面质押合同的情况下，应当认定持有人享有票据质权。最高人民法院《担保法解释》第98条规定："以汇票、支票、本票出质，出质人与质权人没有背书记载'质押'字样，以票据出质对抗善意第三人的，人民法院不予支持。"由此，背书"质押"字样不是票据质权的取得要件，仅是票据质权的对抗要件。虽然最高人民法院《关于审理票据纠纷案件若干问题的规定》第55条规定，"依照票据法第35条第2款的规定，以汇票设定质押时，……或者出质人未在汇票、粘单上记载'质押'字样而另行签订质押合同、质押条款的，不构成票据质押"，但因该规定的颁布时间早于最高人民法院《担保法解释》，故对本案应适用《担保法解释》中的规定。综上，本案城郊信用社与洗煤厂间订有质押合同、洗煤厂将银行汇票交付城郊信用社占有，双方在8号银行汇票上成立了有效的票据质押关系，城郊信用社取得票据质权。

92. 载明"不得转让"的票据能否出质？

"不得转让"并不是单纯禁止将票据作为权利凭证移交他人占有，其目的是对票据权利的"禁止"转让，而质押并不转让票据权利，因此票据质押有效。

典型疑难案件参考

中国投资银行天津分行诉天津市轻工业对外贸易公司票据质押纠纷案（《最高人民法院公报》1997年第1期）

▶ 基本案情 ◀

1995年6月23日，被告天津市轻工业对外贸易公司（以下简称轻工公司），向原告中国投资银行天津分行（以下简称投资银行）申请为总金额271.9万美元、付款为360天见票即付的远期汇票开立信用证，轻工公司以人民币253万元的90天远期银行承兑汇票设定质押，约定待信用证项下的单据到达后，交付与发票金额等同的360天远期银行承兑汇票给投资银行，以换取单据。在此之前，货权属于投资银行。经审查，投资银行于1995年6月23日开出"1295YQ1046"号不可撤销跟单信用证，价款：CIF厦门，议付期360天，凭受益人澳大利亚丸红株式会社提交的有效单据及发票同以投资银行为议付人的360天见票的远期汇票议付。1995年7月26日和8月7日，原告投资银行分别接到国外议付行"西太平洋银行"和"澳大利亚国民银行"的议付单据，总金额2709044.88美元。经被告轻工公司审单无误后，确认付款日分别为1996年8月2日和8月14日。轻工公司同时以昆山公司签发的，承兑人为中国工商银行昆山市支行，收款人为轻工公司，汇票到期日为1996年7月26日和8月14日，总金额为人民币2248.6万元的6张银行承兑汇票给投资银行设定质押，通过背书方式办理了质押赎单手续。投资银行分两次对所开信用证之议付行的单据进行了承兑，确认付款日为1996年7月26日和8月14日。在澳大利亚丸红株式会社的进口羊毛单据到达原告投资银行后，为交款赎单，昆山公司分别在1995年8月2日和8月14日，向被告轻工公司开具了编号为"IXIV04365656"至"59"和"IXIV04365673"至"74"的6张银行承兑汇票，总金额为人民币2248.6万元，票面记载有"不得转让"字样。另外，被告轻工公司现在已经不能清偿欠原告投资银行的债务。

> **诉辩情况**

原告诉称：1995 年 6 月 23 日，被告轻工公司向我行提出总金额为 271.9 万美元的远期汇票开立信用证的申请，并以一张金额为人民币 253 万元的银行承兑汇票作为开证质押。我行经审查，对外开出了不可撤销的远期信用证。1995 年 7 月 26 日和 8 月 7 日，我行分别接到国外议付行的议付单据，总金额为 2709044.88 美元，遂向轻工公司提示单据。轻工公司在规定期限内经审单无误确认付款，并将 1995 年 8 月 2 日和 8 月 14 日签发的承兑人为中国工商银行昆山市支行，总金额为人民币 2248.6 万元的 6 张一年期银行承兑汇票质押在我行，办理了赎单手续。我行分 2 次对议付行的单据进行承兑，并确认了付款日。我行将于 1996 年 8 月 2 日和 8 月 14 日支付信用证项下款项，且轻工公司未支付开证保证金，如我行在划付信用证项下款项前无法及时有效行使质押票据的权利，将影响我行对外支付，损害银行信誉。故诉请确认轻工公司向我行所作的票据质押合法有效。如质押的票据有瑕疵，则请求判令轻工公司交付开证保证金 271.9 万美元。

被告辩称：我公司是一家进出口公司。1995 年 5 月，接受昆山公司委托，代理进口羊毛业务。根据约定，我公司向投资银行申请开立信用证。在进口单据到达后，我公司以昆山公司提供的 6 张银行承兑汇票作为赎单质押，换回进口单据。因此我公司与投资银行之间的票据质押合法有效。我公司和昆山公司发生的外贸代理合同纠纷，与投资银行无关，不应当影响本案双方当事人之间的票据质押效力。我公司已经尽了最大的努力维护票据持有人的合法权益，如果投资银行的权利受到损害，并非我公司的过错和责任。接受票据质押的投资银行是专业银行，不仅有审查的义务，也有审查的手段。如果投资银行认为票据存在瑕疵，其责任不应由我公司承担。请人民法院依法判决。

> **裁判结果**

确认被告轻工公司以编号为 IXIV04365656－59 和 IXIV04365673－74 的 6 张银行承兑汇票向原告投资银行设定的质押有效；原告可依质权行使票据权利。本案受理费 14.1 万元，由被告轻工公司承担。

> **裁判理由**

天津市高级人民法院认为，原告投资银行在取得票据时已向信用证议付行承兑付款，支付了对价，是该票据的善意持有人。被告轻工公司向投资银行申请开立信用证并委托其向国外付款，投资银行完成这些委托后，双方当事人之间形成新的债权债务关系。参照《担保法》第 75 条、第 76 条的规定，轻工公司为保证其付款义务的履行,有权通过质押背书,将6张以其为收款人、标明"不得转让"字样的银行承兑汇票交付给投资银行,形成权利质押。由于质押仅能使质权人占有质物,并未形成所有权的转移,因此,票面记载的"不得转让"字样不影响双方当事人之间设定质押合同的合法有效性。参照《担保法》第76条的规定,质押合同自权利凭证交付之日起生效。投资银行通过质押占有票据,并通过向信用证议付行承兑付款为取得票据权利支付了对价,成为该票据的善意持有人。参照《担保法》第81条和第63条的规定,在轻工公司已经不能履行其债务时,投资银行有权行使票据权利,并优先受偿。"不得转让"的约定以及轻工公司同案外人之间发生的合同纠纷,对通过质押占有票据的投资银行来说,是票据的原因关系。票据的原因关系不能对抗通过合法的渠道取得票据并为此支付了对价的善意持票人。

(三)债券质权纠纷

93. 作为质权人的银行是否应对质押账户内的国债的真实性和所处状态负有审慎审查的义务?

> 作为质权人的银行,系专业金融机构,其应当核实质押国债的真实性、有效性以及可支配性,以确保质押物对质权实现的担保,减少自身开出票据的风险。其应当知道国债处于回购状态时质押物的问题并且应当预见到接受该种具有瑕疵的质押物存在的风险。

94. 如果其明知质押账户内的国债在出质时已经处于回购状态,对因此质物价值可能减少带来的损失应如何承担责任?

> 如果质押账户内国债在质押开始前已经处于回购状态,根据交易规则,处于回购状态的国债,只有在回购期满时,融资方从融券方将质押物(国债)购回,方能保证质权人的质押受偿权。如果回购期满未能购回,则质押物本身存在的这一风险将可能导致优先受偿权无法实现。这种质押方式与质权的优先受偿性存在冲突,使得质押方式存在潜在的风险。因此如果质权人明知质押

> 物处于回购状态，质押物的价值可能出现极大波动，质押方式存在潜在风险，但是仍然愿意接受，且未要求出质人提供其他担保，应当对质押物价值可能减少带来的损失承担民事责任。

典型疑难案件参考

国泰君安证券股份有限公司郑州花园路证券营业部等与中国光大银行郑州分行借款担保合同纠纷上诉案（最高人民法院〔2006〕民二终字第82号民事判决书）

基本案情

上诉人国泰君安证券股份有限公司郑州花园路证券营业部（以下简称营业部）、国泰君安证券股份有限公司（以下简称国泰君安）为与被上诉人中国光大银行郑州分行（以下简称郑州分行）、原审被告中国第一汽车集团开封汽车经销有限责任公司（以下简称经销公司）和海口建来发展有限公司（以下简称海口建来）借款担保合同纠纷一案，国泰君安和营业部不服河南省高级人民法院〔2005〕豫法民二初字第40号民事判决，向最高人民法院提起上诉。本案现已审理终结。

原审法院查明：2004年4月15日，经销公司董事会决议，以其在郑州分行8500万元存款作为保证金，向郑州分行申请开立银行承兑汇票，期限6个月，用于采购汽车。同年10月22日，海口建来股东会决议，同意以其网上国债为经销公司在郑州分行办理的银行承兑汇票业务提供担保。

同年10月至12月，经销公司根据其与案外人海南旭龙（集团）股份有限公司（以下简称旭龙公司）的购销合同及董事会决议，向郑州分行申请办理6笔银行承兑业务，总金额1.7亿元。

同年10月27日，经销公司与郑州分行签订第一份银行承兑协议，主要约定：经销公司因商品交易需要，以其在郑州分行的存款提供50%的保证金及海口建来网上国债作质押担保向郑州分行申请开立3200万元半年期银行承兑汇票，汇票签发日期为同年10月27日，到期日为2005年4月27日；银行承兑汇票到期后，如果经销公司未能足额交存票款，郑州分行仍应凭票无条件向持票人付款的义务，但根据法律法规应予以拒付的除外；郑州分行垫付款后，无需签订其他形式的合同或协议，无需通知经销公司，有权按有关法律规定将垫付款从垫付之日起转入经销公司的逾期贷款账户，经销公司对该逾期贷款承担还款义务，并按照《支付结算办法》等法律规定的日万分之五向郑州分行支付利息。

同日，海口建来与郑州分行签订质押合同，约定：海口建来以其网上国债提供质押担保，确保郑州分行与经销公司签订的承兑协议项下经销公司债务的履行，质押期限自质押合同生效之日起至主合同项下所有债务获得清偿之日止；海口建来质押担保的范围包括主合同项下的债务本金、利息、复利、手续费、违约金、损害赔偿金、保管费用、实现质权的费用和所有其他应付费用；经质押双方确认，合同签字时，合同项下的质押物价值为1600万元；质押合同独立于主合同，不因主合同的无效而无效。

为确保该质押合同的履行，同日，海口建来与郑州分行又签订质押合同补充协议，约定：海口建来以其在营业部开立的证券账户之账上国债及资金账户之账上资金共计1600万元作质押，并于合同签订之日向郑州分行交付账户卡原件及质押合同附件规定的其他资料；郑州分行指定白涛凭郑州分行授权，拥有上述证券账户及资金账户的国债处置权、唯一提款权、托管权和转托管权，提取的款项只能转入承兑申请人经销公司在郑州分行开立的承兑保证金专户，郑州分行有权更换该项国债业务的被授权经办人；海口建来应按郑州分行的要求为郑州分行指定的人员向券商出具委托授权书，并无条件同意券商向被授权人的一切承诺；非经郑州分行书面同意，海口建来不得向券商出具新的授权委托书或变更原授权委托书。质押期间，郑州分行可以使用上述国债账户买卖国债，卖出国债变现的资金须存放于海口建来质押的资金账户；为防止国债价格波动造成质押物价值的减损，特设定警戒线，警戒线为所质押国债的市值及所质押资金账户账上资金与承兑中未交存保证金部分的比值，设定为102%。当所质押国债的市值及所质押资金账户账上资金降至警戒线时，郑州分行有权要求海口建来在3日内补足缺口部分。未能补足的，郑州分行有权变卖质押国债，变卖所得价款转入海口建来在郑州分行开立的保证金账户。

同日，海口建来将两张证券账户卡原件交付给郑州分行，并向郑州分行出具一份授权委托证明书，内容为："兹授权白涛同志，对本授权人在营业部开立的仅能进行国债交易的证券账户及相应的资金账户，凭个人身份证及单位证明书，拥有国债处置权、唯一拥有提款权和托管（指定交易）权、转托管权（取消指定交易）权，提取的款项只能转入经销公司在郑州分行开立的保证金账户。授权期间：2004年10月27日至质权人债务清偿完毕为止。"同日，海口建来还向营业部出具一份授权书，内容为：授权券商营业部监控该公司购入的国债不得以低于成本价的价格卖出；为达到上述监控目的，海口建来愿意接受券商指定的报单方式（如电话报单、软件监控等）；海口建来对上述承诺引起的一切后果自行承担责任;授权期间为 2004 年 10 月 27 日至质权人债务清偿完毕为止。

同日,营业部出具一份收据,内容为:"我部收到白涛的预留手迹、身份证(复印件)、指模各一份,没有白涛到我部持本人身份证原件,并签名指令,其他任何人无权调拨、提取海口建来资金账户之资金及办理其证券账户之国债托管(指定交易)、转托管(取消指定交易)业务。"

同日,营业部向郑州分行出具一份承诺鉴证书,内容为:根据海口建来出具的对郑州分行的授权委托证明书及对营业部提出的要求,营业部承诺鉴证:(1)海口建来在营业部开立的资金账户及其相应的证券账户在上述授权委托证明书规定的授权期限内,自营业部出具承诺鉴证书之日起,没有白涛持本人身份证原件及单位证明到营业部亲自签名,其他任何人无权调拨该资金账户资金或办理国债托管、转托管业务。营业部保证限制上述账户仅能进行国债交易。(2)营业部对申请人或出质人的国债交易负责监控,保证申请人或出质人国债账户市值与资金账户余额之和在质押期间不低于 1600 万元。(3)白涛凭身份证及单位书面证明可随时提取上述资金账户款项。但必须转入经销公司在郑州分行开立的保证金账户。(4)白涛持本人工作单位出具的处置国债书面证明、本人身份证原件,可随时通过柜台委托处置国债。(5)营业部随时提供上述资金账户余额单和国债明细情况,并对其真实性负责。(6)营业部出具此承诺鉴证书后,承诺鉴证内容未经白涛书面同意,不得自行做任何变更。(7)如海口建来出现有关法律事务纠纷,营业部将在第一时间通知白涛,并按白涛要求办理有关账户处理手续。(8)营业部负责监督上述资金、证券账户不得作重复质押。(9)营业部如未遵守上述承诺鉴证造成损失,同意承担赔偿责任。(10)此承诺鉴证书仅此一份,自营业部加盖公章之日起生效,效力延续至质权人债权全部实现为止。

同日,营业部向郑州分行出具海口建来资金账户的仓单证明,表明资金余额为 83466.4 元,股票总市值为 100888324.42 元。其中 99 国债(5)当前余额 275190 元,可用余额 275190 元,市值 27386908.8 元;99 国债(8)当前余额 565410 元,可用余额 565410 元,市值 53949160.56 元;20 国债(4)当前余额 104400 元,可用余额 104400 元,市值 9965293.2 元;20 国债(10)当前余额 15920 元,可用余额 15920 元,市值 1569982.64 元;21 国债(10)当前余额 17000 元,可用余额 17000 元,市值 1531616 元;21 国债(15)当前余额 18680 元,可用余额 18680 元,市值 1821841.72 元;02 国债(10)当前余额 9800 元,可用余额 9800 元,市值 898611 元;03 国债(3)当前余额 5250 元,可用余额 5250 元,市值 436495.5 元;03 国债(7)当前余额 16900

元，可用余额16900元，市值1531985元；03国债（8）当前余额20420元，可用余额20420元，市值1799573.76元；标准券可用余额69794元。

同日，海口建来与郑州分行、营业部签订一份三方协议书，约定：海口建来与郑州分行已签订质押合同及补充协议；营业部对海口建来、郑州分行达成的质押合同及补充协议和海口建来出具的对郑州分行的授权委托证明书项下有关事宜作出承诺鉴证，并已出具承诺鉴证书；被授权经办人为郑州分行在职工作人员；被授权经办人由郑州分行指定，可随时更换，不需征得海口建来、营业部同意，海口建来、营业部根据郑州分行书面通知即时办理变更事宜。

上述合同及有关文件签署后，郑州分行开具了出票人为经销公司、收款人为旭龙公司的总计金额为3200万元的4张银行承兑汇票。

2004年10月28日、10月29日、11月1日、12月27日、12月28日。郑州分行、经销公司、海口建来、营业部以与第一笔银行承兑汇票业务相同的模式分别办理了5笔半年期银行承兑汇票业务，金额分别为3100万元、3600万元、3600万元、1200万元、2300万元。海口建来分别以证券账户及资金账户上价值1550万元、1800万元、1800万元、600万元、1150万元的网上国债及资金提供质押担保。营业部出具的承诺鉴证书，约定的确保海口建来国债账户市值与资金账户余额之和在质押期间不低于的数额，分别为1550万元、1800万元、1800万元、600万元、1150万元、8250万元。原审庭审中，营业部主张承诺鉴证书约定的确保金额随着海口建来以物担保数额的增加而增加的，但系累计计算，6笔银行承兑汇票业务，营业部出具的6份承诺鉴定书，总计确保的数额应为不低于8500万元。郑州分行对此表示认同。营业部出具的2004年10月28日、10月29日、11月1日、12月27日、12月28日对账单，资金余额分别为76316.4元、76316.4元、76316.4元、77885.1元、77885.1元，股票总市值分别为：100927303.08元、100288223.16元、100381707.74元、100358225.63元、100400991.22元。持仓国债种类、数量无变化，标准券数量分别为：219794、69794、69794、297794、69794、69794。

营业部出具的海口建来2005年12月4日客户证券信息显示，海口建来持仓情况为：99国债（5），股份余额46320，股份可用数46320，股份可转46320，证券市值4745211.85元；99国债（8），股份余额30940，股份可用数30940，股份可转30940，证券市值3145419.74元；20国债（4），股份余额57110，股份可用数57110，股份可转57110，证券市值5757568.9元。

2005年4月27日，郑州分行申请公证人员见证，向营业部送达一份书面通知，主要内容为：根据营业部出具的承诺鉴证书及三方协议的约定，郑州分行委托白涛办理海口建来账上国债卖出及资金划转事宜。

2005年5月16日,郑州分行向经销公司发出还款通知,主要内容为:经销公司在郑州分行申请办理的6笔银行承兑汇票,其中4笔已转为逾期贷款。根据《合同法》第68条、第79条的规定,要求经销公司对未到期的两笔银行承兑汇票,提供相应担保或支付承兑款项。经销公司表示其不能提供担保或支付承兑款项。

郑州分行已向持票人履行承兑付款义务,总计付款1.7亿元。经销公司未按期将汇票款项交足,扣除8500万元保证金后,郑州分行将另8500万元转为经销公司逾期贷款。

另查明:(1)营业部系国泰君安下属不具备法人资格的经营证券业务的分支机构。(2)郑州分行诉他人的另案卷宗材料中显示,银河证券公司陇海路证券营业部提供的客户对账单中有股票余额、资金余额的内容,没有标准券的记载。其出具的承诺书中有出质人账户不得用于办理回购业务的内容。(3)营业部出具了海口建来授权人员周民下达的8张国债回购通知单:日期分别为2005年4月25日、26日、27日、28日、5月12日、13日、16日、17日;券种分别为1天、1天、1天、7天、1天、1天、1天、1天;回购代码分别为201008、201008、201008、201001、201008、201008、201008、201008;回购金额分别为5750万、6750万、6750万、6750万、8750万、8750万、8750万、8750万;资金账号均为46848,回购利率分别为1.93%、1.98%、1.98%、2.70%、2.71%、1.98%、1.62%。(4)国债回购是上海和深圳证券交易所开设的一种国债交易品种,实行一次交易,两次清算,其实质是以国债为依托进行的短期融资行为,卖出国债方为融资方,买入国债方为融券方,回购到期后,融资方购回已卖出的国债,款项归还融券方。在实际操作中,证券交易所依据当时的折算利率,将可进行回购交易的国债折算成标准券,通过标准券买卖进行交易。

郑州分行分六案分别向河南省郑州市中级人民法院提起诉讼,国泰君安和营业部提出管辖权异议,该院裁定予以驳回。国泰君安和营业部提起上诉。河南省高级人民法院裁定将该六案移送该院审理。郑州分行又重新向该院提交了起诉状。郑州分行向原审法院诉请判令经销公司向其清偿8500万元承兑垫款及逾期还款的同期银行贷款利息977282元(暂计至2005年6月6日);海口建来、营业部和国泰君安承担连带清偿责任。

▶ 一审裁判结果

河南省高级人民法院根据《民法通则》第106条第1款、第2款,《合同法》第107条,《担保法》第75条,《支付结算办法》第91条、第210条之规定，判决：

一、经销公司于判决生效后 10 日内偿还郑州分行借款本金 8500 万元及利息（第 1 笔 1600 万元，从 2005 年 4 月 27 日起算；第 2 笔 1550 万元，从 2005 年 4 月 28 日起算；第 3 笔 1800 万元，从 2005 年 4 月 29 日起算；第 4 笔 1800 万元，从 2005 年 5 月 1 日起算；第 5 笔 600 万元，从 2005 年 5 月 27 日起算；第 6 笔 1150 万元，从 2005 年 5 月 28 日起算，均按照日万分之五利率计至判决确定的还款期限届满之日）；逾期履行加倍支付迟延履行期间的债务利息；

二、郑州分行对海口建来在营业部开立的证券账户上的国债（以营业部出具的 2005 年 12 月 4 日客户证券信息单载明的国债数额与种类为准）及资金账户上的资金享有优先受偿权；

三、海口建来、营业部对于郑州分行行使优先受偿权后不能获得清偿的本息，承担连带赔偿责任；

四、国泰君安对营业部的上述债务承担连带责任。一审案件受理费 441460 元，财产保全费 431450 元，由经销公司承担，海口建来、营业部、国泰君安承担连带责任。

一审裁判理由

河南省高级人民法院审理认为：本案经销公司依据汽车购销合同、董事会决议向郑州分行申请开具银行承兑汇票，并提供了 50% 的保证金和海口建来网上国债及账户资金作质押担保。郑州分行审查经销公司提交的材料及担保的有效性后，与经销公司签订银行承兑协议，签发 1.7 亿元的银行承兑汇票。双方的行为属正常的商事交易行为。银行办理承兑汇票业务时的审查属于形式审查，其对签发承兑汇票可行性的调查属于防范风险的措施，与合同效力无关。双方所签订的协议内容不违反法律、行政法规的强制性规定，应为有效。经销公司虽自认为已对承兑款项提供了 100% 的质押担保，郑州分行及时行使质押权即可全额受偿，但因其属于银行承兑汇票的申请人，负有到期交付票款的义务，因此其在郑州分行未能全部收回垫付款项时，仍负有支付款项的义务，其应按照承兑协议约定偿还郑州分行借款 8500 万元及利息。经销公司辩称其不应承担清偿责任的理由不能成立，该院不予支持。

郑州分行与海口建来签订质押合同，约定以海口建来在营业部开立的证券账户上之国债及资金账户上之资金提供质押。根据营业部出具的海口建来对账单，海口建来账户出质时具有可以金钱衡量的价值，属于《担保法》第 75 条规定的依法可以质押的其他财产权利。双方所签质押合同系真实意思表示，内容不违反法律、行政法规的强制性规定，合同依法成立。合同签订后，海口建来将证券账户卡及对账单交付郑州分行，移转了出质权利凭证的占有。同时，海口建来向券商营业部明示该公司账户及账上财产权利已经设定了质押。海口建来对该证券账户上之国债及资金账户上之资金的处分权交由郑州分行行使，从而限制了出质人海口建来对出质权利的处分。郑州分行与海口建来设定权利质押的合同依法生效。郑州分行依法对质押物海口建来证券账户上之国债和资金账户上之资金享有优先受偿权。海口建来在质押期间，通过已经出质的证券账户进行国债回购交易，所得资金也未按照约定进入出质的资金账户，违背了其与郑州分行签订的质押协议及补充协议约定的只有郑州分行有国债处置权和资金调拨权的内容，故海口建来对于郑州分行实现质押权后，仍不能清偿部分，应承担连带赔偿责任。

营业部向郑州分行出具承诺鉴证书，郑州分行接受。营业部同时又与郑州分行、海口建来就出质账户的监管问题达成三方协议。上述承诺鉴证书和三方协议系各方真实意思表示，内容不违反法律、行政法规的强制性规定，应为有效。各方应严格履行合同约定义务。承诺鉴证书约定，质押期间，郑州分行授权人员拥有海口建来国债处置权、唯一资金提取权和国债交易权；营业部监督出质证券、资金账户不得作重复质押。国债回购属于证券交易所规定的一种国债交易，因此质押期间，如进行国债回购交易，也应由郑州分行授权人员下指令。营业部出具第一份承诺鉴证书后，营业部即允许海口建来通过证券账户进行国债回购交易，但融入资金并未进入出质的资金账户。其后，海口建来周民下达的续回购指令，处置了国债。故可认定营业部违背了上述承诺义务。承诺鉴证书约定，营业部确保海口建来出质证券账户上国债市值与资金账户资金之和总计不低于8500万元，也即郑州分行向营业部主张处置国债、划转款项时，营业部根据承诺鉴证书的约定予以配合，郑州分行垫付的8500万元即可获得全部清偿。但营业部在郑州分行向其主张权利后，未及时履行承诺义务，造成郑州分行已垫付款项不能得到清偿，故营业部应对郑州分行行使优先受偿权后不能获得清偿部分，承担连带赔偿责任。国泰君安作为营业部的法人，应对营业部的业务活动后果承担民事责任，其应与营业部共同对郑州分行承担赔偿责任。

二审诉辩情况

上诉人营业部、国泰君安不服原审法院上述民事判决，向最高人民法院提起上诉称：

第一，在质押合同补充协议、三方协议和承诺鉴证书等相关文件中，均无任何在质押开始后禁止海口建来进行国债交易的明确约定，反而在承诺鉴证书中,营业部对于质押各方的承诺是:"我部对申请人或出质人的国债交易负责监控,保证申请人或出质人的……"这一表述足以表明,即使质押各方已经约定将该账户下的国债市值和资金余额进行质押,但各方的约定并不排除质押双方仍然可以在该账户中进行国债交易(包括国债回购交易)。在允许郑州分行进行国债交易的同时,也允许海口建来交易,并不构成违反包括承诺鉴证书在内的任何合同文件内容。营业部对此不构成过错,原审判决关于海口建来在质押开始后即无权在该质押账户中进行国债交易,营业部允许海口建来进行交易,构成违反承诺鉴证书承诺的认定导致一系列事实和责任认定错误。

第二,原审判决关于营业部出具第一份承诺鉴证书后,即允许海口建来通过证券账户进行国债回购交易,但融入资金并未进入出质的资金账户,其后海口建来周民下达续回购指令,处置了国债,营业部违背了上述承诺义务的认定是错误的。营业部向法庭提供的、已被法庭采信的证据载明,本案争议质押行为开始前该账户中的国债绝大部分处于回购状态。对于该部分国债的交易操作,本案中仅存在原审判决另行查明的海口建来授权代表周民下达的续回购交易指令以及相应的操作,这些指令的交易内容全部是对该账户中处于回购状态的国债进行到期续回购的操作,并没有任何新的国债交易行为。而续回购操作的实质内容就是对原有处于回购状态的国债进行的到期日的延期。根据交易规则,续回购操作仅仅是申请登记声明延期,并无任何融入资金的行为,也无任何资金的实际进出,根本谈不上原审判决认定的"融入资金并未进入出质账户"的情况。而且,在原审庭审和证据中,也没有关于融入资金未进入质押账户或转移至其他账户的任何证据和事实。

第三,从质押合同可以看出,质押物为证券账户之账上国债及资金账户之账上资金。而营业部向郑州分行出具该出质账户的对账单表明,证券账户中的国债绝大部分处于回购状态,资金账户中的资金余额为7万余元。营业部在承诺鉴证书中明确鉴证,质押物为:国债账户市值与资金账户余额。也就是说,营业部在质押双方签订质押合同时就明确告知,双方质押的质押物为绝大部分处于回购状态的国债、少量标准券和7万余元的资金。营业部提供的郑州分行授权代表陈剑操作国债回购交易委托单以及本案争议合同开始前和开始后的资金余额对账单等相关证据表明,出质证券账户及资金账户的这种状况,出质双方是完全知晓的。用处于回购状态的国债作质押存在着巨大的风险,即当该账户上有资金可将回购状态的国债购回时,账户中处于回购状态的国债才可以变回为国债现券;而当账户上无资金将国债购回时,则该回购状态的国债到期后就会被登记公司强制清算,这时该账户上的国债现券必将会相应减少。这种情况是营业部无法控制的。既然作为金融机构的郑州分行设定和接受用存在瑕疵的质押物作质押，就应当知道和预见这种质押方式所带来的风险，并应承担相应的法律责任。原审判决把质押物简单的定义为"具有可以金钱衡量价值的账上之国债及资金账户之资金"是错误的。本案属于以"回购状态的国债"质押，不同于现券质押。本案郑州分行损失产生的真正原因是：质押双方用处于回购状态的国债作为质押物，而这一质押方式本身所存在的瑕疵，正是造成质押权人不能实现质押权利的直接原因。质押各方设立这一质押方式的原因和动机就在于，如果不使用处于回购状态的国债进行质押，质押双方，甚至融资模式参与各方就无法实现其商业利益或目的，这一融资模式就无法循环下去，但这一切均与营业部无关，也是营业部无法控制的。

原审判决仅依据营业部有承诺鉴证的最低限额的情形，认为一旦账户中的实际余额之和低于营业部承诺鉴证数额，即追究营业部的责任，而不考虑该数额的变化究竟是营业部的行为造成的还是质押方式的缺陷和风险造成的，明显错误。营业部在承诺鉴证之后，对于该质押账户没有进行任何主动的操作，接受海口建来的续操作指令一为合同允许，二也并没有改变质押物的市值或实际价值，仅仅是将风险滞后而不能造成质押物的损失。质押物的损失产生完全是因质押双方未将处于回购状态的国债进行到期购回而被登记公司到期强行清算所导致的。在损失产生的原因方面，营业部没有任何过错。故请求撤销原审判决；依法判令营业部和国泰君安对郑州分行的损失不承担责任。

被上诉人郑州分行未提交书面答辩状，二审期间，其代理人提交的代理意见称：营业部出具的6份承诺鉴证书，是一种承诺义务的行为，其意思表示真实、合法、有效，应严格履行。上述承诺鉴证书承诺"保证申请人或出质人国债账户市值与资金账户余额之和在质押期间不低于8500万元"是不低于8500万元现金，而不是营业部在庭审中辩称的所谓8500万元市值。因海口建来尚未清偿欠款，即现在仍处于质押期间，而约定的国债账户市值与资金账户余额远远低于8500万元现金，故营业部违反了约定的义务。应依上述承诺鉴证书第9条承担赔偿责任。另，海口建来、郑州分行和营业部签订的6份3方协议表明，营业部是为本案6份质押合同及补充协议的履行而作出的承诺鉴证，即营业部是与海口建来一同向郑州分行保证质押权利行使的，现郑州分行质押权利无法实现，营业部理应对郑州分行行使优先受偿权后不能获得清偿的本息，依约承担赔偿责任。

营业部在二审质证时提出的两个抗辩事由不能成立。第一，营业部以一审时提交的对账单为依据，称国债账户出质时的国债绝大部分处于回购状态，以此推定郑州分行对这一事实是明知的应由质权人郑州分行自行承担后果。事实上，该6份对账单不能显示质押国债处于回购状态。假设当时的国债的确处回购状态,而营业部作为专业的券商对此也有明示告知的义务,在其未明示告知的情况下,推定相对方也明知国债处于回购状态,是没有说服力的。营业部主张作为质物的国债一开始就处于回购状态,实际上已将自己置于一种两难状态:假设质物处于回购状态,且郑州分行明知,那么营业部作为券商当然也是明知的,实际上营业部是最清楚国债是否处于回购状态的,但其还是出具了承诺鉴证书,"保证申请人或出质人国债账户市值与资金账户余额之和在质押期间不低于 8500 万元",故其应依约承担不低于 8500 万元的责任;假设质物处于回购状态,郑州分行不了解这一情况,而营业部作为专业的券商理应履行告知义务,但其未尽告知义务,故由此产生的后果应由营业部承担。因此,无论约定账户的国债是否处于回购状态,无论郑州分行是否明知,营业部都要依承诺鉴证书的约定承担责任。第二,营业部称海口建来对郑州分行的授权不是唯一的,营业部根据海口建来的指令交易国债,致使国债账户上的余额不足 8500 万元,不能算是违约,不能按承诺鉴证书的约定承担责任。这一抗辩事由同样不能成立。理由是:首先,根据《担保法》规定,质押期间,未经质权人同意,出质人无权处分质押物。因此,本案出质人海口建来无权处置质押物。其次,海口建来与郑州分行签订的质押合同,明确约定将海口建来在营业部开设的证券账户上的国债及资金账户上的资金权利设定质押,以及在质押期间,海口建来无权处置质押物。特别是营业部向郑州分行出具的承诺鉴证书进一步约定:自出具承诺书之日起,郑州分行对海口建来账户有国债处置权、唯一提款权和托管权及转托管权,营业部对海口建来账户上的国债交易负责监控,保证海口建来国债账户市值与资金账户余额之和在质押期间总计不低于 8500 万元。营业部还与郑州分行及海口建来签订三方协议,明确将海口建来对质押账户上之国债及资金账户上之资金的处置权授权给郑州分行,也就限制了出质人海口建来对出质权利的处分,该授权是唯一的。三方作上述约定就是为了限制海口建来的处置权,保证交易安全。因此,营业部认为其在质押期间根据海口建来的指令进行国债交易,不违反承诺鉴证书的理由显然不能成立。请求法院依法判决。原审被告经销公司和海口建来未作陈述。

二审裁判结果

最高人民法院根据《民事诉讼法》第 153 条第 1 款第 1 项、第 2 项、第 158 条之规定,2007 年 12 月 12 日,最高人民法院以〔2006〕民二终字第 82 号民事判决如下:

一、维持河南省高级人民法院〔2005〕豫法民二初字第 40 号民事判决主文第一项、第二项;

二、撤销上述判决主文第四项；

三、变更上述判决主文第三项为海口建来对于光大银行郑州分行行使优先受偿权后不能获得清偿的本息，承担连带赔偿责任。一审案件受理费441460元，财产保全费431450元，由经销公司负担，海口建来承担连带责任。二审案件受理费441460元，由光大银行郑州分行负担。

二审裁判理由

最高人民法院二审经审理认为：本案基础贸易合同系经销公司与海南旭龙签订的汽车购销合同，该合同并未违反法律、法规的强制性规定，属于合法有效的合同。虽然在签订《银行承兑协议》和签发银行承兑汇票时，郑州分行未要求经销公司提供规定的资料，未尽审查义务，但并不构成"违反法律法规的强制性规定"，因此，基础贸易合同和《银行承兑协议》均属于合法有效的合同。本案二审当事人争议焦点是关于海口建来提供的质押账户中国债属性及其对质押权利的影响，营业部是否违反对郑州分行承诺的鉴证义务，以及营业部与国泰君安应否承担本案连带赔偿责任。

第一，关于质押关系成立及质押物瑕疵的分析与认定。（1）本案质押账户内的国债在出质时已经处于回购状态，而不是国债现券。国债是否处于回购状态，是由账户内标准券的数额反映的。根据《上海、深圳证券交易所交易规则》对标准券的定义，标准券是指在证券交易所指定的登记结算机构托管而用于回购交易并按交易所规定的折算率计算出的回购抵押券。债券持有人可卖出债券的数量，根据其在交易所指定的登记结算机构库存债券数量，以交易所公布的标准券（综合券）折算率计算出的标准券（综合券）量为限。这说明，回购交易中，国债不是一般意义上的交易物，而是抵押（质押）物。回购具备买卖和质押两种性质，形式上是国债两次买卖，实质上是质押融资。以标准券来确定融资量，以现券作为最终的担保，两者合二为一。根据郑州分行提供的证据之《对账单》以及营业部提供的证据之《国泰君安证券股票明细对账单（合并）及郑州花园路余额汇总》，可以看出：在本案质押开始之前，国债市值很高但是资金余额不高，标准券可用余额也很少，因此，本案质押开始前国债账户的状态为：账户内国债已经大部分处于回购状态而尚未购回，且账户内没有足额的购回国债资金。作为质权人的郑州分行，应当核实质押国债的真实性、有效性以及可支配性，以确保质押物对质权实现的担保，减少自身开出票据的风险。郑州分行作为专业金融机构，其关于对国债处于回购状态的情况"不知情、看不懂对账单"的观点不能成立，其应当知道质押物的状态并且应当预见到接受该种具有瑕疵的质押物存在的风险。（2）质押物本身存在瑕疵导致质押方式存在潜在的风险。根据交易规则，处于回购状态的国债，只有在回购期满时，融资方（海口建来）从融券方将质押物（国债）购回，方能保证郑州分行的质押受偿权。如果回购期满未能购回，则质押物本身存在的这一风险将可能导致优先受偿权无法实现。因此，这种质押方式与质权的优先受偿性存在冲突，使得质押方式存在潜在的风险。郑州分行明知质押物处于回购状态，质押物的价值可能出现极大波动，质押方式存在巨大风险，但是仍然愿意接受该种质押方式，且未要求出质人提供其他担保，其应当对质押物的价值减少带来的损失自行承担责任。

第二，关于营业部是否实施了违反《承诺鉴证书》约定的行为，是否存在过错的认定。营业部在每份协议签订之前均出具了真实的《对账单》，《对账单》如实反映了该出质账户的国债状况和资金余额，郑州分行既是金融机构，又是长期利用质押账户进行国债回购操作的实际控制人，其应当明了《对账单》显示的内容，也完全了解接受处于回购状态的国债市值质押可能存在的法律风险。营业部履行了信息披露义务，没有过错。营业部提供证据之《授权委托证明书》、《质押合同》及《补充协议》以及《承诺鉴证书》和《收据》，能够证明郑州分行并不享有唯一的国债交易权。上述文件强调的只是"仅光大银行（授权人员）拥有提款权、托管（指定交易）权和转托管（取消指定交易）权"。这说明，郑州分行独家享有的仅仅是上述三项权利，海口建来仍然有权进行上述三项之外的国债交易活动。光大银行在接受质押时，又书面放弃了其中部分质押权能，未对质押账户密码进行修改，并未禁止或者排斥海口建来在账户中进行国债交易，因此营业部允许海口建来进行续回购操作不违反《承诺鉴证书》约定。营业部二审提供的《证券股票明细对账单》证明：2005年6月17日，质押账户被登记公司强行清算。自2004年10月27日本案第一份承诺协议签订之时，至质押账户被交易所强行清算之日，质押账户内并未发生过资金出户情况。这说明，续回购操作不是质押物价值减少的原因，无论营业部允许海口建来进行续回购操作是否违反承诺鉴证，都没有因此造成资金损失。质押账户内国债市值和资金余额减少的根本原因，是在质押开始前账户内国债已经处于回购状态。而账户实际控制人郑州分行与海口建来在续回购到期日，未能注入资金购回到期的国债，也没有继续申报续回购，构成了对潜在交易对手的违约，被交易所强行清算，此项交易与营业部无关。即使质押账户内国债市值仍为8500万元，郑州分行也无法直接受偿，其只能根据交易规则，在没有资金购回国债的情况下，账户先行清算，清算所得优先偿还融券方，郑州分行能够得到的余额仍是现在的1300余万元。因此，营业部允许海口建来进行续回购操作的行为与质押账户内国债被强行清算的结果没有必然因果关系。

第三,关于《承诺鉴证书》承诺的是保证责任还是监控责任的认定。《承诺鉴证书》第2条约定:"营业部对申请人或出质人的国债交易负责监控,保证申请人或出质人国债账户市值与资金账户余额之和在质押期间不低于某数额。"《合同法》第125条规定:"当事人对合同条款的理解有争议的,应当按照合同所使用的词句、合同的有关条款、合同的目的、交易习惯以及诚实信用原则,确定该条款的真实意思。"根据这一合同解释规则,上述约定应理解为:营业部应当保证监控出质人或质权人的国债交易过程,如果其操作可能导致国债账户市值与资金账户余额之和在质押期间低于某数额,则营业部应当停止其交易行为。亦即营业部此项义务应理解为监控义务而非保证义务。另根据《承诺鉴证书》第9条关于"营业部如未遵守上述承诺鉴证造成损失,同意承担赔偿责任"的约定,营业部承担责任的前提是营业部有违约行为且该违约行为造成了损失,而《担保法》规定保证人承担的不是赔偿责任而是连带还款责任,其前提是主债务人不履行债务,与保证人是否违约无关。因此,《承诺鉴证书》所承诺的责任应当认定为监控责任而非保证责任。

根据《证券法》第141条规定,证券公司不得为客户融资融券。郑州分行认为营业部应保证质押账户余额,随时填充国债或资金,以保证账户余额不变。然而,这是法律所禁止的融资融券行为,营业部并未实施该违法行为,并无过错。在整个质押过程中,本案各方均无任何可以导致国债账户市值和资金余额之和降低和减损的交易行为发生,因此,根据《承诺鉴证书》的承诺条款营业部无过错,不应承担民事责任。

营业部、国泰君安关于其在承诺鉴证之后,对于该质押账户没有进行任何主动的操作,接受海口建来的续回购操作指令既为合同允许,也并没有改变质押物的市值或实际价值,仅仅是将风险滞后而未造成质押物的损失;质押物的损失产生完全是因质押双方未能将处于回购状态的国债进行到期购回而被登记公司到期强行清算所导致。因此,在损失产生的原因方面,营业部没有过错的上诉理由成立,最高人民法院予以支持。郑州分行关于营业部是为本案六份质押合同及补充协议的履行而作出的承诺鉴证,即营业部是与海口建来一同向郑州分行保证质押权利行使,现郑州分行质押权利无法实现,营业部理应对郑州分行行使优先受偿权后不能获得清偿的本息,依约承担赔偿责任的答辩理由缺乏事实和法律依据,最高人民法院不予支持。原审判决依据营业部有承诺鉴证的最低限额的情形,认为一旦账户中的实际余额之和低于营业部承诺鉴证数额,即应追究营业部的责任,而不考虑该数额的变化究竟是营业部的行为造成还是质押方式的缺陷和风险造成的,其认定错误,最高人民法院予以纠正。

(四)存单质权纠纷

95. 以虚开的存单质押的法律效力如何?

存单持有人以金融机构开具的、未有实际存款或与实际存款不符的存单进行质押,以骗取或占用他人财产的,该质押关系无效。借款人持户名系他人的存单为自己向金融机构(出借人)贷款提供担保,出借人在未经审核出质人真实身份及出质是否为出质人真实意思表示的情况下,即接受存单质押,出借人具有主观上的过错,在借款人不能偿还借款,又不能以质押的存单项下的款项优先清偿贷款时,出借人对贷款的损失应当自行承担相应的责任。

典型疑难案件参考

桐城市农村信用合作联社实业信用社诉中国工商银行桐城市支行存单纠纷案

基本案情

被告李光辉原系被告中国工商银行桐城市支行(以下简称桐城工行)的工作人员,在其担任桐城工行第二储蓄所储蓄员期间,于1996年10月至1997年9月期间,先后6次持姓名为姚进、项光明、陈岩松的3人在桐城工行办理的整存整取储蓄存单及国库券(共7份),与原告桐城市农村信用合作联社实业信用社(以下简称实业信用社)签订存单质押贷款合同6份。合同约定:借款人为李光辉,贷款人(质权人)实业信用社,出质人为姚进、项光明、陈岩松。出质人分别以其所有的存单或国库券作为权利质押为贷款本息以及收回贷款的费用提供担保,质物面额计50.782万元。贷款人同意贷给借款人短期(6个月)贷款人民币共计44.5万元。借款人未按期清偿贷款本息时,出质人授权贷款人将有价证券兑现,由此取得的货币清偿贷款本息和支付收贷费用。质押贷款需要申请延期的,借款人在贷款到期日前10天内向贷款人提出申请,出质人必须开具同意继续以质物担保的证明,经贷款人批准同意后方能成立;否则即按逾期处理等。同时附有:(1)上述3名出质人均向桐城工行第二储蓄所提出书面申请,表明其自愿以持有的存单及国库券作质押。(2)以桐城工行第二储蓄所名义向实业信用社出具的7份关于"本机构同意储户姚进、项光明、陈岩松的申请要求。贵社可办理质押贷款"的书函。随后，贷款人实业信用社按约向李光辉发放贷款计44.5万元。贷款期限届满后，因李光辉未能按期偿还贷款，实业信用社为上述贷款中的4笔办理了展期手续。展期到期后，由于李光辉仍未能偿还借款，故实业信用社持质押的存单申请桐城工行兑付。因桐城工行拒绝兑付存单，实业信用社遂于1999年4月5日向桐城市人民法院提起诉讼，请求判令李光辉立即清偿其借款本息553 575.82元，并承担本案的全部诉讼费用。桐城市人民法院受理后，于同年4月16日以李光辉涉嫌犯罪且已外逃为由裁定中止审理。2003年9月29日，实业信用社申请恢复审理，并追加桐城工行为被告，请求判令桐城工行对李光辉的借款本息承担连带赔偿责任。桐城工行在法定期限内提出管辖权异议，桐城市人民法院于2003年10月21日裁定将本案移送安徽省安庆市中级人民法院审理。

此外，李光辉用于质押贷款的7份存单和国库券，是其在桐城工行第二储蓄所任职期间虚开的，储蓄所并无此分户账目和其他存款记录。2001年8月22日，李光辉因涉嫌诈骗被桐城市公安局立案侦查，现仍在逃。实业信用社原名为安徽省桐城市实业城市信用合作社，2003年3月12日变更为安徽省桐城市实业农村信用合作社，2004年6月7日又变更为桐城市农村信用合作联社实业信用社。

一审诉辩情况

原告实业信用社诉称，李光辉于1996年10月至1997年9月，先后6次以存单质押的方式向其借款计44.5万元。现该借款已全部到期，因李光辉未能按约偿还借款，遂申请出具质押存单的桐城工行予以兑现，由于桐城工行拒付。请求法院判令：（1）李光辉赔偿贷款本金44.5万元及利息；（2）桐城工行对其贷款本息承担连带赔偿责任；（3）李光辉、桐城工行共同承担本案的诉讼费用。

被告桐城工行辩称：（1）实业信用社在接受李光辉的质押贷款时对质押物存单及出质人的真实身份审查不严，存在重大过失，而其行为无过错，实业信用社要求其承担赔偿责任不当；（2）实业信用社以质押的虚假存单起诉金融机构，依据相关规定应驳回其诉讼请求；（3）实业信用社为本案的质押贷款合同办理展期及超质押存单的存款面额发放贷款的行为，显属违规；（4）实业信用社诉求的是过错赔偿责任，因本案当事人李光辉在逃，无法对各方的过错及其民事责任的大小进行认定和处理，故本案应当中止审理。

一审裁判结果

安徽省安庆市中级人民法院依照《民事诉讼法》第128条、第130条，

最高人民法院《关于审理存单纠纷案件的若干规定》第3条第2款、第8条第2款之规定,作出如下判决:

一、李光辉于本判决生效后立即返还实业信用社贷款本金445000元并赔偿其利息损失(按中国人民银行同期贷款利率计算,息随本清);

二、桐城工行对上述债务中的405824元本金及相应利息承担连带赔偿责任。案件受理费11020元,由实业信用社负担2200元,桐城工行、李光辉共同负担8820元,公告费787.80元由桐城工行、李光辉共同负担。

▶一审裁判理由

安徽省安庆市中级人民法院审理认为,李光辉以其持有的桐城工行出具的但无实际存款内容(空存单)或与实际存款不符(套取的存单)的真实存单,与实业信用社签订的6份质押贷款合同,依据最高人民法院《关于审理存单纠纷案件的若干规定》(以下简称《若干规定》)第8条第2款之规定,该质押关系无效。李光辉取得的44.5万元贷款应当返还实业信用社。作为实业信用社,在与李光辉签订质押贷款时,李光辉持有的存单外表真实,形式要件齐备,该存单虽系李光辉虚开,但作为接受存单质押的权利人实业信用社只能从存单的形式要件是否有瑕疵进行审查,其不能辨别存单实际存款状况,故实业信用社依据存单发放贷款并无过错。但实业信用社在贷款时,违反了中国人民银行《个人定期储蓄存款存单小额抵押贷款办法》(以下简称《抵押贷款办法》)第9条的规定,违规超贷3.9176万元,对超额贷款部分的损失应由实业信用社自行承担。因虚开的存单是李光辉获取贷款的重要手段,故桐城工行对其工作人员出具的存单应负民事责任,实业信用社要求桐城工行承担过错赔偿责任时诉讼请求应予支持。但桐城工行只应对40.5824万元贷款损失承担责任。桐城工行辩称,实业信用社违规为李光辉的前四笔贷款办理展期手续。鉴于其每笔展期均未超过质押存单到期日,故该行为虽系违规,但并不是导致贷款金额不能兑付的直接原因,尚不足以对贷款造成损失。桐城工行辩称,实业信用社违反了中国人民银行《抵押贷款办法》第5条的规定,即不得用他人存单作抵押。我国担保法对债务人借用他人的存单出质,没有禁止性规定,只要第三人有以存单债权为他进行担保的真实意思的表示。李光辉以其持有的7张存单在进行质押贷款时,均提供了存单所有人的"质押申请书",实业信用社有理由认为李光辉用他人存单质押是经过他人同意的,实业信用社的行为不违反担保法的规定。关于桐城工行提出"核押函"不具有真实性的辩由问题,"核押"并非质押贷款的法定程序,且我国《担保法》及《若干规定》,也未对核押有强制性规定,核押与否不影响对存单纠纷的认定和处理。关于桐城工行申请对质押合同中"李光辉"的签名字迹进行司法鉴定问题，因认定桐城工行承担民事责任的主要依据是其开具的7张虚假存单，实业信用社是根据李光辉以存单质押而与其产生借款事实，而贷款合同中无论是否李光辉签字，均不影响出具存单的金融机构对质权人承担责任，故其申请不予采纳。桐城工行要求中止审理，李光辉虽因涉嫌贷款诈骗已被公安机关立案侦查，但追究李光辉的刑事责任不影响对桐城工行和李光辉民事责任的认定和处理，故其申请不予采纳。

二审诉辩情况

桐城工行上诉称：（1）原审判决认定事实错误。一是原审判决认定实业信用社对李光辉提供的质押存单仅须审查形式要件，即可依据存单发放贷款错误。实业信用社在未对存单存款的真实情况及出质人姚进等三人的身份进行核实的情况下，就与李光辉签订质押贷款合同，对合同无效存在缔约过错。二是根据中国人民银行《抵押贷款办法》第5条的规定办理此类贷款，借款人只能用本人名下的存单进行质押。李光辉是用他人名下的存单进行质押，实业信用社违反这一禁止性规定为其办理质押贷款，应当承担合同无效的全部过错责任。三是原判对实业信用社违规办理贷款展期问题的认定错误。实业信用社违规展期虽不是导致贷款不能兑付的直接原因，但由于其过错，未能对贷款及时追要，由其造成损失理应由实业信用社负责。四是本案的质押贷款合同中，有两份显然不是李光辉的笔迹，原审法院在未对其笔迹进行鉴定的情况下，却简单认定：合同中的笔迹不论是否李光辉签字，均不影响出具存单的金融机构对质权人承担责任。（2）其没有因过错行为直接导致实业信用社的贷款受到损失，不存在对实业信用社的贷款损失承担连带赔偿责任。本案不适用上述《若干规定》第8条第2款的规定。此外，被上诉人实业信用社明知存单虚假而接受质押，根据该司法解释第8条第2款的规定，开具存单的金融机构亦不承担民事赔偿责任。（3）本案中由于当事人李光辉涉嫌刑事犯罪且已外逃，部分事实无法查清，故应裁定本案中止审理。综上，原审判决认定事实错误，适用法律不当，请求二审法院驳回被上诉人实业信用社要求其承担赔偿损失的诉讼请求或裁定本案中止审理。

实业信用社答辩称：（1）原审判决认定事实正确。第一，其在办理本案贷款过程中已认真履行了相关法律规定的核实义务，不存在缔约过失责任。第二，其办理的质押贷款是依据《商业银行法》、《担保法》、《贷款通则》等法律规定，故本案不适用中国人民银行《抵押贷款办法》的相关规定。第三，其办理本案贷款展期行为均发生在收到中国人民银行银发〔1997〕119号文件之前，不存在违反该文件规定办理贷款展期行为。第四，上诉人桐城工行认为本案的质押贷款合同中有两份"李光辉"的签名存在问题，因其在一审程序中未能提出相关的证据予以证实，故原判决对此认定是正确的。（2）李光辉利用套取上诉人桐城工行的存单进行质押贷款，致其造成经济损失，上诉人桐城工行存在严重过失。据此，原审法院依据《若干规定》第8条第2款之规定，判决上诉人桐城工行对其损失承担连带赔偿责任并无不当。（3）李光辉涉嫌刑事犯罪并不影响本案民事部分的处理，原判决并未违反诉讼程序。综上，上诉人桐城工行提出的几点上诉理由均不能成立，原审判决正确，应予维持。

二审裁判结果

安徽省高级人民法院依照《民事诉讼法》第153条第1项、第2项之规定，判决如下：

一、维持安徽省安庆市中级人民法院〔2004〕宜民二初字第02号民事判决主文第一项；

二、撤销安徽省安庆市中级人民法院〔2004〕宜民二初字第02号民事判决主文第二项；

三、中国工商银行桐城市支行对李光辉的贷款本金44.5万元及相应利息不能清偿部分承担70%的补充赔偿责任。一审案件受理费11807.80元，二审案件受理费11807.80元，合计23615.6元；由李光辉、中国工商银行桐城市支行共同承担16531.60元（二审缴纳的诉讼费不予退还，由双方在执行中相互抵扣），桐城市农村信用合作联社实业信用社承担7084元。

二审裁判理由

安徽省高级人民法院经审理认为：（1）关于存单质押合同的效力问题。《若干规定》第8条第2款规定，"存单持有人以金融机构开具的、未有实际存款或与实际存款不符的存单进行质押，以骗取或占用他人财产的，该质押关系无效"。本案中的质押物存单系李光辉虚开的，未有实际存款，作为出质标的的出质债权自始不存在，原审法院依据上述规定认定本案的存单质押关系无效是正确的。（2）本案用以质押的7份存单及国库券，系李光辉在任职期间用真实文本虚开的，并加盖有单位业务章，因此，桐城工行对其工作人员虚开存单并出质负有主要责任。（3）关于实业信用社在审查存单的真实性和出质人真实身份及其意思表示上有无过失问题。本案的借款人持户名系他人的存单为其向实业信用社贷款提供担保，实业信用社在未经审核三名出质人真实身份及出质是否为出质人真实意思表示的情况下，即接受存单质押，显然存在一定过失，并非是完全善意无过失人。因此，在借款人不能偿还借款，又不能以质押的存单项下的款项优先清偿贷款时，实业信用社对本案贷款的损失应自行承担相应的责任。桐城工行关于实业信用社在未对存款的真实情况及出质人姚进等三人的身份进行核实的情况下，就与李光辉签订质押贷款合同，对合同无效存在缔约过错的上诉理由成立。（4）关于本案质押存单是否核押问题。实业信用社仅提交了李光辉以桐城工行第二储蓄所名义向其出具的7份关于"本机构同意储户姚进、项光明、陈岩松的申请要求，贵社可办理质押贷款"的书函，从该书函的内容上看，并未对出质的存单的真实性进行确认，且该书函是由李光辉出示的，其又是本案借款合同的借款人，实业信用社作为金融机构应当知道李光辉不具有代表桐城工行对存单核押的资格，故上述书函不具备核押的构成要件，不产生核押的法律效果。（5）关于本案的赔偿责任范围。实业信用社的诉请包括贷款的本金及全部利息，在李光辉不能清偿时，此即为其全部经济损失。由于实业信用社违规超贷行为与其对于质押无效存在缔约过错无关，故原审判决以违规超额贷款划分责任范围不当。（6）关于本案是否应中止审理问题。由于追究李光辉的刑事责任并不影响依据借款关系和质押关系对李光辉和桐城工行承担民事责任的认定和处理，因此，依据《若干规定》关于"对于追究当事人的刑事责任不影响对存单纠纷案件审理的，人民法院应对存单纠纷案件有关当事人是否承担民事责任以及承担民事责任的大小依法及时进行认定和处理"的规定，上诉人关于本案应中止审理的上诉请求和理由不能成立。

96. 核押是否影响存单质权的成立？

是否核押并不影响存单质权的成立，但从核押的法律意义上讲，核押是质权人保护权利安全的必要手段，质押担保合同在核押成立的前提下，即便存单系伪造、变造、虚开，均不影响质押合同效力，这加大了审核者的审核义务，保护了善意的第三人，有利于保护交易安全。

典型疑难案件参考

浦发银行南京分行诉建行镇江支行支付存款并赔偿经济损失案。（最高人民法院民事判决书〔1998〕经终字第 202 号）

基本案情

1995 年 10 月 16 日至 19 日，案外人南京宝盛实业有限公司（以下简称宝盛公司）分 5 次汇入建行镇江分行的派出机构宝盖路分理处 1000 万元。宝盖路分理处给宝盛公司开出 11 张面值总额共计 1000 万元的存单。同年 10 月 26 日，宝盛公司带 500 万元汇票交给宝盖路分理处。次日，宝盛公司又将总额共计 1000 万元的 11 张存单交给宝盖路分理处。宝盖路分理处向宝盛公司出具了面值为 1500 万元的存单，存款期限自 1995 年 10 月 23 日至 1996 年 10 月 23 日，利率为 9.15‰。经宝盛公司同意，宝盖路分理处用转账支票将 500 万元转至镇江市交通外贸公司（以下简称交通外贸公司）账户上。同时，该分理处又用"特种转账凭证"将 1000 万元存单项下款项转至交通外贸公司账户。

同年 10 月底，宝盛公司经理刘祖海持宝盖路分理处开出的 1500 万元存单向浦发银行南京分行请求质押贷款。浦发银行南京分行即派员向该分理处核实存单。同年 11 月 10 日，宝盖路分理处向浦发银行南京分行出具了"关于南京宝盛公司存单抵押保证函"，该函称：宝盛公司在我行宝盖路分理处存款 1500 万元，存单号码 0069965，期限一年，利率 9.15‰。该分理处保证该存单不提前支取，不转让、不挂失，到期按浦发银行南京分行指定账号本息一次汇入，作为贷款抵押还款。如违反此保证函，本行承担一切法律责任和经济损失。在该保证函上盖有宝盖路分理处公章，该分理处副主任臧松在函上签名"同意"，宝盛公司在该函上盖章认可。同年 11 月 13 日，浦发银行南京分行与宝盛公司签订一份借款合同，约定：浦发银行南京分行贷款 1400 万元给宝盛公司，期限 10 天，利率 12.6‰，借款人向贷款人出具不可撤销贷款抵押书作为借款合同的组成部分。同日，宝盛公司向浦发银行出具了"不可撤销贷款抵押书"。并交付了 1500 万元存单作质押。随后，浦发银行南京分行将 1400 万元贷给了宝盛公司。借款期限届满，宝盛公司未能归还贷款。同年 12 月 8 日，浦发银行南京分行致函宝盖路分理处，要求兑付宝盛公司质押的存单，宝盖路分理处于同日给浦发银行南京分行出具一份"证明"，称：同意于 12 月 12 日将宝盛公司的 1500 万元存款划入浦发银行南京分行的指定账号。12 月 12 日，宝盖路分理处又向浦发银行南京分行出具了一份"存单提前支取保证书"，称：宝盛公司存入的 1500 万元已划入交通外贸公司账户，因交通外贸公司未予归还，故要求暂缓至12月15日兑付存单，到期不能支付，承担一切法律责任。同年11月21日，浦发银行南京分行致函建行镇江分行，要求该行立即兑付上述1500万元存单。同年12月29日，建行镇江分行复函浦发银行南京分行，函称：鉴于1500万元存单涉及一起特大金融诈骗案，是否兑付该存单，双方另行商洽。浦发银行南京分行遂于1996年1月向江苏省高级人民法院起诉，请求判令建行镇江分行支付存款项下的1500万元并赔偿经济损失。

另查明：刘祖海，臧松分别因犯贷款诈骗罪，挪用公款罪，被江苏省高级人民法院判处徒刑。臧松被判处无期徒刑，刘祖海被判处有期徒刑15年，罚金20万元。

一审裁判结果

江苏省高级人民法院一审判决：建行镇江分行向浦发银行南京分行支付存单项下1500万元及相应利息，自判决生效后10日内给付。案件受理费85010元，由建行镇江分行承担。

一审裁判理由

江苏省高级人民法院审理认为：宝盛公司向浦发银行南京分行出具了不可撤销贷款抵押书，且交付了1500万元的存单，双方形成了质押合同关系。浦发银行南京分行在质押贷款之前，向宝盖路分理处核对了存单的真实性，宝盖路分理处向浦发银行南京分行出具了保证函，确认了存单的真实性，并保证承担兑付存单的责任。因此，浦发银行南京分行与宝盛公司之间质押合同合法有效。宝盛公司没有归还到期贷款本息，浦发银行南京分行要求建行镇江分行兑付质押存单的请求应予支持。浦发银行南京分行贷款1400万元给宝盛公司，至1997年年底，宝盛公司共欠本息19247257.24元，质押存单金额在主债权范围之内，建行镇江分行应向浦发银行南京分行支付存单项下的款项。本案是有效的质押存单纠纷，与宝盖路分理处内部工作人员挪用公款的行为无涉，建行镇江分行关于本案涉嫌犯罪，应当移送有关部门的主张不能成立。

二审诉辩情况

建行镇江分行上诉称：浦发银行南京分行接受宝盛公司的1500万元存单系一张无实际存款的虚假存单，根据最高人民法院《关于审理存单纠纷案件的若干规定》第8条第2款，"存单持有人以金融机构开具的未有实际存款或与实际存款不符的存单进行质押，以骗取或占用他人财产的，该质押关系无效，接受存单质押的人起诉的，该存单持有人与开具存单的金融机构为共同被告"，应追加宝盛公司为本案被告，并判令其承担责任。请求二审法院将本案发回重审；宝盛公司刘祖海携带500万元汇票票款系其自行填写转账支票转至交通外贸公司，其交回的1000万元存单项下的款项，系其委托臧松划至交通外贸公司的，一审判决认定上述款项系宝盖路分理处转走的属事实不清；臧松在所谓的"保证函"上盖章及出具同意付款的"证明书"、"存单提前支取保证书"均系臧松参与金融犯罪的行为，建行镇江分行不应承担民事责任；根据刘祖海的交待，浦发银行南京分行明知1500万元存单系虚假的，而接受存单质押，应承担相应过错责任。浦发银行南京分行答辩称：宝盛公司已将1500万元存款交付给宝盖路分理处，故该分理处开出的存单是真实有效的合法存单。该存单出质前，宝盖路分理处已进行过核押。根据最高人民法院《关于审理存单纠纷案件的若干规定》第8条第3款："以金融机构核押的存单出质的，即便存单系伪造、变造、虚开，质押合同均为有效，金融机构应依法向质权人兑付存单所记载的款项。"据此，本案存单质押有效，建行镇江分行应承担兑付责任。宝盖路分理处是建行镇江分行领取营业执照的派出机构，原审列建行镇江分行为本案被告并无不当。宝盖路分理处在保证函上加盖的公章与建行镇江分行的其他印章具有同等法律效力，其产生的民事责任应由建行镇江分行承担。臧松系宝盖路分理处的主任，其使用公章、出具存单、确认函系职务行为；宝盖路分理处使用银行内部特种转账凭证、转账支票转出的资金数额虽与宝盛公司的存款数额相同，但无法推知被转移的款来源于哪家储户，因而无法否定宝盛公司已向宝盖路分理处实际存款。

二审裁判结果

最高人民法院依照《民事诉讼法》第153条第1款第1项之规定，判决如下：驳回上诉，维持原判。本案二审案件受理费85010元，由中国建设银行镇江市分行承担。

二审裁判理由

最高人民法院认为：宝盛公司持宝盖路分理处开具的1500万元存单向浦发银行南京分行要求质押贷款，浦发银行南京分行向宝盖路分理处核实存单的真实性时，宝盖路分理处向浦发银行南京分行出具了保证函。该函确认了存单的真实性，并保证到期承担兑付存单的责任，且此后多次具函均承诺兑付存单。因此，宝盛公司与浦发银行南京分行质押关系有效，建行镇江分行应当承担到期兑付存单义务。建行镇江分行关于浦发银行南京分行明知1500万元存单虚假而接受存单质押的上诉理由，无事实依据。根据最高人民法院《关于审理存单纠纷案件的若干规定》第8条第3款，宝盛公司未归还到期贷款，浦发银行南京分行有权要求建行镇江分行兑付经过核押的质押存单。建行镇江分行在履行兑付义务之后，其若与宝盛公司还有纠纷，可另行主张，本案无须追加宝盛公司参加诉讼。臧松系宝盖路分理处副主任，其办理存款，出具存单及核押存单的保证函的行为均属职务行为，建行镇江分行应对其行为后果承担民事责任，臧松的金融犯罪行为不影响本案存单质押纠纷的审理。建行镇江分行的上诉理由均不能成立，本院不予支持。原审判决认定事实清楚，适用法律正确，判处得当，应予维持。

97. 存单核押有着何种法律意义？

关于存单核押的认定问题，立法规定比较笼统，最高人民法院的主流观点主要体现在庭推精要、案例和有关著述上。一般来讲，核押是指质权人就将存单质押的情况告知开出该存单的金融机构，并就存单的真实性向金融机构咨询，金融机构对存单的真实性予以确认并在存单上或者以其他方式签章的行为。因此，存单经过核押就表明金融机构对存单的真实性予以确认，可以推定存单具有完全权利内容的权利凭证，可以成为合法的权利质押标的。

98. 如何认定存单核押已经完成？

认定核押过程已经完成时，应当从对处置权利的真实性的查询和对权利已经被出质的申明两个部分来考察，缺一不可，至于查询和申明形式，在不违背一般交易习惯的前提下，可允许当事人自行确定。

典型疑难案件参考

中国工商银行始兴县支行与中国建设银行黔西县支行借款担保合同纠纷案

基本案情

上诉人中国工商银行始兴县支行（以下简称始兴支行）为与被上诉人中国建设银行黔西县支行（以下简称黔西建行）、原审被告贵州黔西金都鸵鸟养殖发展公司（以下简称鸵鸟公司）和中国工商银行始兴县支行银发实业总公司清新分公司（以下简称清新公司）借款担保合同纠纷一案，不服贵州省高级人民法院〔1998〕黔经一初字第29号民事判决，向最高人民法院提起上诉。

1997年1月21日黔西建行与鸵鸟公司签订了编号为黔建委信贷字（1997）01号的中国建设银行人民币资金借款合同。合同约定：由黔西建行向鸵鸟公司发放贷款1000万元，借款用于鸵鸟养殖，借款期限自1997年1月21日至1998年1月21日。双方还约定在借款合同项下的借款本息及费用，由清新公司提供担保，并另行签订协议作为借款合同的从合同。1997年2月21日，黔西建行与清新公司签订的人民币（贷款）质押合同约定：为确保黔西建行与鸵鸟公司签订的黔建委信贷字（1997）01号借款合同的履行，黔西建行同意接受清新公司以两张共计金额1500万元的定期储蓄存单设定质押，质押担保的范围为借款本金1000万元及其利息、违约金、赔偿金、质押保管费及实现债权和质权的费用（包括诉讼费、律师费等）。合同签订后，清新公司将编号为粤总号6483004、6483011的两张"中国工商银行整存整取定期储蓄存单"交付于黔西建行，黔西建行将借款1000万元分3次支付给鸵鸟公司。借款合同期限届满后，鸵鸟公司未偿还上述借款本息。1998年7月6日，黔西建行向贵州省高级人民法院提起诉讼，要求鸵鸟公司归还贷款本金以及利息、罚息等，要求清新公司和始兴工行承担连带清偿责任。在一审诉讼中，贵州高院依法公告通知鸵鸟公司和清新公司应诉和开庭，但两被告既未答辩，也未出庭。

在鸵鸟公司向黔西建行申请贷款时，清新公司承诺以编号为6483004和6483011的两张存单作为该笔贷款质押担保。为核实该存单的真实性，时任黔西建行行长的王永兰等人前往存单的出具单位始兴工行，找到该行行长李杰，告知其上述两张存单质押的情况，并要求其确认存单是否真实。其中，编号为粤总号6483004的存单载明：户名为清新公司、账号为9500634、存入人民币1000万元整、存入日为1995年8月8日、到期日为1998年8月8日。编号为6483011的存单载明：户名为清新公司、账号为9500641、存入人民币500万元整、存入日为1995年8月18日、到期日为1997年8月18日。李杰在办公室证实了上述两张存单的真实性，并出具了日期均为1997年1月6日的两份《保证书》，该两份《保证书》均载明："此存单真实有效，可抵押，不挂失，不提前支取，到期我行保证无条件兑付本息。"李杰在该《保证书》上签名，并加盖了始兴工行的印章。

此外，清新公司用以质押的存单格式与始兴工行的存单格式相同，存单号码亦为始兴工行存单连续号码。在一审审理期间，始兴工行证实清新公司在其营业部储蓄专柜没有开立账户以及存入款项，编号为粤总号6483004、6483011的两张存单，是虚开的存单。李杰于1995年7月至1998年6月期间担任始兴工行行长，上述两张虚开的存单系其任职内所为。

一审裁判结果

贵州省高级人民法院依照《民法通则》第108条、《经济合同法》第40条第1款第2项之规定，判决如下：

一、由鸵鸟公司在判决生效后15日内偿付黔西建行借款本金1000万元及其利息（利息的计算，从1997年1月21日起至1998年1月20日止，按月利率9.24‰计，从1998年1月21日起至付清本金之日之止，按中国人民银行规定的同期逾期利息率计）；

二、若鸵鸟公司不按期偿还上述欠款，则由始兴工行在鸵鸟公司欠款范围内向黔西建行兑付编号为粤总号6483004、6483011两张存单上所记载的款项；

三、驳回黔西建行的其他诉讼请求。案件受理费65957.5元，由鸵鸟公司、清新公司、始兴工行连带负担。贵州省高级人民法院将上述一审判决公告送达于鸵鸟公司和清新公司两个被告。

一审裁判理由

贵州省高级人民法院经审理认为：李杰是始兴工行的行长，在其任职期间，为清新公司虚开存单，当黔西建行在未签订质押合同前向始兴工行核实上述存单的真伪时，李杰又以始兴工行行长的名义代表始兴工行向黔西建行出具《保证书》，证实上述存单是真实的。依照《民法通则》第43条"企业法人对它的法定代表人和其他工作人员的经营活动，承担民事责任"的规定，李杰的上述行为应当认为是始兴工行的行为，其法律后果应由始兴工行承担。李杰在得知6483004、6483011号存单将用于质押贷款的情况下，向黔西建行确认存单的真实性，并以始兴工行的名义向黔西建行出具该存单的核押证明，黔西建行据此已有足够理由相信存单的真实性，其已经尽到合理的注意义务。依照最高人民法院《关于审理存单纠纷案件的若干规定》第8条"以金融机构核押的存单出质的，即便存单系伪造、变造、虚开，质押合同均为有效，金融机构应当依法向质权人兑付存单所记载的款项"之规定，始兴工行应当向质权人黔西建行兑付6483004、6483011号两张存单所记载的款项。黔西建行要求始兴工行承担本案民事责任，并不影响公安机关对李杰伪造、变造印章行为的立案侦查。始兴工行关于李杰虚开存单是其个人行为，始兴工行不应存单民事责任的答辩理由，不能成立。清新公司以金融机构核押的存单出质，依照上述最高人民法院《关于审理存单纠纷案件的若干规定》第8条之规定，清新公司与黔西建行签订的《中国人民建设银行人民币（存款）质押合同》应为有效。黔西建行与鸵鸟公司所签订的中国建设银行人民币资金借款合同，是双方当事人的真实意思表示，内容并不违反法律规定，应为有效。黔西建行已如约支付1000万元借款给鸵鸟公司，鸵鸟公司在约定还款期限内未履行偿还借款的合同义务，除应承担在约定还款本息的民事责任之外，还应承担逾期罚息的民事责任。虽然鸵鸟公司副总经理汪匡峰涉嫌经济犯罪，但并不能因此而免除鸵鸟公司依法应承担的民事责任，始兴工行关于本案是汪匡峰涉嫌经济诈骗的刑事案件，应由公安机关侦查处理的答辩理由，法院不予支持。黔西建行不能举证证明其主张的调查取证费、律师费的实际数额，所以该项主张，法院不予支持。

二审诉辩情况

始兴工行不服贵州省高级人民法院〔1998〕黔经一初字第29号民事判决，向本院提起上诉称：第一，根据中国人民银行银发〔1996〕447号《关于加强大额定期存款管理的通知》和银发〔1997〕119号《关于暂停存单质押贷款业务和进一步加强定期存款管理的通知》之规定，被上诉人黔西建行在持有1500万元"定期存单"后，应当对其所持存单的规范性和真实性进行审查，而其并未按规定逐笔审查存单的真实性，被上诉人应当就自己的行为承担相应的责任。原审判决对此却未作任何判定，这对上诉人是有失公平的。第二，本案应为汪匡峰、李杰涉嫌贷款诈骗的刑事案件，而非借贷担保合同纠纷的民事案件。贵州省公安厅于1998年6月前就以汪匡峰涉嫌金融诈骗立案侦查，一审法院受理该案是1998年7月17日。根据有关法律之规定，一审法院应当驳回起诉。在案件的审理过程中，李杰因涉嫌伪造印章罪而被逮捕。本案应当中止审理，一审法院却未依法中止审理。第三，上诉人不是本案被告，依法不应当承担责任。清新公司用以质押担保的两张存单具有瑕疵，不具有法律效力。存单背后的"中国工商银行始兴县支行"印章是伪造的；复核员"冯卫清"的私章亦为私刻的，上诉人员工中并无此人。存单中"中国工商银行始兴县支行营业部储蓄专柜业务章"虽是上诉人于1995年4月13日所刻，但直至1995年11月16日才正式启用；李杰于1995年8月编造理由骗取该印章伪造存单。因此，上诉人不应当是本案中所指的存单出具人，存单持有人以虚假存单质押，该质押合同无效，质押关系不受法律保护。此外，李杰为黔西建行出具的两份《保证书》中的"中国工商银行始兴县支行"公章是李杰违法私刻的，这一事实已经韶关市中级人民法院鉴定。因此，上诉人并非《保证书》中的保证人，上诉人更不应当为李杰的违法行为承担责任。故请求二审法院重新审理或者依法改判。

黔西建行答辩称：第一，本案质押合同有效，上诉人始兴工行负有向答辩人兑付两张存单所记载款项的义务。本案中用以质押的两张存单系上诉人始兴工行出具。两份存单的格式与始兴工行的存单格式相同,存单号码亦为始兴工行存单的连续号码,即存单是始兴工行的真实存单。两张存单正面加盖的印鉴是始兴工行的业务印章,印鉴是真实的,存单上业务员周跃星的个人名章也是真实的。银行存单不需要在背面加盖出具行的印章,所以在存单背面加盖印章是没有法律意义的。即使存单背面的印章是假的,也不能否定或抵销正面真实印章的法律意义。两张存单均经过始兴工行核押。李杰作为存单开具行的行长,亲自向黔西建行确认存单的真实性;并且亲自向黔西建行出具保证书,以书面形式进一步对存单的真实性进行再确认。黔西建行在接受存单质押以及核押过程中没有任何过失。为了确保质权的实现,黔西建行行长王永兰亲自找到始兴建行行长李杰要求核押,李杰完成了全部核押手续,黔西建行已经有足够的理由相信存单的真实性和有效性,最大限度地尽到了合理注意的义务。贷款逾期后,李杰曾于1998年5月13日向黔西建行的主管部门中国建行贵州省分行出具承诺书,保证在5月30日前由始兴工行还清该笔贷款的全部本息。该承诺书是对两张存单的再次核押。第二,始兴工行是本案合格的被告,应为其行长李杰的职务行为承担相应的民事责任。因为李杰的行为是以始兴工行的名义进行而非以个人名义进行。李杰作为行长,具有代表始兴工行的合法身份。李杰的行为是在其职权和职务范围内进行的行为。根据有关法律规定,李杰、汪匡峰涉嫌刑事犯罪,并不影响本案民事诉讼的正常进行。故请求二审法院驳回上诉,维持原判。

二审裁判结果

最高人民法院根据《民事诉讼法》第153条第1款1项、第158条之规定,判决如下:驳回上诉,维持原判。二审案件受理费65957.5元,由上诉人中国工商银行始兴县分行承担。

二审裁判理由

最高人民法院认为:汪匡峰在本案审理之前因涉嫌金融诈骗被立案侦查,但汪匡峰的涉嫌贷款诈骗的犯罪事实,与其以鸵鸟公司名义向黔西建行签订借款合同的事实,并非同一法律事实。尽管李杰在本案审理期间先后被免职、拘留和逮捕,但其被免职、拘留和逮捕的原因分别是其在任职期间盗用银行存单抵押拆借资金进行违规违法经营、涉嫌用账外客户资金非法拆借发放贷款以及伪造、变造国家机关企事业单位印章罪,故本案中的李杰个人涉嫌经济犯罪的法律事实,与其因代表始兴工行为清新公司虚开存单并为黔西建行进行存单核押的法律事实,并非同一法律事实。根据最高人民法院《关于在审理经济纠纷案件中涉及经济犯罪嫌疑若干问题的规定》第1条"同一公民、法人或其他经济组织因不同的法律事实分别涉及经济纠纷和经济犯罪嫌疑的,经济纠纷案件和经济犯罪案件应当分开审理"之规定,以及该规定第3条"单位直接负责的主管人员和其他直接责任人员,以该单位的名义对外签订经济合同,将取得的财物部分或全部占为己有构成犯罪的,除依法追究行为人的刑事责任外,该单位对行为人因签订、履行该经济合同造成的后果,依法应当承担民事责任"之规定,本案中的汪匡峰虽受刑事追诉,但是并不影响本案借款合同纠纷的审理;公安机关对李杰伪造、变造印章行为的立案侦查,并不影响黔西建行要求始兴工行承担本案民事责任。因此,始兴工行涉及的经济纠纷案件与汪匡峰、李杰涉嫌经济犯罪案件应当分开审理。始兴工行关于本案应当中止审理的上诉请求,本院不予支持。

根据现已查明的事实和证据,本案中两张存单的样式与始兴工行存单的样式相同,存单正面的业务章是真实的"存单柜台业务专用章"。虽然按照始兴工行内部规定该业务章应在1995年11月6日方能启用,但这仅是该行的内部规定,并未对外公示,因此不能对善意交易人产生约束力。存单正面的业务员周跃星的私章是真实的。尽管始兴工行并无复核员冯卫清此人且冯卫清的名章为李杰所私刻,但目前尚无证据表明银行明确地规定存单正面文义上要求同时具备业务员和复核员的私章。此外,依据银行惯例,存单背面无需加盖存单出具行的公章,公章加盖与否以及公章的真伪,并不影响存单的真实性。故本案中的两张存单在文义上是真实的存单。始兴工行关于两张存单因有瑕疵而不具法律效力的主张,本院不予支持。

虽然现本案中的两张存单是李杰在其任职期间为清新公司虚开的存单,但因李杰系始兴工行的负责人,依据《民法通则》第43条"企业法人对它的负责人和其他工作人员的经营活动,承担民事责任"之规定,应当认为李杰虚开存单的行为是始兴工行的行为,其法律后果应由始兴工行负责。根据最高人民法院《担保法解释》第133条第3款"担保法施行以后因担保行为发生的纠纷案件,在本解释公布施行后尚在一审或二审阶段的,适用担保法和本解释"之规定,本案中关于担保行为法律问题,可以适用担保法司法解释。根据该司法解释第106条"质权人向出质人、出质债权的债务人行使质权时,出质人、出质债权的债务人拒绝的,质权人可以起诉出质人和出质债权的债务人,也可以单独起诉出质债权的债务人"之规定,在本案的存单出质法律关系中,清新公司是存单出质人,始兴工行是出质存单债权的债务人,作为质权人的黔西建行可以起诉清新公司和始兴工行。故上诉人关于其不是本案被告的主张，本院不予支持。

存单核押是指质权人将存单质押的情况告知金融机构，并就存单真实性向金融机构咨询，金融机构对存单的真实性予以确认并在存单上或以其他方式签章的行为。在本案中，黔西建行在未与鸵鸟公司签订借款合同前，为了确认存单的真实性，行长王永兰率人亲自前往始兴工行，约见该行行长李杰并告知其清新公司以始兴工行出具的两张存单为鸵鸟公司借款质押的情况，李杰承认有此事并证实两张存单的真实性。在黔西建行提出要李杰出具书面确认的要求后，李杰又以始兴工行行长的名义出具《保证书》并亲笔签名，后又在两份保证书上加盖始兴工行公章。虽然该《保证书》上的台头是给清新公司开出的，但这仍可视为对存单真实性的一种确认。尽管始兴工行认为《保证书》上的始兴工行的公章是私刻的，且于二审期间申请本院对《保证书》上的始兴工行的公章予以鉴定，但鉴于李杰系始兴工行行长这种身份的特殊性，李杰的出具《保证书》的行为就是始兴工行的行为，因此，公章真假与否与本案中始兴工行行长李杰对存单真实性的确认行为之间并无决定关系，《保证书》上的公章真伪并无鉴定的必要。此外，虽然中国人民银行〔1996〕447号《关于加强大额定期存款管理的通知》和银发〔1997〕119号《关于暂停存单质押贷款业务和进一步加强定期存款管理的通知》要求国有商业银行对尚未到期的存单逐笔审查存单的规范性和真实性，但本案中的两张存单是在1995年8月开出的，且银发〔1997〕119号通知明确规定该通知自文到之日起立即实施，故上述两个通知应否适用于本案中的两张存单，不无疑问。即使黔西建行审查出两张存单是虚开存单，但这仅应对黔西建行的起诉时间有影响，而与始兴工行应否承担存单兑付责任并无关系。综观黔西建行对质押存单真实性的审查过程，可以认为始兴工行行长李杰的行为符合存单核押程序，黔西建行已经尽到合理注意的义务且已有足够理由相信存单的真实性。虽然嗣后证明本案中的两张存单系李杰在其任始兴工行行长期间为清新公司虚开的存单，但根据前述最高人民法院《关于审理存单纠纷案件的若干规定》第8条之规定，始兴工行应当向黔西建行兑付编号为粤总号6483004、6483011的两张存单所记载的款项。始兴工行关于因存单持有人以虚假存单质押故而质押合同无效的上诉理由不能成立，本院不予支持。

99. 没有实际存款关系，在金融机构流落在外的空白真实的存单上，当事人为了诈骗目的而填写属于伪造、编造还是虚开存单的哪种情况？

如果说是伪造，不能成立，因为存单原来的基础是真实的，只不过是一张空白的存单，当事人为了诈骗目的而填写；如果是虚开，它不是金融机构正式开具的，是流落在外的；最贴切的应该是变造，在空白的真实的存单上填写也属于变造的情况，而不仅是在真实存单上已有内容的改变。但是无论是哪种情况，该存单系无效存单，不能用来质押，如果用来质押，自始无效。

100. 以这种虚假存单进行借款质押担保，构成民事欺诈，如果当事人没有提出撤销或者变更的主张，该借款担保合同是否有效？

根据《合同法》等相关法律，在不损害国家利益的情况下，因存单质押欺诈而订立的合同，如果当事人提出撤销或者变更的问题应该遵从当事人的主张，如果当事人没有提出相应主张，法院应认定为有效合同。

典型疑难案件参考

中国农业银行北京市丰台区支行与上海银丰企业（集团）有限公司、中国电子租赁有限公司、北京万翔实业总公司借款合同纠纷案

基本案情

1996年11月10日，中国农业银行北京市丰台区支行（以下简称农行丰台支行）与北京洋晓技工贸集团（以下简称洋晓集团）和上海银丰企业（集团）有限公司（以下简称银丰公司）签订一份农银保借字〔1996〕第1104号保证担保借款合同，约定：农行丰台支行向洋晓集团提供人民币中长期贷款10800万元，期限为两年，月息为9.15‰；银丰公司对借款人的债务承担连带保证责任；洋晓集团以有效存单质押，质押的存单为中国电子租赁有限公司（以下简称中电租公司）开具，存单号005732，金额为人民币9000万元。洋

晓集团和银丰公司的法定代表人同为赵翔，赵翔分别代表洋晓集团和银丰公司在农银保借字〔1996〕第1104号保证担保借款合同上签字并加盖人名章。嗣后，农行丰台支行依照合同约定履行了放贷义务，洋晓集团将盖有中电租公司财务专用章的存单号为005732的存单交付农行丰台支行，该存单所记载的票面金额为9000万元。其间，洋晓集团还曾向农行丰台支行提供了两份用于在农行丰台支行开户所需的开户函以及承诺书。开户函载明："农业银行丰台支行南苑分理处：北京洋晓技工贸集团系我公司全资直属企业，在市门头沟区工商局登记注册。注册资金叁千万元。……特此确认。"承诺书上的内容是："农业银行丰台支行南苑分理处：北京洋晓技工贸集团所存入我公司（中国电子租赁有限公司）的9000万元的定期存款，存单号是005732，……对此笔存款我公司承诺如下：（1）此存单真实有效，系我公司签发。（2）此存单不得提前支取，不得挂失。（3）此存单到期后，由农业银行丰台支行南苑分理处凭存单支取存款。"上述开户函、承诺书上均盖有中电租公司印章。对该两枚印章以及005732号存单上中电租公司的财务专用章、人名章，北京市公安局在侦查农行丰台支行一工作人员涉嫌渎职犯罪案件时于1997年11月用上述3原件及对照样本进行了技术鉴定，结论是：开户函、承诺书上的中电租公司印章和存单上的人名章均不是真印章盖印的。原审法院对该鉴定结论予以确认。借款合同到期后，洋晓集团未按合同约定偿还借款，银丰公司未履行保证责任，中电租公司以存单虚假为由拒绝兑付。

此外，洋晓集团是由北京万翔实业总公司（以下简称万翔公司）投资设立的，洋晓集团的注册资金3000万元，万翔公司对洋晓集团实际出资额为1475.7万元。1999年10月25日，洋晓集团因未按期年检被北京市工商行政管理局门头沟区分局吊销营业执照，万翔公司作为开办单位亦未成立清算组对洋晓集团的资产进行清算。

2001年4月9日，农行丰台支行向北京市高级人民法院起诉万翔公司、银丰公司、中电租公司，请求判令银丰公司返还借款本金人民币10800万元；判令中电租公司对人民币本金9000万元整及利息9173250元（计至2000年8月5日），共计99173250元的损失承担连带赔偿责任；判令万翔公司承担相应的法律责任；判令本案3被告承担本案全部诉讼费用。

一审裁判结果

北京市高级人民法院依据《民法通则》第58条第1款第3项、第61条第1款之规定，判决：

一、农行丰台支行与洋晓集团、银丰公司签订的农银保借字96第1104号保证担保借款合同无效；

二、洋晓集团向农行丰台支行质押的 005732 号存单无效；

三、万翔公司于判决生效后 7 日内赔偿农行丰台支行 1524.3 万元及利息（自 1996 年 11 月 10 日起至判决生效之日止按中国人民银行同期活期存款利率计算）；

四、万翔公司于判决生效后 3 个月内对洋晓集团进行清算，用清算财产清偿洋晓集团所欠农行丰台支行借款 10800 万元及利息（1996 年 11 月 10 日起至 1998 年 11 月 10 日止按中国人民银行同期二年期存款利率计算，自 1998 年 11 月 11 日起至判决生效之日止按中国人民银行同期活期存款利率计算；扣除上述第三项已执行部分）；

五、银丰公司对上述第四项债务人不能清偿部分借款及利息向农行丰台支行承担赔偿责任；

六、中电租公司对上述第五项债务人不能清偿部分借款及利息向农行丰台支行承担 10% 的赔偿责任。一审案件受理费 550010 元，由万翔公司负担 55010 元，银丰公司负担 450000 元，中电租公司负担 45000 元。

一审裁判理由

北京市高级人民法院经审理认为，中电租公司抗辩所称的其与洋晓集团没有任何银行往来的票据，005732 号存单为无效存单一节，农行丰台支行对此未提出异议，该行不能证明中电租公司与洋晓集团有真实存款关系，经鉴定用于质押的存单上人名章不是真印章盖印的，故应认定 005732 号存单为虚假存单。洋晓集团在与农行丰台支行签订借款合同时以虚假存单作质押，后又以虚假证明、承诺书骗取农行丰台支行信任，以达到取得贷款之目的，已构成民事欺诈，故应当认定洋晓集团与农行丰台支行签订的农银保借字〔1996〕第 1104 号保证担保借款合同无效。因银丰公司与洋晓集团的法定代表人同为赵翔，赵翔是农银保借字〔1996〕第 1104 号保证合同担保借款合同的签订人，其主观上具有民事欺诈之故意，故保证合同亦应认定无效。对此，洋晓集团、银丰公司负有主要过错责任，农行丰台支行签约不够审慎，亦有一定责任。银丰公司对洋晓集团不能向农行丰台支行返还借款的损失部分应承担赔偿责任。万翔公司作为洋晓集团的开办者，未对洋晓集团注册资金实际足额出资，故万翔公司应在其对洋晓集团注册资金出资不足部分在 1524.3 万元范围内向农行丰台支行承担赔偿责任。现洋晓集团被吊销营业执照，未成立清算组进行清算，万翔公司作为洋晓集团开办（投资）单位还应履行法定清算义务，对洋晓集团的资产进行清算，用清理财产清偿洋晓集团所欠债务。中电租公司因对其已加盖财务章的存单保管不善，亦有一定过错，亦应承担相应的民事责任。

二审诉辩情况

农行丰台支行不服北京市高级人民法院上述民事判决，向本院提起上诉称：原审判决认定事实错误。原审判决认定本案质押存单为虚假存单是错误的。因为该存单从形式上并非伪造或变造；同时存单上加盖的中电租公司财务专用章也是真实印章所盖。上诉人作为质权人并无义务去证明中电租公司与洋晓集团有无真实存款关系，应由存款人洋晓集团或中电租公司自己来证明。存单是否真实不是以是否存在真实的存款关系为前提的，同时我国无任何法律和法规规定存单上人名章不是真印章盖印的将构成虚假存单。本案质押存单不是虚假存单，而是虚开存单。中电租公司作为能够经营金融业务的企业法人虚开存单，按规定因其过错导致他人财产损失的应承担连带赔偿责任。原审判决中电租公司对农行丰台支行的部分损失承担 10% 的赔偿责任，没有任何法律依据。本案中的保证担保借款合同的效力认定应适用《合同法》，而不应适用《民法通则》。本案洋晓集团构成欺诈，根据《民法通则》的规定以欺诈手段订立的合同属无效合同，但根据《合同法》第 54 条的规定，以欺诈的手段订立的合同属可撤销合同，而不是无效合同，只有应当事人的请求人民法院才可撤销。最高人民法院《合同法解释》第 3 条规定：人民法院确认合同效力时，对《合同法》实施以前成立的合同，适用当时的法律合同无效而适用《合同法》合同有效的，则适用《合同法》。因此本案保证担保借款合同应为有效合同。请求二审法院撤销北京市高级人民法院〔2001〕高经初字第 205 号民事判决第一、二、五、六项；判令银丰公司对借款 1.08 亿元承担连带保证责任；判令中电租公司对上诉人的损失承担连带赔偿责任；判令两被上诉人银丰公司、中电租公司承担全部诉讼费用。

中电租公司答辩称：本案所涉存单是借款人洋晓集团变造的虚假存单。本案质押存单所盖的中电租公司的公章及人名章均是伪造的，只有中电租公司的财务专用章是真实的。农行丰台支行核对存单质押时要求洋晓集团提供中电租公司出具的开户函和承诺书，其上加盖的中电租公司的公章明显属伪造。依照规定存单持有人以伪造、变造的虚假存单质押的，质押合同无效。接受虚假存单质押的当事人如以该存单质押为由起诉金融机构，要求兑付存款优先受偿的，人民法院应当驳回其诉讼请求，并告知其可另案起诉出质人。农行丰台支行对存单虚假的事实是明知的，由此造成的损失应由其自负。洋晓集团向农行丰台支行提供盖有中电租公司虚假公章的承诺书，其内容本身就表明本案存单是无真实存款关系的虚假存单。该承诺书和开户函上加盖的中电租公司的公章明显不同,大小有别,字体也不同,农行丰台支行的专业人员不应该看不出来,说明农行丰台支行工作人员伙同洋晓集团共同骗取银行的贷款。原审判决中电租公司承担部分赔偿责任于法无据。请求二审法院驳回农行丰台支行对中电租公司的诉讼请求并改判。

被上诉人银丰公司和原审被告万翔公司未作答辩和陈述。

二审裁判结果

最高人民法院依照《合同法》第54条第2款、第3款以及《民事诉讼法》第153条第1款第1项、第2项的规定,判决如下:

一、维持北京市高级人民法院〔2001〕高经初字第205号民事判决主文第二、三、六项和一审案件受理费承担的内容;

二、撤销北京市高级人民法院〔2001〕高经初字第205号民事判决主文第一项;

三、变更北京市高级人民法院〔2001〕高经初字第205号民事判决主文第四项为:北京万翔实业总公司于本判决生效后3个月内,对北京洋晓技工贸(集团)有限公司进行清算,用清算财产清偿该集团所欠中国农业银行北京市丰台区支行借款10800万元及利息(自1996年11月10日起至1998年11月10日止按月利率9.15‰计付利息,自1998年11月11日起至偿还之日止,按中国人民银行规定的同期逾期还款利率计付;扣除北京万翔实业总公司依本判决应支付的部分);

四、变更北京市高级人民法院〔2001〕高经初字第205号民事判决主文第五项为:上海银丰企业(集团)有限公司对本案债务承担连带保证责任。

二审案件受理费550010元,由北京万翔实业总公司承担137502.5元,上海银丰企业(集团)有限公司承担137502.5元,中国农业银行北京市丰台区支行承担275005元。

二审裁判理由

最高人民法院认为,本案农银保借字〔1996〕第1104号保证担保借款合同包括3种民事关系,首先是本案主合同所体现的洋晓集团与农行丰台支行之间的借款关系,其次是银丰公司作为从合同关系的保证人与农行丰台支行之间形成的保证关系,再次是洋晓集团用存单向农行丰台支行提供质押所形成的质押关系。本案保证担保借款合同是1996年11月10日由洋晓集团采取欺诈手段订立的,原审判决依据《民法通则》第58条规定对此认定无效。《合同法》第54条规定,"一方以欺诈、胁迫的手段或者乘人之危,使对方在违背其真实意志的情况下订立的合同，受损害方有权请求人民法院或者仲裁机构变更或撤销。当事人请求变更的，人民法院或者仲裁机构不得撤销"。本院法释〔1999〕19号《关于适用〈合同法〉若干问题解释（一）》第3条规定："人民法院确认合同效力时，对《合同法》实施以前成立的合同，适用当时的法律合同无效而适用《合同法》合同有效的，则适用《合同法》。"而本案受损失方农行丰台支行在向原审法院提起诉讼时并没有请求判令变更或撤销本案农银保借字〔1996〕第1104号保证担保借款合同，农行丰台支行已经履行了贷款义务，该合同应认定有效。洋晓集团未按期还款构成违约，除应支付约定的利息，还应承担违约责任。保证人银丰公司与农行丰台支行形成的保证合同，双方意思表示真实，内容合法，应确认为有效。上诉人农行丰台支行关于本案保证担保借款合同应当认定为有效的上诉理由成立，本院予以支持。原审判决对本案借款合同以及保证合同的效力的认定是不当的，应予以纠正。洋晓集团用于借款质押的005732号存单无真实存款关系，且该存单上的人名章不是加盖的真实印章，本案005732号存单应当认定为虚假存单，原审判决对此存单的性质认定是正确的。上诉人农行丰台支行关于本案存单属虚开存单的上诉理由，缺乏事实根据，本院不予支持。洋晓集团为了实现取得贷款的目的用虚假的存单出质，并以虚假的开户证明和承诺书欺骗农行丰台支行，构成了民事欺诈，原审对此认定正确。洋晓集团的欺诈行为导致农行丰台支行的损失，在农行丰台支行起诉没有请求对原合同进行变更或撤销的情况下，洋晓集团应以履行原合同的方式承担责任。保证人银丰公司应按照约定对借款人洋晓集团的债务承担连带保证责任。洋晓集团的出资单位万翔公司，因未对洋晓集团的注册资金实际足额出资，应当在其对洋晓集团注册资金实际出资不足部分即在1524.3万元范围内对洋晓集团的本案债务承担赔偿责任。同时，万翔公司作为洋晓集团的开办单位，对洋晓集团因被工商行政管理机关吊销营业执照之后没有成立清算组进行债权债务清理，还应当履行法定清算义务，对洋晓集团的资产进行清算并用清理的财产偿还洋晓集团所欠债务。原审判决对此认定正确。洋晓集团利用盖有中电租公司的财务专用章的信托存单为其向农行丰台支行借款作质押，该存单系变造的虚假存单，故该质押关系无效，该存单虽非中电租公司正式开具，但中电租公司不能提供证据证明洋晓集团持有该存单系非法取得，因此中电租公司应当对其已经加盖财务专用章的存单因保管不善而被洋晓集团利用致使农行丰台支行造成损失存有一定的过错，其应承担补充赔偿责任。农行丰台支行作为专业金融机构接受洋晓集团出质的存单，未进行认真有效的核押，对该质押担保合同的无效亦有过错。中电租公司关于农行丰台支行对存单虚假的事实是明知的以及农行丰台支行的工作人员伙同洋晓集团共同骗取银行的贷款,由此造成的损失应由其自负的答辩意见,缺管确实充分事实根据,本院不予支持。

(五) 仓单质权纠纷

101. 进仓单是否具有权利凭证性质?

仓单既是权利凭证,又是要式证券。仓单上记载的事项,须依法律的规定作成,应该具备一定标准化格式并严格填写。仓单上记载的事项决定当事人的权利义务,当事人须依仓单上的记载主张权利义务。而进仓单仅是仓储管理人员接受产品入库后留存的凭据,不具有仓单可以设定质押的物权凭证的法律特征。

102. 将进仓单退回出质人是否意味着质权人放弃或者怠于行使质押权?

由于进仓单不具有仓单可以设定质押的物权凭证的法律特征,所以将进仓单退回给出质人并不意味着质权人放弃或者怠于行使质押权。

典型疑难案件参考

广西信托投资公司清算组北海办事处与中国东方资产管理公司南宁办事处、广西达诚北海公司信用证垫付货款纠纷案

基本案情

1994年11月22日,广西达诚北海公司(以下简称达诚公司)为进口俄罗斯钢材,向中国银行北海分行(以下简称北海中行)申请开立不可撤销跟单信用证,合同号为1831,信用证号为LC49B0029/94,信用证到期日为1994年12月30日,金额USD384万元等条款。尔后,达诚公司又增加进口钢材500吨,金额USD137万元。同年11月22日、12月1日,广西信托投资公司清算组北海办事处(原系广西信托投资公司北海办事处。以下简称北海办事处)向北海中行出具担保书,为达诚公司进口钢材总价款美元384万元和美元137万元扣除保证金人民币500万元后的差额提供资金担保,按付汇日银行

售汇价计算，保证在对外付汇10天前将资金调拨到达诚公司在北海中行的保证金账户，否则北海中行有权从投资公司在中国人民银行开户账户中调拨。同年11月23日，达诚公司存入设于北海中行的账户开证保证金500万元人民币。1994年11月24日，北海中行向悉尼中国银行开出了不可撤销跟单信用证，证号LC4980029/94，款额美元384万元。同年12月2日，北海中行为达诚公司增开金额美元137万元的信用证，信用证有效期延长至1995年1月14日。1995年10月27日，达诚公司向北海中行提出进口押汇申请，请北海中行为其信用证LC49B0029/94号项下货物垫付美元391339.71元的进口货款，押汇期限自1995年10月27日至1995年12月27日止。1995年11月21日，达诚公司又向北海中行提出进口押汇申请，请北海中行为其信用证LC49B0029/94号合同第1831、1830号项下进口货物垫付金额USD4168312.23元，押汇期限自1995年11月21日至1996年2月21日止，利率按月息9.2%计算。达诚公司愿将下述进口货物的全额抵押给北海中行。抵押货物：A级电解铜，提单号码B/LN06300.402MT、B/LN02400.592MT；五矿仓单号码0038987，重量512.18T。如期满达诚公司仍不能偿还北海中行上述垫付款及利息，北海中行有权拍卖进口货物。北海中行接受了达诚公司的上述申请，并收执了达诚公司电解铜的上述提单和广西区五金矿产品进出口分公司北海支公司商品进仓单（简称五矿仓单）。1995年12月22日，北海中行为达诚公司对外垫付USD4168312,23，之后，将达诚公司提供押汇的提单交还给达诚公司，该公司遂处理了提单项下的电解铜，还自行处理了五矿仓单项下的电解铜。达诚公司陆续归还北海中行垫款本金USD2278312.23元（含500万元人民币保证金，折合USD600514.04元），尚欠垫款本金USD1890000元及利息。因多次催收无果，北海中行于1998年9月4日向北海市中级人民法院提起诉讼，请求判令被告达诚公司归还本金USD1890000元，利息USD395866.48元，判令北海办事处承担连带清偿责任。

另查明，北海中行对外付汇日即1995年11月22日美元与人民币汇率为1∶8.3262。

本案再审期间，北海中行于2000年5月18日将其对达诚公司的债权美元2364117.92元（利息暂计至2000年3月30日）转让给中国东方资产管理公司南宁办事处。

一审裁判结果

北海市中级人民法院依照《民法通则》第108条、最高人民法院《关于审理经济合同纠纷案件有关保证的若干问题的规定》第7条的规定，判决达诚公司应付给北海中行款项 USD1890000 元及该款利息；北海办事处在达诚公司对北海中行上述债务不能履行的金额 USD3567798.19 元范围内承担赔偿责任。

一审裁判理由

北海市中级人民法院一审认为，达诚公司向北海中行申请《开立信用证申请书》与 1995 年 11 月 21 日的《进口押汇申请书》，不违反有关法律和金融法规规定，应认定有效。达诚公司处理所质押的财产后，没有依押汇申请书确认的押汇期限归还原告垫付款，已构成违约，应承担违约责任。北海办事处自愿为达诚公司提供担保，担保书约定北海中行有权从该公司在中国人民银行账号中调拨资金，违反了人民银行有关任何单位不能划付金融机构在人民银行的准备金和备用金的规定，该条款无效，其余条款有效。1995 年 10 月 27 日进口押汇申请书的货物垫款 USD391339.71 元已结清，属另一法律关系，本案不予认定。原告根据达诚公司的进口押汇申请，由达诚公司提供提单质押，是在第三人提供保证的同时，为了保证债权得以实现而履行的另一担保方式，不违反法律规定，达诚公司处理质押货物后，已归还部分款项给原告，五矿仓单只是商品保管凭证，用五矿仓单交付原告，该质押不成立。原告与达诚公司履行质押申请的内容，不构成放弃保证的权利。担保书没有约定保证人在原告与达诚公司确定的哪个付款日期内的对外付款提供保证，故延期付款并没有变更保证条款。北海办事处认为原告放弃了对其保证权利的答辩理由依据不足，本院不予采纳。本案保证行为发生在《担保法》实施前，应适用最高人民法院《关于审理经济合同纠纷案件有关保证的若干问题的规定》确认本案的保证责任。按付汇日 1995 年 11 月 22 日美元与人民币汇率计算，约定的保证金额 USD3567798.19 元，担保书没有约定保证责任期限和保证方式，保证人北海办事处应在达诚公司承担责任的期限内，在其保证的金额范围内承担赔偿责任。达诚公司于 1996 年 12 月 31 日最后一次还款给北海中行，主债务诉讼时效据此中断，保证债务诉讼时效亦中断。原告北海中行的起诉未超过诉讼时效期间。

二审裁判结果

广西壮族自治区高级人民法院依据《民事诉讼法》第 153 条第 1 款第 1 项、第 2 项的规定，改判为：达诚公司应付给北海中行款项 USD1890000 元及该款利息，北海办事处免除保证责任。

二审裁判理由

广西壮族自治区高级人民法院二审认为，达诚公司向北海中行申请开立信用证的申请书以及1995年11月21日的押汇申请书，不违反法律和金融法规，是有效的。1995年10月27日进口押汇申请书的货物垫款USD391339.71元已结清，属另一法律关系，与本案无关。北海办事处自愿为达诚公司提供担保，担保书约定北海中行有权从该公司在中国人民银行账号中调拨资金，违反了人民银行有关任何单位不能划付金融机构在人民银行的准备金和备用金的规定，该条款无效，其余条款有效。提单是权利凭证，仓单不仅是商品保管凭证，亦是仓储保管人签发给存储人或者货物所有人的权利凭证。提单、仓单均可质押，本案达诚公司将提单、仓单交付给北海中行作为该行为其对外垫付货款的质押，北海中行收存了提单、仓单，双方的质押合同生效。但在达诚公司押汇期满未能还款时，北海中行未行使质权人的权利提货或拍卖、变卖质押物，而是将提单交还达诚公司，由该公司行使提货权并自行处理。根据《担保法》第76条的规定，权利质押质权人必须占有出质人的权利凭证，北海中行将权利凭证交出质人自行行使权利，已实际放弃了质押权；同时，对其收执的五矿仓单，也怠于行使质权人的权利，放任达诚公司自行提货处理即对货款去向不追不问，其行为亦构成放弃质押权。根据《担保法》第28条第2款规定，债权人放弃物的担保的，保证人在债务人放弃权利的范围内免除保证责任。北海中行放弃质押权的财产价值，按当时的市场价格与美元汇率计，已超出其债权额。因此，广西信托北海办事处上诉要求免除其对本案的保证责任有理，本院予以支持。北海中行提供不出其控制提单项下货物销售收入的证据，且达诚公司长达一年的分别还款额亦与质押财产价值相差甚远，因此其称交还提单是为了履行质押权及在其接受仓单作为押汇凭证后又称仓单不是质押的抗辩理由不成立。达诚公司没有依押汇申请书的押汇期限归还北海中行垫付款，已构成违约，应承担违约责任。一审法院认为五矿仓单只是商品保管凭证，交付仓单质押不成立以及质权人权利凭证交还出质人自行处理不构成放弃保证的认定，与法律规定不相符，应予纠正。

再审裁判结果

广西壮族自治区高级人民法院再审判决：达诚公司应付给北海中行款项USD1890000元及该款利息；北海办事处在其承诺的保证金USD3567798.19元范围内，对达诚公司未偿还北海中行垫付款USD1890000元及利息承担赔偿责任。

再审裁判理由

广西壮族自治区高级人民法院再审认为，达诚公司向北海中行申请《开立信用证申请书》与1995年11月21日的《进口押汇申请书》，不违反有关法律和金融法规规定，应认定有效。1995年10月27日《进口押汇申请书》的货物垫款USD391339.71元已结清，属另一法律关系，与本案无关。达诚公司没有依1995年11月21日的押汇申请书的押汇期限归还北海中行的垫付款，已构成违约，应承担违约责任。北海办事处为达诚公司提供担保，担保书约定北海中行有权从达诚公司在中国人民银行账号中调拨资金，违反了人民银行有关单位不能划拨金融机构在人民银行的准备金和备用金的规定，该条款无效，其余条款有效，北海办事处提供担保未明确承担何种保证责任，根据最高人民法院《关于审理经济合同纠纷案件有关保证纠纷的若干问题的规定》第七条关于"未约定保证人承担何种保证责任、或者约定不明确的，视为保证人承担赔偿责任"。关于北海中行是否放弃质押权，北海办事处应否承担保证责任问题，从本案事实看：（1）北海办事处为达诚公司提供人的保证一年后，达诚公司才向北海中行提供物的质押，保证在先，质押在后，且质押与保证之间不存在任何的约定与联系，不因质押而导致人的保证责任的消失；（2）达诚公司向北海中行提供质押，是为了保证北海中行的债权得以实现而增加的一种担保方式，不违反法律规定，应予准许；（3）北海办事处提供保证是在3方当事人，即在债权人北海中行、债务人达诚公司与保证人北海办事处之间形成，而达诚公司提供质押只是在债权人北海中行与债务人达诚公司之间形成，达诚公司并未将物的质押告知保证人北海办事处；（4）进仓单不是进口提单，其不具有权利凭证，况且北海中行至今仍收执进仓单原件。综上所述，北海中行将提单交给达诚公司与达诚公司自行处理进仓单项下的货物不能说北海中行放弃对提单、进仓单项下的货物的权利，也未放弃对保证人北海办事处提供的担保。北海中行在一、二审及再审期间主张进仓单不具有提单性质，其没有放弃对进口货物提单和进仓单项下货物的权利，北海办事处的保证责任不能免除的理由正确，申请再审有理，本院予以支持。北海办事处应在其承诺的保证金额USD3239485.96元范围内，对达诚公司未偿还垫付款USD1890000元及利息承担赔偿责任。

提审裁判结果

最高人民法院再审裁判判决：达诚公司应付给北海中行款项USD1890000元及该款利息；北海办事处在其承诺的保证金美元2541553.66元范围内，对达诚公司未偿还北海中行垫付款 USD1890000 元及利息承担赔偿责任。

提审裁判理由

最高人民法院再审裁判认为，达诚公司向北海中行申请《开立信用证申请书》与 1995 年 11 月 21 日的《进口押汇申请书》，不违反有关法律和金融法规规定，是有效的。达诚公司处理所质押的财产后，没有依押汇申请书确认的押汇期限归还北海中行垫付款，已构成违约，应承担违约责任。北海办事处为达诚公司进口钢材总价款美元 384 万元和美元 137 万元扣除保证金人民币 500 万元后的差额提供资金担保，除约定北海中行有权从北海办事处在中国人民银行账号中调拨资金，违反了人民银行有关单位不能划拨金融机构在人民银行的准备金和备用金的规定，该条款无效，其余条款有效。1995 年 11 月 21 日的进口押汇申请，由达诚公司提供提单和进仓单质押，根据我国《担保法》第 75 条第 1 款第 1 项规定，仓单和提单可以质押。达诚公司将提单交付给北海中行作为对外垫付货款的质押担保，北海中行收存了提单，双方的质押合同即生效。但在达诚公司押汇期满未能还款时，北海中行未行使质权人的权利提货或拍卖、变卖质押物，而是将提单交还达诚公司，由该公司行使提货权。根据《担保法》第 76 条的规定，权利质押质权人必须占有出质人的权利凭证，北海中行将权利凭证交出质人自行行使权利，已实际放弃了质押权。《担保法》第 28 条规定"同一债权既有保证又有物的担保的，保证人对物的担保以外的债权承担保证责任。债权人放弃物的担保的，保证人在债务人放弃权利的范围内免除保证责任"。所以，北海办事处应在北海中行放弃提单质押权的范围内免除保证责任。而本案进仓单不具有仓单权利凭证的法律特征，北海中行也没有将进仓单退回给达诚公司，因而也不存在放弃或者怠于行使质押权的问题。北海中行放弃行使提单质押权的数额为美元 2067932.3 元，而北海办事处的担保范围是为进口钢材总价款美元 384 万元和美元 137 万元扣除保证金人民币 500 万元后的差额即美元 4609485.96 元提供资金担保，两项冲抵，北海办事处还应在美元 2541553.66 元范围内承担保证责任。担保书没有约定保证责任期限，也没有约定哪个付款日期内的对外付款提供保证，保证人北海办事处应在达诚公司承担责任的期限内，在美元 2541553.66 元保证责任范围内，对达诚公司未偿还垫付款美元 1890000 元及利息承担赔偿责任。原再审判决认定北海中行未放弃提单的质押权以及判决认定北海办事处承诺的保证金额美元 3239485.96 元有误。

(六) 提单质权纠纷

103. 托运人为融资将提单质押给银行并取得押汇款项,而承运人未凭正本提单交付货物,导致押汇银行收不到货款,是否侵犯了押汇银行的质押权并是否应当承担赔偿责任?

托运人为融资将提单质押给银行并取得押汇款项,此时银行便成为提单的合法质押权人。如果承运人在卸货港未凭正本提单交付货物,导致押汇银行收不到货款,则侵犯了押汇银行的质押权,承运人对此应当依法承担侵权赔偿责任。

典型疑难案件参考

中国农业银行象山县支行因承运人无单放货致其提单质押权不能实现诉象山县兴业航运有限公司侵权损害赔偿纠纷案(浙江省高级人民法院〔2004〕浙民三终字第114号)

基本案情

原告中国农业银行象山县支行(以下简称象山农行)。

被告象山县兴业航运有限公司(以下简称兴业公司)。

2003年5月2日,象山宇翔莱业有限公司(以下简称宇翔公司)与韩国东杨贸易公司签订一份销售合同,由宇翔公司向东杨贸易公司销售23吨活鲈鱼,总价78200美元,支付条件为100%即期、可转让、不可撤销信用证。同年5月9日,东杨贸易公司申请韩国工业银行开立受益人为宇翔公司、金额为78200美元的M04D6305NS00089号不可撤销、自由议付信用证。5月11日,宇翔公司与兴业公司签订包船运输合同,约定由兴业公司"金飞鱼"轮将宇翔公司23.5吨活鲈鱼从中国宁波象山西沪港运至韩国统营港。

5月14日,象山农行与宇翔公司签订一份《出口押汇合同》,约定宇翔公司因经营所需,在最高融资额50万美元限额内向象山农行逐笔申请出口押汇融资,押汇行即象山农行凭宇翔公司出具的出口押汇申请书及信用证项下单据逐笔审核并确定是否提供融资。融资期限从2003年5月14日起至2003年12月31日止。5月15日,舟山中外运船务代理有限公司代理承运人兴业公司签发了全套正本提单,提单载明:托运人宇翔公司;收货人凭韩国工业银行指示；通知人东杨贸易公司；装货港中国舟山港；卸货港韩国统营港；承运船"金飞鱼"轮；货名23000千克活鲈鱼等。货物报关数量为23567千克，报关金额80127.8美元。5月19日，"金飞鱼"轮船长何分田在韩国统营港未凭正本提单或提货担保，将上述23567千克活鲈鱼放给东杨贸易公司郑雄奎先生。6月2日，开证行韩国工业银行以单证不符为由向象山农行发出拒付通知，并于6月10日退回全套单据。

2004年5月8日，象山农行以兴业公司无单放货直接导致其丧失对货物控制并遭受巨大经济损失为由，向宁波海事法院提起诉讼，请求判令兴业公司赔偿其损失人民币622500元（75000美元按8.3汇率折合）及自2003年5月20日起至实际支付之日止，按中国人民银行逾期贷款利率标准计付的利息。

一审诉辩情况

兴业公司辩称：(1)象山农行无权向本公司主张权利，其原告主体不符，理由是宇翔公司向象山农行申请押汇融资，还款义务人是宇翔公司，象山农行只能向宇翔公司主张权利，而与本公司无关；(2)象山农行应对融资损失承担完全过错责任，理由是象山农行在审核信用证真实性时认识错误，根据拒付通知可看出单据不符之处是单据在提单日后20天内提交，而非信用证要求的"单据在提单日20天后并在信用证有效期内提交"，假如象山农行当时仔细审查信用证就可看出其中的不信用之处，活鱼货两天须到岸放行，而单证到提单日20天后提交，完全可看出韩国客户的恶意欺诈行为，而这样的信用证象山农行都同意押汇，完全置国家利益于不顾。因此，造成融资损失的责任应由象山农行自行承担；(3)本公司放货是经过宇翔公司法定代表人陈翔的指示并由其具体经办放货手续，故本公司不应承担无单放货的赔偿责任；(4)象山农行曾将押汇下的全套单据原件返还宇翔公司，象山农行丧失占有，不再具有本案的诉权。

一审裁判结果

宁波海事法院遂依照《担保法》第67条、第75条第1项、第81条、《海商法》第71条、《民法通则》第106条第2款之规定，判决兴业公司于判决生效后10日内支付象山农行款项75000美元及利息。

一审裁判理由

宁波海事法院经审理认为，象山农行根据与宇翔公司签订的出口押汇合同，将叙做出口押汇合同项下融资押汇款垫付给宇翔公司后，依约持有包括正本提单在内的全套信用证下单据。对于作为押汇行的象山农行来说，其是以担保融资款为目的而持有提单，本无就此取得提单项下货物所有权的意图，即象山农行持有提单，体现的是以提单作为质押的一种担保物权。故本案出口押汇合同中关于象山农行在获得偿付之前取得货物所有权的约定条款，违反了我国《担保法》第66条的规定，应确认无效。但该条款的无效，不影响整个出口押汇合同的效力。因单证不符被拒付导致收款不着时，象山农行既可以选择依据押汇合同向宇翔公司追索，也可以选择自行处理出口押汇项下的单据及货物，从所得款项中受偿。象山农行因质押权遭到侵害，有权对侵权人提起损害赔偿之诉。

根据我国《海商法》和国际航运惯例，凭正本提单交付货物是承运人的一项基本义务，在货物早于提单到达卸货港情形下亦是如此。承运人应充分意识到，提单作为物权凭证，并非仅在托运人与收货人之间流转，故其无单放货的行为很可能侵犯提单相关权利人如善意持有正本提单的第三人，包括进、出口押汇行的权益。故而，无论是托运人、收货人都无权要求或指使承运人无单放货。本案的活鲈鱼早于提单到达韩国统营港，兴业公司未凭正本提单即行放货，造成象山农行对押汇项下的单据所代表的货物丧失控制，应赔偿由此给象山农行造成的押汇款损失、利息损失以及实现质权的财产保全费用。本案信用证虽系单证不符被退回，但并非造成象山农行质权落空的直接原因，故兴业公司认为象山农行应自行承担审单不严的法律责任的抗辩，理由不足。至于兴业公司辩称无单放货是受托运人宇翔公司法定代表人陈翔指使，并由陈翔具体经手放货一切手续，不仅没有证据证明，即便事实如此，也不能免除兴业公司因无单放货行为导致象山农行质权无法实现的损害赔偿责任。象山农行在叙做出口押汇时，合法持有全套信用证下单据原件，起诉时仍合法持有之，兴业公司辩称押汇单据曾脱离象山农行占有，故象山农行已丧失质权，没有证据证明，应不予采纳。象山农行诉请有理，应予支持。

二审诉辩情况

一审宣判后，兴业公司不服，向浙江省高级人民法院提出上诉。

兴业公司上诉称：（1）一审法院认定事实有误。兴业公司放货是经过宇翔公司法定代表人陈翔的指示并由其具体经办放货手续，且象山农行已于2003年6月18日将全套单据（原件）交回宇翔公司，一审法院对上述事实却未予认定。（2）一审法院对本案定性错误。象山农行与宇翔公司之间并未形成提单质押关系，双方只是一般的债权债务关系。即使提单质押关系成立，提单的所有权仍属于宇翔公司，兴业公司凭宇翔公司指示，将货物交付给宇翔公司指定的人并无过错。象山农行只能先向宇翔公司追偿，只享有对质押提单的优先受偿权,不能直接行使提单的所有权。况且象山农行已于2003年6月18日将全套单据(原件)交还给了宇翔公司,质押关系消灭。(3)一审法院适用法律错误。即使兴业公司侵犯了象山农行的提单质权,损害的也只是质物的全部价值,至多承担质物全部价值损失,对于超出质物部分的本身就无法向质物受偿。因此原审法院适用《担保法》第67条显然不当。请求二审法院依法改判,驳回象山农行的诉讼请求。

象山农行答辩称:(1)原审法院认定事实正确。兴业公司没有证据证明放货是经过宇翔公司陈翔的指示并由其具体经办放货手续。而且我行没有将全套正本单据交回宇翔公司。对上述事实,应以原审法院对陈翔作的笔录为准。(2)原审法院对本案定性正确,适用法律正确。我行与宇翔公司之间的关系为质押合同关系,我行因押汇合同合法持有提单,拥有质权。兴业公司无单放货的行为直接侵害了我行的质权,应承担赔偿责任。兴业公司作为涉案提单的债务人,根据法律规定我行可以向其起诉。请求二审法院驳回上诉,维持原判。

二审裁判结果

浙江省高级人民法院依照《民事诉讼法》第153条第1款第1项之规定,依法判决驳回上诉,维持原判。

二审裁判理由

浙江省高级人民法院认为:

1. 兴业公司是否应承担无单放货的责任:兴业公司主张其放货是经过宇翔公司的法定代表人陈翔的指示并经其具体经办放货手续,但原审法院在对陈翔的调查笔录中,陈翔对该节事实予以否认,兴业公司也未提供书面证据证明宇翔公司曾指示其无单放货。况且本案提单记载"收货人凭韩国工业银行指示",系指示提单。因此兴业公司作为本案承运人负有凭正本提单交付货物的义务,现其将货物交付给了非提单持有人,即使该非提单持有人为贸易合同的买方,其仍侵犯了在提单流转过程中其他提单合法持有人的权益,应承担无单放货的赔偿责任。

2. 象山农行与宇翔公司之间的法律关系:象山农行与宇翔公司签订了《出口押汇合同》,从该合同的内容以及实际操作分析,象山农行对宇翔公司叙做出口押汇融资,在将押汇款垫付给宇翔公司之后,依约获得了包括正本提单在内的全套信用证项下的单据,并依此单据在信用证法律关系中作为通知行向信川证开证行提示付款。象山农行作为本案中的押汇行,其目的在于附有单据质押以担保融资款,因此,象山农行与宇翔公司之间形成的是一种以提单为质押物的担保物权。象山农行国际业务部的情况说明,没有明确正本单据已由宇翔公司取回。原审法院在对宇翔公司法定代表人陈翔的调查笔录中,陈翔陈述他们只持有副本复印件,正本一直在象山农行。况且象山农行在起诉时仍持有全套单据原件,因此,象山农行与宇翔公司之间的质押关系并未消失。

3. 象山农行对兴业公司是否享有诉权:根据最高人民法院《担保法解释》第106条的规定:"质权人向出质人、出质债权的债务人行使质权时,出质人、出质债权的债务人拒绝的,质权人可以起诉出质人和出质债权的债务人,也可以单独起诉出质债权的债务人。"象山农行作为提单的质权人直接向出质债权的债务人,即兴业公司主张权利,符合法律的规定。

4. 兴业公司的赔偿责任范围:本案宇翔公司是以提单出质,质物的全部价值就是提单项下货物的价值。而本案货物价值为78200美元,象山农行与宇翔公司的押汇合同金额为75000美元,少于货物价值。因此,象山农行依据押汇款主张损失范围,并未超出质物价值。

综上,浙江省高级人民法院认为兴业公司提出的上诉理由均不能成立,依法不予支持。原判认定事实清楚,适用法律正确。

(七)股权质权纠纷

104. 行政规章和担保法有关股份质押生效要件的规定相冲突时,如何适用?

行政规章和担保法有关股份质押生效要件的规定相冲突时,按照效力等级,担保法的效力高于行政规章,股份质押行为是否生效应当遵照担保法的规定,行政规章不可随意作扩大或者缩小解释。

105. 一方当事人以"借款合同中约定保证人出具的担保书中须经公证才能生效"主张担保书无效,但担保书中并无公证的约定,法院如何处理?

借款合同中约定担保书必须经公证,但担保书中没有约定公证的条款时,只需出具担保书的保证人认可其内容的真实性,则未经公证的担保书合法有效,具有法律约束力,法院应予以支持。

典型疑难案件参考

上海浦东发展银行股份有限公司诉八佰伴（上海）有限公司偿还借款并由八佰伴国际集团有限公司以出质的股份承担质押担保责任案

基本案情

1996年6月10日，原告上海浦东发展银行股份有限公司（以下简称浦发银行）向被告八佰伴（上海）有限公司（以下简称八佰伴上海公司）发放了一笔300万美元的一年期贷款，八佰伴国际集团有限公司（以下简称八佰伴集团公司）为八佰伴上海公司的上述借款作了担保。1997年6月7日，由于八佰伴上海公司无力还款，原告又与之签订了一份贷款合同，约定由原告向八佰伴上海公司贷款300万美元，期限自1997年6月7日起至1998年6月2日止。该贷款合同还约定：八佰伴上海公司应保证在贷款合同签字日起的60天内，向原告提供已经八佰伴集团公司合法适当签署的股份质押协议；八佰伴上海公司应保证在贷款合同签字日或之前，向原告提供已经八佰伴集团公司合法适当签署的担保书，并保证该保证书和与此相关的八佰伴集团公司董事会决议在贷款合同签字日起的60天内，在香港获得中国司法部委任公证并由中国法律服务（香港）有限公司认证。同日，八佰伴集团公司向原告出具了担保书，约定担保书与新贷款协议同时生效。上述协议签订后，原告于同月9日向八佰伴上海公司发放贷款300万美元，八佰伴上海公司用此归还了前一笔贷款。同月24日，原告与八佰伴集团公司签订了一份股份质押协议，约定：八佰伴集团公司愿意将其在八佰伴南方商城内拥有的40%股份中的18%（即全部股份的7.2%）出质给原告，并赋予原告第一受偿质押权，作为偿还担保债务和八佰伴上海公司履行贷款合同条款及其他相关义务的担保；八佰伴集团公司应负责获取我国有关审批机关对质押协议所述的股份出质的批准或备案。同年7月28日、31日、8月1日，八佰伴南方商城的其余股东新加坡东光投资有限公司、上海南方商城和新加坡国际商品批发市场分别致函八佰伴集团公司，同意八佰伴集团公司将其拥有的八佰伴南方商城40%股份中的18%出质给原告，作为1997年6月7日借款的担保。同年8月5日，八佰伴南方商城的董事达成一致意见，同意八佰伴集团公司将其拥有公司股份中的18%出质给原告。嗣后，八佰伴集团公司将八佰伴南方商城出具的出资证明书和已由八佰伴南方商城记载股份出质情况的股东名册交给了原告。贷款到期后，八佰伴上海公司仅向原告支付了部分利息，未归还借款本金。八佰伴集团公司亦未履行担保义务。原告经催讨未着，遂向上海市第二中级人民法院起诉。

1998年10月26日，外资委作出关于同意八佰伴南方商城股权转让的批复，同意八佰伴南方商城原投资4方共计向上海友谊华侨股份有限公司转让55%股权。转股后，八佰伴南方商城总投资美元7000万元，注册资本美元5450万元不变。

一审诉辩情况

原告浦发银行诉称，1997年6月7日，被告八佰伴上海公司向原告借款300万美元，八佰伴集团公司以其在八佰伴南方商城的股份出质给原告担保。贷款到期后，八佰伴上海公司未归还借款本息，八佰伴集团公司亦未履行担保义务。现八佰伴上海公司已基本处于歇业状态，八佰伴集团公司也已由香港毕马威会计师行的谭自觉作为清算人对该公司进行清盘。请求判令八佰伴上海公司归还借款本金300万美元及至实际清偿之日止的利息；如八佰伴上海公司不能偿还上述借款本息，要求被告八佰伴国际集团有限公司联席清盘人谭自觉（以下简称联席清盘人）对八佰伴集团公司出质给原告的股份进行处分后，由原告优先受偿；联席清盘人对此承担连带清偿责任。

被告八佰伴上海公司未作答辩。

被告联席清盘人答辩称：（1）原告与八佰伴集团公司签署的股份质押协议、八佰伴集团公司出具的担保函及公司董事会决议未经中国司法部委任公证人公证并经中国法律服务（香港）有限公司认证，没有满足股份质押协议和借款合同约定的生效条件，故质押协议和担保函均未生效，八佰伴集团公司不应承担担保责任。（2）联席清盘人有充分证据证明上海友谊南方商城有限公司（下称友谊南方商城）及其新股东友谊华侨股份有限公司并不知道八佰伴集团公司所拥有的股权已质押，也不知道该质押已被登记于股东名册，而历年的相关政府主管部门的文件和审计事务所的审计报告也未见该质押的记载，故联席清盘人对原告提供的股东名册的真实性持有异议。（3）根据外经贸部于1997年5月28日颁布并实施的《外商投资企业投资者股权变更的若干规定》第12条的规定，企业投资者与质权人签订股份质押合同后，应当将有关文件报送批准设立该企业的审批机关审查，未按规定办理审批和备案的质押行为无效。原告与八佰伴集团公司于1997年6月24日签订股份质押协议后，至今未按上述规定办理质押协议的审批、备案手续，故该质押协议应属无效合同。（4）原告擅自改变贷款用途，将流动资金贷款用于借新还旧，骗取八佰伴集团公司的担保，故八佰伴集团公司不应承担质押担保责任和保证责任。

一审裁判结果

上海市第二中级人民法院依照《民法通则》第84条第2款、第106条第

1款,《担保法》第 18 条、第 31 条、第 63 条第 1 款、第 72 条、第 78 条第 3 款、第 81 条之规定,于 2001 年 2 月 23 日判决如下:

一、被告八佰伴上海公司应于本判决生效之日起 10 日内向原告浦发银行归还借款本金美元 300 万元;

二、被告八佰伴上海公司应于本判决生效之日起 10 日内向原告浦发银行偿付截至 1998 年 6 月 2 日止的利息美元 21495.48 元,并支付自 1998 年 6 月 3 日起至本判决生效之日止的逾期付款利息(以美元 300 万元,在 LIBOR +2% 利率的基础上加收 20% 计收);

三、如被告八佰伴上海公司到期未能偿付以上款项,原告浦发银行有权以八佰伴集团公司所持有的上海友谊南方商城有限公司 7.2% 的股份折价或者以拍卖、变卖上述质押股份所得的价款优先受偿,但该质押权不得对抗善意第三人;

四、确认八佰伴集团公司对被告八佰伴上海公司的上述债务承担连带清偿责任;

五、被告八佰伴集团公司联席清盘人谭自觉应于本判决生效之日起 3 个月内对八佰伴集团公司的财产进行清理,并以该公司的财产履行以及协助原告浦发银行实现本判决第三项、第四项内容;

六、被告八佰伴集团公司联席清盘人谭自觉在以八佰伴集团公司的财产承担该公司的质押担保和保证责任,实现原告浦发银行质权后,有权向被告八佰伴上海公司追偿。

一审裁判理由

上海市第二中级人民法院认为:原告与被告八佰伴上海公司于 1997 年 6 月 7 日签订的借款合同实际目的虽然为借新还旧,但借新还旧没有违反法律、法规的有关规定,该合同应属合法有效,具有法律约束力。八佰伴上海公司到期未按约归还借款本息,显属不当,理应立即向原告清偿,并承担逾期付款的违约责任。八佰伴集团公司作为八佰伴上海公司借款的担保人,其与原告在质押合同中约定的质押合同生效条件已全部成就,该质押合同自股份出质记载于股东名册之日起生效,双方当事人均应恪守。对外贸易经济合作部、国家工商行政管理局颁布的《关于外商投资企业投资者股权变更的若干规定》虽规定企业投资者与质权人签订股权质押合同后,应将有关文件报送批准设立该企业的审批机关审查,未按规定办理审批和备案的质押行为无效,但该规定仅是行政规章,不能替代《担保法》的有关规定。同时,该规定虽然于 1997 年 5 月 28 日颁布并实施,但对外公告的时间在质押合同签订后,而作为审批机关的外资委收到此文件的时间为1997年7月14日,其在此之前无法办理有关质押的审批和备案手续,故原告与八佰伴集团公司于1997年6月24日签订的质押合同的效力,不应以上述规定为依据,仍应以《担保法》第78条的规定为准。原告与八佰伴集团公司对股份出质未办理登记,不影响质押合同本身的效力。但该股份出质因涉及国家对外资企业的特别登记规定不具有公示效力,并有可能影响第三方的合法权益,因此,如八佰伴上海公司未向原告归还借款本息,原告根据生效的质押合同,虽然有权以八佰伴集团公司质押的股份折价或者以拍卖、变卖质押物所得的价款优先受偿,但不得对抗善意第三人。此外,八佰伴集团公司为八佰伴上海公司的借款还出具了一份担保书,该担保书没有约定担保书必须经公证才能生效的条款,故被告联席清盘人以原告与八佰伴上海公司在借款合同中约定的担保书必须经公证的条款来否定担保书效力的观点不能成立。该担保书合法有效,具有法律约束力,八佰伴集团公司应根据担保书的承诺对被告八佰伴上海公司的借款承担连带清偿责任。根据本院查明的事实,八佰伴集团公司明知原告与八佰伴上海公司于1997年6月7日签订借款合同的实际借款用途是借新还旧,故联席清盘人以骗保为由要求免除八佰伴集团公司质押担保责任和保证责任的理由不能成立。八佰伴集团公司进入清盘后,经香港高等法院原诉法庭裁决,其联席清盘人可共同或各别处理八佰伴集团公司的清盘工作及分配公司的资产,其有责任在对八佰伴集团公司的资产进行清理后,以该公司的资产承担质押担保责任和连带清偿责任。联席清盘人在承担上述保证责任及原告实现质权后,有权向债务人即被告八佰伴上海公司追偿。

二审诉辩情况

被告联席清盘人不服一审判决,提起上诉称:(1)被上诉人浦发银行与八佰伴集团公司签订的股份质押协议未经公证和认证,没有满足双方约定的协议生效条件,故该股份质押协议未生效。同时,该股份质押协议未经有关部门批准、登记,属于无效合同,八佰伴集团公司不应承担质押担保的责任。(2)八佰伴集团公司出具的担保书未按借款合同的规定进行公证和认证,且授权出具担保书的1997年5月28日的董事会决议不符合借款合同规定的生效条件,其真实性亦无法确认,故该担保书未生效,八佰伴集团公司不应承担保证责任。请求二审法院依法确认股份质押协议、担保书无效,改判原审判决第四项,撤销原审判决第五项。

被上诉人浦发银行答辩称:股份质押协议虽未经登记,但系双方真实意思表示,理应依法成立。八佰伴集团公司出具的担保书规定担保书在借款合同签字后即生效,而上述条件已得到满足,故联席清盘人关于担保书未生效的上诉理由不能成立。请求二审法院驳回上诉,维持原判。

原审被告八佰伴上海公司未作陈述。

▶ 二审裁判结果

上海市高级人民法院依照《民事诉讼法》第 153 条第 1 款第 1 项之规定,判决如下:驳回上诉,维持原判。

▶ 二审裁判理由

上海市高级人民法院认为:股份质押协议签订后,八佰伴集团公司根据质押协议的要求,对董事在质押协议、担保书上签字的效力及两次董事会会议形成的决议办理了公证和认证手续,并将有关文件递交了浦发银行。浦发银行接受相关文件,并未对八佰伴集团公司的签署方式提出任何异议。根据双方当事人的实际履行情况,原审法院认定股份质押协议生效条款约定的对质押协议的签署进行公证和认证,并不是指质押协议必须在公证人员面前签署,而是指公证人员对签署质押协议的签署人是否有权签署质押协议进行公证和认证并无不妥。上诉人联席清盘人对业经公证和认证的董事会决议及八佰伴南方商城股东名册的真实性持有异议,但直至二审庭审结束,仍未提供相应的证据来支持其观点,故对该异议不予采信。原审法院以《担保法》第 78 条的规定来确认质押协议的效力,并无不当,予以确认。同时,八佰伴集团公司出具的担保书没有约定担保书需经公证才能生效的条款,且八佰伴集团公司对担保书的真实性及签署人均无异议,故上诉人联席清盘人仅以担保书未经公证来否定原先承诺的事实,有违诚信原则,其观点不能成立。据此,原审判决事实清楚、证据确凿、审判程序合法,上诉人联席清盘人的上诉理由均不能成立。

106. 股份有限公司成立不满 1 年的发起人将股份设定质押担保,但将质权实现的时间约定在公司成立满 3 年以后,股权质押担保是否有效?

《担保法解释》第 103 条规定以股份有限公司的股份出质的,适用《公司法》有关股权转让的规定。《公司法》第 147 条规定:发起人持有的本公司的股份,自公司成立之日起 3 年内不得转让。《担保法解释》第 5 条规定:法律、法规禁止流通的财产或者不可转让的财产设定担保的,担保合同无效。以法律、法规限制流通的财产设定担保的,在实现债权时,人民法院应当按照有关法律、法规的规定对该财产进行处理。股份有限公司成立不满1年的发起人将股份设定质押担保,但将质权实现的时间约定在公司成立满3年以后的股权转让非限制期,在该期限到来时质权人才可以主张实现质权,才有可能发生股权转让行为,因此,关于股权质押的约定并不违反法律规定,是有效的。

典型疑难案件参考

湖南泰和集团股份有限公司与平江县国有资产管理局股权收购纠纷案

基本案情

湖南省高级人民法院经审理查明:1999年12月30日,平江县国有资产管理局(以下简称国资局)与湖南泰和集团股份有限公司(以下简称泰和公司)签订一份《协议书》,约定泰和公司所欠湖南天一科技股份有限公司(以下简称天一科技)及中国农业银行岳阳市分行洞庭支行(以下简称洞庭支行)的债务共计7354.64万元(其中天一科技2656万元,洞庭支行4698.64万元),由国资局承担。双方与天一科技和洞庭支行签订债权债务转让协议后,泰和公司不再向天一科技及洞庭支行清偿上述债务,但应向国资局清偿债务7354.64万元人民币,并以泰和公司在天一科技股份分配的红利清偿利息,清偿债务日期为2002年2月3日;泰和公司持有的天一科技发起人股2468万股作为质押物向国资局提供质押。自本协议签订之日起,质押物交质权人国资局占有,在协议有效期间,由国资局享受股东权利(包括股票分红、送配等所有股东权利),并承担股东义务。

同日,泰和公司与国资局签订一份《关于收购湖南天一科技股份有限公司中泰和集团股份的补充协议》(以下简称《补充协议》),约定:协议背景是泰和公司为解决洞庭支行和天一科技的债务,主动要求国资局收购其持有的天一科技2468万股股权,但该股权目前不能上市流通,为达到收购目的,双方签订补充协议。此次股权收购分两步实现,第一步为泰和公司将其上述股份全部质押给国资局,国资局为其清偿相对应的等额债务;第二步为在质押期满后,泰和公司无条件将股权过户给国资局,不得以其他形式进行清偿。质押协议期满,如泰和公司要求用现金清偿债务,则必须双方达成一致意见,并按中国人民银行1—3年贷款利率的5倍（即年利率29.7%）支付利息，如用股权清偿则不算利息；质押协议期间，泰和公司上述股权的一切股东权利（包括股利分红、送配股、表决等）由国资局享有；质押期间，天一科技的一切经营风险泰和公司不予承担。

同日，泰和公司向国资局出具一份《承诺函》称：由于泰和公司欠天一科技、洞庭支行债务由国资局承担，在四方签订债权债务转让协议以后，泰和公司负责按质押协议和其他相关协议清偿上述债务，清偿时间为2002年2月3日，届时未能清偿，则以泰和公司在天一科技的全部股份抵偿债务。泰和公司以每股2.98元的价格向国资局转让上述股份。

同日，泰和公司和国资局共同与泰和公司的原债权人洞庭支行和天一科技签订了一份《债权债务转让协议书》，约定：自本协议签订之日起，由国资局负责清偿泰和公司所欠洞庭支行和天一科技的7354.64万元债务，泰和公司向国资局清偿上述债务，清偿日期和办法由国资局与泰和公司另行签订协议，洞庭支行和天一科技不再向泰和公司主张上述债权；泰和公司以所持有的天一科技2468万股股份为质押物设置质押，作为清偿国资局债务之担保。洞庭支行和天一科技在该协议上加盖公章。

由于泰和公司系天一科技的发起人，双方在办理股份质押登记时天一科技成立未满3年，证券登记机构未予办理质押登记手续。

2000年2月28日，泰和公司与国资局又签订了一份《股份质押补充协议》，约定：由于出质登记程序较多，手续复杂，还需要一段时间才能完成，不管股份质押是否办理出质登记，如何办理，质押协议实质上已于1999年12月30日开始生效，在质押协议规定的股份质押期间，无论是否办理出质登记，均由质权人享受股东权益（包括股票分红、送配股等），承担股东义务。出质人不承担天一科技的任何经营风险（包括政策性风险、营业风险），亦不承担股东义务。

上述协议签订后，国资局分别于2000年1月28日、2001年11月31日，代泰和公司偿还了天一科技和洞庭支行的全部债务。2002年2月3日，泰和公司与国资局约定的清偿债务期限届满，泰和公司未依约履行义务，国资局向湖南省高级人民法院提起诉讼，请求判令其与泰和公司之间的股权转让行为合法有效，并确认泰和公司持有的天一科技2468万股及10送2转增8所形成的2468万股归国资局所有，由泰和公司承担本案诉讼费用。

此外，法院另查明：天一科技于1998年11月18日成立。国资局和泰和公司均为天一科技发起人。2000年8月8日，天一科技公布2000年度中期报告载明，天一科技于2000年4月3日召开股东大会，审议通过了1999年度利润分配方案,并于2000年4月20日前实施完毕。以1999年末股本总额14000万股为基数,向全体股东每10股送红股2股,公基金每10股转增8股,调整后天一科技股份由1999年12月31日的每股净资产3.24元降为1.685元,泰和公司名下股数由原来的2468万股增加为4936万股。

一审裁判结果

湖南省高级人民法院依照《合同法》第44条、第107条,《民法通则》第60条之规定,判决:泰和公司继续履行与国资局签订的股权转让协议及其补充协议关于股份转让的义务,由泰和公司办理其持有的原天一科技股份2468万股及送、配股2468万股的产权过户给国资局的有关手续。以上义务,限于该判决生效后15日内履行。逾期履行则按《民事诉讼法》第232条之规定,按日万分之三标准支付合同标的7354.64万元的迟延履约金。一审案件受理费360010元,保全费200520元,均由泰和公司承担。

一审裁判理由

湖南省高级人民法院经审理认为:泰和公司在不能偿还洞庭支行及天一科技到期债务的情况下,通过协商,与国资局达成的由国资局收购泰和公司持有的天一科技股份是双方当事人的真实意思表示。但由于当时泰和公司的上述股权按规定还不能流通和转让,国资局从慎重和稳妥的角度考虑,要求泰和公司在此期限内,以该股权对其所欠国资局的债务提供质押,泰和公司表示同意。国资局与泰和公司的《协议书》、《补充协议》及泰和公司的《承诺函》等,都是真实意思表示,但由于该案有关股权质押行为和关于用现金清偿债务需支付5倍贷款利率的规定,违反了我国公司法、担保法和民法通则的法律规定,应属无效。泰和公司和国资局达成的股权转让行为,将该股份转让的时间约定在法律规定股份可以进入流通领域以后,不存在预定标的物股权违法的问题,而且国资局与泰和公司达成的对上述债权债务的转移及对泰和公司股权的收购行为是真实自愿的,该行为没有违反国家法律及有关规定,应认定合法有效。在双方的一系列行为中,虽然股份质押行为无效,但由于股份转让行为和质押行为是两个独立的行为,是完全可以分开的。在效力关系上,质押行为是从行为,股份转让行为是主行为,从行为无效不影响主行为无效,所以,股份质押行为的无效不能导致转让行为的无效,股份转让行为的合法效力来自于股份转让行为本身的合法,不能以股权质押无效就认定股权转让无效。国资局依约代泰和公司偿还债务,由于股权转让行为有效,国资局在依约履行了合同义务后,亦应依约继续履行合同,办理该股权变更手续。本案证据举证、质证范围以双方在开庭时提交的证据为限,双方对证据提交已通过庭审记录签字的形式认可,泰和公司提出国资局提供的证据目录变动而否定庭审签字认可的庭审证据是缺乏依据的。

二审诉辩情况

泰和公司不服湖南省高级人民法院的上述民事判决向本院提起上诉称:本案存在三个层面的法律关系,一是债权债务的转移,二是为偿债而设立的担保,三是质押的后续行为,即质物折价偿债。实现债权、履行债务是贯穿全案的主线,偿债和是否偿债是贯穿全案的始终,本案应属债权债务纠纷,原审判决认定为股权转让纠纷是错误的,国资局并没有偿还天一科技和洞庭支行的全部债务,没有发生债权债务转移的事实,国资局对泰和公司不享有请求权利;双方当事人并没有签订股权转让协议,在《协议书》第2条中泰和公司将其股权设定质押,股权质押是一种债的担保,并非股权转让,《补充协议》第4条约定的如用股权清偿则不予计收利息,是当事人用不同方式清偿债务时对利息计算方式的约定,协议中的"如乙方用股权清偿",只是一种清偿方式的假设,在偿债的问题上,泰和公司有两种选择,并非必须用股权清偿债务;2002年2月3日,债务到期后,国资局要求用股权清偿债务,泰和公司不同意,双方并没有对股权转让达成一致的意思表示。原审判决认定股权转让行为有效,违反了我国公司法及相关法律的规定;认定股权转让和质押是主从行为关系,股权转让有效,而股权质押无效是错误的;在认定质押无效的情况下,又认定质押物项下的权利10送2转增8所产生的2468万股归质押权人享有自相矛盾;泰和公司是用2468万股以每股2.98元的价格折抵7354.64万元的债务,原审判决将债权债务转让合同签订以前与本案无关的股东权益分配(10送2转增8所新产生的2468万股)判归国资局,违反公平原则。在一审审理过程中,国资局将质证过的证据撤回,构成妨碍民事诉讼,原审法院不予处理,而对泰和公司提交的向洞庭支行履行偿债的证据未予采纳,违反民事诉讼法的规定。综上,原审判决定性错误,对关键事实认定不清,请求发回重审或依法改判。

国资局答辩称:本案的真实交易关系是股权收购,债务承担是国资局为股权收购而先行支付的对价,股权质押是泰和公司为切实履行股权过户义务而提供的担保。双方签订《补充协议》的真实意图是股权收购,由于合同签订时发起人股不得流通,双方达成的股权转让协议是附期限的民事法律行为,即国资局先行支付以承担债务为表现形式的对价,待到约定的期限届至后,泰和公司无条件地履行向国资局转让股权的义务。如泰和公司在期限届至前经国资局同意归还了作为对价的债务,则双方的股权转让合同予以解除。泰和公司在约定的期限内没有偿还国资局用于收购股权所支付的对价，且在约定期限届至后股权过户的法律障碍也不存在了，因此泰和公司应当履行股权转让义务。我国公司法规定的3年期不能转让股票是针对股权本身的，并没有禁止3年内提前支付股权转让对价，提前支付对价对上市公司、转让方、公司其他股东和公司债权人是有好处的。国资局已经偿还了作为支付对价的全部债务，泰和公司应按协议的约定将其所持的天一科技的全部股权过户给国资局。由于协议转让的股权是含权股，天一科技实施10送2转增8分配方案后，该含权股折细成除权后的股份为4936万股，该4936万股是协议时2468万股的转化形式，泰和公司应按当时协议的约定将4936万股过户给国资局。综上，国资局认为，原审判决认定事实清楚，适用法律正确，泰和公司的上诉理由不成立，应依法维持原判。

二审裁判结果

最高人民法院依照《民事诉讼法》第153条第1款第1项、第158条之规定，判决如下：驳回上诉，维持原判。二审案件受理费360010元，由湖南泰和集团股份有限公司承担。

二审裁判理由

最高人民法院认为：1999年12月30日，国资局和泰和公司签订《协议书》约定：泰和公司所欠天一科技和洞庭支行债务共计7354.64万元由国资局承担偿还责任。双方与天一科技和洞庭支行签订债权债务协议后，2002年2月3日，泰和公司应向国资局清偿7354.64万元人民币，并以其持有的天一科技的发起人股2468万股提供质押，质押期间国资局享有股东权益（股票分红、送配股等），以股份分配的红利清偿利息。同日，双方又签订《补充协议》。《补充协议》关于国资局承接泰和公司债务、股份质押及在质押期间由国资局享有股东权益的约定与《协议书》一致，但关于泰和公司偿还国资局债务的方式与《协议书》的约定不一致，《补充协议》从协议名称到内容均表述为收购泰和公司所持有的天一科技股权，用股权清偿债务，如果用现金清偿，则双方必须达成一致意见。鉴于《协议书》和《补充协议》是协议和补充协议的关系，故应认定为《协议书》签订在先，《补充协议》签订在后，双方在《补充协议》中变更了《协议书》关于泰和公司偿还国资局债务方式的意思表示。在签订上述协议的当日，双方又共同与天一科技和洞庭支行签订《债权债务转让协议书》，2000年2月8日，双方又签订《股份质押补充协议》，在当事人双方签署的上述协议中，没有再变更《补充协议》中约定的泰和公司转让股份及股东权利（股票分红、送配股）的意思表示，因此，本院认定双方当事人签订上述一系列协议的真实意思表示为，国资局以承接泰和公司债务的方式作为对价购买泰和公司拥有的天一科技股份，在国资局承接泰和公司所欠债务后，泰和公司在约定的时间向国资局转让所持天一科技的股份及股东权利（股票分红、送配股等），为保障股份转让的实现，对股权设定质押担保。

泰和公司上诉称本案存在三个层面的法律关系，实现债权和履行债务是全案的主线，案件应当属于债权债务纠纷，原审法院将案由定为股权转让是错误的，《协议书》中将股权设定为质押，并非股权转让，《补充协议》中约定用股权清偿，只是一种偿债方式的选择，双方并没有对股权转让达成一致的意思表示等主张，因与双方签署上述一系列协议中的真实意思表示不符，本院不予支持。国资局答辩称本案当事人的真实交易是股权收购，债务承担是先行支付的对价，质押是为履行股权过户提供的担保等主张与事实相符，本院予以支持。

国资局与泰和公司协议债务转让与承接后即与债权人天一科技和洞庭支行签订了《债权债务转让协议》，约定由国资局承接债务，天一科技和洞庭支行在上述协议上签章同意债务转让，泰和公司与国资局协议的债务转让与承接符合《合同法》第84条关于债务人转让义务的规定，应当认定有效。《公司法》第147条规定：发起人持有的本公司股份，自公司成立起3年内不得转让。天一科技于1998年11月18日成立，其发起人在2001年11月18日之前依法不得转让股份。泰和公司为天一科技发起人，其与国资局签订协议时将股份转让时间约定在2002年2月3日，没有违反《公司法》关于限制发起人转让股份期间的规定，应当认定双方当事人之间的股份转让协议内容有效。当事人在《协议书》和《补充协议》中均明确约定，自协议签订之日起，泰和公司持有的天一科技股票分红、送配股的权利由国资局享有，该协议内容不违反法律、法规的规定，应当认定有效。

泰和公司上诉称股权转让行为违反了《公司法》及相关法律规定，应当无效。事实上，泰和公司与国资局签订协议时对《公司法》及相关法律的规定是明知的，双方遵循《公司法》的规定，将股份转让时间确定在天一科技成立满3年以后，泰和公司在协议中转让股份的意思表示是明确的，在法律没有发生任何变化的情况下又主张原来的意思表示违反法律规定，其主观毁约的意图明显，本院对其主张不予支持。国资局答辩称《公司法》规定3年不得转让股票是针对股权本身的，并不是针对支付转让股票对价等主张成立，本院予以采信。

最高人民法院《担保法解释》第103条规定：以股份有限公司的股份出质的，适用《公司法》有关股份转让的规定。《公司法》第147条规定：发起人持有的本公司的股份，自公司成立之日起3年内不得转让。最高人民法院《担保法解释》第5条规定：以法律、法规禁止流通的财产或者不可转让的财产设定担保的，担保合同无效。以法律、法规限制流通的财产设定担保的，在实现债权时，人民法院应当按照法律法规的规定进行处理。天一科技的发起人股份，依法应属于公司成立之日起3年内限制转让的财产。泰和公司和国资局在签订协议时显然已经注意到了这一问题，将股份设定质押担保，但将质权实现的时间约定在天一科技成立满3年以后的股权转让非限制期，在该期限到来时质权人才可以主张实现质权，才有可能发生股份转让行为。因此，双方关于股份质押担保的约定内容并不违反《公司法》及最高人民法院《担保法解释》的规定。根据该司法解释第103条的规定，以上市公司的股份出质的，质押合同自股份出质向证券登记机构办理登记之日起生效。本案质押的天一科技股权属于上市公司的股份，因双方当事人并没有向证券登记机构办理出质登记，因此质押协议没有生效，不能产生质押的法律后果。但双方当事人在协议中约定用股份设定担保的意思表示是一致且合法的，该约定在双方当事人之间产生合同的法律效力，该质押行为是否产生质押法律后果，不影响股权转让的效力。

泰和公司和国资局共同与天一科技和洞庭支行签订了《债权债务转让协议书》，自该合同签订之日起泰和公司所欠天一科技和洞庭支行的债务转移给国资局，泰和公司的债务因国资局的承接而免除，国资局与天一科技和洞庭支行之间建立债权债务关系。国资局履行了《协议书》和《补充协议》约定的承接泰和公司债务的义务，对泰和公司享有债权请求权，有权请求泰和公司按协议约定转让其持有的天一科技股份及股份红利。

泰和公司上诉主张国资局没有实际履行偿还天一科技和洞庭支行债务，没有发生债权债务转移的事实，因此，国资局对其不享有请求权利。因双方在《协议书》和《补充协议》中约定国资局的义务是承接债务，泰和公司和国资局共同与天一科技和洞庭支行签订《债权债务转让协议书》，表明国资局完成了债务承接行为，已经履行了《协议书》和《补充协议》约定的义务，泰和公司从原债权债务关系中脱离出来，不再是原债权债务关系的当事人，国资局是否向天一科技和洞庭支行实际清偿债务及如何清偿债务与泰和公司无关。泰和公司因对该法律关系已经没有直接利害关系，其以国资局没有实际履行清偿义务为抗辩理由不能成立，本院不予支持。

天一科技2000年4月3日召开股东大会，审议通过了1999年度利润分配方案，向全体股东每10股送红股2股，公基金每10股转增8股，并于2000年4月20日前实施完毕，泰和公司在此次分配中获得2468万股。该事件发生在双方当事人签订股份及股份红利转让协议以后，该期间的红利分配，泰和公司已经转让给国资局。由于天一科技实施上述分配方案时成立不满3年，泰和公司分配的红利股份仍在其名下，现天一科技成立已满3年，国资局请求转让上述股份，泰和公司应当予以办理过户手续。

泰和公司上诉称原审判决将债权债务转让合同签订以前与本案无关的股东权益10送2转增8归国资局，违反公平原则，因双方均为天一科技股东，在签订协议时明知所转让的股份尚未分配1999年红利，并且在协议中明确约定该期间泰和公司的股票分红、送配股等由国资局享有，且天一科技实施上述红利分配后每股净资产价值由3.24元降为1.685元，泰和公司虽拥有的股票数额增加至4936万股，但股票的价值与国资局承担的7354.64万元债务及利息数额基本相当，泰和公司上述主张本院不予支持。国资局关于泰和公司应按协议约定将其所持有的天一科技的全部股份过户给国资局的主张成立，本院予以支持。

综上，本院认定：双方在《协议书》、《补充协议》和《股份质押补充协议》中约定股份及股份红利转让的内容意思表示真实、一致，不违反法律、法规的规定，应认定合法有效，其设定的股权质押虽意思表示真实，不违反法律规定，但因没有办理出质登记，不产生质押的法律效力。依据双方的约定，国资局履行了承接债务的义务，泰和公司应于协议约定的2002年2月3日向国资局转让其所拥有的4936万天一科技股份。原审判决认定事实清楚，证据确凿，适用法律正确。

（八）出质后转让对质权的影响？

107. 应收账款出质后转让对质权的影响？

广电网络收费权质押属于应收账款质押，应以出质登记作为质押的生效要件。应收账款转让后不得对抗质权人的质权，在债务未清偿的情况下，该质权仍然存在，质权人可依法主张实现质权。

典型疑难案件参考

中国农业银行西乡县支行与西乡县广播电视局借款担保合同纠纷案

基本案情

2000年12月28日、2002年5月31日，陕西省西乡县广播电视局先后向中国农业银行西乡县支行借款250万元和180万元。西乡县广播电视局以其拥有的事业性收费权中的个户网络建设费、光纤电视收视费为上述借款提供了权利质押。西乡县物价局为质押办理了登记。合同签订后，中国农业银行西乡县支行依约发放了借款。合同到期，西乡县广播电视局仅归还了10万元，尚欠借款本金420万元、利息292951.70元未还。

2001年6月29日，陕西省组建陕西省广播电视信息网络公司，对省、地、市、县广播电视网络资产进行重组，实行统一管理、统一运营。2003年4月，西乡县广播电视局据此将其"资产经营权、服务收费权、人事管理权"移交给陕西省广播电视信息网络公司。2005年10月25日，中国农业银行西乡县支行诉至法院，请求：判决西乡县广播电视局偿还借款420万元及利息，并实现对本案所涉广电网络收费权的质权；判令陕西省广播电视信息网络公司承担连带清偿责任。

一审裁判结果

陕西省汉中市中级人民法院依照《合同法》第8条、第205条、第207条的规定，判决如下：

一、西乡县广播电视局偿还借款本金及利息；
二、驳回原告中国农业银行西乡县支行的其他诉讼请求。

一审裁判理由

陕西省汉中市中级人民法院经审理认为，中国农业银行西乡县支行与西乡县广播电视局签订的借款合同、权利质押合同有效，西乡县广播电视局应按合同约定承担偿还欠款的责任。陕西省广播电视信息网络公司是基于政府规定接收本案所涉广电网络收费经营权的，西乡县广播电视局的担保责任并不能转移到陕西省广播电视信息网络公司，该公司并没有偿还欠款的义务。

二审裁判结果

陕西省高级人民法院依照《民事诉讼法》第153条第1款第3项，《合同法》第44条、第205条、第207条，《担保法》第72条、第75条第4项之规定判决：维持原判决关于西乡县广播电视局偿还借款本金及利息的判决；西乡县广播电视局未清偿部分由陕西省广播电视信息网络股份有限公司以在西乡县广播电视局原收费权范围内所收取的费用优先偿付上述债务。

二审裁判理由

陕西省高级人民法院经审理认为，西乡县广播电视局以其广电网络收费权为借款提供权利质押,并办理了质押登记,该质押依法应为有效,且具有对抗第三人的效力。陕西省广播电视信息网络公司虽因政策性资产重组,取得了西乡县广播电视局网络资产及其收费权,但其对该收费权的行使不能对抗质权人中国农业银行西乡县支行。在债务未清偿的情况下,该质权仍然存在,质权人中国农业银行西乡县支行依法有权主张实现质权。

质权纠纷办案依据集成

1. 中华人民共和国物权法（2007年3月16日主席令第62号公布）（节录）

第十七章 质 权

第一节 动产质权

第二百零八条 为担保债务的履行，债务人或者第三人将其动产出质给债权人占有的，债务人不履行到期债务或者发生当事人约定的实现质权的情形，债权人有权就该动产优先受偿。

前款规定的债务人或者第三人为出质人，债权人为质权人，交付的动产为质押财产。

第二百零九条 法律、行政法规禁止转让的动产不得出质。

第二百一十条 设立质权，当事人应当采取书面形式订立质权合同。

质权合同一般包括下列条款：

（一）被担保债权的种类和数额；

（二）债务人履行债务的期限；

（三）质押财产的名称、数量、质量、状况；

（四）担保的范围；

（五）质押财产交付的时间。

第二百一十一条 质权人在债务履行期届满前，不得与出质人约定债务人不履行到期债务时质押财产归债权人所有。

第二百一十二条 质权自出质人交付质押财产时设立。

第二百一十三条 质权人有权收取质押财产的孳息，但合同另有约定的除外。

前款规定的孳息应当先充抵收取孳息的费用。

第二百一十四条 质权人在质权存续期间，未经出质人同意，擅自使用、处分质押财产，给出质人造成损害的，应当承担赔偿责任。

第二百一十五条 质权人负有妥善保管质押财产的义务；因保管不善致使质押财产毁损、灭失的，应当承担赔偿责任。

质权人的行为可能使质押财产毁损、灭失的，出质人可以要求质权人将质押财产提存，或者要求提前清偿债务并返还质押财产。

第二百一十六条 因不能归责于质权人的事由可能使质押财产毁损或者价值明显减少，足以危害质权人权利的，质权人有权要求出质人提供相应的担保；出质人不提供的，质权人可以拍卖、变卖质押财产，并与出质人通过协议将拍卖、变卖所得的价款提前清偿债务或者提存。

第二百一十七条 质权人在质权存续期间，未经出质人同意转质，造成质押财产毁损、灭失的，应当向出质人承担赔偿责任。

第二百一十八条 质权人可以放弃质权。债务人以自己的财产出质，质权人放弃该质权的,其他担保人在质权人丧失优先受偿权益的范围内免除担保责任,但其他担保人承诺仍然提供担保的除外。

第二百一十九条 债务人履行债务或者出质人提前清偿所担保的债权的,质权人应当返还质押财产。

债务人不履行到期债务或者发生当事人约定的实现质权的情形,质权人可以与出质人协议以质押财产折价,也可以就拍卖、变卖质押财产所得的价款优先受偿。

质押财产折价或者变卖的,应当参照市场价格。

第二百二十条 出质人可以请求质权人在债务履行期届满后及时行使质权;质权人不行使的,出质人可以请求人民法院拍卖、变卖质押财产。

出质人请求质权人及时行使质权,因质权人怠于行使权利造成损害的,由质权人承担赔偿责任。

第二百二十一条 质押财产折价或者拍卖、变卖后,其价款超过债权数额的部分归出质人所有,不足部分由债务人清偿。

第二百二十二条 出质人与质权人可以协议设立最高额质权。

最高额质权除适用本节有关规定外,参照本法第十六章第二节最高额抵押权的规定。

第二节 权利质权

第二百二十三条 债务人或者第三人有权处分的下列权利可以出质:

(一)汇票、支票、本票;

(二)债券、存款单;

(三)仓单、提单;

(四)可以转让的基金份额、股权;

(五)可以转让的注册商标专用权、专利权、著作权等知识产权中的财产权;

(六)应收账款;

(七)法律、行政法规规定可以出质的其他财产权利。

第二百二十四条 以汇票、支票、本票、债券、存款单、仓单、提单出质的,当事人应当订立书面合同。质权自权利凭证交付质权人时设立;没有权利凭证的,质权自有关部门办理出质登记时设立。

第二百二十五条 汇票、支票、本票、债券、存款单、仓单、提单的兑现日期或者提货日期先于主债权到期的,质权人可以兑现或者提货,并与出质人协议将兑现的价款或者提取的货物提前清偿债务或者提存。

第二百二十六条 以基金份额、股权出质的,当事人应当订立书面合同。以基金份额、证券登记结算机构登记的股权出质的,质权自证券登记结算机构办理出质登记时设立;以其他股权出质的,质权自工商行政管理部门办理出质登记时设立。

基金份额、股权出质后,不得转让,但经出质人与质权人协商同意的除外。出质人转让基金份额、股权所得的价款,应当向质权人提前清偿债务或者提存。

第二百二十七条 以注册商标专用权、专利权、著作权等知识产权中的财产权出质的,当事人应当订立书面合同。质权自有关主管部门办理出质登记时设立。

知识产权中的财产权出质后，出质人不得转让或者许可他人使用，但经出质人与质权人协商同意的除外。出质人转让或者许可他人使用出质的知识产权中的财产权所得的价款，应当向质权人提前清偿债务或者提存。

第二百二十八条 以应收账款出质的，当事人应当订立书面合同。质权自信贷征信机构办理出质登记时设立。

应收账款出质后，不得转让，但经出质人与质权人协商同意的除外。出质人转让应收账款所得的价款，应当向质权人提前清偿债务或者提存。

第二百二十九条 权利质权除适用本节规定外，适用本章第一节动产质权的规定。

2. 中华人民共和国担保法（1995年6月30日主席令第50号公布）（节录）

第四章　质　押
第一节　动产质押

第六十三条 本法所称动产质押，是指债务人或者第三人将其动产移交债权人占有，将该动产作为债权的担保。债务人不履行债务时，债权人有权依照本法规定以该动产折价或者以拍卖、变卖该动产的价款优先受偿。

前款规定的债务人或者第三人为出质人，债权人为质权人，移交的动产为质物。

第六十四条 出质人和质权人应当以书面形式订立质押合同。

质押合同自质物移交于质权人占有时生效。

第六十五条 质押合同应当包括以下内容：

（一）被担保的主债权种类、数额；

（二）债务人履行债务的期限；

（三）质物的名称、数量、质量、状况；

（四）质押担保的范围；

（五）质物移交的时间；

（六）当事人认为需要约定的其他事项。

质押合同不完全具备前款规定内容的，可以补正。

第六十六条 出质人和质权人在合同中不得约定在债务履行期届满质权人未受清偿时，质物的所有权转移为质权人所有。

第六十七条 质押担保的范围包括主债权及利息、违约金、损害赔偿金、质物保管费用和实现质权的费用。质押合同另有约定的，按照约定。

第六十八条 质权人有权收取质物所生的孳息。质押合同另有约定的，按照约定。

前款孳息应当先充抵收取孳息的费用。

第六十九条 质权人负有妥善保管质物的义务。因保管不善致使质物灭失或者毁损的，质权人应当承担民事责任。

质权人不能妥善保管质物可能致使其灭失或者毁损的，出质人可以要求质权人将质物提存，或者要求提前清偿债权而返还质物。

第七十条 质物有损坏或者价值明显减少的可能，足以危害质权人权利的，质权人可以要求出质人提供相应的担保。出质人不提供的，质权人可以拍卖或者变卖质物，并与出质人协议将拍卖或者变卖所得的价款用于提前清偿所担保的债权或者向与出质人约定的第三人提存。

第七十一条 债务履行期届满债务人履行债务的，或者出质人提前清偿所担保的债权的，质权人应当返还质物。

债务履行期届满质权人未受清偿的，可以与出质人协议以质物折价，也可以依法拍卖、变卖质物。

质物折价或者拍卖、变卖后，其价款超过债权数额的部分归出质人所有，不足部分由债务人清偿。

第七十二条 为债务人质押担保的第三人，在质权人实现质权后，有权向债务人追偿。

第七十三条 质权因质物灭失而消灭。因灭失所得的赔偿金，应当作为出质财产。

第七十四条 质权与其担保的债权同时存在，债权消灭的，质权也消灭。

第二节 权利质押

第七十五条 下列权利可以质押：

（一）汇票、支票、本票、债券、存款单、仓单、提单；

（二）依法可以转让的股份、股票；

（三）依法可以转让的商标专用权，专利权、著作权中的财产权；

（四）依法可以质押的其他权利。

第七十六条 以汇票、支票、本票、债券、存款单、仓单、提单出质的，应当在合同约定的期限内将权利凭证交付质权人。质押合同自权利凭证交付之日起生效。

第七十七条 以载明兑现或者提货日期的汇票、支票、本票、债券、存款单、仓单、提单出质的，汇票、支票、本票、债券、存款单、仓单、提单兑现或者提货日期先于债务履行期的，质权人可以在债务履行期届满前兑现或者提货，并与出质人协议将兑现的价款或者提取的货物用于提前清偿所担保的债权或者向与出质人约定的第三人提存。

第七十八条 以依法可以转让的股票出质的，出质人与质权人应当订立书面合同，并向证券登记机构办理出质登记。质押合同自登记之日起生效。

股票出质后，不得转让，但经出质人与质权人协商同意的可以转让。出质人转让股票所得的价款应当向质权人提前清偿所担保的债权或者向与质权人约定的第三人提存。

以有限责任公司的股份出质的，适用公司法股份转让的有关规定。质押合同自股份出质记载于股东名册之日起生效。

第七十九条 以依法可以转让的商标专用权，专利权、著作权中的财产权出质的，出质人与质权人应当订立书面合同，并向其管理部门办理出质登记。质押合同自登记之日起生效。

第八十条 本法第七十九条规定的权利出质后，出质人不得转让或者许可他人使用，但经出质人与质权人协商同意的可以转让或者许可他人使用。出质人所得的转让费、许可费应当向质权人提前清偿所担保的债权或者向与质权人约定的第三人提存。

第八十一条 权利质押除适用本节规定外，适用本章第一节的规定。

3. 最高人民法院关于适用《中华人民共和国担保法》若干问题的解释

(2000年12月8日　法释〔2000〕44号)(节录)

四、关于质押部分的解释

(一) 动产质押

第八十四条　出质人以其不具有所有权但合法占有的动产出质的，不知出质人无处分权的质权人行使质权后，因此给动产所有人造成损失的，由出质人承担赔偿责任。

第八十五条　债务人或者第三人将其金钱以特户、封金、保证金等形式特定化后，移交债权人占有作为债权的担保，债务人不履行债务时，债权人可以该金钱优先受偿。

第八十六条　债务人或者第三人未按质押合同约定的时间移交质物的，因此给质权人造成损失的，出质人应当根据其过错承担赔偿责任。

第八十七条　出质人代质权人占有质物的，质押合同不生效；质权人将质物返还于出质人后，以其质权对抗第三人的，人民法院不予支持。

因不可归责于质权人的事由而丧失对质物的占有，质权人可以向不当占有人请求停止侵害、恢复原状、返还质物。

第八十八条　出质人以间接占有的财产出质的，质押合同自书面通知送达占有人时视为移交。占有人收到出质通知后，仍接受出质人的指示处分出质财产的，该行为无效。

第八十九条　质押合同中对质押的财产约定不明，或者约定的出质财产与实际移交的财产不一致的，以实际交付占有的财产为准。

第九十条　质物有隐蔽瑕疵造成质权人其他财产损害的，应由出质人承担赔偿责任。但是，质权人在质物移交时明知质物有瑕疵而予以接受的除外。

第九十一条　动产质权的效力及于质物的从物。但是，从物未随同质物移交质权人占有的，质权的效力不及于从物。

第九十二条　按照担保法第六十九条的规定将质物提存的，质物提存费用由质权人负担；出质人提前清偿债权的，应当扣除未到期部分的利息。

第九十三条　质权人在质权存续期间，未经出质人同意，擅自使用、出租、处分质物，因此给出质人造成损失的，由质权人承担赔偿责任。

第九十四条　质权人在质权存续期间，为担保自己的债务，经出质人同意，以其所占有的质物为第三人设定质权的，应当在原质权所担保的债权范围之内，超过的部分不具有优先受偿的效力。转质权的效力优于原质权。

质权人在质权存续期间，未经出质人同意，为担保自己的债务，在其所占有的物上为第三人设定质权的无效。质权人对因转质而发生的损害承担赔偿责任。

第九十五条　债务履行期届满质权人未受清偿的，质权人可以继续留置质物，并以质物的全部行使权利。出质人清偿所担保的债权后，质权人应当返还质物。

债务履行期届满，出质人请求质权人及时行使权利，而质权人怠于行使权利致使质物价格下跌，由此造成的损失，质权人应当承担赔偿责任。

第九十六条　本解释第五十七条、第六十二条、第六十四条、第七十一条、第七十二条、第七十三条、第七十四条、第八十条之规定，适用于动产质押。

（二）权利质押

第九十七条 以公路桥梁、公路隧道或者公路渡口等不动产收益权出质的，按照担保法第七十五条第（四）项的规定处理。

第九十八条 以汇票、支票、本票出质，出质人与质权人没有背书记载"质押"字样，以票据出质对抗善意第三人的，人民法院不予支持。

第九十九条 以公司债券出质的，出质人与质权人没有背书记载"质押"字样，以债券出质对抗公司和第三人的，人民法院不予支持。

第一百条 以存款单出质的，签发银行核押后又受理挂失并造成存款流失的，应当承担民事责任。

第一百零一条 以票据、债券、存款单、仓单、提单出质的，质权人再转让或者质押的无效。

第一百零二条 以载明兑现或者提货日期的汇票、支票、本票、债券、存款单、仓单、提单出质的，其兑现或者提货日期后于债务履行期的，质权人只能在兑现或者提货日期届满时兑现款项或者提取货物。

第一百零三条 以股份有限公司的股份出质的，适用《中华人民共和国公司法》有关股份转让的规定。

以上市公司的股份出质的，质押合同自股份出质向证券登记机构办理出质登记之日起生效。

以非上市公司的股份出质的，质押合同自股份出质记载于股东名册之日起生效。

第一百零四条 以依法可以转让的股份、股票出质的，质权的效力及于股份、股票的法定孳息。

第一百零五条 以依法可以转让的商标专用权、专利权、著作权中的财产权出质的，出质人未经质权人同意而转让或者许可他人使用已出质权利的，应当认定为无效。因此给质权人或者第三人造成损失的，由出质人承担民事责任。

第一百零六条 质权人向出质人、出质债权的债务人行使质权时，出质人、出质债权的债务人拒绝的，质权人可以起诉出质人和出质债权的债务人，也可以单独起诉出质债权的债务人。

三、留置权纠纷

108. 债权人的债权未届清偿期，但其交付占有标的物的义务已届履行期，是否可以直接行使留置权？

债权人的债权未届清偿期，其交付占有标的物的义务已届履行期的，不能行使留置权。但是，债权人能够证明债务人无支付能力的除外。即如果债权人不能提供债务人无支付能力的证据，不能证明债务人无支付能力，其在债权未届清偿期情况下行使留置权违反法律规定。

典型疑难案件参考

汕头市龙湖区江洋联运有限公司诉温州市新达海运有限公司留置船载货物损害赔偿纠纷案（广州海事法院〔2002〕广海法初字第380号民事判决书）

基本案情

原告汕头市龙湖区江洋联运有限公司与被告温州市新达海运有限公司于2000年12月16日签订《货运代理协议》，约定：被告所有并经营上海—宁波—厦门—汕头国内沿海集装箱班轮航线，原告是被告该航线在汕头地区的货运代理人，原告应将当月运费核算金额于下月5个银行工作日内全部汇入被告账户，原告并负责履行被告与港口经营人签订的港口、堆场协议。2001年11月19日，原告委托被告运输6票货物，被告分别签发了6份运单。运单的《托运人、发货人须知》第6项规定本运单经双方签认后，具有合同效力。11月22日，被告以原告拖欠其运费为由将原告托运的该航次6票货物全部留置。为向原告主张运费，被告后于11月25日将原告托运的"新泰顺V010"航次的货物也予以留置。2001年11月28日、12月6日及2002年2月4日，原告向被告发函要求其放货。在原告的交涉下，被告先后把其他货物交给收货人，留置的最后1票货物经发货人向本院申请强制放货，也于2002年3月14日放给收货人。2002年8月28日，被告就原告拖欠的运费向本院起诉。10月25日，双方达成调解协议，本院作出〔2002〕广海法初字第259—269号民事调解书，该调解书已发生法律效力。在该调解书中，原告确认欠付被告"福泰V112"航次运费21700元，"新泰顺V010"航次运费13350元。

诉辩情况

原告诉称： 原告与被告于2000年12月16日签订《货运代理协议》，约定被告所有并经营上海—宁波—厦门—汕头国内沿海集装箱班轮航线，原告是被告该航线在汕头地区的货运代理人。2001年11月21—25日被告违约无理留置原告代理的两个航次共19个货柜的货物，造成客户认为原告代理的货物不安全，原告商业声誉降低，客户全部流失，无法经营，经济上蒙受重大损失。请求法院判令被告赔偿原告经济损失48000元，并由被告承担本案诉讼费用。

被告辩称： 原告的诉讼请求没有任何法律依据，请求驳回原告的诉讼请求。

裁判结果

广州海事法院依照《民事诉讼法》第64条第1款的规定，判决如下：驳回原告汕头市龙湖区江洋联运有限公司的诉讼请求。案件受理费2007元，由原告负担。

裁判理由

广州海事法院经审理认为：本案是留置船载货物损害赔偿纠纷，原告委托被告运输"福泰V112"航次和"新泰顺V010"航次货物，被告同意运输并签发了运单，根据运单的《托运人、发货人须知》第6项规定，本运单经双方签认后，具有合同效力。故原告与被告成立了海上货物运输合同关系，原告应当向被告支付"福泰V112"航次和"新泰顺V010"航次运费。"福泰V112"航次的运单虽然约定运费预付，但未约定运费数额。根据原告与被告的《货运代理协议》的规定，原告应将当月运费核算金额于下月5个银行工作日内全部汇入被告账户，故被告应当在核算确认当月运费数额后下个月的5个银行工作日后才向原告主张本案所涉"福泰V112"航次货物的运费。被告在留置货物时尚未与原告核算运费数额，没有向原告提出运费的明确数额，更没有到当月核算运费数额后的下个月5个银行工作日就向原告主张运费，应认为其在留置货物时运费未届清偿期。根据最高人民法院《担保法解释》第112条的规定，债权人的债权未届清偿期，其交付占有标的物的义务已届履行期的，不能行使留置权。但是，债权人能够证明债务人无支付能力的除外。被告未提供任何原告无支付能力的证据，不能证明原告无支付能力，其在债权未届清偿期，又未证明原告没有支付能力的情况下行使留置权违反法律规定。被告在债权未届清偿期时对"福泰V112"航次货物行使留置权，是留置不当，应当对原告因此造成的损失承担赔偿责任。原、被告均未提供"新泰顺010"航次的证据材料,原告称被告无理留置"新泰顺010"航次船载货物,但未提供相应证据,对原告的该主张不予支持。原告主张损失48000元,但未举出证明损失存在及其数额是48000元的证据,对原告请求判令被告赔偿其损失48000元的诉讼请求,不予支持。

留置权纠纷办案依据集成

1. 中华人民共和国物权法（2007年3月16日主席令第62号公布）（节录）

第十八章 留置权

第二百三十条 债务人不履行到期债务，债权人可以留置已经合法占有的债务人的动产，并有权就该动产优先受偿。

前款规定的债权人为留置权人，占有的动产为留置财产。

第二百三十一条 债权人留置的动产，应当与债权属于同一法律关系，但企业之间留置的除外。

第二百三十二条 法律规定或者当事人约定不得留置的动产，不得留置。

第二百三十三条 留置财产为可分物的，留置财产的价值应当相当于债务的金额。

第二百三十四条 留置权人负有妥善保管留置财产的义务；因保管不善致使留置财产毁损、灭失的，应当承担赔偿责任。

第二百三十五条 留置权人有权收取留置财产的孳息。

前款规定的孳息应当先充抵收取孳息的费用。

第二百三十六条 留置权人与债务人应当约定留置财产后的债务履行期间；没有约定或者约定不明确的，留置权人应当给债务人两个月以上履行债务的期间，但鲜活易腐等不易保管的动产除外。债务人逾期未履行的，留置权人可以与债务人协议以留置财产折价，也可以就拍卖、变卖留置财产所得的价款优先受偿。

留置财产折价或者变卖的，应当参照市场价格。

第二百三十七条 债务人可以请求留置权人在债务履行期届满后行使留置权；留置权人不行使的，债务人可以请求人民法院拍卖、变卖留置财产。

第二百三十八条 留置财产折价或者拍卖、变卖后，其价款超过债权数额的部分归债务人所有，不足部分由债务人清偿。

第二百三十九条 同一动产上已设立抵押权或者质权，该动产又被留置的，留置权人优先受偿。

第二百四十条 留置权人对留置财产丧失占有或者留置权人接受债务人另行提供担保的，留置权消灭。

2. 中华人民共和国担保法（1995年6月30日主席令第50号公布）（节录）

第五章 留 置

第八十二条 本法所称留置，是指依照本法第八十四条的规定，债权人按照合同约定占有债务人的动产，债务人不按照合同约定的期限履行债务的，债权人有权依照本法规定留置该财产，以该财产折价或者以拍卖、变卖该财产的价款优先受偿。

第八十三条 留置担保的范围包括主债权及利息、违约金、损害赔偿金，留置物保管费用和实现留置权的费用。

第八十四条 因保管合同、运输合同、加工承揽合同发生的债权，债务人不履行债务的，债权人有留置权。

法律规定可以留置的其他合同，适用前款规定。

当事人可以在合同中约定不得留置的物。

第八十五条 留置的财产为可分物的，留置物的价值应当相当于债务的金额。

第八十六条 留置权人负有妥善保管留置物的义务。因保管不善致使留置物灭失或者毁损，留置权人应当承担民事责任。

第八十七条 债权人与债务人应当在合同中约定，债权人留置财产后，债务人应当在不少于两个月的期限内履行债务。债权人与债务人在合同中未约定的，债权人留置债务人财产后，应当确定两个月以上的期限，通知债务人在该期限内履行债务。

债务人逾期仍不履行的，债权人可以与债务人协议以留置物折价，也可以依法拍卖、变卖留置物。

留置物折价或者拍卖、变卖后，其价款超过债权数额的部分归债务人所有，不足部分由债务人清偿。

第八十八条 留置权因下列原因消灭：

（一）债权消灭的；

（二）债务人另行提供担保并被债权人接受的。

3. 最高人民法院关于适用《中华人民共和国担保法》若干问题的解释
（2000年12月8日 法释〔2000〕44号）（节录）

五、关于留置部分的解释

第一百零七条 当事人在合同中约定排除留置权，债务履行期届满，债权人行使留置权的，人民法院不予支持。

第一百零八条 债权人合法占有债务人交付的动产时，不知债务人无处分该动产的权利，债权人可以按照担保法第八十二条的规定行使留置权。

第一百零九条 债权人的债权已届清偿期，债权人对动产的占有与其债权的发生有牵连关系，债权人可以留置其所占有的动产。

第一百一十条 留置权人在债权未受全部清偿前，留置物为不可分物的，留置权人可以就其留置物的全部行使留置权。

第一百一十一条 债权人行使留置权与其承担的义务或者合同的特殊约定相抵触的，人民法院不予支持。

第一百一十二条 债权人的债权未届清偿期，其交付占有标的物的义务已届履行期的，不能行使留置权。但是，债权人能够证明债务人无支付能力的除外。

第一百一十三条 债权人未按担保法第八十七条规定的期限通知债务人履行义务，直接变价处分留置物的，应当对此造成的损失承担赔偿责任。债权人与债务人按照担保法第八十七条的规定在合同中约定宽限期的，债权人可以不经通知，直接行使留置权。

第一百一十四条 本解释第六十四条、第八十条、第八十七条、第九十一条、第九十三条的规定，适用于留置。